"十二五"普通高等教育本科国家级规划教材

新编21世纪中国语言文学系列教材

汉语史纲要

第二版

History of Chinese Language:
A Compendium

殷国光 龙国富 赵 彤 编著

中国人民大学出版社
·北京·

本书获得“中央高校基本科研业务费专项资金”资助
（supported by “the Fundamental Research Funds for the Central Universities”）

作者简介

殷国光 1969年毕业于北京大学中文系，1979年入中国人民大学攻读硕士学位，师从胡明扬教授，1982年获硕士学位。现任大连理工大学特聘教授、中国人民大学文学院教授。先后主持“《吕氏春秋》语法研究”、“《庄子》句型研究”、“《左传》篇章零形回指研究”等国家社会科学基金项目，主持编写教育部普通高等教育“十一五”国家级规划教材《汉语史纲要》(后获评“十二五”普通高等教育本科国家级规划教材)，在《中国语文》等核心刊物上发表论文数十篇，代表性著作有《〈吕氏春秋〉词类研究》《〈庄子〉动词配价研究》《上古汉语语法研究》等。曾获第七届北京大学王力语言学奖、全国普通高等院校第二届人文社会科学优秀成果奖。

内容简介

本书分为“汉语语音史”、“汉语语法史”、“汉语词汇史”三部分，通过系统讲授汉语不同时期语音、词汇、语法的基本面貌和特征，使学生对汉语发展的历史、汉语发展变化的内部规律有较为全面的了解，以帮助学生深入认识和正确使用现代汉语。

本书依照王力先生《汉语史稿》的基本框架设置教材的结构：语音史以时代为纲；语法史、词汇史以专题为纲。在对半个世纪（尤其是近20年）以来汉语史的研究进行全面梳理的基础上，尽可能地吸收学界已取得共识的新成果，以描写语言事实为基础，以归纳为基本方法，注意借鉴现代语言学的理论与方法阐释语言的演变，力求揭示语言历史发展的规律。

此次修订作了较大改动，认真校正了原版的错误，并加入了近几年最新的学术成果，加强了原有薄弱的地方，并为本书精心制作了教学课件，欢迎登录 http：//www.crup.com.cn 本书页面下载或者联系封底编辑索取。

目　录

第二编 汉语语法史

第三编　汉语词汇史

绪　论

一、汉语史研究的对象和任务

自古至今，汉语一直存在着众多的方言；与此同时，为了交际的需要，也始终存在着超越方言的汉民族共同语；汉民族共同语是汉语史研究的对象。

汉语史的任务是研究汉民族共同语历史发展的规律：要弄清汉语在不同历史时期语音、词汇、语法的基本面貌和特征；了解汉语在不同历史时期的发展变化；探索这些发展变化的特点和原因，揭示汉语发展变化的内部规律。

研究汉语史对于深入了解和正确使用现代汉语具有十分重要的意义。如果不了解汉语的历史，现代汉语中的许多现象将无法解释；如果没有历史的依据，将无法建立起现代汉语语音、词汇、语法的规范。此外，研究汉语史对于中国政治、经济、文学、文化历史的研究，对于普通语言学理论的丰富和发展也都是十分有意义的。

二、汉民族共同语的形成和发展

汉语的名称正如汉族的名称一样，源于汉代，但汉民族共同语的形成则要追溯到夏、商、周三代。商灭夏，继承了夏的文化；周灭商，继承了商的文化。正如孔子所说“殷因于夏礼”、“周因于殷礼”①。我们所见到的最早的汉字系统是殷商时代的甲骨文。西周的金文与殷商的甲骨文在文字系统上是一脉相承的。甲骨文记录的是商部族的语言，金文记录的是周部族的语言。商代的甲骨卜辞、西周的铜器铭文在语法结构和基本词汇上属于同一个语言系统，语音成分亦有相承关系。由此可以推测，商、周部族的语言当属于同一语系。周灭商后，迁殷“顽民”于成周（故址在今洛阳东），后来平王东迁洛邑，促进了商、周部族的融合。周代的“雅言”就是商、周部族语言融合的结果。

“雅言”之称，始见于《论语·述而》：“子所雅言，诗书执礼，皆雅言也。”郑玄注云：“读先王典法，必正言其音，然后义全。”清代学者刘台拱在《论语骈枝》中进一步阐发郑注的观点：“夫子生长于鲁，不能不鲁语，惟诵《诗》、读《书》、执礼，必正言其音，所以重先王

① 子曰：“殷因于夏礼，所损益可知也；周因于殷礼，所损益可知也。”（《论语·为政》）

之训典，谨末学之流失。”这就是说，孔子生长在鲁国，日常交际都是用鲁语，但在诵读《诗》《书》的时候，在执行礼仪的隆重场合，一定要用“雅言”。

“雅言”是什么？《荀子·荣辱》：“譬之越人安越，楚人安楚，君子安雅。”清代学者王引之曰：“雅读为‘夏’，夏谓中国也。”[①] “雅言”就是夏言。中国，即指中原诸夏各国。因此，周代的“雅言”可以说是有文献记载的、通行于中原诸夏各国的官方语言，是最早的汉民族共同语（或称“华夏语”）。[②] 其标准音当是河洛一带的中原雅音。春秋时期，中原诸夏之地方言众多，然而天子接受诸侯的朝觐，诸侯国之间聘问会盟，以及孔子周游列国，等等，未闻存在语言的障碍，正是由于“雅言”存在的缘故。

考察《诗经》十五国风，虽采自黄河中下游乃至汉水流域不同的国家和地区，但用韵基本一致，并无明显的方言差异；即使是代表南方楚文化的楚辞，其声韵调系统虽有自身的特点，但与《诗经》亦基本相合。这表明，春秋战国时期的传世文献，虽然不免有地域方言的色彩，但基本上都是用“雅言”记录下来的。

先秦的“雅言”，到了汉代被称为“通语”、“凡语”。扬雄《方言》卷一：“怃、俺、怜、牟，爱也。韩郑曰怃；晋卫曰俺；汝颍之间曰怜；宋鲁之间曰牟，或曰怜。怜，通语也。”又：“嫁、逝、徂、适，往也。自家而出谓之嫁，由女而出为嫁也。逝，秦晋语也；徂，齐语也；适，宋鲁语也。往，凡语也。”“通语”、“凡语”是“雅言”的延续。随着中央集权的封建王朝的疆域不断扩大，政治、经济、文化的发展，“通语”通行的范围也在不断扩大。东汉的学者王充在《论衡·恢国》中说：“巴、蜀、越嶲、郁林、日南、辽东、乐浪，周时被发椎髻，今戴皮弁，周时重译，今吟《诗》《书》。”这说明在周代尚需辗转翻译才能交际的四川、广西、辽东半岛等边远地区，在汉代已能用中原雅音吟诵儒家经典了。

汉代以后，汉民族共同语一直沿用“通语”的称谓，直至明清而改称“官话”，晚清之后改称“普通话”（又称“国语”）。

汉民族共同语的形成与发展（从周代的“雅言”到现代汉语的普通话）处在不断地融合与分化之中。周代“雅言”的形成就是商、周两大部族语言融合的结果。中国历史上，北方游牧民族多次入主中原（如：北朝、元代、清代），促使少数民族语言与汉民族语言大规模地融合。在少数民族融入汉文化的同时，少数民族的语言也随之被汉语同化。汉民族共同语保留了自己的语法结构和基本词汇，吸收了少数民族语言的词汇，从而丰富了自己。

历史上，汉族人几次大规模地由中原地区向南方迁徙，一方面，汉民族共同语随之传播到南方，起到了推广汉民族共同语的作用，使得汉民族共同语的使用范围不断扩大；另一方面，由于中原地区的汉语（尤其是语音系统）发展变化的速度较快，而处在南方的汉语发展变化则相对滞后，加之与当地固有的土著语言的接触与融合，汉民族共同语逐渐分化而演变成汉语的各个方言。例如粤方言：秦始皇统一中国后，征发刑徒 50 万人戍守五岭，他们以当时的“通语”作为交际工具；汉武帝时平定南越国，始设“交趾刺史部”监察各郡，治所设在广信（今广西梧州与广东封开一带），并派使者从合浦出发，开通了海上丝绸之路。随着官府的设置，以及贸易、文化的发展，一方面，官方交际要讲“通语”，“通语”逐渐成为当地土著部落的共

① 参见王先谦：《荀子集解》，北京，中华书局，1988。

② 关于“雅言”，另有一说。朱熹曰：“雅，常也；执，守也。诗以理情性，书以道政事，礼以谨节文，皆切于日用之实，故常言之。”（朱熹：《四书章句集注》，97 页，北京，中华书局，1982）列此以备考。

同语；另一方面，“通语”也吸收了当地土著语言（古百越语）的词汇，为以后粤方言的形成奠定了基础。又如客家方言：东晋永嘉以后直到元明时期，由于种种历史原因，大批中原地区的汉人先后经历几次大规模地举族南迁，迁至闽、粤、赣等地区，这就是所谓“客家”；客家先民使用的“通语”与当地土著语言接触、融合，逐渐演变成客家方言。吴方言、闽方言、赣方言、湘方言等也都是历史上不同时期从汉民族共同语分化出来的。

汉民族共同语是在政治、经济、文化、历史传统等条件下自然形成和传播的。从夏、商、周三代开始，统一的中央政权一向建都北方（元代以前都是在中原地区，元代至今在北京），发源于中原地区的汉文化一直处在强势地位；因此，汉民族共同语从一开始一直就是以北方方言为基础方言的。至于汉民族共同语的标准音，则与政治、经济、文化中心（往往是帝都）所在地的方言有着直接的关系。大体上说，清代以前，汉民族共同语以中原语音（洛阳一带的语音）为标准音，自清代开始，逐渐转变为以北京语音为标准音。

三、汉语史研究的依据

王力先生曾多次说过，汉语史研究有两种材料，一种是死的材料，这就是各个时期的历史文献；一种是活的材料，这就是各地的方言。

（一）历代的书面语言

古代汉语都是通过书面语言的形式保存下来的，所以，研究汉语史最基本的材料是历代的书面语言。记录汉民族共同语的书面语言有文言、白话之分。周代的“雅言”是文言的源头，汉代的“通语”与“雅言”一脉相承，都是用文言记录的。文言基本上反映了周秦至西汉时期口语的面貌。大约东汉初年，文言开始逐渐脱离口语；南北朝时期，白话已初见端倪，至唐宋而日趋成熟，成为汉民族共同语的书面语的新形式。因此，研究周秦至西汉时期汉语的依据是文言文献，研究唐宋直至清代汉语的依据是白话文献。

文言文献包括十三经、先秦诸子、前四史等。

白话文献包括敦煌变文、宋人语录、汉译佛经、白话小说（唐代传奇、宋元话本、明清小说）、元杂剧等。

历代的书面语言（无论是文言，还是白话）虽然不是自然语言（口语），但它与自然语言的关系只是加工和未加工的区别；尽管二者在修辞表达、言语风格等方面存在着种种差异，但是在语言系统上是一致的。① 因此，我们依据历代的书面语言所作的汉语史研究，应该能够基本上反映出汉语自然语言的历史变化。

依据历代的书面语言研究汉语史要注意以下两个问题：

(1) 要注意甄别历史文献语言的时代。

依据历史文献研究汉语，首先有个辨伪的问题。即以我国最早的历史文献汇编《尚书》为

---

① 书面语偶或也有与口语语言系统不同的情况，例如汉语曾被日本、朝鲜、越南用作古代的书面语，那是由特定的历史、社会条件造成的。

例，先要把仿古之作《伪〈古文尚书〉》排除①；即使是作为儒家传世经典的今文《尚书》，其《虞夏书》也不过是托古之作，不能真的把它看做是尧、舜、禹三代之文。《商书》尽管记录了盘庚迁殷、商汤伐桀等真实的历史事件，但其语言却与《周书》基本一致，显然已不是商部族语言的原貌了，或是周代史官用“雅言”整理过，或者就是殷商后人（宋人）的述古之作。②

即使写作时代确定的历史文献，也要注意其语言内部存在的时间层次。例如《史记》，作者（司马迁）、写作年代（汉武帝之时）十分确定，但如果将其语言笼而统之地视为西汉时期的语言，视为一个纯粹的共时系统，是有问题的。考察《史记》的语言，至少可以分为两部分：本纪、世家、列传中记载秦及秦以前的历史和人物的内容，如《五帝本纪》《吴太伯世家》《伯夷列传》等；本纪、世家、列传中记载汉代历史和人物的内容，如《项羽本纪》《陈涉世家》《张耳陈馀列传》等。司马迁著《史记》，在记录秦及秦以前的历史时，博采周秦典籍，除直接引文（如《秦始皇本纪》记载始皇出游刻石之辞）之外，不少文字亦直接抄录先秦的文献（如《尚书》《左传》《国语》《战国策》《吕氏春秋》等）③，因此，第一部分文献的语言主要反映的是周秦时期语言的特点，其语言具有存古的性质，不宜作为研究西汉语言的典型语料。④司马迁在记录汉代的历史和人物时，并无先秦文献可征，是用自己的语言进行创作，因此，第二部分文献的语言才较多地反映了西汉时期语言的特点。

（2）要正确认识传世文献与出土文献在汉语史研究中的地位。

历史文献分为两大类：传世文献与出土文献。凡经过千百年流传下来的文献，如各类刊本、排印本、传抄本等，称为传世文献；凡近代从地下发掘出来的文献，如甲骨卜辞、铜器铭文、简牍帛书、敦煌写卷等，称为出土文献。出土文献由于长期掩于地下未经流传，因而真实地保留着当时的面貌，具有极高的研究价值；传世文献在长期的流传过程中，经过反复传抄、多次校勘、多次刊刻，存在着不同程度的“失真”。即以 1993 年湖北荆门郭店出土的战国楚简《缁衣》以及 1994 年上海博物馆收藏的战国楚简《缁衣》，与传世文献的《缁衣》相较，文字出入甚大，可见一斑。

依照常理，汉语史的研究当以出土文献为基本材料，而以传世文献为旁证⑤；实则不然，因为我们今天所见到的古代文献绝大部分是传世文献。传世文献数量大，资料丰富，保存完整，而出土文献则数量少，资料相对单一、零散。因此，总体上说，作为汉语史研究依据的历

① 东晋元帝时，豫章内史梅赜向朝廷献汉代孔安国的《孔传古文尚书》，明代梅鷟著《尚书考异》、清代阎若璩著《古文尚书疏证》论定《孔传古文尚书》是伪作。

② 屈万里《尚书今注今译》：“书序谓本篇作于盘庚时，《史记·殷本纪》以为作于小辛时。按：本篇数言盘庚，而盘庚之名，乃其后人所命，非盘庚在世时之称，可知本篇非当时所作。小辛时亦不当有‘盘庚’之号，故知亦非作于小辛时也。疑为殷末人（甚至宋人）述古之作。”

③ 据宋亚云统计：《周本纪》全文 9 000 多字，竟有 5 000 多字可以直接从《尚书》《国语》《左传》《战国策》《逸周书》《诗经》《吕氏春秋》等文献中找到相应甚至完全相同的文字。又，比较《战国策》和《史记》中相同或相关的 105 个故事，排比其文字异同，相同或相关的文字部分，见于《战国策》的有 58 700 字左右，见于《史记》的有 55 700字左右。参见宋亚云：《汉语作格动词的历史演变及相关问题研究》，22～23 页，北京，北京大学出版社，2014。

④ 当然，在第一部分文献中，司马迁在博采先秦典籍的时候，亦有不少加工、改动之处，排比这些语料，比较其异同，亦可从局部探究语言的发展。

⑤ 日本汉学家太田辰夫在《中国语历史文法》中，把文献分为“同时资料”和“后时资料”。出土文献大都是“同时资料”或“准同时资料”，而传世文献都是“后时资料”。参见［日］太田辰夫：《中国语历史文法》，381～382 页，北京，北京大学出版社，1987。

代书面语当以传世文献为主。[①] 当然，在汉语史的研究（尤其是上古汉语的研究）中，我们应该密切关注考古界的新发现，充分利用已经发掘的出土文献材料。只有将传世文献与出土文献结合起来进行研究，才能得出更为科学的结论。

（二）传统语言学的研究成果

传统语言学旧称“小学”，源远流长，遗产丰富。其成果大体可以分为文字、音韵、训诂三类。研究文字的字书有《说文解字》《玉篇》等；研究词汇词义的义书有《尔雅》《方言》《释名》等；研究音韵的音书有《切韵》《广韵》《中原音韵》等。以段玉裁、王念孙为代表的“乾嘉学派”使“小学”的研究达到了巅峰，其研究成果都是汉语史研究的依据。

此外，古人的注疏也是“小学”的研究成果。其内容十分丰富，除了注音、释义之外，还可以从中窥见语法分布的历史变化。仅以郑玄注《诗经》为例[②]：

> 岂不尔思，子不我即。（《郑风·东门之墠》）（郑玄笺：我岂不思望女乎？女不就迎我而俱去耳。）
>
> 无我恶兮。（《郑风·遵大路》）（郑玄笺：子无恶我。）
>
> （否定句代词宾语前置）
>
> 四方是维，天子是毗。（《小雅·节南山》）（郑玄笺：毗，辅也。……维制四方，上辅天子。）
>
> 鱼网之设。（《邶风·新台》）（郑玄笺：设鱼网者宜得鱼。）
>
> （用“是”、“之”标记宾语前置）

郑玄注《诗经》，将上述两种类型的前置宾语置于动词之后。这说明，郑玄所处的东汉时期，人们对于上述两种类型的宾语前置句已经十分陌生了，不特别注明，则难以理解。换句话说，上述两种类型的宾语前置句已从口语中消失了。

对待传统语言学的研究成果，全盘否定或兼收并蓄，都失之偏颇。当坚持一分为二的原则，剔除其糟粕，汲取其精华，以达到批判地继承的目的。

（三）现代汉语的方言

方言和汉语史研究有很密切的关系，我国各地有非常丰富的方言材料，我们可以利用汉语方言更好地研究汉语史。

（1）汉语历史上有过的许多语言事实在现代方言中可以得到印证。

现代汉语的方言都来自古代汉语，由于形成的年代不同，也就不同程度地保留着上古汉语、中古汉语的痕迹。从某种意义上说，现代汉语的方言可称得上是古代汉语的“活化石”。汉语历史上有过的许多语言事实在现代方言中可以得到印证。例如：

语音方面，清代学者钱大昕根据古代文献中的通假异文［如“伏羲”即“庖羲”，“伯服”

---

① 不能一概而论。如研究殷商的语言，依靠的只能是出土文献——甲骨卜辞。

② 参见孙良明：《古代汉语语法变化研究》，106～124 页，北京，语文出版社，1994。

即“伯犕”，“士鲂”即“士彭”，“扶服”即“匍匐”。“伏”、“服”、“鲂”、“扶”等字，其声母为轻唇音（即唇齿音），“庖”、“犕”、“彭”、“匍”等字，其声母为重唇音（即双唇音）〕以及谐声（如从“非”得声的有“辈”、“排”等字，“非”是轻唇，“辈”、“排”是重唇）等，提出“凡今人所谓轻唇者，汉魏以前皆读重唇”①。钱大昕的著名论点今天已成为学界的共识，一个很重要的原因是钱氏的论点在现代汉语方言中得到了印证。比如：厦门白话音“范”读[pan]，“分”读[pun]，“方”读[paŋ]，“芳”读[pʰaŋ]；梅县“斧”读[pu]，“肥”读[pʰi]，“缝”读[pʰuŋ]。

词汇方面，不少古词古义还保留在现代汉语方言中。如：

上古说“走”是跑的意思，说“行”是走的意思；“走”、“行”的古义依然保留在今广州话等方言中。

用水浇灌，普通话说“浇”，上古说“沃”。《说文·水部》：“沃，溉灌也。”段注：“自上浇下曰沃。”今福建龙岩方言仍说“沃”，如“沃菜、沃水、沃肥”。

（从水中）捞取，上古说“漉”。《说文·水部》：“漉，浚也。”又：“渗，下漉也。”《广韵》：“漉，渗漉，又沥也。”“漉”是让水通过障碍流走。引申为“（从水中）捞取”，如《齐民要术·饼法》：“须即汤煮，笊篱漉出。”今福州话“（从水中）捞取”仍说“漉”（与“鹿”同音）。

（2）汉语方言为古音系统的构拟或重建提供了依据。

传统“小学”关于音韵的研究，无论韵书、韵图的编纂，还是理论上的探究，都停留在音类（声类、韵类、调类）的区分上（如《广韵》的二零六韵，顾炎武的古韵十部，段玉裁的古韵十七部等），至于音类的实际音值，音类之间的差异，历来的韵书都无法做出具体的、语音学的描写。例如：古人的“等韵图”将《广韵》的二零六韵分为四等，但一等的主要元音如何？二、三、四等的主要元音又如何？清代学者江永在《音学辨微》中描写道：“一等洪大，二等次大，三四皆细，而四尤细。”这种描写显然是模糊的。真正的汉语古音系统的构拟或重建，始于20世纪初的瑞典语言学家高本汉（B. Karlgren）。② 高本汉将历史比较法运用到了汉语的研究中，在现代33种汉语方言材料（包括日译吴音、日译汉音、高丽译音、越南译音等四种域外方言，即借音）的基础上，根据现代汉语各个方言的差异，重建了《广韵》音系。有了高本汉以及后来的音韵学家的拟音，我们不仅对《广韵》二零六韵的音值有了感性的认识，而且对“等韵图”中的“等”的区分也有了较为科学的理解。例如：山摄一等韵“寒”（-ɑn）、二等“删”（-an）与三等韵“仙”（-jɛn）、四等韵“先”（-ien）的区分，首先在于介音的有无，一、二等韵无[i]这样舌位又高又前的介音，所以声音显得“洪大”；其次是主要元音的发音部位的不同，由ɑ—a—ɛ—e，一等韵至四等韵，其主要元音的发音部位（舌位）逐渐由后至前、由低向高移动。

在使用方言材料时，需要注意系统性和方言自身的演变规律。比如，中古的知组声母字在一些湘、赣方言中读舌尖音，早先认为这是“古无舌上音”的证据。但是如果把考察的范围扩大，就会发现这些方言中不仅中古知组字读舌尖音，章组字甚至庄组字都有读舌尖音的，这种现象并非是古音的遗留，而是方言自身演变的结果。③汉语方言中普遍存在文白异读现象，有一种倾向认为白读

① 钱大昕：《潜研堂文集》，《四部丛刊》本，卷十五。

② 参见高本汉：《中国音韵学研究》，北京，商务印书馆，1994。

③ 参见蒋希文：《湘赣语里中古知、庄、章三组声母的读音》，载《语言研究》，1992（1）。

音往往反映较古的层次，其实不尽然，需要具体分析。比如，北京话“客”文读为［$k^hɤ$］，白读为［$tɕ^hiɛ$］；白读音韵母已经产生-i-，声母已经腭化为舌面音，显然是晚近的发展。

（四）外语借词

古代朝鲜语、日语、越南语都曾从汉语里借去大量词语，现在还保存着当时的一些读法，可以作为汉语古音构拟的旁证。

如，汉语里的古奉母，现代日语吴音都读［b］①，可以证实“古无轻唇音”的说法。

又如“三、方、湿”，“高丽音”分别读作［sam］、［pan］、［sɯp］②，从中可以看出古汉语的遗迹。（游汝杰“《社会语言学与方言学专题》讲义”）

此外，汉译佛经中的梵汉对音材料，也可以为汉语语音史的研究提供一些可靠的线索。例如，从唐玄奘的译著的梵汉对音可以窥见当时中原语音中入声的变化。③

除外语里借汉语的词之外，汉语里借外语的词作为汉语史的材料也是非常珍贵的。如“佛”的原音是 buddha，最初译为“浮屠”和“浮图”，稍后译为“佛图”和“佛陀”，简称为“佛”。可见由上古直到隋唐，“浮”和“佛”仍读重唇；“佛”字当时有-t 尾（物部，並母），比“浮”（幽部，並母）译得较为正确；汉代的“屠”和“图”念 da（鱼部，定母），所以拿来译 buddha 的第二音节，到了唐代，“屠”和“图”（同都切）不念 da 了，所以换成念 da 的“陀”字。④

上述 4 个依据，归结起来，不外乎王力先生所说的两种材料，即历史文献和各地方言。在汉语史的研究中，无论是忽视历史文献，还是忽视各地方言，都是不可取的。

四、汉语史研究的方法

（一）归纳法

传统语言学的研究方法都是归纳法。例如：研究《诗经》韵部的系联法。

---

① 外语借词中也存在着类似“文白异读”的现象。例如：日语里的汉语词汇有吴音、汉音和唐音之别。吴音是模仿中国唐代以前的南方语音的，汉音是模仿中国唐代长安一带语音的，唐音是模仿宋明清时代的语音的。如“京”字的三种读法：在“东京”里读作［kyō］（吴音）；在“京畿”里读［kei］（汉音）；在“南京”里读作［kin］（唐音）。又如：越南语里的汉语成分至少可分为两个层次。最早的一层是古汉越语，指汉至唐初传入越南的零星的汉字汉音，例如“箸、舞”越南语读作［dua4］、［mua5］。这些字音带有上古汉语的特点。第二层次是汉越语，指唐代之后大量输入越南语的成系统的汉字和汉音。例如“六、难、见”在越南语里分别读作［luc6］、［nan1］、［kien5］。这些字音带有中古汉语的特点。汉越语大多见于越南语的文言。唐代的科举制度促使今越南地区的知识分子诵读汉文的经典、书籍，从而形成了系统的汉越语。

② 朝鲜语里与汉语有关的字音称为“高丽音”。

③ 唐玄奘译著中的梵汉对音韵尾有相混现象，相混的程度上入声字比阳声字多，而入声字收-t、-k 的字又多于收唇音-p 的字。这表明：（1）入声似乎还没有消失，因为对音的主流还是用入声字去对译收-p、-t、-k 的梵音；（2）收-t、-k 的入声字的韵尾已开始弱化（可能收-ʔ），因而才有相混的现象，用入声字去对译开音节（如：《切韵》收-t 的字“剌”对译 rab、ra）；（3）-t、-k 的弱化比-p 厉害（收-p 的入声字只与同部位的-m 相混）。

④ 参见王力：《汉语史稿》，23 页，北京，中华书局，1980。原书将中古全浊声母构拟为送气音，现按王力先生晚年的意见改为不送气音。

在归纳的基础上进行比较（或是形式的，或是内容的，或是功能的，等等），是运用归纳法进行汉语史研究的最基本的做法。有共时的比较，如某一历史文献内部语言现象（如词类、句式）的比较，或某一历史时期几部专书语言现象的比较等；也有历时的比较，即通过不同时期的历史文献的比较，考察某一语言现象的历史变化。

归纳法是汉语史研究最基本的方法，无论是下文提到的历史比较法，还是结构分析法，都离不开归纳法。

（二）历史比较法①

历史比较法是比较方言或亲属语言的差异以探索语言的发展规律的一种方法，是汉语语音史研究的基本方法之一。

历史比较法的基本内容是通过两种或几种方言或亲属语言的差异的比较，找出相互间的语音对应关系，确定语言间的亲属关系和这种关系的亲疏远近，然后拟测或重建它们的共同源头——原始形式。从语言的空间差异探索语言的历史发展是历史比较法的重要原则。例如：高本汉根据现代汉语方言的差异重建《切韵》音系。

运用历史比较法应注意以下几个问题：

（1）在搜集比较材料时，要注意材料必须是基本核心词（如：代词、亲属称谓、身体各部位的名称以及日常生活通用的名词、动词、形容词等）；要注意区分同源词和借词。例如：不能根据日语从汉语借去的词语而说日语和汉语有亲属关系。

（2）在确定语言差异的年代顺序时，要注意把方言分歧现象的比较和历史文献材料结合起来。例如高本汉重建《切韵》音系，利用反切、韵书等已知确切年代的历史材料，力图克服历史比较法的局限。

历史比较法的局限：

（1）重建的原始形式属于哪一个时代无法确定，因而拟测出来的原始形式都被看成同一年代层次上的语言现象。其实不一定。

（2）历史比较法只讲语言的分化，无法解释由于语言间的接触而产生的扩散与渗透现象。

（三）结构分析法

结构分析法的理论基础是德·索绪尔的语言系统说。德·索绪尔认为语言是由语言符号所组成的一种系统。按照结构主义语言学的理论，语言中的聚合关系和组合关系构成语言的系统。我们现在分析、描写语言现象的时候，不可避免地要谈及语言系统（如语音系统、语法系统、词汇系统等），要涉及语言的单位（如：音位、音节、语素、短语等）、结构层次、分布等，其实这都是在运用结构分析法分析、描写语言现象。

结构主义语言学将语言学严格地区分为共时和历时两个层面，并将结构分析法主要用于共时语言系统的描写和分析。我们认为，共时和历时只是语言研究的两个视角，而非语言本

---

① 参见徐通锵：《历史语言学》，北京，商务印书馆，1996。

身的两个层面。汉语许多共时的语言现象的变异需要借助历史演变参数才能得到合理的解释。

例如：现代北京话的塞音音位，分属“一送气”、“＋送气”两个聚合群。这两个聚合群在与阳声韵（收鼻音韵尾）组合时，“一送气”的音位都没有阳平字，而“＋送气”的音位才有阳平字。如：

“一送气”音位：阴平——般 奔 边 单 当 端 光

“＋送气”音位：阴平——潘 喷 篇 滩 汤 湍 筐

阳平——盘 盆 便 檀 堂 团 狂

为什么会出现这样的差异？这就需要做历史的考察。中古汉语浊塞音在北京话中清化，依声调的平仄并入相应的送气或不送气清音：

b—仄：p 步 部 备 抱／平：p^h 蒲 菩 爬 皮

d—仄：t 杜 道 豆 但／平：t^h 徒 桃 头 谈

g—仄：k 共 柜／平：k^h 狂 逵

…………

凡阳声韵中的平声字，因为其声调是“平”的，所以其浊塞音在现代北京话中都变成了送气音。因此，“一送气”的音位在与阳声韵组合时，不可能有阳平字。为什么“一送气”的塞音在与阴声韵组合时，有阳平字，那是“入派三声”的结果：

“一送气”音位：阴平 ——巴 多 歌

阳平 ——拔 夺 格（古入声字）

上述举例表明：在语音系统中，音位的历史变化是成系列的，不仅反映在聚合群内部，也反映在音位的组合关系中。①

汉语史研究的基本步骤：(1) 根据研究目标的需要，确定若干个历史层面（如春秋战国、汉代、魏晋南北朝、唐代、宋代等）；(2) 在每个历史层面确定若干部具有代表性的文献（如春秋战国——《左传》《论语》《孟子》《战国策》等，汉代——《史记》《论衡》等，南北朝——《世说新语》《齐民要术》等，唐代——《敦煌变文》《祖堂集》等，宋代——《朱子语类》《五灯会元》等）；(3) 对各个层面语料中的研究对象（如词类、句式、语义场等）进行界定，进行共时的分析、量化的描写，归纳出该语言现象的聚合特征、组合特征；(4) 对各个层面归纳出的结果进行历时的比较和动态的研究，力图勾画出该研究对象历史变化的轨迹；(5) 在汉语史的大背景下（还可以在跨语言的背景下），对语言现象的历时变化做出解释，探讨原因（语用推理、语言接触），总结规律（类推、重新分析、借用）。当然，最后一点已不仅仅是归纳，演绎已在其中了。②

---

① 参见徐通锵：《历史语言学》，北京，商务印书馆，1996。

② 目前学术界提出新的方法——二重证据法。这一方法是把“历史文献考证法”和“历史比较法”结合起来，加以融合，形成汉语史研究中的新方法。早在20世纪初，王国维就提出“地下之新材料”补证“纸上之材料”的“二重证据法”。汉语史的研究初步表明，“二重证据法”是一种实事求是的方法，是行之有效的，是可取的。

五、汉语史的分期

根据汉语的发展变化，汉语的历史可以分为若干个不同的时期。关于分期的标准，主要有两种意见：

吕叔湘先生以文体（“文言”、“白话”）的转变作为分期的标准，以晚唐五代为界，把汉语的历史分为古代汉语和近代汉语两大阶段，认为现代汉语只是近代汉语的一个阶段（《近代汉语指代词·序》）。

王力先生以语言发展的内部规律作为分期的标准，认为应该以语法作为主要的根据，主张将汉语史分为上古、中古、近代、现代四个时期（《汉语史稿》）。

现在学界大多采用王力先生的分期标准。但关于汉语史具体的分期，以及各个时期的上限、下限，学界仍有不同的看法。①

下面按照王力先生汉语史的分期，简要介绍一下各个时期汉语的特点。

（一）上古期（公元3世纪以前）②

（1）语音上，以《诗经》音系为代表：无轻唇音、舌上音、正齿音，以母为流音；阴声韵、阳声韵、入声韵三类配合，一、二等韵的区别为介音不同；入声分长入、短入两类。

（2）词汇上，以单音词为主，音变构词是主要的构词方式，词汇复音化的趋势已然开始。

（3）语法上，判断句不用系词，疑问句和否定句的代词宾语通常置于动词之前。

（二）中古期（南北朝至南宋前半）

（1）语音上，以《切韵》音系为代表：以母变为半元音，舌上音、正齿音已经分化出来，后期轻唇音也分化出来；入声韵与阳声韵相配，一、二等韵由介音不同演变为主要元音不同；声调分平上去入四声，长入声变为去声，后期全浊声母上声字变为去声。

（2）词汇上，音变构词开始衰落，复合构词逐渐发展为主要的构词法，复音词大量增加。

（3）语法上，现代汉语中重要的语法现象，如：名词词头、词尾，时体助词、结构助词“底（的）”，第三人称代词“他”，系词“是”，“被”字句，疑问句代词宾语后置，处置式，等

---

① 瑞典汉学家高本汉采用“五分法”，认为《诗经》以前是太古汉语，《诗经》以后到东汉是上古汉语，六朝到唐是中古汉语，宋代是近古汉语，元明是老官话。日本汉学家一般采用“四分法”，把汉以前称为“上古”，把六朝至唐末称为“中古”，把宋元明称为“近世”，把清代称为“近代”。蒋绍愚倾向于采用“三分法”，即把汉语史分为古代汉语、近代汉语、现代汉语，并认为近代汉语的上限是晚唐五代，下限当定在清初。孙锡信主张“六分法”，即上古前期（殷商西周）、上古后期（东周至两汉）、中古时期（魏晋南北朝）、近代前期（隋唐至北宋）、近代后期（南宋至明）、现代时期（清初至今）。

② 上古期可以细分为三个阶段：第一阶段，殷商甲骨文时期，主要文献是卜辞。卜辞是一个相对独立的语言系统。其语法、词汇和语音，都与周秦汉语有很大的不同。第二阶段，西周时期，主要文献是金文、今文《尚书》《诗经》中的《雅》《颂》部分、《易经》等。第三阶段，东周与秦汉时期，主要文献是周秦及汉代的传世文献，以及战国秦汉出土的简帛文献。参见郭锡良（2005）、姚振武（2015）。

等，几乎都是在这一时期产生并广泛应用的。

（三）近代（元至清）

（1）语音上，以《中原音韵》音系为代表：全浊声母清化，知、庄、章三组声母合流，零声母范围扩大；入声韵尾消失变为阴声韵，一、二等主要元音的对立消失（部分转化为介音不同），后期［-m］韵尾消失；平声分为阴、阳两类，入声消失，派入平、上、去三声（入声调短暂独立）。

（2）词汇上，出现了大量新词；近代产生的新词中双音词占绝对优势。

（3）语法上，时体助词“了、着、过”以及结构助词“底（的）”的使用日趋规范统一；新的语气词系统形成。

（四）现代（20世纪五四运动以后）

以北京音为标准音、以北方方言为基础方言、以典范的现代白话文著作为语法规范的现代汉民族共同语最后形成。

西洋语法的吸收是这一时期的特点：新兴词尾（如：性、化、品、家等）产生，句子结构更加严密化（如：出现复杂的修饰语、复杂的连谓结构等）。

20世纪50年代，王力先生《汉语史稿》的出版标志着汉语史学科的创立。半个多世纪以来，汉语史研究取得了长足的进步。总的说来，汉语史研究中，语音史的研究好一些，词汇史的研究最为薄弱；共时的、静态的描写比较多，而历时的、动态的描写相对要少（专书的研究、断代的研究开始受到普遍的关注，相比较而言，跨时间层面的专题研究则相对薄弱）；对语言演变的描写比较多，而揭示语言演变规律的解释则要薄弱得多。

注重语言事实的描写，在此基础上探究语言演变的动因和规律，并把汉语史研究和现代汉语方言、跨语言的研究结合起来，是汉语史研究的方向。

【思考题】

1. 简述汉语史研究的依据。
2. 汉语史分期的标准是什么？简述王力先生汉语史的分期以及各个时期的特点。

第一编

汉语语音史

第一章

上古汉语的语音系统

本章介绍以《诗经》音系为代表的上古汉语音系。这个音系有26个声母、30个韵部、5个声调，主要有如下特点：第一，唇音、舌音和齿音都各只有一套，没有轻唇音、舌上音和正齿音；第二，齿音当中没有浊擦音*z-；第三，有边音和闪音两类流音；第四，有一套清的响音声母*m̥-，*n̥-，*ŋ̊-，*l̥-和*r̥-；第五，韵母阴、阳、入三声相配；第六，有长入和短入两个入声调。

研究上古汉语主要依靠书面文献。早在殷商时代，汉字就已经发展成为一套成熟的文字体系。由于汉字不是拼音文字，语音信息主要反映在形声字和文字借用（通假）当中，尤其是前者，能够比较系统地反映语音信息。殷商文字中形声字的比例还比较低，而且这一时期的文献中缺乏韵文，所以通过文字资料还不足以建立起这一时期完整的语音系统。因此，通常讲的上古汉语音系一般指的是通过分析《诗经》用韵和周秦汉字谐声系统建立起来的汉语音系，大致反映西周时期北方汉语的语音系统，这个语音系统也称作"《诗经》音系"。本章所讲的上古汉语音系就是以《诗经》音系为代表的。

研究上古汉语音系主要依据以下材料：

（1）中古《切韵》音系。《切韵》音系是上求古音、下推今音的桥梁，上古汉语的声韵调系统必须参照《切韵》音系才能建立起来。

（2）《诗经》等上古韵文的用韵。《诗经》用韵是划分上古韵部的主要依据，上古其他的韵文也是研究上古韵部的重要参考资料。

（3）谐声字。《诗经》等韵文中入韵的字数有限，通过分析谐声关系可以确定更多汉字的上古韵部。谐声字也是研究上古汉语声母最主要的材料。

（4）假借异文。上古文献中文字借用的现象比较常见，同一文献的不同版本或者不同文献之间互相引用时用字不同的现象也很突出。相互借用的汉字读音一定相同或相近，所以是考察上古音的重要资料。

（5）声训。声训是一种用音同或音近的字来解释被释字的训诂方法，其用意是为了探求事物命名之由。如《释名》："负，背也。""邦，封也。"声训虽然从训诂的角度来讲不尽可信，但是释字与被释字之间在语音上的关系则大多是可靠的。

（6）联绵词。联绵词的两个音节往往有语音上的关系，所以对于考察古音也有帮助。比如："匍匐"是双声联绵词，"苶苜"是叠韵联绵词。

（7）方言和亲属语言。由于语言发展在地域上的不平衡性，现代汉语方言和汉藏语系亲属语言中可能不同程度地保留了一些上古音的特点。比如，中古知组声母字上古是舌尖音，在闽方言中仍然如此，厦门话“知”读［ti］，“张”读［tiɔŋ］。又如，上古鱼部字主要元音是a，在藏语中仍然如此，拉萨话“鱼”是［n̥a］，“我”（吾）是［ŋa］。

（8）译音对音。在汉民族与其他民族交往的过程中，双方的语言中都会出现一些对方语言的音译词，这些音译词也是我们研究汉语上古音的重要资料。比如汉代把Alexandria译成“乌弋山离”，说明当时“乌”大致读［a］。

第一节 上古汉语的声母

研究上古汉语声母主要依据谐声，同时参考假借、声训等材料。同声符的字声母并不一定相同，但是一定比较接近。对于谐声字之间声母的关系，李方桂在《上古音研究》中这样解释：

> （1）上古发音部位相同的塞音可以互谐。
> （a）舌根塞音可以互谐，也有与喉音（影及晓）互谐的例子，不常与鼻音（疑）谐。
> （b）舌尖塞音互谐，不常跟鼻音（泥）谐，也不跟舌尖的塞擦音或擦音相谐。
> （c）唇塞音互谐，不常跟鼻音（明）相谐。
> （2）上古的舌尖塞擦音或擦音互谐，不跟舌尖塞音相谐。①

对于舌尖塞擦音、擦音（精系）不与舌尖塞音（端系）谐声的现象，王力从发音部位和发音方法两个方面进行解释：

> 古人把端系称为舌音，精系称为齿音，是不是发音部位也有所不同。现代北京话里，精系是舌尖前音，发音时舌尖接触门牙；端系是舌尖中音，发音时舌尖接触齿龈。我们的古音也应该是这样，端系和精系不但发音方法不同，而且发音部位也不同。因此，在上古时代，端系字和精系字较少通假。②

那么，对于谐声字之间声母的关系可以用同一条标准来解释，就是**同声符字声母的发音部位相同**。此外，还应该注意：同一发音部位的声母当中，鼻音声母一般不与非鼻音声母谐声。

通过谐声关系只能确定声母的发音部位，至于发音方法（清/浊、送气/不送气）则需要根据中古音来推定。一般说来，声母的发音方法（清/浊、送气/不送气）从上古到中古没有发生变化。

一、上古汉语的声母系统

按照上述的谐声原则，我们在李方桂上古声母系统的基础上，参考其他学者的研究成果，

① 李方桂：《上古音研究》，10页，北京，商务印书馆，1980。
② 王力：《汉语语音史》，见《王力文集》，第10卷，22页，济南，山东教育出版社，1987。

将上古汉语声母订为 26 个，并按照传统音韵学的习惯给每个声母取一个代表字，列表如下（见表 1—1）：

表 1—1　　上古汉语声母表

唇音	帮 p	滂 p^h	並 b	昏 m̥	明 m				
舌音	端 t	泰 t^h	定 d	妥 n̥	泥 n	体 l̥	来 l	失 r̥	以 r
齿音	精 ts	清 ts^h	从 dz			心 s			
牙音	见 k	溪 k^h	群 g	献 ŋ̊	疑 ŋ				
喉音	影 ʔ					兄 h	云 ɦ		

下面按照发音部位分别进行讨论。

(一) 唇音

上古汉语没有唇齿音声母，中古后期的“非敷奉微”四个声母上古都是双唇音。最早发现这一现象的是清代学者钱大昕（1728—1804）。他在《十驾斋养新录·古无轻唇音》中说：“凡轻唇之音，古皆读为重唇。”

（1）谐声的证据：

反返贩（非母）饭（奉母）—— 板版（帮母）阪（並母）
方放（非母）芳访（敷母）房（奉母）—— 彷旁（並母）
甫（非母）辅（奉母）—— 補圃（帮母）铺浦（滂母）捕（並母）
分粉（非母）芬（敷母）汾鼢（奉母）—— 玢颁（帮母）贫盆（並母）
未味（微母）—— 昧妹魅（明母）
闻问（微母）—— 门闷（明母）

（2）假借异文的证据：

《郭店楚墓竹简·缁衣》：“《诗》云：备之无怿。”[①]《礼记·缁衣》：“《葛覃》曰：服之无射。”《诗经·周南·葛覃》：“服之无斁。”（备，並母；服，奉母）

《诗经·邶风·谷风》：“凡民有丧，匍匐救之。”《礼记·檀弓》：“诗云：凡民有丧，扶服救之。”（匍，並母；扶，奉母）

《庄子·让王》：“汤又因瞀光而谋。”《史记·伯夷列传》：“及夏之时，有卞随、务光者。”《荀子·成相》：“身让卞随举牟光。”（瞀，明母；务，微母；牟，明母）

（3）声训的证据：

《释名》：“负，背也。”（负，奉母；背，帮母）“房，旁也。”（房，奉母；旁，並母）“邦，封也。”（邦，帮母；封，非母）“未，昧也。”（未，微母；昧，明母）“望，茫也。”（望，微母；茫，明母）“吻，免也。”（吻，微母；免，明母）

（4）联绵词的证据：

匍（並母）匐（奉母）；觱（帮母）沸（非母）；蚍（並母）蜉（奉母）；靡（明母）

---

① 引用出土文献时除需要讨论的字以外一般都转写成通行文字。

芜（微母）

部分中古晓母字不与牙喉音字谐声，而与明、微母字谐声，这部分晓母字上古是清鼻音声母 *m̥-（昏母）。

（1）谐声的证据：

每（明母）—— 悔海晦（晓母）
靡（明母）—— 麾（晓母）
微（微母）—— 徽（晓母）
墨（明母）—— 黑（晓母）
瞢（明母）—— 薨（晓母）
勿（微母）—— 忽曶笏（晓母）
亡（微母）—— 肓（晓母）

（2）假借异文的证据：

《郭店楚墓竹简·老子乙》：“上士昏道，勤能行于其中。中士昏道，若昏若亡。下士昏道，大笑之。”今本《老子》：“上士闻道，勤而行之。中士闻道，若存若亡。下士闻道，大笑之。”（昏，晓母；闻，微母）

《上海博物馆藏战国楚竹书·中弓》：“敢昏（问）为政何先。”（昏，晓母；问，微母）

《上海博物馆藏战国楚竹书·容成氏》：“起师以伐昏（岷）山氏。”（昏，晓母；岷，明母）

（二）舌音

上古只有一套舌音，是舌尖音。下面分别讨论。

1. 舌尖塞音

钱大昕在《舌音类隔之说不可信》中说：“古无舌头、舌上之分，知彻澄三母，以今音读之，与照穿床无别也；求之古音，则与端透定无异。”又说：“古人多舌音，后代多变为齿音，不独知彻澄三母为然也。”中古的端、知、章三组声母经常互相谐声，上古都是舌尖音，在介音 *-j-前演变为中古章组声母，在介音 *-r-和 *-rj-前演变为中古知组声母（关于上古的介音请参考下一小节）。

（1）谐声的证据：

都堵睹（端母）屠（定母）—— 猪（知母）著箸（澄母）—— 者渚（章母）
凋雕（端母）调（定母）—— 啁（知母）裯绸（澄母）—— 周輖（章母）
颠滇（端母）瑱（透母）填阗（定母）—— 镇（知母）—— 真禛（章母）瞋（昌母）慎（禅母）
董（端母）動（定母）—— 重（澄母）—— 種锺腫（章母）衝（昌母）

（2）假借异文的证据：

《诗经·鄘风·柏舟》：“实维我特。”《释文》：“特，如字，匹也。《韩诗》作‘直’。”

（特，定母；直，澄母）

《郭店楚墓竹简·老子甲》："慎冬如始，此亡败事矣。"今本《老子》："慎终如始，则无败事。"（冬，端母；终，章母）

《郭店楚墓竹简·缁衣》："靖共尔位，好是贞植。"《礼记·缁衣》："《诗》云：靖共尔位，好是正直。"《诗经·小雅·小明》："靖共尔位，好是正直。"（贞，知母；正，章母。植，禅母；直，澄母）

（3）声训的证据：

《释名》："贞，定也。"（贞，知母；定，定母）"台，持也。"（台，定母；持，澄母）"冬，终也。"（冬，端母；终，章母）"肘，注也。"（肘，知母；注，章母）"胗，展也。"（胗，章母；展，知母）

2. 舌尖鼻音和清鼻音

章炳麟主张"娘日归泥"，这是合理的。中古的泥、娘、日三个声母经常互相谐声，上古都是舌尖鼻音，在介音 * -j-前演变为中古日母，在介音 * -r-和 * -rj-前演变为中古娘母。

（1）谐声的证据：

囊（泥母）—— 孃釀（娘母）—— 穰讓（日母）
念（泥母）—— 稔（日母）
溺（泥母）—— 弱（日母）
诺（泥母）—— 若（日母）
女（娘母）—— 汝（日母）

（2）假借异文的证据：

《诗经·魏风·硕鼠》："三岁贯女（汝），莫我肯顾。"（女，娘母；汝，日母）

《郭店楚墓竹简·老子甲》："慎终女始，此亡败事矣。"今本《老子》："慎终如始，则无败事。"（女，娘母；如，日母）

《郭店楚墓竹简·成之闻之》："戎（农）夫务食不强耕，粮弗足矣。"（戎，日母；农，泥母）

（3）声训的证据：

《释名》："入，纳也。"（入，日母；纳，泥母）"男，任也。"（男，泥母；任，日母）《释名》："尔，昵也。"（尔，日母；昵，娘母）

部分中古透、彻、书母字和泥、娘、日母字谐声，这部分字上古是清鼻音声母 * n̥-（妥母）。

（1）谐声的证据：

难（泥母）—— 滩（透母）
能（泥母）—— 態（透母）
馁（泥母）—— 妥（透母）
纽（娘母）—— 丑（彻母）

耳（日母）—— 耻（彻母）
聂（娘母）—— 摄（书母）
如（日母）—— 恕（书母）
惄（泥母）—— 叔（书母）

（2）假借异文的证据：

《上海博物馆藏战国楚竹书·容成氏》：“骄能（態）始作。”（能，泥母；態，透母）

《上海博物馆藏战国楚竹书·缁衣》：“朋友攸囡，囡以威仪。”《礼记·缁衣》：“《诗》云：朋友攸摄，摄以威仪。”《诗经·大雅·既醉》：“朋友攸摄，摄以威仪。”（囡，娘母；摄，书母）

（3）声训的证据：

《释名》：“丑，纽也。”（丑，彻母；纽，娘母）“镊，摄也。”（镊，娘母；摄，书母）

3. 舌尖边音和清边音

中古的来母字谐声情况非常复杂，留待后文讨论，这里先谈清边音的问题。部分中古透、彻母字跟来母字谐声，这部分字上古是清边音声母 *l̥-（体母）。

（1）谐声的证据：

體（透母）—— 豊禮（来母）
獭（透母）—— 赖癞（来母）
虿（彻母）—— 厉（来母）
宠（彻母）—— 龙（来母）
郴（彻母）—— 林淋霖（来母）
瘳（彻母）—— 翏寥戮（来母）
离魑螭（彻母）—— 離醨缡（来母）

（2）假借异文的证据：

《郭店楚墓竹简·性自命出》：“万（厉）性者，义也。”（万，即“虿”字初文，彻母；厉，来母）

《上海博物馆藏战国楚竹书·容成氏》：“于是乎九邦叛之，丰、镐、郍、鼍、邘、鹿、逨（邰）、崇、密须氏。”《史记·酷吏列传》：“赵禹者，斄人。”张守节《正义》：“音胎。故斄城在雍武功县西南二十二里。古邰国，后稷所封，汉斄县也。”（逨、斄，来母；邰、胎，透母）

（3）声训的证据：

《释名》：“礼，体也。”（礼，来母；体，透母）

4. 舌尖闪音和清闪音

中古的以（喻四）母字经常与定、澄等塞音声母字谐声。曾运乾主张“喻四归定”，这个看法不够全面。李方桂将以母的上古音拟作 $^{*}r$-，认为其音值近于闪音［ɾ］。中古的邪母字一般不与其他精组字谐声，却常常与以母字谐声，而且只有三等字，李方桂认为上古也是 $^{*}r$-，由于介音 *-j-的影响演变为中古的邪母。中古的船母字也常与以母字谐声，而且同一韵中往往不存在船母字与邪母字的对立，所以我们假定船母与邪母有同样的上古来源。

（1）谐声的证据：

悦阅锐（以母）—— 兑（定母）脱（定母、透母）蜕（透母）
昜陽揚（以母）—— 湯（透母）蕩（定母）腸（澄母）
佚轶（以母）—— 迭（定母）秩（澄母）
弋杙釴（以母）—— 代（定母）忒（透母）
夷姨（以母）—— 荑（定母）銕（透母）
攸悠（以母）—— 條（定母）絛（透母）
睪譯繹驛（以母）—— 擇澤（澄母）襗（透母）
易埸（以母）—— 惕逿（透母）—— 鍚（船母）
俞愉逾（以母）—— 偷（透母）
延筵（以母）—— 涎（邪母）—— 诞（定母）
予预（以母）—— 序（邪母）—— 杼（澄母）
余馀（以母）—— 徐斜（邪母）—— 涂途（定母）除（澄母）
怡诒（以母）—— 辝（邪母）—— 殆（定母）治（澄母）胎（透母）
由（以母）—— 袖（邪母）—— 迪（定母）冑（澄母）抽（彻母）
以（以母）—— 似姒（邪母）
羊（以母）—— 祥详庠（邪母）
沿（以母）—— 船（船母）
允（以母）—— 吮（船母）
蝇（以母）—— 绳（船母）
射（以母）—— 射麝（船母）—— 谢（邪母）
食（以母）—— 食蚀（船母）

（2）假借异文的证据：

《诗经·小雅·四牡》："四牡騑騑，周道倭迟。"《释文》："《韩诗》作倭夷。"（迟，澄母；夷，以母）

《郭店楚墓竹简·五行》："既见君子，心不能兑（悦）。"（兑，定母；悦，以母）

《郭店楚墓竹简·语丛三》："不善睪（择），不为智。"（睪，以母；择，澄母）

《郭店楚墓竹简·老子甲》："音声之相和也，先后之相堕也。"今本《老子》："音声相和，前后相随。"（堕，定母；随，邪母）

《郭店楚墓竹简·老子甲》："功述身退，天之道也。"今本《老子》："功遂身退，天之道。"（述，船母；遂，邪母）

（3）声训的证据：

《释名》："楹，亭也。"（楹，以母；亭，定母）"兑，说也，物得备足皆喜说也。"

（兑，定母；说，以母）“袖，由也。”（袖，邪母；由，以母）

李方桂没有构拟清闪音*ɽ̥-。从上面所举谐声的例子可以看出，以母字除了与定、澄母字谐声外，也与透母字（以及个别彻母字）谐声，但是一般不与端、知母字谐声。不与端、知母字谐声，是因为以母是浊音。而与以母字谐声的透母字上古应该是清闪音声母*ɽ̥-。此外，还有一部分中古的书母字与以母字谐声，上古也是清闪音声母*ɽ̥-，受介音*-j-的影响演变为中古书母。

（1）谐声的证据：

失（书母）—— 佚轶（以母）
倏（书母）—— 攸悠（以母）
世（书母）—— 泄抴（以母）
输（书母）—— 俞愉逾（以母）
始（书母）—— 怡诒贻（以母）
说（书母）—— 悦阅锐（以母）
舒（书母）—— 予豫预（以母）
式（书母）—— 弋杙釴（以母）
傷（书母）—— 易陽揚（以母）
釋（书母）—— 睪譯繹驛（以母）

（2）假借异文的证据：

《郭店楚墓竹简·缁衣》：“《诗》云：淑人君子，其仪不弋。”《礼记·缁衣》：“《诗》云：淑人君子，其仪不忒。”《诗经·曹风·鸤鸠》：“淑人君子，其仪不忒。”（弋，以母；忒，透母）

《上海博物馆藏战国楚竹书·缁衣》：“……下土之弋。”《礼记·缁衣》：“《大雅》曰：成王之孚，下土之式。”《诗经·大雅·下武》：“成王之孚，下土之式。”（弋，以母；式，书母）

《郭店楚墓竹简·五行》：“有小罪而亦（赦）之。”（亦，以母；赦，书母）

（三）齿音

黄侃主张“照二归精”，这是合理的。中古的精、庄（照二）两组声母常常互相谐声，上古发音部位相同，是舌尖塞擦音和擦音，在介音*-r-和*-rj-前演变为中古庄组声母。

（1）谐声的证据：

仓沧苍枪抢跄（清母）—— 创疮（初母）
笺（精母）浅（清母）残贱饯（从母）—— 盏醆（庄母）栈（崇母）
则（精母）贼（从母）—— 侧（庄母）测恻厕（初母）
祭際（精母）蔡（清母）—— 祭（庄母）察（初母）
组祖（精母）徂（从母）—— 阻俎（庄母）钼助（崇母）
胥（心母）—— 疏（生母）

相想湘（心母）—— 霜（生母）
性姓（心母）—— 生牲笙眚（生母）
叟嫂（心母）—— 搜溲腹瘦（生母）

（2）假借异文的证据：

《左传·宣公十四年》："车及于蒲胥之市。"《吕氏春秋·行论》："车及之蒲疏之市。"（胥，心母；疏，生母）

《上海博物馆藏战国楚竹书·孔子诗论》："涉秦（溱）其绝。"（秦，从母；溱，庄母）

《上海博物馆藏战国楚竹书·子羔》："得其社稷百眚（姓）而奉守之。"（眚，生母；姓，心母）

（3）联绵词的证据：

萧（心母）瑟（生母）；萧（心母）疏（生母）；萧（心母）森（生母）；潇（心母）洒（生母）；蟋（心母）蟀（生母）

（4）声训的证据：

《释名》："霜，丧也。"（霜，生母；丧，心母）"栈，靖也。"（栈，崇母；靖，从母）

（四）牙音和喉音

牙音和喉音关系密切，放在一起来讲。

1. 浊塞音和浊擦音

曾运乾主张"喻三归匣"，这是合理的。不过还涉及和群母的关系。中古匣母只有一二四等，而云（喻三）母和群母都只有三等。李方桂把这三个声母的上古音全都拟为舌根浊塞音 *ɡ-。但是这样一来就无法解释云母和群母分化的条件。根据丁邦新、邵荣芬等的研究，匣母应该分为两类：

一类和塞音谐声，上古是浊塞音 *ɡ-：

匣狎柙（匣母）—— 甲（见母）
亥骇核（匣母）—— 该赅（见母）
奚傒（匣母）—— 鷄（见母）溪（溪母）
豪镐（匣母）—— 高（见母）
胡祜怙（匣母）—— 古故姑（见母）苦枯（溪母）
狐弧（匣母）—— 瓜孤呱（见母）
红虹项（匣母）—— 工攻贡（见母）
何河苛（匣母）—— 柯（见母）可（溪母）

一类不与塞音谐声，上古是浊擦音 *ɦ-：

魂（匣母）—— 云雲纭耘（云母）
蛕（匣母）—— 有洧鲔（云母）

或惑（匣母）—— 域棫淢（云母）
荥荧（匣母）—— 荣莹（云母）
缓（匣母）—— 爰援媛猨（云母）
桓貆（匣母）—— 垣（云母）
環還（匣母）—— 圜（云母）

2. 来自牙喉音的章组字

部分中古章组字与牙喉音字谐声，这部分章组字上古是牙喉音，由于介音 * -rj-的影响演变为中古章组声母。

（1）谐声的证据：

支枝肢（章母）—— 技妓伎岐跂（群母）
旨脂指（章母）—— 耆鮨（群母）
纸（章母）氏（禅母）—— 祇軝（群母）
箴（章母）—— 咸（匣母）减感（见母）
川（昌母）顺（船母）—— 甽（见母）训（晓母）
示（船母）视（禅母）—— 祁（群母）
枢（昌母）—— 区驱（溪母）
出（昌母）—— 屈诎（溪母）
兒（日母）—— 倪霓（疑母）
熱（日母）—— 執藝（疑母）
饶绕荛（日母）—— 尧（疑母）

（2）假借异文的证据：

《郭店楚墓竹简·缁衣》："晋冬旨寒。"《上海博物馆藏战国楚竹书·缁衣》："晋冬耆寒。"《礼记·缁衣》："资冬祁寒。"（旨，章母；耆，群母；祁，群母）

《郭店楚墓竹简·尊德义》："教以只（技），则民少以吝。"（只，章母；技，群母）

（3）声训的证据：

《释名》："骑，支也。"（骑，群母；支，章母）"耆，指也。"（耆，群母；指，章母）"拙，屈也。"（拙，章母；屈，溪母）

3. 舌根轻鼻音

部分中古晓母字只与疑母字谐声，这部分晓母字上古是清鼻音声母 * ŋ̊-：

獻（晓母）—— 甗讞（疑母）
许（晓母）—— 午（疑母）
羲（晓母）—— 義（疑母）
顼（晓母）—— 玉（疑母）
謔（晓母）—— 虐瘧（疑母）

阋（晓母）—— 倪霓（疑母）
化货（晓母）—— 吪讹囮（疑母）

清鼻音声母 $^{*}\mathring{ŋ}$-在介音 *-r-前演变为中古生母，在介音 *-rj-前演变为中古的书母：

（1）谐声的证据：

势（书母）—— 埶蓺（疑母）
烧（书母）—— 尧（疑母）
铄烁（书母）—— 乐（疑母）
产（生母）—— 彦（疑母）
朔（生母）—— 屰逆（疑母）

（2）假借异文的证据：

《郭店楚墓竹简·性自命出》："所善所不善，埶（势）也。""出性者，埶（势）也。"（埶，疑母；势，书母）

《郭店楚墓竹简·尊德义》："或由中出，或埶（设）之外。"（埶，疑母；设，书母）

4. 喉塞音

中古影母字大体自相谐声，而且不同等第的字可以互相谐声：

娃蛙（二等）——恚（重纽四等）——烓（四等）
音（重纽三等）—— 黯（二等）—— 谙（一等）
温（一等）—— 蕴（三等）
稳（一等）—— 隐（三等）
央（三等）—— 盎（一等）
雍（三等）—— 饔（一等）
奥（一等）—— 隩（三等）
婴（三等）—— 嘤鹦（二等）
安（一等）—— 晏鷃（二等）
亚（二等）—— 恶（一等）
益（三等）—— 隘（二等）

二等字和三等字上古有辅音性的介音-r-和-j-，如果影母是零声母，就会造成不同辅音开头的字互相谐声，特别是二等，以 r 开头，与以母就没有区别了。所以影母应该同中古一样是喉塞音 *ʔ-。

影母字也有一些与其他舌根音谐声的例子：

影（影母）—— 景（见母）
蛙娃（影母）—— 卦（见母）
猗旖（影母）—— 奇（见母、群母）
讴呕殴欧（影母）—— 区（溪母）
鸦（影母）—— 牙（疑母）

这个问题目前还没有很好的解决方案，姑且认为是因为喉塞音发音部位与舌根音相近。

二、上古汉语的介音和复声母问题

(一) 上古汉语的介音

上古汉语有四个介音：*-j-，*-r-，*-w-和*-i-。下面分别讨论。

1. 介音*-j-

中古的三等韵有*-j-介音。这个介音上古就存在，它不仅生成了中古的三等韵，而且对声母的演变产生了重要影响。介音*-j-对于声母的影响主要是腭化，其中最典型的是使舌尖音演变为舌面音，形成中古的章组声母。

2. 介音*-r-

上古一个韵部中可以同时出现中古的一等韵和二等韵，按照一个韵部只能有一个主要元音的原则，同部中的一、二等韵之间应该是介音的差别。中古的知、庄两组声母上古并不独立，并且只出现在二等和三等韵前，应该是受某种介音的影响演变来的。李方桂认为上古有*-r-介音，它也可以出现在介音*-j-前。介音*-r-有中央化的作用，生成了中古的二等韵；并使舌尖音声母变为卷舌音，形成中古的知、庄两组声母；复合介音*-rj-则使舌根音演变为舌面音，成为中古章组声母的一个来源。

介音*-r-并不影响谐声，所以其辅音性可能比声母位置上的*r-要弱，大概是近音[ʎ]。

3. 介音*-w-

李方桂认为中古的合口呼大部分是从圆唇舌根音变来的，但是这不容易解释舌齿音声母合口呼的来源，所以在有的韵部中不得不设立复元音*ua。我们认为应该保留合口介音*-w-，这个介音可能是辅音性的，因为即使在一等韵里，它对于押韵也没有任何影响：

《诗经·魏风·硕鼠》二章："硕鼠硕鼠，无食我麦。三岁贯女，莫我肯德。逝将去女，适彼乐国。乐国乐国，爰得我直。"（麦，开口二等；德，开口一等；国，合口一等；直，开口三等。）

《诗经·王风·兔爰》一章："有兔爰爰，雉离于罗。我生之初，尚无为。我生之后，逢此百罹。尚寐无吪。"（罗，开口一等；为，合口三等；罹，开口三等；吪，合口一等。）

4. 介音*-i-

中古四等韵的介音*-i-有两个来源：一部分是上古就有的，一部分是由元音*e裂变来的。李方桂因为四等的介音*-i-对于声母的演变没有影响而将其归入元音，不将其看做是介音。实际上，李方桂的元音系统中有*iə和*ia两个元音，主要元音前的*-i-显然应该也是介音。

（二）复声母问题

复声母是指两个以上的辅音结合在一起构成的声母。上古的介音 * -r-，* -j-和 * -w-虽然是辅音性的，但是辅音性较弱，学界习惯上把它们看做是介音，而并不把它们和前面声母的组合看做是复声母。

还有一些特殊的谐声现象反映汉语可能曾经存在过复声母。

1. 来母字经常与其他声母谐声

路赂络洛略（来母）—— 各格（见母）客（溪母）
凉谅掠（来母）—— 京景（见母）黥勍鲸（群母）
蓝篮（来母）—— 监（见母）槛（匣母）
廉镰（来母）—— 兼（见母）稴（匣母）
阑煉練煉（来母）—— 柬（见母）
吕（来母）—— 莒筥（见母）
翏戮（来母）—— 膠樛（见母）
盧（来母）—— 膚（帮母）
岚（来母）—— 风（帮母）
聊（来母）—— 卯贸（明母）
䜌（来母）—— 變（帮母）蠻（明母）彎（影母）孿（生母）
律（来母）—— 筆（帮母）聿（以母）
里理鲤狸（来母）—— 悝（溪母）埋（明母）
立笠（来母）—— 泣（溪母）飒（心母）
娄楼（来母）—— 窭（群母）数（生母）
敛（来母）—— 剑检（见母）验（疑母）佥（清母）

2. 心母字经常与其他声母谐声

钑靸（心母）—— 及（群母）汲（见母）岌（疑母）
楔（心母）—— 契锲（溪母）
岁（心母）—— 刿（见母）秽（影母）
损（心母）—— 员圆（云母）埙（晓母）
恤（心母）—— 血（晓母）
宣（心母）—— 桓貆（匣母）垣（云母）
卸（心母）—— 御（疑母）
褻（心母）—— 埶藝（疑母）
薛（心母）—— 蘖孽（疑母）
绥（心母）—— 馁（泥母）
羞（心母）—— 纽杻（娘母）
襄镶（心母）—— 穰讓（日母）孃釀（娘母）

需（心母）—— 儒孺（日母）
絮（心母）—— 如茹（日母）
玺（心母）—— 尔（日母）
娀（心母）—— 戎（日母）
赐锡（心母）—— 易場（以母）
修（心母）—— 攸悠（以母）
緰（心母）—— 俞愉逾（以母）
枲（心母）—— 怡诒贻（以母）

这些特殊的谐声现象反映了汉语可能曾经有 * Cl-和 * sC-之类的复声母。[①] 但是，这些复声母应该如何构拟？它们的演变规律又是怎样的？这些问题目前还无法解决，有待于将来进一步的研究。

第二节 上古汉语的韵部

上古汉语韵部是在分析《诗经》用韵的基础上建立起来的。由于语音的变化，《诗经》中的很多诗篇魏晋以后读起来就不押韵了。在很长一段时期里，人们不懂得这种现象是由于语音变化造成的，于是提出了“叶音”（又称“叶韵”、“协句”）、“韵缓”等解释。“叶音”就是为求押韵和谐临时改变汉字的读音。“韵缓”就是用韵宽缓，不严格。其中叶音说影响最大，宋代朱熹在《诗集传》《楚辞集注》中即大量采用了叶音的办法。如《诗经·周南·关雎》第三章：“参差荇菜，左右采之。窈窕淑女，琴瑟友之。”朱熹《诗集传》在“采”字下注“叶此履反”（用音标表示即 [tsʰi]），在“友”字下注“叶羽已反”（用音标表示即 [ji]）。叶音说为求押韵临时改变汉字读音，有时不可避免地造成一个字不止一种叶音。如《诗经·召南·驺虞》第一章：“彼茁者葭，壹发五豝。于嗟乎驺虞。”朱熹在“虞”字下注“叶音牙”（用音标表示即 [ŋa]）。第二章：“彼茁者蓬，壹发五豵。于嗟乎驺虞。”朱熹在“虞”字下注“叶五红反”（用音标表示即 [ŋoŋ]）。

宋代开始有学者对古韵进行分部。郑庠将古韵分为六部[②]：

第一部　东冬钟江阳唐庚耕清青蒸登
第二部　支脂之微齐佳皆灰咍
第三部　鱼虞模歌戈麻
第四部　真谆臻文欣元魂痕寒桓删山先仙

① 大写的 C 代表任何辅音。

② 郑庠著有《古音辨》，其书已佚。这里据清夏炘《诗古韵表廿二部集说》，并参考元熊朋来《熊先生经说》将平水韵目改为《广韵》韵目。

第五部　萧宵肴豪尤侯幽

第六部　侵覃谈盐添咸衔严凡

由于没有摆脱叶音说的背景，郑庠的分部注定是失败的。正如江有诰在《音学十书·古韵凡例》中所批评的，郑庠的分部“专就《唐韵》求其合，不能析《唐韵》求其分”，所以“虽分部至少，而仍有出韵”。如上举《关雎》第三章“采”、“友”为韵，而依郑氏分部，“采”在第二部，“友”在第五部。

到了明代，焦竑（1540—1620）、陈第（1541—1617）开始批判叶音说。陈第在《毛诗古音考》中指出：“时有古今，地有南北，字有更革，音有转移。”他明确地认识到语音是发展变化的，这就为科学的古音研究奠定了理论基础。

一、古韵分部的沿革

（一）顾炎武的十部

科学的古韵分部始于明末清初的顾炎武。顾炎武（1613—1682），字宁人，号亭林，江苏昆山人。其古音学著作有《音学五书》，包括《音论》《诗本音》《易音》《唐韵正》和《古音表》。他将古韵分为十部①：

第一部 东冬钟江

第二部 支$_{\text{半}}$脂之微齐佳皆灰咍祭泰夬废尤$_{\text{半}}$质术栉昔$_{\text{半}}$职物迄屑薛锡$_{\text{半}}$月没曷末黠辖麦$_{\text{半}}$德屋$_{\text{半}}$

第三部 鱼虞模麻$_{\text{半}}$侯屋$_{\text{半}}$沃$_{\text{半}}$烛觉$_{\text{半}}$药$_{\text{半}}$铎$_{\text{半}}$陌麦$_{\text{半}}$昔$_{\text{半}}$

第四部 真谆臻文殷元魂痕寒桓删山先仙

第五部 萧宵肴豪尤$_{\text{半}}$幽屋$_{\text{半}}$沃$_{\text{半}}$觉$_{\text{半}}$药$_{\text{半}}$铎$_{\text{半}}$锡$_{\text{半}}$

第六部 歌戈麻$_{\text{半}}$支$_{\text{半}}$

第七部 阳唐庚$_{\text{半}}$

第八部 庚$_{\text{半}}$耕清青

第九部 蒸登

第十部 侵覃谈盐添咸衔严凡缉合盍叶帖洽狎业乏

顾炎武的十部是第一个真正意义上的上古韵部系统。顾炎武最大的功绩是创立了“离析《唐韵》”的方法，使得古韵研究走上科学的道路。他把“支麻尤庚屋沃觉药铎麦昔锡”等各析为二（或三），分属不同韵部，这是以《诗经》用韵的实际情况为根据的。如尤韵分属第二部和第五部，从《诗经》用韵来看，两部分字界限分明。以“国风”用韵为例，“友有訧否久谋尤丘玖右裘”等属第二部：

《周南·关雎》四章“采友”；

① 下引韵目举平赅上去。后文所举诸家韵部同此例。

《周南·芣苢》一章“苢采有”；
《邶风·绿衣》三章“丝治訧”；
《邶风·匏有苦叶》四章“子否否友”；
《邶风·旄丘》二章“久以”；
《邶风·泉水》一章“淇思姬谋”；
《鄘风·载驰》四章“子尤思之”；
《卫风·氓》一章“蚩丝丝谋淇丘期媒期”；
《卫风·木瓜》三章“李玖”；
《王风·葛藟》二章“涘母母有”；
《王风·丘中有麻》三章“李子子玖”；
《秦风·蒹葭》三章“采已涘右沚”；
《秦风·终南》一章“有梅止裘哉”；
《豳风·七月》四章“狸裘”

“鸠洲逑流求仇裯犹诱舟忧酒游救雠售悠丑滺秋狩首手阜皾瘳休杻褎究收辀缶懰受寿韭銶遒”等属第五部：

《周南·关雎》一章“鸠洲逑”，二章“流求”；
《周南·兔罝》二章“逵仇”；
《召南·小星》二章“昴裯犹”；
《召南·野有死麕》一章“包诱”；
《邶风·柏舟》一章“舟流忧酒游”；
《邶风·谷风》四章“舟游求救”，五章“雠售”；
《邶风·泉水》四章“漕悠游忧”；
《鄘风·墙有茨》一章“埽道道丑”；
《鄘风·载驰》一章“悠漕忧”；
《卫风·竹竿》四章“滺舟游忧”；
《王风·黍离》一章“忧求”，二章“忧求”，三章“忧求”；
《王风·采葛》二章“萧秋”；
《郑风·叔于田》二章“狩酒酒好”；
《郑风·大叔于田》三章“鸨首手阜”；
《郑风·遵大路》二章“手皾好”；
《郑风·风雨》二章“潇胶瘳”；
《唐风·蟋蟀》三章“休慆忧休”；
《唐风·山有枢》二章“栲杻埽考保”；
《唐风·羔裘》二章“褎究好”；
《秦风·驷驖》一章“阜手狩”；
《秦风·小戎》一章“收辀”，二章“阜手”；
《陈风·宛丘》三章“缶道翿”；
《陈风·月出》二章“皓懰受慅”；

《豳风·七月》六章“枣稻酒寿”，八章“蚤韭”；
《豳风·破斧》三章“銶遒休”

顾炎武的分部还不够精密，有待于后人的修正，但是他的首创之功是不可磨灭的。

（二）江永的十三部

江永（1681—1762），字慎修，江西婺源人，古音学著作有《古韵标准》。江永将古韵分为十三部：

第一部 东冬钟江
第二部 分支 脂之微 齐佳皆灰咍 分尤 祭泰夬废
第三部 鱼 分虞 模 分麻
第四部 真谆臻文殷魂痕 分先
第五部 元寒桓删山 分先 仙
第六部 分萧 宵 分肴 分豪
第七部 歌戈 分麻 分支
第八部 阳唐 分庚
第九部 分庚 耕清青
第十部 蒸登
第十一部 分尤 侯 幽 分虞 分萧 分肴 分豪[①]
第十二部 侵 分覃 分谈 分盐
第十三部 分覃 分谈 分盐 添咸衔严凡

江永的主要贡献有：(1) 将顾炎武第三部中的虞韵的一部分和侯韵分出，离析了虞韵。这部分字应当是独立的一部（侯部），而江永将其归到第十一部（幽部），是其不足。(2) 将顾炎武的第四部分为第四（真部、文部）和第五（元部）两部，离析了先韵。(3) 将顾炎武的第五部分为第六（宵部）和第十一（幽部）两部，离析了萧、肴、豪三韵。(4) 将顾炎武的第十部分为第十二（侵部）和第十三（谈部）两部，离析了覃、谈、盐三韵。

江永还将入声分为八部：

第一部 屋 分沃 烛 分觉
第二部 质术栉物迄没 分屑 分薛
第三部 月曷末黠辖 分屑 分薛
第四部 药铎 分沃 分觉 分陌 分麦 分昔 分锡
第五部 分麦 分昔 分锡
第六部 分麦 职德
第七部 缉 分合 分叶 分洽
第八部 分合 盍 分叶 帖业 分洽 狎乏

① 江永《古韵标准》第十一部原有“分宵”，只有“陶儦”二字。这两个字都有问题。为照顾系统性，这里不列“分宵”。参看王力：《汉语语音史》，42页。

江永主张“数韵共一入”，所以他的入声韵部实际上是独立的。

清代古音学分为考古和审音两派，考古派单纯从归纳《诗经》用韵建立上古韵部，审音派则结合音理分析韵部。江永精通等韵学，长于审音，是清代古音学审音派的先驱。

（三）段玉裁的十七部

段玉裁（1735—1815），字若膺，号懋堂，江苏金坛人。古音学著作有《六书音韵表》。段玉裁将古韵分为十七部：

第一部　之咍 职德
第二部　萧宵肴豪
第三部　尤幽　屋沃烛觉
第四部　侯
第五部　鱼虞模　药铎
第六部　蒸登
第七部　侵盐添　缉叶帖
第八部　覃谈咸衔严凡　合盍洽狎业乏
第九部　东冬钟江
第十部　阳唐
第十一部　庚耕清青
第十二部　真臻先　质栉屑
第十三部　谆文欣魂痕
第十四部　元寒桓山仙
第十五部　脂微齐皆灰　祭泰夬废　术物迄月没曷末黠辖薛
第十六部　支佳　陌麦昔锡
第十七部　歌戈麻

段玉裁虽然没有像顾炎武、江永那样注出“某半”或“分某”，但是一样离析了《唐韵》，这在他的《诗经韵分十七部表》中反映得非常清楚。

段玉裁的主要贡献有：(1) 将顾炎武、江永的第二部分为第一（之部）、第十五（脂部、微部）和第十六（支部）三部。(2) 将江永的第四部分为第十二（真部）和第十三（文部）两部。(3) 将江永的第十一部分为第三（幽部）和第四（侯部）两部。(4) 在韵部的排列次序上，顾炎武、江永大体延续《广韵》韵目的次序，段玉裁开始按照上古韵部的远近关系排列，这就进一步突破了《广韵》的樊篱。(5) 提出“凡同谐声者必同部”的原则，将谐声分析的方法系统化。

（四）戴震的二十五部

戴震（1724—1777），字东原，安徽修宁人，著有《声韵考》《声类表》《答段若膺论韵》等。戴震是江永的弟子、段玉裁的老师，但是其古音学说发表的比段玉裁要晚。戴震最初将古韵分为七类二十部，后来改为九类二十五部：

第一类：	阿第一	歌戈麻
	乌第二	鱼虞模
	垩第三	铎
第二类：	膺第四	蒸登
	噫第五	之咍
	亿第六	职德
第三类：	翁第七	东冬钟江
	讴第八	尤侯幽
	屋第九	屋沃烛觉
第四类：	央第十	阳唐
	夭第十一	萧宵肴豪
	约第十二	药
第五类：	婴第十三	庚耕清青
	娃第十四	支佳
	戹第十五	陌麦昔锡
第六类：	殷第十六	真谆臻文殷魂痕
	衣第十七	脂微齐皆灰
	乙第十八	质术栉物迄没
第七类：	安第十九	元寒桓删山先仙
	霭第二十	祭泰夬废
	遏第二十一	月曷末黠辖屑薛
第八类：	音第二十二	侵
	邑第二十三	缉
第九类：	腌二十四	覃谈盐添咸衔严凡
	韘二十五	合盍叶帖洽狎业乏

戴震是继江永之后清代古音学审音派的重要代表。戴震的主要贡献有：(1) 分出一个霭部（祭部）。(2) 入声韵部独立，阴阳入三声相配。

戴震的不足为：(1) 不承认段玉裁第三（幽部）和第四（侯部）分立、第十二（真部）和第十三（文部）分立。(2) 阴阳入三声相配不尽准确，特别是将歌部归入阳声韵是完全错误的。

（五）孔广森的十八部

孔广森（1752—1786），字众仲，山东曲阜人，戴震弟子，著有《诗声类》。将古韵分为十八部：

原类第一	歌类第十
丁类第二（辰通用）	支类第十一（脂通用）

辰类第三	脂类第十二
阳类第四	鱼类第十三
东类第五	侯类第十四
冬类第六	幽类第十五
侵类第七	宵类第十六
蒸类第八	之类第十七
谈类第九	合类第十八

第一至第九为阳声韵，第十至十八为阴声韵，依次相配。

孔广森的主要贡献有：(1) 东、冬分立，离析了东韵。段玉裁在晚年给江有诰的信中接受了这个意见（见《答江晋三论韵》）。(2) 提出“阴阳对转”的理论。阴阳对转的理论对于研究古韵的系统性非常重要。孔广森认为阴阳对转是方言现象，他说：“分阴分阳，九部之大纲；转阳转阴，五方之殊音。”这也是非常可贵的。此外，他还将入声合部独立出来，尽管他把合部看做阴声韵，这对考古派来说也是一个突破。

孔广森的不足为：(1) 真、文不分。这与他的阴阳对转理论相关，因为真、文都与脂相配。这就又回到江永的老路上去了。到后来脂、微分开以后，这就不成问题了。(2) 宵、侵、合、谈四部的对转关系不够准确，特别是把合部看做阴声韵是完全错误的。

（六）王念孙的二十一部

王念孙（1744—1832），字怀祖，号石臞，江苏高邮人，戴震弟子，著有《古韵谱》，将古韵分为二十一部：

东第一	平	上	去	
蒸第二	平	上	去	
侵第三	平	上	去	
谈第四	平	上	去	
阳第五	平	上	去	
耕第六	平	上	去	
真第七	平	上	去	
谆第八	平	上	去	
元第九	平	上	去	
歌第十	平	上	去	
支第十一	平	上	去	入
至第十二			去	入
脂第十三	平	上	去	入
祭第十四			去	入
盍第十五				入
缉第十六				入
之第十七	平	上	去	入

鱼第十八	平	上	去	入
侯第十九	平	上	去	入
幽第二十	平	上	去	入
宵第二十一	平	上	去	入

同段玉裁的十七部相比，王念孙的二十一部多出了至、祭、盍、缉四部。祭部包括戴震的霭、遏两部，比戴说更为合理。至部是王念孙的创见。他看到了至部的独立性，这是对的，但是没有理清至部同脂部的关系。孔广森分出独立的入声合部，王念孙进一步将其分成盍、缉两部。这两部没有阴声韵相配，所以考古派能够将其独立出来。王念孙晚年接受了孔广森的意见，将东、冬两部分开。

（七）江有诰的二十一部

江有诰（？—1851），字晋三，号古愚，安徽歙县人，著有《音学十书》，实际刊行的只有七种：《诗经韵读》《群经韵读》《楚辞韵读》《先秦韵读》《谐声表》《入声表》《唐韵四声正》。江有诰将古韵分为二十一部：

之部第一	之咍　职德　灰尤屋三分之一
幽部第二	尤幽　萧肴豪之半　沃之半　屋觉锡三分之一
宵部第三	宵　萧肴豪之半　沃药铎之半　觉锡三分之一
侯部第四	侯　烛　虞之半　屋觉三分之一
鱼部第五	鱼模　陌　虞麻之半　药铎麦昔之半
歌部第六	歌戈　麻之半　支三分之一
支部第七	佳　齐之半　支三分之一　麦昔之半　锡三分之一
脂部第八	脂微皆灰　质术栉物迄没屑　齐黠之半　支三分之一
祭部第九	祭泰夬废　月曷末辖薛　黠之半
元部第十	元寒桓山删仙　先三分之一
文部第十一	文欣魂痕　真三分之一　谆之半
真部第十二	真臻先　谆之半
耕部第十三	耕清青　庚之半
阳部第十四	阳唐　庚之半
东部第十五	钟江　东之半
中部第十六	冬　东之半
蒸部第十七	蒸登
侵部第十八	侵覃　咸凡之半
谈部第十九	谈盐添严衔　咸凡之半
叶部第二十	叶帖业狎乏　盍洽之半
缉部第二十一	缉合　盍洽之半

江有诰考古、审音都很精通，是清代古音学的集大成者。他接受了孔广森的意见，将东、冬（中）分开。他没有接受王念孙的至部，从考古派的角度来讲也是合理的。江有诰对各韵部

中入声字的分配做了详密的考察，这是他的重要贡献。

（八）古韵分部的补苴

古韵分部的工作从顾炎武开始，历经几代学者的努力，到王念孙、江有诰已经基本完成。近代以来在古韵分部上有所贡献的学者主要有章炳麟、黄侃和王力。

章炳麟（1869—1936），字太炎，浙江余杭人。其古音学说主要见于《文始》和《国故论衡》。章氏将古韵分为二十三部：在王念孙二十一部的基础上，从孔广森东冬分部，又将脂部中的去入声字分出，独立为一个队部。章氏晚年主张将冬部并入侵部。[①]章炳麟主要的贡献是分出一个队部。至此，乙类韵部（韵尾为-t）中的入声祭（月）部、至（质）部、队（物）部和丙类韵部（韵尾为-p）中的入声缉部、叶部全部独立出来了，考古派能够分出的入声韵部最多如此。

黄侃（1886—1935），字季刚，湖北蕲春人，章炳麟弟子。黄侃在章炳麟二十三部的基础上，将之、宵、侯、鱼、支五部的入声独立出来，分古韵为二十八部，并以阴阳入三声相配。黄侃主要的贡献是阴阳入三分，不足是没有将幽部的入声独立出来。

王力受章炳麟队部的启发，将阴声韵中的脂、微两部分开，又接受了章氏晚年的意见，将冬部并入侵部，分古韵为二十三部。后来，王力将之、幽、宵、侯、鱼、支六部的入声独立出来，将古韵分为二十九部，并认为到战国时代冬部从侵部分化出来，成为三十部。

《诗经》中冬部与侵部押韵的只有七例，见于《大雅》《秦风》和《豳风》，可能是方言现象，而且，从谐声来看，冬、侵两部泾渭分明，所以冬部应该独立。

古韵分部至王力的三十部可以说是止于至善了。

二、上古汉语的韵部系统

（一）上古韵部音值拟测问题

陈第是批判叶音说的先驱，他虽然没有对古韵进行分部，但是已经开始推测古韵的读音。他在《毛诗古音考》中用直音或反切给《诗经》的四百多个韵字注了古读，如：友，音以；马，音姥；京，音疆。清代的古音学家大体上都继承了陈第的办法，他们在多数韵部的读音上看法与陈第也是一致的，比如顾炎武在《诗本音》中的注音：友，古音以；马，古音莫补反，与姥同；京，音疆。

上古一个韵部中往往包含《广韵》中多个韵，清代古音学家的办法就是从中选出一个“古本韵”，认为它保存了古读。这个方法是不科学的。它存在的问题有：第一，将问题简单化。语音演变的情况很复杂，所谓“古本韵”不可能全部原封不动地保留下来。第二，不讲音变条件。如果“友”、“以”同音，“马”、“姥”同音，“京”、“疆”同音，就无法解释后来读音的分化。第三，不注意古音的系统性。比如，鱼部和阳部是对转的，如果鱼部（如“马”字）读

---

① 严可均（1762—1843）已经主张冬侵合并。

[u]，阳部（如“京”字）读 [aŋ]，元音不同，如何对转呢？

因为没有科学的方法，陈第以及清代古音学家所推测的古读很多都是不可靠的。比如，陈第和后来清代的学者几乎一致认为“马”古读“姥”（用国际音标写出来就是 [mu]），而根据现代学者的研究，事实恰恰相反，鱼部主要元音是 [a]，“马” [ma] 反而更为接近古读。由于方法本身的局限，清代古音学家有时难免会显得技穷。支、脂、之三分是段玉裁的重要发现，但是按照他的“拟测”，这三部都应该读 [i]。这让他迷惑不解，于是在晚年给江有诰的信中说：“能确知所以支脂之分为三之本源乎？何以陈隋以前支韵必独用，千万中不一误乎？足下沈潜好学，当必能窥其机倪。仆老耄，倘得闻而死，岂非大幸也！”（《答江晋三论韵》）

最早用现代语言学的方法系统地构拟汉语上古音的是瑞典汉学家高本汉，其后在古音构拟上有代表性的学者有董同龢、陆志韦、王力、周法高、李方桂、斯塔罗斯金（С. А. Старостин）、白一平（W. H. Baxter）、郑张尚芳等。

拟测上古韵部主要从以下几个方面入手：

(1) 通过比较同一韵部中的中古韵母推测上古读音。

(2) 通过对转关系考察同类韵部的读音。

(3) 通过韵部的远近关系考察相邻韵部的读音。

比如，学者们大都认为鱼部的主要元音是 [a]。这可以从以下几个方面来证明：其一，鱼部中有中古的鱼 [jo]、虞 [ju]、模 [u]、麻 [a，ja，wa] 等韵母。元音高化的音变比较常见，所以将鱼部元音拟为 [a]，其他的各种中古形式都可以用元音高化来解释。其二，跟鱼部有对转关系的阳声韵阳部中有中古的阳 [jaŋ，juaŋ]、唐 [ɑŋ，uɑŋ]、庚 [ɐŋ，jɐŋ，uɐŋ，juɐŋ] 等韵母，大致都还保留着 a 类元音。此外，鱼部中有一些拟声词，如“乌”（模拟乌鸦叫声，上古拟音 *ʔa）、“呱”（模拟婴儿啼哭声，上古拟音 *kwa）；汉代把 Alexandria 译成“乌弋山离”，用鱼部的“乌”对译 a；这些都说明鱼部的主要元音是 [a]。

段玉裁开始注意韵部的远近关系，这对于构拟韵部的读音非常重要。在确定鱼部元音为 [a] 以后，就可以依次拟测出侯 [ɔ]、宵 [o]、幽 [u] 各部的元音（这是依照江有诰的排列次序）。

拟测上古韵部的音值还应该遵循以下两条原则：

第一，同一个韵部只有一个主要元音。一个上古韵部中可以包含多个中古不同等第的韵，中古音当中这些韵除了介音外主要元音往往也是有差别的，特别是一、二等韵之间。高本汉、董同龢、陆志韦都把中古的这种差别推到上古，造成上古一个韵部中有不止一个的主要元音，这样一来就破坏了古韵的和谐。王力、李方桂主张一个韵部只有一个主要元音，用介音来区分同部之中的一、二等韵，这就很好地解决了韵部拟测中的一个原则问题。

第二，阴、阳、入三分，阴声韵没有辅音韵尾。在《诗经》中，中古的阴声韵与入声韵押韵的现象比较普遍，所以多数清代古音学家不把入声韵部独立出来。据唐作藩（2006）的统计，《诗经》全部 1 755 个韵段中，阴入通押的共 75 个韵段，其中平、入相押 5 次，上、入相押 8 次，平、上、入相押 1 次，平、去、入相押 2 次，上、去、入相押 5 次，平、上、去、入相押 2 次，去、入相押 52 次。可见，与入声字押韵的阴声字多数是去声字，按照王力的意见，这部分去声字在上古大多也是入声字（参看本章第三节）。那么，《诗经》中真正阴入通押的并不多，可能是用韵不严格、不规则音变或方言等因素造成的。所以，上古韵部应该阴、阳、入三分。

高本汉、董同龢、陆志韦、李方桂等都给多数甚至全部阴声韵构拟了浊辅音韵尾，用来解释入声和阴声的关系，比如李方桂鱼部阴声韵的拟音是 *-ag，入声韵（铎部）的拟音是 *-ak。

但是给阴声韵构拟辅音韵尾存在以下问题：(1) 没有开音节的语言在自然语言中几乎见不到；像前文提到的拟声词“乌”和“呱”，如果拟成*ʔag和*kwag也极不自然。(2) 汉语的入声韵尾是唯闭音，只有成阻、持阻，没有除阻，所以不大可能有清浊的对立；汉藏系其他语言的辅音韵尾也没有清浊的对立。(3) 在从上古到中古的演变中，同类韵部中的入声韵和阳声韵往往是平行的，而且相对来说变化较小；阴声韵与入声韵和阳声韵不同步，而且变化较大。合理的解释是阴声韵因为没有辅音韵尾的限制演变较快，而阳声韵和入声韵因为有辅音韵尾的限制演变较慢。所以，阴声韵不应该有辅音韵尾。

(二) 上古汉语三十韵部

上古三十韵部按照对转关系可以分为 11 类，按照韵尾的发音部位可以分为甲（韵尾为舌根音）、乙（韵尾为舌尖音）、丙（韵尾为双唇音）三大类。下面将三十韵部及其拟音（据《汉语语音史》）列成表格（见表 1—2）：

表 1—2 上古汉语韵部表

		阴声韵	入声韵	阳声韵
甲类	第一类	之 ə	职 ək	蒸 əŋ
	第二类	幽 u	觉 uk	冬 uŋ
	第三类	宵 o	药 ok	
	第四类	侯 ɔ	屋 ɔk	东 ɔŋ
	第五类	鱼 a	铎 ak	阳 aŋ
	第六类	支 e	锡 ek	耕 eŋ
乙类	第七类	歌 ai	月 at	元 an
	第八类	脂 ei	质 et	真 en
	第九类	微 əi	物 ət	文 ən
丙类	第十类		缉 əp	侵 əm
	第十一类		叶 ap	谈 am

上表只列出了每部的主要元音和韵尾的拟音，至于各部中有哪些韵母以及它们同中古韵母的对应关系，我们将在第二章详细讨论。

三、上古三十韵部谐声偏旁和《诗经》用韵举例①

(一) 之部 [ə]

(1) 声首：

丝声 台声 里声 来声 思声 其声 𦣞声 龟声 𠩺声 又声 有声
尤声 右声 而声 之声 事声 蚩声 市声 某声 才声 𢦏声 在声

① 谐声表主要依据王力《诗经韵读》，略有修订。

母声　佩声　久声　臺声　以声　能声　矣声　疑声　亥声　郵声　牛声
兹声　不声　丕声　甾声　辞声　司声　丘声　采声　友声　否声　音声
宰声　畐声　止声　齿声　巳声　己声　耳声　士声　喜声　寺声　史声
吏声　负声　妇声　舊声　乃声　再声　子声　裘声　怪声

(2)《诗经》用韵举例：

采采芣苢，薄言采之。采采芣苢，薄言有之。(《周南·芣苢》一章)

氓之蚩蚩，抱布贸丝。匪来贸丝，来即我谋。送子涉淇，至于顿丘。匪我愆期，子无良媒。将子无怒，秋以为期。(《卫风·氓》一章)

(二) 职部 [ək]

(1) 声首：

弋声　式声　刻声　畐声　戒声　异声　北声　食声　戠声　意声　備声
直声　德声　则声　贼声　革声　或声　彧声　息声　亟声　力声　棘声
嗇声　色声　塞声　仄声　服声　麦声　克声　得声　伏声　牧声　墨声
黑声　匿声　畟声　忒声　敕声　饰声　螣声

(2)《诗经》用韵举例：

坎坎伐辐兮，寘之河之侧兮，河水清且直猗。不稼不穑，胡取禾三百亿兮？不狩不猎，胡瞻尔庭有县特兮？彼君子兮，不素食兮？(《魏风·伐檀》二章)

硕鼠硕鼠，无食我麦！三岁贯女，莫我肯德。逝将去女，适彼乐国。乐国乐国，爰得我直。(《魏风·硕鼠》二章)

(三) 蒸部 [əŋ]

(1) 声首：

丞声　承声　徵声　兢声　弘声　肱声　冰声　登声　乘声　仍声　爯声
亙声　夌声　兴声　瘫声　朕声　升声　曾声　冯声　凭声　朋声　蝇声
弓声　梦声　瞢声

(2)《诗经》用韵举例：

捄之陾陾，度之薨薨，筑之登登，削屡冯冯。百堵皆兴，鼛鼓弗胜。(《大雅·绵》六章)

尔牧来思，以薪以蒸，以雌以雄。尔羊来思，矜矜兢兢，不骞不崩。麾之以肱，毕来既升。(《小雅·无羊》三章)

(四) 幽部 [u]

(1) 声首：

求声　流声　州声　休声　舟声　憂声　斿声　曹声　攸声　條声　修声　萧声

椒声 秋声 翏声 舀声 孚声 卯声 丣声 留声 寿声 周声 矛声 柔声
敄声 包声 匋声 幽声 酉声 臭声 叟声 牢声 爪声 蚤声 丩声 收声
囚声 秀声 冒声 好声 报声 手声 老声 牡声 嘼声 雔声 帚声 首声
道声 守声 鸨声 阜声 缶声 由声 戊声 丑声 丂声 考声 保声 簋声
受声 枣声 韭声 臼声 咎声 早声 昊声 孝声 鸟声 肘声 麀声 牟声
彪声 蒐声 讨声 牖声 幼声 厩声 裦声 焦声 薅声

(2)《诗经》用韵举例:

就其深矣，方之舟之。就其浅矣，泳之游之。何有何亡？黾勉求之。凡民有丧，匍匐救之。(《邶风·谷风》四章)

吉日维戊，既伯既祷。田车既好，四牡孔阜。升彼大阜，从其群丑。(《小雅·吉日》一章)

(五) 觉部 [uk]

(1) 声首:

学声 觉声 六声 畜声 祝声 匊声 肃声 叔声 覆声 肉声 毒声
夙声 目声 竹声 逐声 寥声 粥声 昱声 告声 奥声 就声 戮声
戚声 迪声 育声

(2)《诗经》用韵举例:

昔我往矣，日月方奥。曷云其还？政事愈蹙。岁聿云莫，采萧获菽。心之忧矣，自诒伊戚。念彼共人，兴言出宿。岂不怀归？畏此反覆。(《小雅·小明》三章)

父兮生我，母兮鞠我。拊我畜我，长我育我，顾我覆我，出入腹我。(《小雅·蓼莪》四章)

(六) 冬部 [uŋ]

(1) 声首:

中声 躬声 蟲声 融声 戎声 冬声 宗声 彤声 农声 夅声 隆声
众声 宋声 宫声

(2)《诗经》用韵举例:

于以采蘩？于涧之中。于以用之？公侯之宫。(《召南·采蘩》二章)

喓喓草虫，趯趯阜螽。未见君子，忧心忡忡；既见君子，我心则降。赫赫南仲，薄伐西戎。(《小雅·出车》五章)

(七) 宵部 [o]

(1) 声首:

爻声 肴声 教声 尧声 朝声 要声 票声 麃声 幺声 杳声 夭声 嚣声

枭声　号声　敖声　尿声　交声　尞声　了声　料声　劳声　脑声　巢声　喿声
小声　肖声　少声　笑声　苗声　猋声　表声　毛声　刀声　到声　召声　羔声
盗声　弢声　高声　乔声　杲声　兆声　肇声　鼂声　䍃声　徼声　呶声　傚声

（2）《诗经》用韵举例：

皎皎白驹，食我场苗。絷之维之，以永今朝。所谓伊人，于焉逍遥。（《小雅·白驹》一章）

鸿雁于飞，哀鸣嗷嗷。维此哲人，谓我劬劳；维彼愚人，谓我宣骄。（《小雅·鸿雁》三章）

（八）药部［ok］

（1）声首：

卓声　䒭声　暴声　雀声　爵声　勺声　约声　钓声　的声　弱声　龠声　敫声
翯声　竅声　激声　虐声　樂声　隺声　翟声　濯声　糴声　糴声　沃声　翯声
貌声　驳声　较声　蹻声

（2）《诗经》用韵举例：

扬之水，白石凿凿。素衣朱襮，从子于沃。既见君子，云何不乐？（《唐风·扬之水》一章）

宽兮绰兮，猗重较兮。善戏谑兮，不为虐兮。（《卫风·淇奥》三章）

（九）侯部［ɔ］

（1）声首：

侯声　娄声　兜声　寇声　冓声　豆声　扁声　禺声　朱声　区声　需声　俞声
刍声　臾声　句声　须声　取声　乳声　后声　後声　口声　斗声　鬥声　树声
晝声　殳声　裕声　饫声　侮声　付声

（2）《诗经》用韵举例：

山有枢，隰有榆。子有衣裳，弗曳弗娄；子有车马，弗驰弗驱。宛其死矣，他人是愉。（《唐风·山有枢》一章）

南山有枸，北山有楰。乐只君子，遐不黄耇？乐只君子，保艾尔后。（《小雅·南山有台》五章）

（十）屋部［ɔk］

（1）声首：

屋声　谷声　殻声　角声　族声　狱声　足声　束声　玉声　賣声　辱声　曲声

蜀声 木声 录声 粟声 业声 豖声 卜声 局声 鹿声 秃声 奏声

（2）《诗经》用韵举例：

谁谓雀无角？何以穿我屋？谁谓女无家？何以速我狱？虽速我狱，室家不足。（《召南·行露》二章）

益之以霢霂，既优既渥，既沾既足，生我百谷。（《小雅·信南山》二章）

（十一）东部［ɔŋ］

（1）声首：

东声 公声 丰声 奉声 夆声 同声 邕声 雍声 豐声 叢声 从声 從声
封声 容声 凶声 充声 茸声 舂声 囱声 双声 嵩声 龙声 龍声 龐声
孔声 冢声 竦声 冗声 共声 工声 送声 弄声

（2）《诗经》用韵举例：

嘒彼小星，三五在东。肃肃宵征，夙夜在公。寔命不同。（《召南·小星》一章）

我车既攻，我马既同。四牡庞庞，驾言徂东。（《小雅·车攻》一章）

（十二）鱼部［a］

（1）声首：

鱼声 车声 且声 于声 夫声 吴声 虎声 虞声 壶声 舁声 乌声 於声
图声 乎声 巫声 楚声 疏声 居声 初声 古声 与声 與声 巨声 土声
無声 吕声 鹵声 女声 处声 羽声 鼓声 股声 雨声 五声 吾声 予声
午声 户声 武声 鼠声 禹声 旅声 圉声 宁声 盅声 普声 莽声 䀠声
下声 舍声 素声 牙声 巴声 瓜声 麤声 父声 叚声 马声 夏声 寡声
斝声 互声 步声 家声 者声 去声 兔声

（2）《诗经》用韵举例：

山有扶苏，隰有荷华。不见子都，乃见狂且。（《郑风·山有扶苏》一章）

硕人俣俣，公庭万舞。有力如虎，执辔如组。（《邶风·简兮》二章）

（十三）铎部［ak］

（1）声首：

睪声 谷声 各声 亚声 恶声 庶声 度声 亦声 石声 舄声 夕声 蒦声
獲声 若声 逆声 朔声 郭声 戟声 乇声 宅声 昔声 霍声 炙声 白声
尺声 赤声 赫声 壑声 隙声 霸声 矍声 索声 虢声 乍声 射声 百声

咢声　橐声

（2）《诗经》用韵举例：

裳裳者华，或黄或白。我觏之子，乘其四骆。乘其四骆，六辔沃若。（《小雅·裳裳者华》三章）

执爨踖踖，为俎孔硕。或燔或炙。君妇莫莫，为豆孔庶。为宾为客，献酬交错。礼仪卒度，笑语卒获。神保是格。报以介福，万寿攸酢。（《小雅·楚茨》三章）

（十四）阳部［aŋ］

（1）声首：

王声　往声　狂声　昜声　爿声　方声　亢声　光声　羊声　襄声　囊声　畺声
强声　桑声　梁声　央声　昌声　仓声　相声　亨声　卬声　量声　亡声　香声
尪声　黄声　卿声　鄉声　网声　爽声　两声　象声　丈声　上声　向声　尚声
競声　兦声　望声　兵声　京声　庚声　唐声　康声　兄声　彭声　庆声　羹声
明声　永声　冏声　皿声　並声　丙声　秉声　杏声　竟声

（2）《诗经》用韵举例：

彼汾一方，言采其桑。彼其之子，美如英；美如英，殊异乎公行。（《魏风·汾沮洳》二章）

东方明矣，朝既昌矣。匪东方则明，月出之光。（《齐风·鸡鸣》二章）

（十五）支部［e］

（1）声首：

支声　知声　卑声　斯声　此声　氏声　卮声　兒声　规声　醯声　巂声
兮声　只声　虒声　豸声　是声　鹰声　解声　圭声　危声　奚声　豀声
瑞声　買声　系声

（2）《诗经》用韵举例：

鹿斯之奔，维足伎伎。雉之朝雊，尚求其雌。譬彼坏木，疾用无枝。心之忧矣，宁莫之知。（《小雅·小弁》五章）

伯氏吹埙，仲氏吹篪。及尔如贯，谅不我知。出此三物，以诅尔斯。（《小雅·何人斯》七章）

（十六）锡部［ek］

（1）声首：

易声　束声　刺声　责声　策声　画声　辰声　派声　脈声　厤声　益声　析声

辟声　鬲声　脊声　狊声　厄声　狄声　彳声　册声　擊声　谥声　役声

(2)《诗经》用韵举例：

中唐有甓，邛有旨鹝。谁侜予美，心焉惕惕。(《陈风・防有鹊巢》二章)

谓地盖厚，不敢不蹐。维号斯言，有伦有脊。哀今之人，胡为虺蜴。(《小雅・正月》六章)

(十七) 耕部 [eŋ]

(1) 声首：

青声　晶声　井声　耕声　形声　争声　生声　星声　省声　正声　定声　荧声
莺声　荣声　盈声　赢声　婴声　幸声　寧声　顷声　颖声　磬声　殸声　敬声
冋声　迥声　冥声　扃声　耿声　鸣声　名声　平声　并声　刑声　甹声　霝声
丁声　成声　鼎声　贞声　呈声　廷声　聽声　巠声　聖声

(2)《诗经》用韵举例：

瞻彼淇奥，绿竹青青。有匪君子，充耳琇莹，会弁如星。(《卫风・淇奥》二章)

殖殖其庭，有觉其楹。哙哙其正，哕哕其冥。君子攸宁。(《小雅・斯干》五章)

(十八) 歌部 [ai]

(1) 声首：

哥声　戈声　我声　義声　羲声　果声　呙声　它声　也声　施声　多声　移声
宜声　朵声　妥声　羅声　羸声　蓏声　禾声　和声　龢声　科声　可声　奇声
卧声　左声　隋声　墮声　隨声　惰声　坐声　鼡声　惢声　沙声　叉声　麻声
靡声　摩声　加声　瓦声　化声　爲声　皮声　波声　罷声　羆声　垂声　唾声
差声　吹声　炊声　离声　麗声　詈声　羁声

(2)《诗经》用韵举例：

瞻彼淇奥，绿竹猗猗。有匪君子，如切如磋，如琢如磨。(《卫风・淇奥》一章)

有兔爰爰，雉离于罗。我生之初，尚无为。我生之后，逢此百罹。尚寐无吪。(《王风・兔爰》一章)

(十九) 月部 [at]

(1) 声首：

月声　曰声　粤声　舌声　刷声　殺声　伐声　蔑声　罚声　剌声　赖声　獭声
辣声　戉声　越声　𠯑声　厥声　阙声　犮声　黺声　肺声　旆声　沛声　寽声

劣声　列声　桀声　臬声　薛声　孽声　蘖声　孑声　绝声　叕声　折声　誓声
离声　雪声　戌声　威声　歳声　噦声　竄声　韇声　吷声　乂声　艾声　刈声
執声　勢声　熱声　肄声　摯声　贽声　鸷声　制声　世声　曳声　祭声　蔡声
察声　筮声　曷声　丐声　愒声　谒声　介声　夬声　决声　快声　害声　割声
辖声　契声　絜声　齧声　邁声　厲声　蠆声　毳声　脆声　最声　衛声　睿声
外声　拜声　會声　贝声　败声　薤声　带声　兑声　锐声　说声　阅声　脱声
大声　泰声　達声　厥声　怛声　癶声

(2)《诗经》用韵举例：

匪风发兮，匪车偈兮。顾瞻周道，中心怛兮。(《桧风·匪风》一章)

民亦劳止，汔可小愒。惠此中国，俾民忧泄。无纵诡随，以谨丑厉。式遏寇虐，无俾正败。戎虽小子，而式弘大。(《大雅·民劳》四章)

(二十) 元部 [an]

(1) 声首：

元声　髡声　寒声　蹇声　安声　晏声　宴声　匽声　萑声　宽声　丸声　藿声
權声　勸声　完声　夗声　宛声　亘声　桓声　嘆声　漢声　難声　雁声　彦声
颜声　炭声　产声　反声　軋声　乾声　翰声　韩声　幹声　旋声　焉声　衍声
燕声　羡声　闲声　顯声　憲声　縣声　姦声　宦声　幻声　獻声　原声　然声
赧声　研声　豣声　爰声　遣声　肩声　閒声　柬声　練声　建声　见声　干声
旱声　罕声　言声　看声　侃声　肙声　官声　贯声　卵声　耑声　盥声　喘声
段声　软声　丹声　旦声　亶声　短声　彖声　单声　般声　半声　桊声　萬声
蔄声　曼声　番声　眷声　卷声　弁声　卞声　緜声　邊声　面声　片声　繁声
攀声　赞声　散声　潸声　算声　篡声　爨声　鲜声　扇声　山声　删声　巽声
選声　專声　袁声　團声　還声　展声　延声　穿声　断声　戔声　前声　全声
廛声　连声　聯声　䜌声　亂声　奐声

(2)《诗经》用韵举例：

乘彼垝垣，以望复关。不见复关，泣涕涟涟。既见复关，载笑载言。尔卜尔筮，体无咎言。以尔车来，以我贿迁。(《卫风·氓》二章)

笃公刘，于胥斯原。既庶既繁，既顺乃宣，而无永叹。陟则在巘，复降在原。(《大雅·公刘》二章)

(二十一) 脂部 [ei]

(1) 声首：

旨声　伊声　夷声　稽声　卟声　笄声　几声　启声　齊声　妻声　犀声　米声

氏声　弟声　豊声　黎声　匕声　尼声　耆声　比声　師声　眉声　美声　皆声
尸声　履声　豕声　矢声　雉声　㲋声　癸声　示声　私声　兕声　𣎆声　𠂔声
姊声　二声　次声　貳声　细声　蠡声　祁声　死声　爾声　彌声

(2)《诗经》用韵举例：

相鼠有体，人而无礼。人而无礼，胡不遄死。(《鄘风·相鼠》三章)

既张我弓，既挟我矢。发彼小豝，殪此大兕。以御宾客，且以酌醴。(《小雅·吉日》四章)

(二十二) 质部 [et]

(1) 声首：

質声　必声　一声　抑声　實声　吉声　𢦒声　七声　即声　節声　日声　栗声
桼声　叱声　畢声　失声　血声　逸声　乙声　疾声　匹声　佾声　穴声　利声
戾声　棄声　器声　季声　惠声　彗声　计声　继声　薊声　四声　隶声　闭声
替声　届声　翳声　自声　鼻声　畀声　至声　疐声　㡭声　𡖑声　壹声　懿声
密声　谧声　瑟声　肸声　屑声　悉声　䖵声　閟声

(2)《诗经》用韵举例：

阪有漆，隰有栗。既见君子，并坐鼓瑟。今者不乐，逝者其耋。(《秦风·车邻》二章)

其未醉止，威仪抑抑。曰既醉止，威仪怭怭。是曰既醉，不知其秩。(《小雅·宾之初筵》三章)

(二十三) 真部 [en]

(1) 声首：

真声　㐱声　臣声　臤声　塵声　藺声　进声　人声　千声　仁声　年声　佞声
申声　陈声　身声　辛声　親声　燊声　信声　盡声　津声　晋声　秦声　旬声
匀声　寅声　因声　令声　引声　印声　憖声　𢻫声　粦声　命声　民声　频声
奠声　天声　丏声　宾声　虔声　吞声　渊声　玄声　牵声　尹声　扁声　疢声

(2)《诗经》用韵举例：

乃如之人也，怀婚姻也。大无信也，不知命也。(《鄘风·蝃蝀》三章)

彼何人斯？胡逝我陈？我闻其声，不见其身。不愧于人，不畏于天。(《小雅·何人斯》三章)

(二十四) 微部 [əi]

(1) 声首：

㣲声　徽声　豈声　肥声　尾声　毁声　火声　褱声　飛声　罪声　辈声　悲声

妃声　韋声　威声　委声　魏声　回声　衣声　幾声　归声　追声　雷声　累声
磊声　耒声　枚声　夔声　頹声　遗声　隹声　匯声　绥声　衰声　水声　毅声
祋声　鬼声　魁声　希声　頎声

（2）《诗经》用韵举例：

日居月诸，胡迭而微？心之忧矣，如匪浣衣。静言思之，不能奋飞。（《邶风·柏舟》五章）

是以有衮衣兮，无以我公归兮，无使我心悲兮。（《豳风·九罭》四章）

（二十五）物部［ət］

（1）声首：

勿声　卒声　出声　术声　率声　帥声　兀声　弗声　没声　矞声　突声　骨声
鬱声　聿声　八声　戛声　气声　既声　愛声　胃声　贵声　未声　寐声　位声
退声　祟声　類声　内声　對声　尉声　孛声　配声　遂声

（2）《诗经》用韵举例：

日居月诸，东方自出。父兮母兮，畜我不卒。胡能有定，报我不述。（《邶风·日月》四章）

渐渐之石，维其卒矣。山川悠远，曷其没矣。武人东征，不皇出矣。（《小雅·渐渐之石》二章）

（二十六）文部［ən］

（1）声首：

文声　闵声　豕声　焚声　分声　贫声　盆声　粪声　蕡声　奮声　熏声　昷声
云声　魂声　允声　夋声　酸声　殷声　㥯声　君声　军声　囷声　困声　煇声
斤声　旂声　近声　筋声　巾声　堇声　屯声　春声　辰声　𦎫声　隼声　準声
寸声　尊声　孫声　鯀声　飧声　薦声　濬声　卂声　盾声　侖声　殿声　臀声
豚声　昆声　鰥声　衮声　昏声　圂声　门声　闻声　问声　奔声　贲声　本声
艮声　豳声　先声　川声　顺声　训声　舛声　舜声　存声　员声　典声　殄声
西声　洒声　亹声　免声　亜声　刃声　胤声　壼声

（2）《诗经》用韵举例：

大车哼哼，毳衣如璊。岂不尔思，畏子不奔。（《王风·大车》二章）

旱既太甚，涤涤山川。旱魃为虐，如惔如焚。我心惮暑，忧心如熏。群公先正，则不我闻。昊天上帝，宁俾我遯。（《大雅·云汉》五章）

(二十七) 缉部 [əp]

(1) 声首:

咠声 十声 汁声 習声 合声 拾声 翕声 濕声 隰声 翜声 沓声
立声 邑声 集声 雜声 龔声 讋声 及声 執声 蟄声 㬎声 飒声
纳声 軜声 入声

(2)《诗经》用韵举例:

中谷有蓷,暵其湿矣。有女仳离,啜其泣矣。啜其泣矣,何嗟及矣。(《王风·中谷有蓷》三章)

龙盾之合,鋈以觼軜。言念君子,温其在邑。(《秦风·小戎》二章)

(二十八) 侵部 [əm]

(1) 声首:

侵声 寖声 心声 森声 兓声 潛声 蠶声 深声 採声 審声 冘声 沈声
枕声 耽声 甚声 斟声 堪声 壬声 南声 男声 淫声 音声 歆声 今声
含声 贪声 金声 禽声 饮声 念声 陰声 锦声 衔声 琴声 林声 禁声
品声 臨声 參声 三声 尋声 稟声 廩声 凡声 風声 咸声 覃声

(2)《诗经》用韵举例:

青青子衿,悠悠我心。纵我不往,子宁不嗣音。(《郑风·子衿》一章)

彼何人斯,其为飘风。胡不自北,胡不自南。胡逝我梁,祇搅我心。(《小雅·何人斯》四章)

(二十九) 叶部 [ap]

(1) 声首:

盍声 枼声 劦声 曄声 聶声 業声 燮声 妾声 涉声 辄声 巤声
疌声 疊声 匧声 劫声 法声 乏声 臿声 甲声 夾声 䎎声

(2)《诗经》用韵举例:

芄兰之叶,童子佩韘。虽则佩韘,能不我甲。(《卫风·芄兰》二章)

戎车既驾,四牡业业。岂敢定居,一月三捷。(《小雅·采薇》八章)

(三十) 谈部 [am]

(1) 声首:

炎声 兼声 廉声 僉声 韱声 占声 甜声 冉声 染声 陕声 闪声 弇声

奄声　詹声　臽声　監声　覽声　欠声　坎声　函声　犯声　甘声　恬声　厭声
敢声　嚴声　芟声　斩声　渐声　毚声

(2)《诗经》用韵举例：

大车槛槛，毳衣如菼。岂不尔思，畏子不敢。(《王风・大车》一章)

节彼南山，维石岩岩。赫赫师尹，民具尔瞻。忧心如惔，不敢戏谈。国既卒斩，何用不监。(《小雅・节南山》一章)

第三节
上古汉语的声调

声调是汉语的重要特征之一。从语言的普遍性来看，声调的区别往往是在语言的发展过程中由音质成分的区别演化而来的，并不是语言的原始特征。对于汉语声调的起源也有不少学者做过探讨，其中影响较大的是声调起源于辅音韵尾说。据唐作藩（2006）的统计，中古同调类的字自相押韵的在《诗经》中占80%以上。这说明中古声调的区别在《诗经》时代已经基本形成；同时，由于同调类相押的情况并非百分之百，说明当时“声调”的区别已经不可能是在韵尾上了，而只能是一种“非音质”的区别。

中古四声之中去声的情况比较特殊。《诗经》中去声字经常与入声字押韵（加点字为韵脚，其中黑体字是去声字）：

一之日觱发，二之日栗烈。无衣无褐，何以卒**岁**。(《豳风・七月》一章)

鹳鸣于垤，妇叹于室。洒扫穹窒，我征聿**至**。(《豳风・东山》三章)

执爨踖踖，为俎孔硕。或燔或炙。君妇莫莫，为豆孔**庶**。为宾为客，献酬交错。礼仪卒**度**，笑语卒获。神保是格。报以介福，万寿攸酢。(《小雅・楚茨》三章)

我行其野，言采其葍。不思旧姻，求尔新特。成不以**富**，亦祇以**异**。(《小雅・我行其野》三章)

间关车之辖兮，思娈季女**逝**兮。匪饥匪渴，德音来括。(《小雅・车辖》一章)

从谐声来看，去声字也与入声字关系密切：

弋（入声）——代（去声）　　夜（去声）——液（入声）
各（入声）——路（去声）　　告（去声）——梏（入声）
北（入声）——背（去声）　　至（去声）——室（入声）
折（入声）——逝（去声）　　祭（去声）——察（入声）
翟（入声）——耀（去声）　　兑（去声）——说（入声）
发（入声）——废（去声）　　世（去声）——泄（入声）
列（入声）——例（去声）　　害（去声）——割（入声）

段玉裁主张古无去声。而王力认为上古有两种入声：一种是长入，后来演变为去声；一种是短入，到中古仍为入声。在谐声和押韵中常常与入声发生关系的那部分去声字就是上古的长入声字。不与入声发生关系的去声字，王力认为是由上古的平声和上声变来的：

济济跄跄，絜尔牛羊，以往烝尝。或剥或亨，或肆或将。祝祭于祊，祀事孔明。先祖是皇，神保是飨。孝孙有**庆**，报以介福，万寿无疆。（《小雅·楚茨》二章）①

尔肴既将，莫怨具**庆**。（《小雅·楚茨》六章）

以我齐明，与我牺羊，以社以方。我田既臧，农夫之**庆**。（《小雅·甫田》二章）

曾孙之稼，如茨如梁；曾孙之庾，如坻如京。乃求千斯仓，乃求万斯箱。黍稷稻粱，农夫之**庆**。报以介福，万寿无疆。（《小雅·甫田》四章）

裳裳者华，芸其黄矣。我觏之子，维其有章矣。维其有章矣，是以有**庆**矣。（《小雅·裳裳者华》二章）

维此王季，因心则友。则友其兄，则笃其**庆**，载锡之光。受禄无丧，奄有四方。（《大雅·皇矣》三章）

秋而载尝，夏而楅衡。白牡骍刚，牺尊将将。毛炰胾羹，笾豆大房；万舞洋洋，孝孙有**庆**。俾尔炽而昌，俾尔寿而臧。保彼东方，鲁邦是常。（《鲁颂·閟宫》四章）

江有沱，之子归，不我**过**。不我**过**，其啸也歌。（《召南·江有汜》三章）

考盘在阿，硕人之薖。独寐寤歌，永矢弗**过**。（《卫风·考盘》二章）

习习谷风，以阴以雨。黾勉同心，不宜有**怒**。（《邶风·谷风》一章）

君子如**怒**，乱庶遄沮。（《小雅·巧言》二章）

王赫斯**怒**，爰整其旅，以按徂旅，以笃周祜，以对于天下。（《大雅·皇矣》五章）

忧心殷殷，念我土宇。我生不辰，逢天僤**怒**。自西徂东，靡所定处；多我觏痻，孔棘我圉。（《大雅·桑柔》四章）

王奋厥武，如震如**怒**。进厥虎臣，阚如虓虎。铺敦淮濆，仍执丑虏。截彼淮浦，王师之所。（《大雅·常武》四章）

从《诗经》的用韵来看，不与入声发生关系的去声字也有自相押韵的：

如彼雨雪，先集维霰。死丧无日，无几相见。乐酒今夕，君子维宴。（《小雅·頍弁》三章）

雝雝鸣雁，旭日始旦。士如归妻，迨冰未泮。（《邶风·匏有苦叶》三章）

羔裘晏兮，三英粲兮。彼其之子，邦之彦兮。（《郑风·羔裘》三章）

受天之祜，四方来贺。于万斯年，不遐有佐。（《大雅·下武》六章）

上古汉语已经存在变调构词，去声在变调构词中往往承担滋生词的角色。在变调构词中，原始词并不一定是入声，那么滋生词自然也不一定是长入声。比如“好”字，形容词读上声，由变调构词构成的动词读去声，而不应该是长入声。从《诗经》的押韵来看，形容词的“好”一般与上声押韵：

---

① “飨”上古也是平声字。

宜言饮酒，与子偕老。琴瑟在御，莫不静**好**。（《郑风·女曰鸡鸣》二章）

缁衣之**好**兮，敝，予又改造兮。（《郑风·缁衣》二章）①

叔于狩，巷无饮酒。岂无饮酒？不如叔也，洵美且**好**。（《郑风·叔于田》二章）②

遵大路兮，掺执子之手兮。无我丑兮，不寁**好**也。（《郑风·遵大路》二章）

田车既**好**，四牡孔阜。东有甫草，驾言行狩。（《小雅·车攻》二章）

骄人好**好**，劳人草草。（《小雅·巷伯》五章）

稼穑维宝，代食维**好**。（《大雅·桑柔》六章）

子之茂兮，遭我乎猺之道兮。并驱从两牡兮，揖我谓我**好**兮。（《齐风·还》二章）③

吉日维戊，既伯既祷。田车既**好**，四牡孔阜，升彼大阜，从其群丑。（《小雅·吉日》一章）

动词的“好”一般与去声押韵：

知子之**好**之，杂佩以报之。（《郑风·女曰鸡鸣》三章）

羔裘豹褎，自我人究究。岂无他人？维子之**好**。（《唐风·羔裘》二章）

日居月诸，下土是冒。乃如之人兮，逝不相**好**。胡能有定？宁不我报？（《邶风·日月》二章）

可见，《诗经》时代应该已经有独立的去声。因此，上古汉语有五个声调：平声、上声、去声、长入声、短入声。上古五个声调与中古四声的关系如下表（见表1—3）：

表 1—3　　上古和中古声调对照表

<table>
<tr><td rowspan="2">上古</td><td colspan="3">舒声</td><td colspan="2">促声</td></tr>
<tr><td>平声</td><td>上声</td><td>去声</td><td>长入</td><td>短入</td></tr>
<tr><td rowspan="2">中古</td><td>平声</td><td>上声</td><td colspan="2">去声</td><td>入声</td></tr>
<tr><td colspan="4">舒声</td><td>促声</td></tr>
</table>

【思考题】

1. 试从发音部位和发音方法两个方面比较上古和中古声母的异同。
2. 简单叙述古韵分部的历史沿革。
3. 上古汉语有没有去声？为什么？
4. 分析《诗经·豳风·七月》的用韵。
5. 从声母和韵母两个方面分析从“台”和“麻”两个声符得声的汉字。

【本章参考文献】

陈复华，何九盈．古韵通晓．北京：中国社会科学出版社，1987.

① “造”字“制作”义读“昨早切”，上声。

② “狩”字上古也是上声字。

③ “茂”字上古也是上声字。

陈新雄．古音研究．台北：五南图书出版股份有限公司，1999.

丁邦新．丁邦新语言学论文集．北京：商务印书馆，1998.

丁邦新．中国语言学论文集．北京：中华书局，2008.

[瑞典] 高本汉（Karlgren）．中上古汉语音韵纲要．济南：齐鲁书社，1987.

郭锡良．汉字古音手册．北京：北京大学出版社，1986.

李方桂．上古音研究．北京：商务印书馆，1980.

陆志韦．古音说略//陆志韦语言学著作集．北京：中华书局，1985.

[加] 蒲立本（Pulleyblank）．上古汉语的辅音系统．北京：中华书局，1999.

邵荣芬．匣母字上古一分为二试析．语言研究，1991（1）．

邵荣芬．匣母字上古一分为二再证．中国语言学报，1995（7）．

[俄] 斯塔罗斯金（Старостин）．古代汉语音系的构拟．上海：上海教育出版社，2010.

唐作藩．上古音手册．南京：江苏人民出版社，1982.

唐作藩．上古汉语有五声说——从《诗经》用韵看上古汉语的声调．语言学论丛，第 33 辑，2006.

汪荣宝．歌戈鱼虞模古读考．国学季刊，第 1 卷第 2 号，1923.

王力．诗经韵读//王力文集．第六卷．济南：山东教育出版社，1986.

王力．同源字典．北京：商务印书馆，1982.

王力．清代古音学//王力文集．第十二卷．济南：山东教育出版社，1990.

[俄] 雅洪托夫（Яхонтов）．汉语史论集．北京：北京大学出版社，1986.

余迺永．上古音系研究．香港：香港中文大学出版社，1985.

曾运乾．音韵学讲义．北京：中华书局，1996.

郑张尚芳．上古音系（第二版）．上海：上海教育出版社，2013.

周祖谟．古音有无上去二声辨//问学集（上册）．北京：中华书局，1966.

周祖谟．汉字上古音东冬分部的问题//周祖谟学术论著自选集．北京：北京师范学院出版社，1993.

Baxter（白一平）．A Handbook of Old Chinese Phonology. Berlin；New York：Mouton de Gruyter，1992.

Bodman（包拟古）．A Linguistic Study of the Shih-ming. Cambridge：Harvard University Press，1954.

第二章

汉语语音从上古到中古的发展

本章介绍以《切韵》音系为代表的中古汉语音系以及从上古到中古的语音变化。从上古到中古，汉语声母主要发生了以下变化：第一，舌音分化为端、知、章（章组中古属于齿音）三组；第二，齿音分化为精、庄二组；第三，牙音一部分转入正齿音章组，群母一部分并入匣母；第四，闪音r演变为中古的以母和邪母；第五，清响音声母全部消失，演变为清阻塞音。中古后期，汉语声母又发生了以下变化：第一，唇音分化，轻唇音产生；第二，正齿音庄、章两组合并为一组；第三，匣母分化，云母与以母合并。从上古到中古，汉语韵母主要发生了如下变化：第一，由于介音的影响，主要元音发生了不同的变化，形成了四等的格局；第二，由于阴阳入三类韵母演变不同步，阴阳入三声相配的格局被打破，形成入配阳声的格局。中古后期韵母大大简化，同摄的重韵合并，三四等合并。从上古到中古，汉语声调主要的变化有：第一，长入声变为去声；第二，中古后期全浊声母上声变为去声。

中古汉语的代表音系是《切韵》音系。《切韵》是隋朝陆法言在颜之推等八人讨论的基础上编撰的一部韵书，成书于隋仁寿元年（601）。

《切韵》音系的主体是以洛阳话为基础的读书音；同时，由于陆法言参考了前代的字书、韵书，做了调和折中，又使得其音系具有一定的综合性。这种综合性的表现主要是分类过于苛细，然而这又客观上保存了更多的古音音类，从而为汉语史和方言的研究提供了更多的便利条件。现代汉语各个方言并不全都是由《切韵》音系直接发展而来的，但是各个方言音系中的语音区别却大多能够在《切韵》中找到依据，这正是因为《切韵》保存了较多的古音音类。①

研究中古汉语音系主要依据以下材料：

（1）《切韵》系韵书。《切韵》在唐宋两代经过多次修订，书名也有变化，其中最重要的修订本有唐代王仁昫的《刊谬补缺切韵》（简称《王韵》）和北宋陈彭年等奉敕修撰的《大宋重修广韵》（简称《广韵》）。《切韵》原书已经失传，研究《切韵》音系主要依据《王韵》和《广韵》。

（2）宋元等韵图。等韵图是一种声韵调配合表。早期等韵图主要有《韵镜》《七音略》等，是以《切韵》系韵书为依据的。稍晚的《切韵指掌图》《四声等子》仍以《切韵》为框架，但

---

① 关于《切韵》的成书和性质等问题，参见林焘主编：《中国语音学史》，第二章，北京，语文出版社，2010。

是较多反映时音。

（3）音注。这一时期的音注材料比较丰富，有古籍的音注，如陆德明的《经典释文》；也有字书中的音注，如吕忱《字林》中的音注。

（4）诗文用韵。这一时期韵文的材料也非常丰富。

（5）对音译音。这一时期日本语、朝鲜语、越南语曾大规模地借用汉字，这些语言的汉字音中还保留了很多汉语中古音的特点，如日语“家”读［ka］，“间”读［kan］。这一时期梵汉对音和汉藏对音的资料也很丰富。

（6）现代汉语方言。

第一节
《切韵》音系

从《切韵》到《广韵》，编排上虽然有些调整，但是总的体例并没有改变。以《广韵》为例：按平、上、去、入四声分卷，平声由于字多分为两卷，其他三声各一卷，共五卷。五卷总共206韵，上平声28韵，下平声29韵，上声55韵，去声60韵，入声34韵。[①] 每韵之中同音字排在一起，叫做一个“小韵”（或称“纽”），每小韵在第一个字下用反切注音，又音在该字下用反切或直音注出。

《切韵》系韵书在编排上只区分了“韵”和“调”，并没有把全部的音类直接显现出来。研究《切韵》音系是通过分析其中的反切并参考等韵图等材料划分出声类和韵类，然后比较对音、译音和现代汉语方言拟测出声母和韵母的音值。

一、《切韵》的声母系统

清代学者陈澧（1810—1882）在《切韵考》中创立了“系联法”，用以分析《切韵》（实际根据《广韵》）的反切，求出声类和韵类。他说：“切语上字同用者、互用者、递用者，声必同类也。同用者，如：冬，都宗切；当，都郎切；同用都字也。互用者，如：当，都郎切；都，当孤切；都、当二字互用也。递用者，如：冬，都宗切；都，当孤切；冬字用都字，都字用当字也。”据此，陈澧将《切韵》反切上字分为40类。后来，黄侃、钱玄同将莫、武两类分开，成为41类；高本汉、白涤洲将见、溪、疑、晓、影、来各分为两类，成为47类；曾运乾、陆志韦、周祖谟又将精、清、从、心各分为两类，成为51类；李荣、邵荣芬又将士类和俟类分

---

① 从《王韵》目录的小注和敦煌写本《切韵》残卷推知，陆法言《切韵》原分193韵，平声“严”韵没有相配的上声和去声韵目。《王韵》增加了上声“广”韵和去声“严”韵，共195韵。《广韵》从“真轸震质”中分出“谆准稕术”，从“寒旱翰曷”中分出“桓缓换末”，从“歌哿箇”中分出“戈果过”，共206韵。《广韵》新增的11个韵只是在开合口是否分韵上处理方式不同，对于语音系统并没有影响。

开，成为 52 类。下面将各家声类以及三十六字母和《切韵》三十七声母列表比较（见表 2—1）①：

表 2—1　　**《切韵》声类、声母比较表**

陈　澧	黄　侃 钱玄同	高本汉 白涤洲	曾运乾 陆志韦 周祖谟	李　荣 邵荣芬	三十六 字母	《切韵》 三十七声母
博	博	博	博	博	帮	帮
方	方	方	方	方	帮非	
普	普	普	普	普	滂	滂
芳	芳	芳	芳	芳	滂敷	
蒲	蒲	蒲	蒲	蒲	並	並
符	符	符	符	符	並奉	
莫	莫	莫	莫	莫	明	明
	武	武	武	武	明微	
都	都	都	都	都	端	端
他	他	他	他	他	透	透
徒	徒	徒	徒	徒	定	定
奴	奴	奴	奴	奴	泥	泥
卢	卢	卢	卢	卢	来	来
		力	力	力		
陟	陟	陟	陟	陟	知	知
丑	丑	丑	丑	丑	彻	彻
直	直	直	直	直	澄	澄
女	女	女	女	女	娘	娘
作	作	作	作	作	精	精
			子	子		
仓	仓	仓	仓	仓	清	清
			七	七		
昨	昨	昨	昨	昨	从	从
			疾	疾		
苏	苏	苏	苏	苏	心	心
			息	息		
徐	徐	徐	徐	徐	邪	邪
侧	侧	侧	侧	侧	照$_{二}$	庄
初	初	初	初	初	穿$_{二}$	初
士	士	士	士	士	床$_{二}$	崇
所	所	所	所	所	审$_{二}$	生
士	士	士	士	俟	禅$_{二}$	俟

① 各家声类名称不同，有的没有明确的声类名，表中统一用每类中使用频率最高的反切上字作为类名。

续前表

陈　澧	黄　侃 钱玄同	高本汉 白涤洲	曾运乾 陆志韦 周祖谟	李　荣 邵荣芬	三十六 字母	《切韵》 三十七声母
之	之	之	之	之	照$_{三}$	章
昌	昌	昌	昌	昌	穿$_{三}$	昌
食	食	食	食	食	床$_{三}$	船
式	式	式	式	式	审$_{三}$	书
时	时	时	时	时	禅$_{三}$	禅
而	而	而	而	而	日	日
古	古	古	古	古	见	见
		居	居	居		
苦	苦	苦	苦	苦	溪	溪
		去	去	去		
渠	渠	渠	渠	渠	群	群
五	五	五	五	五	疑	疑
		鱼	鱼	鱼		
乌	乌	乌	乌	乌	影	影
		於	於	於		
呼	呼	呼	呼	呼	晓	晓
		许	许	许		
胡	胡	胡	胡	胡	匣	匣
于	于	于	于	于	喻$_{三}$	
以	以	以	以	以	喻$_{四}$	以

《切韵》的 52 个声类并不等于 52 个声母，因为反切上字的选择由于受被切字韵母的影响有分类的趋势：三等韵一类，一、二、四等韵一类。这是由于三等韵有辅音性的-j-介音，所以往往用三等字作反切上字，这样拼切起来比较和谐。而事实上两类之间也并非全无交涉，比如“诡”是三等字，《广韵》“过委切”，上字“过”是一等字；“则”是一等字，《广韵》“子德切”，上字“子”是三等字。

通过对 52 个声类的进一步分析归纳，《切韵》音系共有 37 个声母。三十七声母与五十二声类的关系在表 2—1 中已经列出。下面按发音部位将《切韵》三十七声母和拟音列表（见表 2—2）：

表 2—2 **《切韵》音系声母表**

双唇音	帮 p	滂 p^h	並 b			明 m	
舌尖音	端 t	透 t^h	定 d			泥 n	来 l
卷舌音	知 ʈ	彻 ʈ^h	澄 ɖ			娘 ɳ	
舌尖塞擦音和擦音	精 ts	清 ts^h	从 dz	心 s	邪 z		
卷舌塞擦音和擦音	庄 tʂ	初 tʂ^h	崇 dʐ	生 ʂ	俟 ʐ		
舌面音	章 tɕ	昌 tɕ^h	禅 dʑ	书 ɕ	船 ʑ	日 ȵ	
舌根音	见 k	溪 k^h	群 g			疑 ŋ	
喉音	影 ʔ			晓 h	匣 ɦ		以 ø

关于声母有以下几个问题需要说明。

(一) 轻重唇音不分

五十二声类中“博普蒲莫”和“方芳符武”并不是重唇音和轻唇音的区别，而是非三等与三等的区别。前者用于一二四等；后者用于三等，但并不仅限于轻唇音。以下是《广韵》的反切：

卑，府移切；鄙，方美切；彼，甫委切；兵，甫明切。（方类，以非切帮）
披，敷羁切；丕，敷悲切；篇，芳连切；飘，抚招切。（芳类，以敷切滂）
皮，符羁切；毗，房脂切；便，房连切；平，符兵切。（符类，以奉切並）
珉，武巾切；眉，武悲切；绵，武延切；明，武兵切。（武类，以微切明）

《王三》（指故宫博物院藏宋濂题跋本《王韵》）中还有两类互用的：

彼，补靡反；兵，补荣反；并，补盈反；平，蒲兵反。（以一等切三等）

所以唇音声母实际只有一套。

(二) 娘母独立

从反切上字系联的情况来看，泥、娘的关系与端、透、定和知、彻、澄的关系是一致的。曹宪《博雅音》、何超《晋书音义》的反切也反映同样的现象。下面把《王三》《广韵》《博雅音》和《晋书音义》四部书中端、透、定、泥和知、彻、澄、娘八个声母的小韵（或反切）总数和类隔数列表比较（见表 2—3）①：

表 2—3　《王三》《广韵》《博雅音》《晋书音义》舌音类隔比例对照表

	端知		透彻		定澄		泥娘	
	总数	类隔数	总数	类隔数	总数	类隔数	总数	类隔数
王　三	156	13	138	2	151	5	116	10
广　韵	163	11	152	2	160	4	123	12
博雅音	102	7	109	3	183	3	99	8
晋书音义	194	16	189	0	259	4	115	13

从中古时期的梵汉对音来看，泥母字对译梵文的 n [n]，娘母字对译梵文的ṇ [ɳ]，也与端、透、定和知、彻、澄的关系是平行的（参看下节）。所以娘母应该是一个独立的声母。

(三) 俟母独立

俟类只有“漦”和“俟”两个小韵。《切三》② “漦，俟之反”，“俟，漦史反”；《王三》

① 据邵荣芬《切韵研究》。

② 《切三》即敦煌出土的一种《切韵》残卷，现藏英国博物馆，编号 S2071。1921 年王国维将其与另两种《切韵》残卷一起抄录印行，通常简称为切一、切二、切三。

“䂄，俟淄反”，“俟，䂄史反”；两个小韵的反切上字互相系联。《广韵》“䂄，俟甾切”，“俟，床史切”，可以与士类系联成一类，但是“䂄”小韵和“茬”（士之切）小韵对立，“俟”小韵和“士”（鉏里切）小韵对立。《七音略》《切韵指掌图》《四声等子》都把“䂄”和“俟”摆在禅母二等的位置。《韵镜》无“䂄”字，“俟”字也放在禅母二等的位置。俟母独立是确定无疑的。

（四）禅和船的地位

早期等韵图把船母列在浊塞擦音的位置，把禅母列在浊擦音的位置。陆志韦、蒲立本、邵荣芬等都指出，韵图把船和禅的位置弄错了。从梵汉对音来看，禅母字对梵文塞擦音，船母字对梵文半元音。《颜氏家训·音辞》说：“南人以钱为涎，以石为射，以贱为羡，以是为舐。”是说南方不分从和邪、船和禅。我们把这几字的关系排列出来：

钱贱（从）：涎羡（邪）
石是（禅）：射舐（船）

可以看出：禅与从的位置相当，船与邪的位置相当。所以禅母是塞擦音，船母是擦音。

（五）云匣不分

胡类和于类是互补的。胡类对应匣母，出现在一二四等韵。于类对应喻母三等，出现在三等韵。有学者主张于类是独立的声母，称其为云母（或于母）。《切三》“雲，户分反”，“越，户伐反”，用一等字作三等字的反切上字。“雄”字，《王三》“羽隆反”，《广韵》“羽弓切”，《韵镜》《七音略》均列于匣母三等的位置，今读亦合乎匣母细音的演变规律。《切韵序》：“支（章移反）脂（旨夷反）、鱼（语居反）虞（遇俱反）共为不韵，先（苏前反）仙（相然反）、尤（于求反）侯（胡沟反）俱论是切。”对举之字均为同声母字，“尤”、“侯”应该也不例外。庾信（513—581）《问疾封中录》双声诗：“形$_{\text{匣}}$骸$_{\text{匣}}$违$_{\text{云}}$学$_{\text{匣}}$宦$_{\text{匣}}$，狭$_{\text{匣}}$巷$_{\text{匣}}$幸$_{\text{匣}}$为$_{\text{云}}$闲$_{\text{匣}}$。虹$_{\text{匣}}$回$_{\text{匣}}$或$_{\text{匣}}$有$_{\text{云}}$雨$_{\text{云}}$，云$_{\text{云}}$合$_{\text{匣}}$又$_{\text{云}}$含$_{\text{匣}}$寒$_{\text{匣}}$。”间用匣母字和云母字。以上材料均说明云、匣没有分化。

二、《切韵》的韵母和声调

（一）《切韵》的韵母

韵类的系联要比声类复杂，因为有时被切字的介音是由反切上字决定的，而且唇音字做反切下字时开合口也不易确定，所以单纯通过反切下字的系联无法得出准确的韵类，必须要参考等韵图。陈澧《切韵考》将《广韵》的反切下字分为 311 个韵类，周祖谟《陈澧切韵考辨误》、董同龢《汉语音韵学》等又有所订正。参考各家研究，《广韵》有 326 个韵类。韵类不等于韵母，因为韵类包含了声调的区别。《切韵》音系实际有 159 个韵母，列表如下（见表 2—4）：

表 2—4　　**《切韵》音系韵母表**

平上去入	一等		二等		三等		四等	
	开口	合口	开口	合口	开口	合口	开口	合口
东董送屋		uŋ，uk				juŋ，juk		
冬　宋沃 钟肿用烛		uoŋ，uok				juoŋ， juok		
江讲绛觉			ɔŋ，ɔk					
支纸寘					je	jue	ie	iue
脂旨至					ji	jui	i	ui
之止志					jə			
微尾未					jəi	juəi		
鱼语御					jo			
虞麌遇 模姥暮		u				ju		
齐荠霁					jei		iei	iuei
祭					jɛi	juɛi	iɛi	
泰	ɑi	uɑi						
佳蟹卦			ai	uai				
皆骇怪			ɐi	uɐi				
夬			æi	uæi				
灰贿队 咍海代	ɒi	uɒi			jɒi			
废					jɐi	juɐi		
真轸震质 臻　栉 谆准稕术					jĕn，jĕt	juĕn，juĕt	iĕn， iĕt	iuĕn， iuĕt
文吻问物 欣隐焮迄					jən，jət	juən， juət		
元阮愿月					jɐn，jɐt	juɐn，juɐt		
魂混慁没 痕很恨	ən，ət	uən， uət						
寒旱翰曷 桓缓换末	ɑn，ɑt	uɑn，uɑt						
删潸谏辖			an，at	uan，uat				
山产裥黠			æn，æt	uæn，uæt				
先铣霰屑							ien， iet	iuen， iuet
仙狝线薛					jɛn，jɛt	juɛn，juɛt	iɛn， iɛt	iuɛn， iuɛt
萧筱啸							ieu	
宵小笑					jɛu		iɛu	
肴巧效			au					
豪皓号	ɑu							

续前表

平上去入	一等		二等		三等		四等	
	开口	合口	开口	合口	开口	合口	开口	合口
歌哿箇 戈果过	ɑ	uɑ			jɑ	juɑ		
麻马禡			a	ua	ja			
阳养漾药 唐荡宕铎	ɑŋ，ɑk	uɑŋ，uɑk			jɑŋ，jɑk	juɑŋ，juɑk		
庚梗映陌			ɐŋ，ɐk	uɐŋ，uɐk	jɐŋ，jɐk	juɐŋ，juɐk		
耕耿诤麦			æŋ，æk	uæŋ，uæk				
清静劲昔					jɛŋ，jɛk	juɛŋ，juɛk		
青迥径锡							ieŋ， iek	iueŋ， iuek
蒸拯证职 登等嶝德	əŋ，ək	uəŋ，uək			jəŋ，jək	juək		
尤有宥 侯厚候 幽黝幼	əu				jəu		iəu	
侵寝沁缉					jĕm，jĕp		iĕm，iĕp	
覃感勘合	ɒm，ɒp							
谈敢阚盍	ɑm，ɑp							
盐琰艳叶					jɛm，jɛp		iɛm，iɛp	
添忝㮇帖							iem，iep	
咸豏陷洽			ɐm，ɐp					
衔槛鉴狎			am，ap					
严俨酽业					jɐm，jɐp			
凡范梵乏						juɐm，juɐp		

关于韵母有以下几点需要说明：

（1）高本汉拟了 u 和 w 两个合口介音，这两个介音并无对立，所以没有区分的必要，我们一律写作 u。

（2）重纽三等与普通三等介音都写作 j。

（3）重纽四等与纯四等介音都写作 i。

（4）幽韵韵图列在四等，按重纽四等处理。

（5）《切韵》《王韵》不分真、谆，《广韵》虽分，但是反切下字仍有交涉，所以主要元音不必区分。

（6）臻韵只有庄组字，与真韵互补，可以看做真韵的变体，所以不另拟主元音。

(二)《切韵》的声调

《切韵》的编排是以四声理论为基础的，所以其调类系统很明确，即“平上去入”四声。

最早发现四声的是南北朝时的周颙（？—485）、沈约（441—513）等人。据日僧空海《文镜秘府论》引隋刘善经《四声论》说："宋末以来，始有四声之目。沈氏乃著其谱论，云起自周颙。"引北齐李季节《音韵决疑·序》说："平上去入，出行里间，沈约取以和声之，律吕相合。"四声说可能出自民间，由于周颙、沈约等人的总结和推广得以流行。

至于从南北朝到《切韵》这个时期四声的调值，由于缺乏资料，已经难以考见。《文镜秘府论·四声论》引沈约《答甄公论》说："昔周孔所以不论四声者，正以春为阳中，德泽不偏，即平声之象；夏草木茂盛，炎炽如火，即上声之象；秋霜凝木落，去根离本，即去声之象；冬天地闭藏，万物尽收，即入声之象。"以四时物象模拟四声，并不能准确地反映四声真实的发音情况。

第二节 汉语声母从上古到中古的发展

一、上古到《切韵》音系声母的演变

从上古到《切韵》音系，汉语声母主要发生了以下变化：其一，清响音声母全部消失，变为清阻塞音；其二，舌音分化为端、知、章三组；其三，齿音分化为精、庄二组；其四，部分牙音并入章组；其五，部分群母并入匣母；其六，以母分化为以、邪两个声母。下面按照发音部位分别进行讨论。

（一）唇音的演变

1. 轻重唇音尚未分化

《切韵》音系轻重唇音不分，同时期《经典释文》的反切也不分轻重唇音[①]：

驳，方卓反；辨，方免反；别，方列反。（以非切帮）
披，芳皮反；盼，敷苋反；漂，敷妙反。（以敷切滂）
毗，房脂反；敝，扶世反；排，扶拜反。（以奉切並）
靡，亡池反；藐，亡角反；埋，亡皆反。（以微切明）

朝鲜汉字音非组声母字仍读双唇音[②]：

---

① 《经典释文》的成书年代有不同意见，大致在6世纪末至7世纪初之间。

② 本书引用的日本语、朝鲜语、越南语汉字音，如无说明，均见［苏联］金世一编：《汉字古今中外多语语音比较字典》，重庆，西南师范大学出版社，1997。越南语有声调，除非必要，引用时一般省去声调符号。

非母：方［paŋ］；斧［pu］；分［pun］
敷母：芳［paŋ］；抚［pu］；芬［pun］
奉母：房［paŋ］；父［pu］；焚［pun］
微母：亡［maŋ］；武［mu］；文［mun］

2. 清鼻音*m̥-的演变

上古的清鼻音*m̥-到中古演变为h-，并入晓母。从晋代吕忱《字林》的音注来看，晓母字的范围已经与《切韵》音系相同。来自*m̥-的“惛”，《字林》注“呼困反”，说明声母已经变为h-。[①]

朝鲜语和越南语的汉字音也显示出*m̥-已经变为清擦音：

汉字	昏	荒	徽	悔	黑	忽
朝鲜语	hon	hwaŋ	hwi	hwe	hik	hol
越南语	hon	hoaŋ	hui	hoi	hăk	hot

（二）舌音的演变

上古舌音只有一套，到《切韵》音系分化为端［t］、知［ʈ］、章［tɕ］三套：无介音或介音-i-前不变，介音-r-和-rj-前演变为卷舌音，介音-j-前演变为舌面音。[②]

1. 章组声母的产生

章组声母较早分化出来。后汉三国翻译佛经用章组字对译梵文的舌面音c［tɕ］、j［dʑ］或舌尖音t［t］、d［d］[③]：

章母：	遮 ca	周 cu	旃 can	占 cam	真 cin
	遮 tyā	舟 tyu	旃 tyāyan		
禅母：	涉 jiv	殊 ju	逝 jet	阇 ja	禅 jan
	阇 dhra	禅 dhyan			

说明章组声母音值介于二者之间，所以应该是舌面塞音［ȶ］等。

日母字对译梵文jñ［dʑɳ］[④]、ny［nj］或ṇy［ɳj］：

若 jñā　然 jña　如 nya　儿 ṇya

应该是舌面鼻音［ɲ］。

晋代以后章组声母基本上只对译梵文c组，音值应该已经变为舌面塞擦音［tɕ］等。

---

① 本章引用晋代音注材料主要依据蒋希文、简启贤、范新幹、吴萍等的研究，详见本章参考文献。
② 介音-w-对于声母演变没有影响，所以不提，下同。
③ 后汉三国梵汉对音材料引自俞敏《后汉三国梵汉对音谱》。
④ 前面的j可能被同化为鼻音。

2. 知组声母的产生

端、知两组声母的分合在不同材料中有些参差。从梵汉对音的情况来看，晋代端、知两组声母已经分化了。从音注的资料来看，《字林》端、知已经大体分开，而其后的《经典释文》，甚至 7 世纪中期玄应的《一切经音义》，端、知两组还常常混用。《广韵》中也有端、知混切的例子：

桩（知），都（端）江切；贮（知），丁（端）吕切；罩（知），都（端）教切；
牚（彻），他（透）孟切；湛（澄），徒（定）减切；赧（娘），奴（泥）版切。

《颜氏家训·音辞》说："《左传音》切'椽'为徒缘反，不可依信。"（椽，澄母；徒，定母）颜之推是《切韵》的主创者之一，在他的观念中端、知是要分开的。《切韵》音系中端、知虽然有混切的，但总体上是分开的。总的说来，知组声母从晋代开始逐渐分化出来，到《切韵》音系分化的过程基本完成。音注材料中端、知不分主要有两个原因：其一，端、知分化的过程在方言中不同步[1]；其二，抄录前代的音注。

晋代到唐代的梵汉对音表明知组声母是卷舌音：

知母：知致 ṭi　　竹 ṭuk　　咤 ṭa
彻母：诧抽 ṭha　　耻絺 ṭhi
澄母：茶宅择 ḍa　　持迟稚 ḍi　　陈 ḍin
娘母：拏匿 ṇa　　尼 ṇe　　尼腻 ṇi

3. 闪音 *r-的演变

在没有-j-介音的情况下，上古的 *r-中古演变为 j，即以母，在声母表中分析为零声母。后汉三国时期翻译佛经一般用以母字对译梵文的 y［j］，少数对译梵文的 j［dʑ］：

逸 yat　　延 yan　　阅 yakṣ　　夜耶 ya　　盐阎 yam
夷 yi　　翼 yik　　由 yu　　俞 yo　　衍延 yān
悦 ja　　阎 jam　　炎 jṛm　　逸 jit

说明 *r->j-已经基本完成。

在有-j-介音的情况下，*r-有两种不同的演变方式：变为中古的邪母［z］，或船母［ʑ］。这两种演变方式可能是先后发生的：*rj->ʑ-发生在前，这与整个舌音声母在-j-介音前的演变一致；后来由于某种原因变化中断，剩余的 *rj-声母字变为邪母［z］。

后汉三国译经用船母字对译梵文 y［j］：

蛇 ya　　术 yut

船母应该已经变为［ʑ］，与梵文 y［j］读音相近。

《颜氏家训·音辞》批评南方从、邪不分说："南人以钱为涎，以贱为羡。"这应当是［dz］

---

① 现代闽方言端、知仍然不分，如厦门话：知［ti］，张［tiɔŋ］，除［tu］，陈［tin］。

和［z］相混。东晋李轨的反切中邪母既有与从母混切的：疵（从母），似（邪母）斯反；又有与心母混切的：绚（绁，邪母），胥（心母）伦反。这说明邪母已经变为擦音［z］。

4. 清响音声母 * n̥-，* l̥-和 * r̥-的演变

上古的清响音声母 * n̥-，* l̥-和 * r̥-到中古全部变为阻塞音，这个变化大致在魏晋时期已经完成。

没有介音或介音为-i-的情况下，* n̥-，* l̥-和 * r̥-演变为 t^h-，并入透母。《字林》音注：

妥（＜* n̥-），他回反；态（＜* n̥-），他代反；滩（＜* n̥-），他安反；
棁（＜* r̥-），他活反；簻（＜* r̥-），他莽反；虿（＜* l̥-），他割反。

清鼻音 * n̥-在介音-r-和-rj-前演变为 ʈ^h-，并入彻母。"丑"和"耻"上古都是 * n̥-声母，《字林》用作彻母反切上字：

眙，丑吏反；虿，丑介反；摛，丑支反；坼，耻格反。

* n̥-和 * r̥-在介音-j-前演变为 ɕ-，并入书母。这一变化发生较早。后汉三国译经用书母字对译梵文的 ś［ɕ］：

* r̥j-：舍 śa　　释 śak　　世 śat　　尸 śi　　输 śo　　首 śu
* n̥j-：摄 śyap

* l̥-在介音-j-前演变为 ʈ^h-，并入彻母。《字林》音注：

摛，丑支反；摅，丑于反；敕，丑力反。

综上所述，舌音声母的演变如下（见表 2—5）：

表 2—5　　上古舌音声母到中古的演变

	t-	t^h-	d-	n-	n̥-	l-	l̥-	r-	r̥-
-ø- -i-	t-	t^h-	d-	n-	t^h-	l-	t^h-	j-	t^h-
-r- -rj-	ʈ-	ʈ^h-	ɖ-	ɳ-	ʈ^h-	—	—	—	—
-j-	tɕ-	tɕ^h-	dʑ-	ȵ-	ɕ-	l-	ʈ^h-	z-/ʑ-	ɕ-

（三）齿音的演变

上古的齿音声母到中古分化为精［ts］和庄［tʂ］两套：介音-r-和-rj-前演变为卷舌音庄组，其他情况不变。

据简启贤（2003）的统计，《字林》精、庄二组共 109 条音注，只有 7 条是精、庄二组相混的，说明庄组声母已经从精组分化出来。后汉三国译经用生母字对译梵文的 ṣ[ʂ]，用初母字对译梵文的 kṣ[tʂ^h]：

生母：沙 ṣa　　瑟 ṣik　　疏驶 ṣya

初母：刹 kṣas　羼 kṣān　差叉 kṣa　察刹 kṣat

齿音声母的演变如下（见表 2—6）：

表 2—6　上古齿音声母到中古的演变

<table>
<tr><th></th><th>ts-</th><th>ts^{h}-</th><th>dz-</th><th>s-</th></tr>
<tr><td>-ø-</td><td rowspan="3">ts-</td><td rowspan="3">ts^{h}-</td><td rowspan="3">dz-</td><td rowspan="3">s-</td></tr>
<tr><td>-i-</td></tr>
<tr><td>-j-</td></tr>
<tr><td>-r-</td><td rowspan="2">tʂ-</td><td rowspan="2">tʂ^{h}-</td><td rowspan="2">dʐ-</td><td rowspan="2">ʂ-</td></tr>
<tr><td>-rj-</td></tr>
</table>

（四）牙音和喉音的演变

1. 带介音-rj-的牙喉音的演变

带介音-rj-的牙喉音演变为舌面音，并入章组。来自牙音的章组字在后汉三国译经里既对译梵文的舌根音，又对译梵文的舌面音和舌尖音：

支枝 ke　翅 kī，kin

支坻 ci　支 tye　耆 jī

其应当正处在变化的过程中。晋代以后基本不用章组字对译梵文舌根音，《字林》音注也显示牙音来源的章组字已经与舌音来源的章组字混而不分：

抵（tɕ-＜*krj-），之尔反；针（tɕ-＜*krj-），之心反；饎（tɕ^{h}-＜*k^{h}rj-），昌志反；

茝（tɕ^{h}-＜*k^{h}rj-），昌亥反；潏（ʑ-＜*ɦrj-），音述（ʑ-＜*rj-）。

综上所述，上古*krj-等汉末开始变为［ȶ-］等，与来自*tj-的［ȶ-］等合并，晋代音值转变为［tɕ-］等，合并的过程基本完成。

2. 浊塞音*g-的演变

上古的*g-在-rj-介音前演变为 dʑ-，并入禅母；在-j-介音前不变；在其他情况下则变为擦音 ɦ-，并入匣母。

来自*g-的匣母字在后汉三国译经里对译梵文的 g［g］，仍为塞音：

含 gam，gām　恒 gaṁ　曷 gat　合 gup

《字林》音注中不同来源的匣母字已经混为一类：

狢（＜*g-），下（＜*ɦ-）才反；蚬（＜*g-），下（＜*ɦ-）研反；涸（＜*g-），下（＜*ɦ-）各反；

豻（＜*g-），下（＜*ɦ-）旦反；鳠（＜*ɦ-），下（＜*ɦ-）虢反；蚿（＜*ɦ-），下（＜*ɦ-）千反。

3. 清鼻音*ŋ̊-的演变

清鼻音*ŋ̊-在无介音或介音为-i-、-j-时演变为 h-，并入晓母。《字林》音注中*ŋ̊-来源的晓母与其他来源的晓母已经混而不分：

> 皦（<*ŋ̊-），火（<*h-）① 刈反；挠（<*ŋ̊-），火刀反；
> 豨（<*h-），许（<*ŋ̊-）岂反；慨（<*h-），许既反。

*ŋ̊-在介音-rj-前演变为 ɕ-，并入书母。李轨音注：铄（<*ŋ̊rj-），诗灼反。

后汉三国译经"势"（<*ŋ̊rj-）对译梵文 śa。

*ŋ̊-在介音-r-前演变为 ʂ-，并入生母。刘昌宗音注：揱（<*sr-），音朔（<*ŋ̊r-）。

4. 俟母的来源

上古没有浊擦音 z-，所以俟母不可能来自*zr-。俟母只有"俟"和"漦"两个小韵，从谐声来看都与牙喉音有关："俟"从"矣"（云母）声，"漦"从"𠩺"（晓母）声。我们姑且假定俟母是*ɦ-在介音-rj-前的特殊演变。

"漦"字的注音在《切韵》以外的材料中非常复杂：

> 《晋书音义》：涘淄反（俟母），俟其反（俟母）。
> 《经典释文》：士其反（崇母），仕其反（崇母）。
> 　　　　　　尸医反（书母），他来反（透母），吕其反（来母）。
> 《博雅音》：士宜反（崇母），士疑反（崇母），勑之反（彻母）。
> 《字林》：丑之反（彻母）。
> 《尔雅音》：丑之反（彻母），牛齝（彻母）。
> 《汉书注》：丑之反（彻母），牛齝之齝（彻母）。

"漦"字可能有清（*hrj-）浊（*ɦrj-）两种读音。清音*hrj-在不同方言中演变不同：有的方言变为书母（*hrj->ɕ-）；有的方言变为彻母（*hrj->*r̥j->ʈʰj-）；有的方言变为透母（*hrj->*r̥j->tʰj-）。此外，有的方言崇、俟不分。

除了上述的几种情况外，牙音声母没有其他变化。牙音声母的演变如下（见表 2—7）：

表 2—7　上古牙喉音声母到中古的演变

<table>
<tr><th></th><th>k-</th><th>kʰ-</th><th>g-</th><th>ŋ-</th><th>ŋ̊-</th><th>h-</th><th>ɦ-</th><th>ʔ</th></tr>
<tr><td>-ø-</td><td rowspan="4">k-</td><td rowspan="4">kʰ-</td><td rowspan="3">ɦ-</td><td rowspan="4">ŋ-</td><td rowspan="2">h-</td><td rowspan="4">h-</td><td rowspan="4">ɦ-</td><td rowspan="5">ʔ</td></tr>
<tr><td>-i-</td></tr>
<tr><td>-r-</td><td>ʂ-</td></tr>
<tr><td>-j-</td><td>g-</td><td>h-</td></tr>
<tr><td>-rj-</td><td>tɕ-</td><td>tɕʰ-</td><td>dʑ-</td><td>ȵ-</td><td>ɕ-</td><td>ɕ-</td><td>ʑ-/ʐ</td></tr>
</table>

---

① "火"也可能来自*m̥-。

5. 影母的演变

魏晋以来的音注材料中影母都是自成一类，译经中一般用影母字对译梵文元音开头的音节：

阿 a　　安 an　　奄 aṁ　　因 in　　伊 i　　忧 u　　欧 o

影母应该与上古一样，是喉塞音*ʔ-，而非零声母，否则影母三等与以母就没有区别了。《隋书·五行志》："杨英反为嬴殃。""杨$_{以}$英"切"嬴$_{以}$"，"英$_{影}$杨"切"殃$_{影}$"；"杨""殃"不同音，"嬴""英"不同音，影、以的区别很清楚。

二、中古后期声母的演变

宋代出现的三十六字母大体可以代表中古后期的声母系统（见表 2—8）。

表 2—8　　　　三十六字母表

发音部位 \ 发音方法		全清	次清	全浊	次浊	全清	全浊
唇音	重唇	帮 p	滂 p^h	並 b	明 m		
	轻唇	非 pf（f）	敷 pf^h（f）	奉 bv（v）	微 ɱ		
舌音	舌头	端 t	透 t^h	定 d	泥 n		
	舌上	知 ʈ	彻 ʈ^h	澄 ɖ	娘 ɳ		
齿音	齿头	精 ts	清 ts^h	从 dz		心 s	邪 z
	正齿	照 tʂ	穿 tʂ^h	床 dʐ		审 ʂ	禅 ʐ
牙　音		见 k	溪 k^h	群 g	疑 ŋ		
喉　音		影 ʔ			喻 ø	晓 h	匣 ɦ
半舌音					来 l		
半齿音					日 ɻ		

从《切韵》到中古后期，汉语声母又发生了一系列重要的变化：其一，唇音分化为重唇和轻唇两套；其二，庄、章两组声母合并为一组；其三，云母（喻三）从匣母中分化出来，云、以合并为喻母；其四，日母变为近音。下面分别进行讨论。

（一）唇音分化

唐代颜师古（581—645）《汉书注》、李贤（655—684）《后汉书注》和张参《五经文字》（771）等的注音均已反映出唇音分化的趋势，但是分化还不够彻底。慧琳（736—820）《一切经音义》中唇音已经清楚地分为两套。《切韵》中唇音"类隔"的反切在慧琳《音义》中全部改为“音和切”，如：

帮母：卑，府移（王三）；必弥（慧琳）。
镳，甫乔（王三）；彼骄（慧琳）。
彪，甫休（王三）；彼忧（慧琳）。
滂母：铍，敷羁（王三）；普碑（慧琳）。
漂，抚遥（王三）；匹遥（慧琳）。
烹，抚庚（王三）；普耕（慧琳）。
並母：疲，符羁（王三）；被眉（慧琳）。
滮，扶彪（王三）；皮彪（慧琳）。
瓢，符遥（王三）；毗遥（慧琳）。
明母：弥，武移（王三）；蜜卑（慧琳）。
皿，武永（王三）；明丙（慧琳）。
缪，武彪（王三）；美彪（慧琳）。

黄淬伯（1931）认为慧琳反切非、敷已经合并了。实际上慧琳反切中非、敷的分别还是很清楚的，如：

非母：趺，府无、付于、付俱、甫无；鈇，甫于、甫无；
玞，甫无；肤，甫无、甫孚、甫于、府无；
蜚，匪微、甫违；绯，匪微；诽，匪微；扉，匪微；枫，福逢。
敷母：敷，抚无、芳夫；俘，抚无；麸，抚无；
専，芳无、抚无、抚夫；孚，芳俱、拊无；
斐，孚斐、斐非；霏，芬微、孚非；妃，芳微、斐微；
丰，覆风、敷风；沣，捧逢；峯，捧封、妨封；烽，覆容；
蠭，芳雍。

非、敷相混的反切非常少：

葑（非），捧（敷）容；锋（敷），否（非）逢；
斐（敷），非（非）尾；芬（敷），方（非）文。

其中“锋”还有“芳空、敷容、捧容、麸逢、孚逢、妨封”等切语，“芬”还有“忿云、麸文、忿文”等切语，上字都是敷母。这些反切还不足以说明非、敷合并。从邵雍（1011—1077）的《皇极经世书·声音唱和图》来看，宋代口语中非、敷已经合并为［f］，奉母也相应地变为浊擦音［v］。三十六字母中非、敷仍然分立应该是反映老派的读法。

（二）庄章合流

从守温三十字母到宋人三十六字母，正齿音都只有一套，没有庄、章之别。邵雍《皇极经世书·声音唱和图》庄、章也不分。庄、章两套声母大致唐末已经合并。

从梵汉对音的情况来看，宋以前大致以生母字对译梵文ṣ［ʂ］，以书母字对译梵文ś［ɕ］，而宋代施护的译音有了变化①：

> 梵文ś对音字：晒沙爽率（生母）尸殊输戍室扇说设奢舍商烁识首湿摄（书母）
> 梵文ṣ对音字：史使数晒瑟杀沙洒爽衫（生母）始尸室舍（书母）

这说明生母和书母已经合并，由于汉语只有一个［ʂ］，所以既可以对译梵文的ś又可以对译梵文的ṣ。

另外，《切韵》的船、禅两个声母在颜师古《汉书注》和李贤《后汉书注》中已经显示出合并的迹象，到慧琳《一切经音义》中就完全合并了：

> 乘（船），时（禅）证；食（船），时（禅）织；船（船），时（禅）缘；
> 绳（船），常（禅）仍；石（禅），食（船）益；唇（船），殊（禅）伦。

宋代官修的《集韵》中船、禅两个声母的反切上字也往往混用，甚至合并小韵。如：墅，《广韵》“承与切”，禅母；纾，《广韵》“神与切”，船母；《集韵》合并在“墅”小韵，“上与切”。船、禅合并后大概读擦音，所以三十六字母将禅母列在擦音的位置上。至于俟母，从《切韵指掌图》《四声等子》的排列来看也还是擦音，也就是说船、禅、俟实际上已经合并为一个声母了。

（三）云匣分化，云以合流

李贤《后汉书注》和慧琳《一切经音义》中云、匣都是分用的，说明云母已经从匣母中分化出来。在唐代的资料中，云母和以母大致没有交涉，应该是两个不同的声母。唐末全浊声母上声字已经变为去声（参见本章第四节），云母没有参与这一变化，说明云母此前就已经不是全浊声母了，但其音值还不容易确定。

“雄”、“熊”二字，《王三》“羽隆反”，《广韵》“羽弓切”，是匣母三等字。这两个字的声母没有变为云母。玄应《一切经音义》“熊”字注“胡弓反”，慧琳《一切经音义》注“画穷反”，又有“许弓、虚弓、虚穷、许穷”等晓母读法。这两个字注音的变化也反映了云、匣的分化。

到了宋代，云、以合并为一个声母，三十六字母只有一个喻母，邵雍《皇极经世书·声音唱和图》也不分云、以。

（四）日母音值的变化

唐代梵汉对音大体上是以日母字对译梵文的ñ［ɲ］，说明日母还是鼻音。晚唐以后，随着章组声母并入庄组，日母应该也变成了卷舌音，守温三十字母将日母归在舌上音正说明了这一点。宋代施护译音用日母字对译梵文的j［dʑ］，不再对译梵文的ñ，说明日母已经不是鼻音了。三十六字母中日母属于“半齿音”，与“半舌音”来母是一类，所以不可能是浊擦音或塞擦音，应该已经演变为近音［ɻ］。

---

① 施护译音，参见储泰松：《施护译音研究》。

第三节 汉语韵母从上古到中古的发展

一、上古到《切韵》音系韵母的演变

从上古到《切韵》音系，汉语韵母的格局发生了两项重要的变化：第一，由阴、阳、入三声相配演变为入配阳声。在从上古到中古的演变过程中，阴声韵演变较快，阳声韵和入声韵演变较慢，魏晋以后阴、阳、入三声相配的格局就已经被打破了，形成了入配阳声的格局。第二，形成了四等的格局。在从上古到中古的演变过程中，由于介音的影响使得相同的主要元音发生了不同的变化，造成原来介音的区别转变为主要元音的区别，形成了四等的格局。

下面按照上古三十韵部的次序介绍从上古到《切韵》音系韵母演变的详细情况。

(一) 之部

之部有八个韵母，演变到中古的咍、侯、灰、皆、之、脂、尤等韵。具体如下：

(1)*-ə＞ɒi（咍开一）/舌齿牙喉：来台殆骀怠采才财哉载宰在改灾待态

*-ə＞əu（侯开一）/唇：剖掊部抔亩母

(2)*-wə＞uɒi（灰合一）：杯培陪佩每梅悔晦诲媒灰恢悝贿蛕

(3)*-rə＞ɐi（皆开二）：骇骸豺埋

(4)*-wrə＞uɐi（皆合二）：怪

(5)*-jə＞jə（之开三）：贻怡[1]治思姬蚩其期淇基寺时持矣俟子丝兹李耳而已止齿里狸士仕喜试事史使以似司祠词

(6)*-wjə＞jəu（尤开三）：否罘妇负谋丘裘旧牛邮尤友有久

(7)*-iə＞ji（脂开三 B）：鄙丕駓[2]

(8)*-wiə＞jui（脂合三 B）：龟洧鲔痏

(二) 职部

职部长入声有五个韵母，演变到中古的代、队、志、至、宥等韵。具体如下：

(1)*-ə̄k＞ɒi（代开一）：代贷黛袋赛塞（边～）

---

① 之部以母字“怡贻以”等上古为*rə，韵母发生分化时已经演变为*jə，所以列在*-jə中。其他韵部的以母字同样处理。

② 三等的B类是重纽三等，也包括相同的普通三等；A类是重纽四等。

(2)* -wə̄k>uɒi（队合一）：背邶幗
(3)* -jə̄k>jə（志开三）：异置帜试弑厕意
(4)* -wjə̄k>jəu（宥开三）：富辐副囿
(5)* -iə̄k>ji（至开三 B）：备糒犕

职部短入声有七个韵母，演变到中古的德、麦、职、屋等韵。具体如下：
(1)* -ək>ək（德开一）：克得特北则忒贼黑塞（阻～）
(2)* -wək>uək（德合一）：国或惑
(3)* -rək>æk（麦开二）：麦革核
(4)* -wrək>uæk（麦合二）：聝馘蝈帼
(5)* -jək>jək（职开三）：识翼弋式食饰力直息棘亿色穑亟极稷
(6)* -wjək>juk（屋合三）：牧伏福幅蝠副服菔匐郁彧栯謖
(7)* -wiək>juək（职合三）：域蜮罭棫緎魊淢阈

（三）蒸部

蒸部有六个韵母，演变到中古的登、蒸、耕、东等韵。具体如下：
(1)* -əŋ>əŋ（登开一）：曾增憎罾赠肯恒朋崩腾縢滕登邓
(2)* -wəŋ>uəŋ（登合一）：厷肱弘薨
(3)* -rəŋ>æŋ（耕开二）：弸棚輣甍
(4)* -wrəŋ>uæŋ（耕合二）：宏纮闳竑泓
(5)* -jəŋ>jəŋ（蒸开三）：冰凭蝇塍媵凌陵菱征澄烝蒸称乘剩胜绳升兴鹰膺应兢
(6)* -wjəŋ>juŋ（东合三）：冯梦弓穹熊雄

（四）幽部

幽部有五个韵母，演变到中古的豪、肴、尤、脂、幽、萧等韵。具体如下：
(1)* -u>ɑu（豪开一）：褒宝保报袍抱冒岛祷涛绦滔稻蹈韬讨匋陶道导牢老曹漕遭早枣蚤造搔扫嫂皋好皓浩昊考
(2)* -ru>au（肴开二）：包胞苞饱庖匏鲍茅卯胶巧孝爪
(3)* -ju>jəu（尤开三）：缶浮蜉桴枹阜牟侔眸矛贸攸悠修由油宙抽袖岫酋犹輶遒游酉酒卣秀诱留骝刘流柳丑纽羞寿筹畴周绸稠纣肘守狩兽州洲手首受授绶柔秋愁囚泅九鸠仇臼舅求逑救究赇休貅朽忧优
(4)* -iu>ieu（萧开四）/舌齿：雕彫凋蜩调鸟条莜萧箫啸聊廖寥
　* -iu>iəu（幽开三）/唇牙喉：彪髟缪蟉樛纠赳觓烋幽幼黝蚴
(5)* -wiu>jui（脂合三 B）：轨馗簋晷逵

（五）觉部

觉部长入声有三个韵母，演变到中古的号、效、宥等韵。具体如下：

(1)*-ūk>ɑu（号开一）：櫜告诰部奥隩澳懊

(2)*-rūk>au（效开二）：窖觉（睡～）斆

(3)*-jūk>jəu（宥开三）：鍑覆畜呪就

觉部短入声有四个韵母，演变到中古的沃、觉、屋、锡等韵。具体如下：

(1)*-uk>uok（沃合一）：瑁娼督笃毒梏酷鹄

(2)*-ruk>ɔk（觉开二）：觉学雹鮑

(3)*-juk>juk（屋合三）：腹復複目穆鬻育毓六戮竹竺筑轴逐祝倏儵叔淑孰熟蹴宿缩夙肃菊掬鞠畜蓄隩墺肉

(4)*-iuk>iek（锡开四）：倜涤迪笛戚慼寂

(六) 冬部

冬部有三个韵母，演变到中古的冬、江、东等韵。具体如下：

(1)*-uŋ>uoŋ（冬合一）：冬统彤农脓宗综琮淙鬃宋

(2)*-ruŋ>ɔŋ（江开二）：洚绛降

(3)*-juŋ>juŋ（东合三）：中忠衷忡盅仲冲终螽虫隆戎绒娀崇宫躬穷融肜

(七) 宵部

宵部有四个韵母，演变到中古的豪、肴、宵、萧等韵。具体如下：

(1)*-o>ɑu（豪开一）：毛芼旄髦耄刀到倒洮逃盗弢劳涝潦澡缲操躁羔高豪毫膏镐槁脑恼敖遨獒傲号號颢灏鏖

(2)*-ro>au（肴开二）：猫铙挠桡嘲抄钞吵梢捎筲教交郊蛟佼狡校较效効敲爻肴殽崤

(3)*-jo>jɛu（宵开三 B）：麃镳乔桥侨夭妖苗摇谣瑶遥窑燎僚朝召招沼超昭照韶卲饶绕焦蕉噍鷦醮樵肇赵兆俏峭消霄

(4)*-io>ieu（萧开四）：貂刁苕迢髫佻跳挑辽缭瞭尧浇翘骁晓皎敫皦幺杳窈

*-io>iɛu（宵开三 A）：标漂飘妙眇杪秒渺淼要腰喓

(八) 药部

药部长入声有四个韵母，演变到中古的号、效、笑、啸等韵。具体如下：

(1)*-ōk>ɑu（号开一）：暴悼

(2)*-rōk>au（效开二）：爆豹貌淖罩棹櫂

(3)*-jōk>jɛu（笑开三）：耀曜爝

(4)*-iōk>ieu（啸开四）：钓粜吊溺尿

药部短入声有四个韵母，演变到中古的铎、沃、屋、觉、药、锡等韵。具体如下：

(1)*-ok>ɑk（铎开一）：乐凿鹤襮熇泺

*-ok>uok（沃合一）：沃鋈襮熇泺

*-ok>uk（屋合一）：暴曝瀑凿熇泺

(2)* -rok>ɔk（觉开二）：驳爆眊邈荦卓逴趠濯擢嬥榷推

(3)* -jok>jɑk（药开三）：药铄烁龠籥爚钥跃勺芍灼酌约爵嚼雀弱虐谑削

(4)* -iok>iek（锡开四）：的駒翟籴溺砾轹栎敫激檄

（九）侯部

侯部有两个韵母，演变到中古的侯、虞、尤等韵。具体如下：

(1)* -ɔ>əu（侯开一）：斗料鬥豆逗饾头偷娄楼偻瞜篓镂漏陋陬緅鲰走句钩苟狗枸后诟逅蒟构沟遘口叩扣侯候喉猴後讴呕鸥欧殴偶耦藕寇

(2)* -jɔ>ju（虞合三）：付府俯符附务雾俞渝逾喻榆愈输臾谀萸庾缕数朱诛株珠殊主柱注树澍需儒濡孺取娶趣聚须刍雏拘驹昫煦区躯驱岖具俱遇愚隅寓

* -jɔ>jəu（尤开三）：緅绉邹皱驺骤昼

（十）屋部

屋部长入声有两个韵母，演变到中古的候、遇等韵。具体如下：

(1)* -ɔ̄k>əu（候开一）：窦奏嗾辏凑漱

(2)* -jɔ̄k>ju（遇合三）：赴讣裕籲

屋部短入声有 3 个韵母，演变到中古的屋、觉、烛等韵。具体如下：

(1)* -ɔk>uk（屋合一）：卜支仆木沐秃犊读椟牍渎独录碌鹿麓谷族镞毂縠哭斛屋

(2)* -rɔk>ɔk（觉开二）：剥琢椓啄浊镯捉浞角珏悫岳渥握幄

(3)* -jɔk>juok（烛合三）：属嘱欲浴俗绿蜀烛辱褥溽缛足促粟续曲局侷狱玉顼束

（十一）东部

东部有三个韵母，演变到中古的东、江、钟等韵。具体如下：

(1)* -ɔŋ>uŋ（东合一）：蓬蒙东冻栋董动童僮瞳同铜洞通痛聪怱工功攻虹红鸿空箜公翁

(2)* -rɔŋ>ɔŋ（江开二）：江肛项邦庞桩幢撞窗双讲腔

(3)* -jɔŋ>juoŋ（钟合三）：封丰峰锋蜂逢俸用甬踊勇诵庸佣重钟踵肿种舂从纵松讼颂共恭恐凶匈胸邕雍茸冗龙陇笼

（十二）鱼部

鱼部有七个韵母，演变到中古的模、麻、鱼、虞等韵。具体如下：

(1)* -a>u（模合一）：都睹堵屠土吐杜肚徒图涂途荼奴怒努弩卢芦虏鲁橹租祖组徂粗麤稣苏酥素古沽故姑估固苦枯胡湖户互五吾悟午乎呼乌虎

(2)* -wa>u（模合一）：补圃铺浦蒲布怖步谟模呱孤狐弧瓠罛袴吴误污洿

(3)* -ra>a（麻开二）：巴豝把马骂家葭假豭遐瑕暇霞贾价牙雅芽下夏厦

(4)* -wra>ua（麻合二）：瓜寡夸跨胯华桦

(5)*-ja>jo（鱼开三）：与誉举舆予预豫余馀徐除叙舒吕闾莒女汝如絮恕书鼠诸渚猪署暑沮菹阻钼助锄楚初处鱼渔语圄圉御驭巨距拒胥疏梳所虚墟许於

(6)*-wja>ju（虞合三）：夫扶父斧釜甫傅脯簠肤无舞瞿虞娱俣吁迂盂禹羽雨

(7)*-ia>ja（麻开三）：邪耶冶野者车遮社些写斜且卸

（十三）铎部

铎部长入声有六个韵母，演变到中古的暮、祃、御等韵。具体如下：

(1)*-āk>u（暮合一）：暮墓慕度（法～）渡妒蠹路赂辂露胙祚阼诉泝愬遡恶（好～）

(2)*-wāk>u（暮合一）：护濩鳠韄

(3)*-rāk>a（祃开二）：霸咤姹咤乍诈骼吓蜡

(4)*-wrāk>ua（祃合二）：檴鳠

(5)*-jāk>jo（御开三）：著（显～）蜡庶

(6)*-iāk>ja（祃开三）：夜蔗鹧柘赦射麝谢榭借藉

铎部短入声有七个韵母，演变到中古的铎、陌、药、昔等韵。具体如下：

(1)*-ak>ɑk（铎开一）：博搏薄泊亳莫漠寞幕度（测～）铎萚橐拓柝托诺各恪貉洛雒骆络铬烙酪落作柞昨酢凿索噩咢谔鳄锷郝壑涸恶（美～）

(2)*-wak>uɑk（铎合一）：郭椁廓霍获濩镬蠖臛

(3)*-rak>ɐk（陌开二）：伯柏魄帛迫百陌貊坼宅择泽迮蚱格客额赫吓

(4)*-wrak>uɐk（陌合二）：虢砉嚄擭

(5)*-jak>jɑk（药开三）：着（附～）略掠若鹊碏却脚噱

(6)*-wjak>juɑk（药合三）：缚矍戄躩攫镢癯

(7)*-iak>jɐk（陌开三）/牙喉：戟郄绤隙剧逆

*-iak>jɛk（昔开三）/舌齿：亦弈奕迹腋液睪译峄驿绎释隻夕汐席昔惜腊籍石硕跖蹠舄潟尺斥赤螫

（十四）阳部

阳部有八个韵母，演变到中古的唐、阳、庚等韵。具体如下：

(1)*-aŋ>ɑŋ（唐开一）：旁傍滂雱谤彷芒茫莽蟒当党堂棠唐汤荡囊曩郎朗浪狼仓沧苍桑丧臧藏葬冈岗钢纲亢杭航康慷糠卬昂盎行（～列）

(2)*-waŋ>uɑŋ（唐合一）：光晃广旷亢荒肓黄潢簧皇惶凰汪

(3)*-raŋ>ɐŋ（庚开二）：祊烹彭澎盲蝱孟猛盟瞠更梗庚赓羹亨杏行（～走）珩衡蘅

(4)*-wraŋ>uɐŋ（庚合二）：觥觵横矿喤瑝

(5)*-jaŋ>jɑŋ（阳开三）：昜杨扬阳伤羊佯洋养恙漾祥详翔庠量粮良蜋两魉谅凉亮长张帐怅章璋障鄣彰昌唱倡猖乡尚常裳尝赏上襄娘酿瓤让壤将浆桨酱锵墙嫱蔷相想箱湘霜象爽创状装庄妆壮姜羌畺僵强疆仰央殃秧怏向乡享香

(6)*-wjaŋ>juɑŋ（阳合三）：方防坊放仿纺妨芳房亡忘妄望罔网惘辋狂诳况贶王旺往

(7)*-iaŋ>jɐŋ（庚开三）：兵丙柄病明皿京鲸景影竟镜境庆卿迎映英瑛

(8)* -wiaŋ>juɐŋ（庚合三）：冏憬暻璟兄永泳咏

（十五）支部

支部有八个韵母，演变到中古的齐、佳、支等韵。具体如下：

(1)* -e>iei（齐开四）：箄錍鞞髀鼙隄堤醍提题啼蹄缔丽骊蠡奚溪蹊徯鸡启倪霓猊麑眄

(2)* -we>iuei（齐合四）：圭珪闺鲑桂奎畦眭巂觿携鑴

(3)* -re>ai（佳开二）：牌稗买卖柴祡簏洒晒佳街娃厓涯睚崖解懈廨邂蟹

(4)* -wre>uai（佳合二）：蛙卦挂

(5)* -je>je（支开三 B）：碑知蜘智褫篪豸廌支枝肢技伎只轵氏纸舐是匙此泚雌紫斯厮徙

(6)* -wje>jue（支合三 B）：庋跂庪

(7)* -ie>ie（支开三 A）：卑裨俾婢埤弭歧跂衹芪企

(8)* -wie>iue（支合三 A）：规窥跬恚頍

（十六）锡部

锡部长入声有五个韵母，演变到中古的霁、卦、寘等韵。具体如下：

(1)* -ēk>iei（霁开四）：甓薜帝谛禘缔繋缢

(2)* -rēk>ai（卦开二）：派债隘阸

(3)* -wrēk>uai（卦合二）：画澅繣

(4)* -jēk>je（寘开三 B）：寘朿刺渍易（容～）赐

(5)* -iēk>ie（寘开三 A）：臂譬避

锡部短入声有六个韵母，演变到中古的锡、麦、昔等韵。具体如下：

(1)* -ek>iek（锡开四）：壁甓霹僻觅鼏滴嫡镝敌狄逖荻惕踢剔锡析皙蜥歷曆鬲击鹝

(2)* -wek>iuek（锡合四）：狊阒湨鶪鶪砉

(3)* -rek>æk（麦开二）：擘檗脉霢谪责帻策册隔翮核搤戹扼軶阸

(4)* -wrek>uæk（麦合二）：划嫿謋

(5)* -jek>jɛk（昔开三）：辟璧易（交～）蜴掷适迹刺脊瘠益

(6)* -wjek>juɛk（昔合三）：役疫

（十七）耕部

耕部有八个韵母，演变到中古的青、耕、清、庚等韵。具体如下：

(1)* -eŋ>ieŋ（青开四）：鞞甹萍屏铭酩冥溟螟瞑丁顶汀町鼎廷庭挺艇霆定奠听宁佞灵青星猩醒泾经颈径迳刑型硎铏形巊瀴

(2)* -weŋ>iueŋ（青合四）：冋駉炯扃迥颎褧荧萤荥莹

(3)* -reŋ>æŋ（耕开二）：迸抨怦砰娙争狰诤耕耿硁羟茎幸倖莺嘤樱鹦

(4)* -wreŋ>uæŋ（耕合二）：訇輷轰嵘

(5)* -jeŋ>jɛŋ（清开三）：并饼俜聘名盈楹嬴赢呈程酲逞浧郢贞桢祯侦正征政声圣成诚城

盛菁精睛清静轻劲姓性省（内～）晶旌井婴缨璎撄瘿

(6)*-wjeŋ>juɛŋ（清合三）：营茔萦茕顷倾颖颍琼惸

(7)*-ieŋ>jɐŋ（庚开三）：平评鸣敬警擎檠生牲笙甥省（～略）眚

(8)*-wieŋ>juɐŋ（庚合三）：莹禜荣蝾嵘

（十八）歌部

歌部有八个韵母，演变到中古的歌、戈、麻、支等韵。具体如下：

(1)*-ai>ɑ（歌开一）：多驼沱那罗萝左佐磋蹉瑳娑挲可珂轲柯苛阿河何荷歌我娥峨饿莪贺

(2)*-wai>uɑ（戈合一）：波破坡颇婆磨魔摩朵堕惰髻羸骡蔴坐座锉果裹课颗伙裸科蝌禾和龢盉过祸涡吪囮货倭卧

(3)*-rai>a（麻开二）：麻差（～错）叉纱沙鲨加笳枷驾架

(4)*-wrai>ua（麻合二）：髽娲蜗剐瓦化

(5)*-jai>je（支开三 B）：皮陂披被疲罴靡糜縻蘼移移侈池驰施离離蓠罹奇倚崎骑绮寄畸猗漪宜谊义仪议蚁羲牺曦戏差（参～）

(6)*-wjai>jue（支合三 B）：垂锤棰陲睡吹炊蕊蘂隋随髓为伪妫螨委萎瑞惴麾

(7)*-iai>ja（麻开三）：也蛇嗟些

(8)*-wiai>iue（支合三 A）：隓隳

（十九）月部

月部长入声有八个韵母，演变到中古的泰、怪、夬、祭、废、霁等韵。具体如下：

(1)*-āt>ɑi（泰开一）：贝狈浿沛芾霈带大太汰泰奈柰赖癞籁蔡盖溘丐艾害蔼霭

(2)*-wāt>uɑi（泰合一）：兑蜕最会刽桧侩郐绘外濊

(3)*-rāt>ɐi（怪开二）：拜湃祭（姓氏）杀（衰减）介芥界瀣薤

*-rāt>æi（夬开二）：败虿迈

(4)*-wrāt>uæi（夬合二）：夬快哙狯话

(5)*-jāt>jɛi（祭开三 B）：曳泄裔世泄厉砺例滞制势祭际罽憩

*-jāt>jɐi（废开三）：乂刈

(6)*-wjāt>juɛi（祭合三 B）：锐睿缀辍赘说（游～）税芮汭枘岁劌彗毳膬鳜卫

*-wjāt>juɐi（废合三）：废肺吠茷喙

(7)*-iāt>iei（霁开四）：蛸蝃戾杕契絜蓟

*-iāt>iɛi（祭开三 A）：敝蔽毙彆袂埶艺

(8)*-wiāt>iuei（霁合四）：慧嘒

月部短入声有八个韵母，演变到中古的曷、末、辖、黠、薛、屑、月等韵。具体如下：

(1)*-at>ɑt（曷开一）：怛妲达闼獭萨割葛渴喝褐遏阏

(2)*-wat>uɑt（末合一）：拨钹茇末沫脱夺撮括活阔豁斡

(3)*-rat>æt（黠开二）：札扎轧察杀

*-rat>at（辖开二）：刹鎋辖犖

（4）*-wrat>uat（辖合二）：刷刮鸹

*-wrat>uæt（黠合二）：拔空

（5）*-jat>jɛt（薛开三 B）：别列冽烈折哲澈彻辙掣舌设热亵薛孽泄揭碣竭桀杰

*-jat>jɐt（月开三）：羯歇蝎谒

（6）*-wjat>juɛt（薛合三 B）：悦阅说劣叕啜辍绝雪

*-wjat>juɐt（月合三）：發髮伐筏罚袜厥阙月刖轨戊钺越樾粤

（7）*-iat>iet（屑开四）：瞥蔑篾截楔絜洁锲啮臬

*-iat>iɛt（薛开三 A）：瞥鳖憋灭

（8）*-wiat>iuet（屑合四）：决诀玦駃

*-wiat>iuɛt（薛合三 A）：缺

（二十）元部

元部有八个韵母，演变到中古的寒、桓、删、山、仙、元、先等韵。具体如下：

（1）*-an>ɑn（寒开一）：丹单殚郸弹亶坛旦但坦袒难滩叹汉炭兰栏澜烂赞餐粲灿璨残干竿汗刊岸旱捍䵍乾（～燥）幹看安案按

（2）*-wan>uɑn（桓合一）：磐盘磐半绊伴叛畔泮潘满瞒曼谩幔端湍段锻缎短断暖峦栾銮乱钻纂窜爨酸狻算观灌欢奂涣换唤桓狟貆完丸纨芄缓腕琬

（3）*-ran>an（删开二）：班斑板版阪谩慢赧删潸谏涧锏颜雁晏

*-ran>æn（山开二）：瓣办醆栈盏铲孱僝潺产山间简闲

（4）*-wran>uan（删合二）：关擐环还惯顽患皖宦弯湾绾

*-wran>uæn（山合二）：湲幻

（5）*-jan>jɛn（仙开三 B）：变辨辩卞弁延筵涎连涟链琏联展辗旃颤禅蝉善缮膳然燃剪煎箭浅贱践仙愆羡件彦谚鲜焉鄢搴骞乾（～坤）虔犍键

*-jan>jɐn（元开三）：建健言鶱甗献谳轩宪巘匽偃堰鶠

（6）*-wjan>juɛn（仙合三 B）：沿铅船缘椽篆选撰馔专转传穿软全荃诠泉卷倦豢拳捐权颧院

*-wjan>juɐn（元合三）：反返贩饭番翻蕃藩繁蘩烦樊万援媛猨谖袁园辕远冤宛怨鸳苑元阮原源愿卷绻圈

（7）*-ian>ien（先开四）：边笾片辫练炼鍊笺浅前霰肩豣研妍趼见现砚显燕宴

*-ian>iɛn（仙开三 A）：便鞭绵緜面缅愐遣谴

（8）*-wian>iuen（先合四）：涓犬畎县悬

*-wian>iuɛn（仙合三 A）：狷绢蜎

（二十一）脂部

脂部有七个韵母，演变到中古的齐、皆、脂等韵。具体如下：

（1）*-ei>iei（齐开四）：陛狴篦媲批米迷氐低邸诋抵砥弟悌第梯涕睇泥犁黎豊礼澧醴齐济跻脐霁细妻萋凄悽栖笄稽诣殴翳

(2) * -wei>iuei（齐合四）：睽湀
(3) * -rei>ɐi（皆开二）：斋侪皆喈谐阶楷湝
(4) * -jei>ji（脂开三 B）：眉媚楣美夷姨彝尼迟穉旨指脂示视祁尸鸤矢屎耆嗜次姿资恣咨茨私死师狮几肌饥
(5) * -wjei>jui（脂合三 B）：骙夔
(6) * -iei>i（脂开三 A）：匕比妣秕庇吡琵貔伊蛜
(7) * -wiei>ui（脂合三 A）：癸揆葵

(二十二) 质部

质部长入声有七个韵母，演变到中古的霁、怪、至等韵。具体如下：
(1) * -ēt>iei（霁开四）：闭箅疐嚏替戾唳隶棣切（一～）砌计继羿殪
(2) * -wēt>iuei（霁合四）：惠蟪穗蕙
(3) * -rēt>ɐi（怪开二）：届齂
(4) * -jēt>ji（至开三 B）：祕秘柲閟谮利至致轾自洎四泗牭呬肆器懿饐
(5) * -wjēt>jui（至合三 B）：泪穗
(6) * -iēt>i（至开三 A）：鼻弃
(7) * -wiēt>ui（至合三 A）：季悸豷
质部短入声有六个韵母，演变到中古的屑、黠、质（栉）、术等韵。具体如下：
(1) * -et>iet（屑开四）：蛭咥耋跌迭瓞节切（～开）屑结拮颉撷缬页铁噎
(2) * -wet>iuet（屑合四）：阒血穴
(3) * -ret>æt（黠开二）：黠秸戛
(4) * -jet>jĕt（质开三 B）：密失佚轶逸佾栗慄室窒质骘实日七桼漆膝疾嫉蒺悉蟋姞乙鳦
* -jet>jĕt（栉开三）：栉瑟虱
(5) * -wjet>juĕt（术合三 B）：恤卹
(6) * -iet>iĕt（质开三 A）：必蜜毕繴匹吉诘一壹

(二十三) 真部

真部有七个韵母，演变到中古的先、山、真（臻）、谆等韵。具体如下：
(1) * -en>ien（先开四）：扁蝙编匾遍徧眠丏眄颠滇瑱填天田畋甸钿电年千芊阡坚贤牵弦烟咽
(2) * -wen>iuen（先合四）：玄眩玹铉眴绚渊鼘
(3) * -ren>æn（山开二）：臤掔
(4) * -jen>jĕn（真开三 B）：岷缗寅螾引蚓邻潾鳞麟遴辚真镇缜慎尘陈阵申伸呻绅神身臣肾人仁津尽进晋缙亲新薪秦信
* -jen>jĕn（臻开三）：榛臻溱蓁莘
(5) * -wjen>juĕn（谆合三 B）：匀昀尹闰润旬洵峋殉荀询
(6) * -ien>iĕn（真开三 A）：宾滨殡膑嫔鬓频濒民泯紧因茵姻印

(7)*-wien>iuĕn（谆合三 A）：均钧袀

(二十四) 微部

微部有六个韵母，演变到中古的咍、灰、皆、微、脂等韵。具体如下：

(1)*-əi>ɒi（咍开一）：开凯恺铠皑哀

(2)*-wəi>uɒi（灰合一）：辈裴徘枚玫颓隤罍魋雷罍傀磊耒崔璀罪瑰魁嵬虺回徊洄蛔隈猥

(3)*-rəi>ɐi（皆开二）：俳排

(4)*-wrəi>uɐi（皆合二）：乖坏怀槐淮

(5)*-jəi>jəi（微开三）：幾矶机饑讥畿岂溰祈颀旗圻沂希稀豨欷衣依

(6)*-wjəi>juəi（微合三）/唇牙喉：非扉绯诽騑匪蜚斐翡霏微薇徽尾归鬼魏巍韦帏伟纬违围闱韪讳卉辉晖挥翚威葳畏

*-wjəi>jui（脂合三）/舌齿：垒耒诔追槌隹椎锥睢虽谁唯维惟遗水衰绥荾甤蕤

(二十五) 物部

物部长入声有八个韵母，演变到中古的代、队、怪、未、至等韵。具体如下：

(1)*-ə̄t>ɒi（代开一）：概溉慨爱薆暧

(2)*-wə̄t>uɒi（队合一）：誖悖妹昧对退队内碎溃缋

(3)*-rə̄t>ɐi（怪开二）：齂

(4)*-wrə̄t>uɐi（怪合二）：蒉篑聩

(5)*-jə̄t>jəi（未开三）：既暨气氣饩豙毅

(6)*-wjə̄t>juəi（未合三）/唇牙喉：费沸狒未味贵胃谓渭媦尉蔚慰

*-wjə̄t>jui（至合三）/舌齿：怼坠类醉悴粹翠瘁遂隧燧

(7)*-iə̄t>ji（至开三 B）：费（地名）魅鬽概塈

*-iə̄t>i（至开三 A）：寐

(8)*-wiə̄t>jui（至合三 B）：匮馈篑位

物部短入声有七个韵母，演变到中古的没、黠、迄、物、术、质、屑等韵。具体如下：

(1)*-ət>ət（没开一）：麧龁纥

(2)*-wət>uət（没合一）：勃浡没殁卒猝突骨鹘窟兀杌忽惚

(3)*-wrət>uæt（黠合二）：滑猾

(4)*-jət>jət（迄开三）：乞讫迄屹

(5)*-wjət>juət（物合三）/唇牙喉：弗绋拂佛勿物屈崛尉（姓）熨

*-wjət>juĕt（术合三）/舌齿：聿律矞鹬术術述出茁黜率蟀帅

(6)*-iət>jĕt（质开三 B）：笔弼沕

(7)*-wiət>juĕt（术合三 B）：橘繘

*-wiət>iuet（屑合四）：谲鐍

(二十六) 文部

文部有八个韵母，演变到中古的痕、魂、山、欣、真（臻）、文、谆、先、仙等韵。具体如下：

（1）* -ən>ən（痕开一）：吞艮根跟很狠恨狠痕恳恩

（2）* -wən>uən（魂合一）：奔贲喷犇贫本门闷敦屯钝顿豚遯盾遁臀尊樽寸忖村存孙荪逊飧昆鲲辊混鹍困稇昏婚阍浑圂恩溷鲧鲧衮魂温稳

（3）* -rən>æn（山开二）：盼艰眼限殷（～红）

（4）* -wrən>uæn（山合二）：鳏纶（～巾）

（5）* -jən>jən（欣开三）/牙喉：斤近芹忻欣昕靳圻筋勤谨槿殷隐龈

* -jən>jěn（真开三）/舌齿：吝麐珍诊畛疹辰晨宸蜃振刃忍仞韧

* -jən>jěn（臻开三）：駪诜侁

（6）* -wjən>juən（文合三）/唇牙喉：分纷粉芬蚡翂忿氛粪奋焚愤坟文蚊汶纹紊闻吻刎君群裙郡熏勋训云雲芸纭妘耘员晕郓运愠组

* -wjən>juěn（谆合三）/舌齿：允狁吮尹仑伦沦轮纶论谆稕鹑淳准春唇漘顺巡驯循舜瞬遵俊骏畯逡峻

* -wjən>juɛn（仙合三 B）：员圆川钏舛

（7）* -iən>jěn（真开三 B）/唇牙喉：豳邠彬斌贫旻闽闵悯巾瑾仅馑觐垠银龂釁

* -iən>ien（先开四）/舌齿：典腆殿殄荐先铣跣燹

（8）* -wiən>juěn（谆合三 B）：囷麕菌窘

(二十七) 缉部

缉部有四个韵母，演变到中古的合、洽、缉、叶、帖等韵。具体如下：

（1）* -əp>ɒp（合开一）：合盒鸽蛤答荅沓涾遝纳拉杂飒趿帀

（2）* -rəp>ɐp（洽开二）：洽袷恰笈掐凹

（3）* -jəp>jěp（缉开三 B）：立粒笠执絷蛰十什汁湿隰给拾翕歙习褶㚔葺辑缉集袭及汲伋吸急泣邑浥悒入

* -jəp>jɛp（叶开三 B）：楫謵詀

（4）* -iəp>iep（帖开四）：帖怗贴慑褶

* -iəp>iěp（缉开三 A）：揖

缉部的长入声字《诗经》时代已经转入物部，如：内** nwə̄p>* nwə̄t，挚** tjə̄p>* -tjə̄t。

(二十八) 侵部

侵部有五个韵母，演变到中古的覃、谈、咸、侵、盐、凡、东、添等韵。具体如下：

（1）* -əm>ɒm（覃开一）：南男耽眈探贪覃潭谭岚婪参（～与）骖惨蚕感憾撼堪戡勘含颔啿暗闇

* -əm>ɑm（谈开一）：三

(2) * -rəm>ɐm（咸开二）：咸鹹减缄臽陷湛

(3) * -jəm>jĕm（侵开三 B）：品临林琳淋霖森沈枕谌忱鸩深琛壬任衽妊侵浸寝寻今衿吟琴芩衾禽擒金锦钦禁襟甚斟葚审参音阴荫饮

* -jəm>jɛm（盐开三 B）：阎焰谄潜占沾弇揜

(4) * -wjəm>juɐm（凡合三）：凡帆泛梵

* -wjəm>juŋ（东合三）：风枫讽凤芃

(5) * -iəm>iem（添开四）：玷点念垫忝添僭

* -iəm>iĕm（侵开三 A）：愔

（二十九）叶部

叶部有五个韵母，演变到中古的盍、狎、洽、叶、业、乏、帖等韵。具体如下：

(1) * -ap>ɑp（盍开一）：盍阖嗑榼磕榻蹋耷腊邋

(2) * -rap>ap（狎开二）：甲狎鸭匣柙押闸压

* -rap>ɐp（洽开二）：眨臿插锸歃霎夹峡狭

(3) * -jap>jɛp（叶开三 B）：叶鍱韘聂蹑镊嗫慑摄妾接疌捷婕睫耴辄猎儠躐鬣馌晔烨

* -jap>jɐp（业开三）：业邺劫怯胁搚

(4) * -wjap>juɐp（乏合三）：法灋乏

(5) * -iap>iep（帖开四）：牒喋蝶谍叠燮躞箧惬劦协勰

叶部的长入声字在《诗经》时代已经转入月部，如：盖** kāp>* kāt，废** pwjāp>* pwjāt。

（三十）谈部

谈部有五个韵母，演变到中古的谈、覃、衔、咸、盐、严、凡、添等韵。具体如下：

(1) * -am>ɑm（谈开一）：谈淡啖澹憺胆担蓝篮滥览惭暂敢阚瞰甘邯酣

* -am>ɒm（覃开一）：绀坎函涵庵菴

(2) * -ram>am（衔开二）：毚馋谗监鉴槛衔

* -ram>ɐm（咸开二）：斩崭歉

(3) * -jam>jɛm（盐开三 B）：砭贬詹瞻蟾赡幨檐簷炎琰冉苒蚺髯染廉镰帘敛俭检险猃奄淹掩

* -jam>jɐm（严开三）：剑欠严俨酽广腌

(4) * -wjam>juɐm（凡合三）：泛犯泛范範

(5) * -iam>iem（添开四）：甜恬兼缣谦嫌

* -iam>iɛm（盐开三 A）：厌黡魇

从上面的讨论可以看出，影响韵母演变的主要因素是介音，同时声母的发音部位也会对韵母的演变产生影响。有些韵母演变的情况比较复杂，比如月部的* -jan 有变到仙韵 jɛn 的，又有变到元韵 jɐn 的；* -ian 有变到先韵 ien 的，又有变到仙韵 iɛn 的；目前还找不出规律来，可能有方言或者其他特殊因素的影响，有待于进一步的研究。

二、中古后期韵母的演变

中古后期汉语的韵母系统大大简化了。宋代出现的十六摄大致反映了中古后期韵部的合并趋势，同一韵摄中，《切韵》音系中的重韵合并了，三、四等韵（包括重纽三四等）也合并了。下面以慧琳《一切经音义》和宋代等韵图为主要依据按韵摄分别讨论韵部的归并情况。

（一）通摄

通摄一等有东一（屋一）和冬（沃），三等有东三（屋三）和钟（烛）。唐末东一（屋一）和冬（沃），东三（屋三）和钟（烛）分别合并。慧琳《一切经音义》东一和冬已经不分：

宗（冬），子同（东）；脓（冬），乃公（东）；综（冬），宗送（东）。

东三和钟只在唇音里不分：

枫（东），福逢（钟）；风（东），音封（钟）。

李涪《刊误》批评《切韵》说："法言平声以东农非韵，以东崇为切；上声以董勇非韵，以董动为切；去声以送种非韵，以送众为切；入声以屋烛非韵，以屋宿为切。何须东冬中终，妄别声律!"说明这种变化已经基本完成。

（二）江摄

江摄只有二等江（觉）。

（三）止摄

止摄支、脂、之、微四韵都是三等，晚唐已经合并，慧琳《一切经音义》的反切中这四韵已经混用无别：

师（脂），史缁（之）；絺（脂），耻支（支）；饥（脂），既希（微）；
奇（支），巨基（之）；衣（微），依记（之）；机（微），记宜（支）。

（四）遇摄

遇摄一等有模，三等有鱼、虞。鱼、虞两韵在北方很早就开始合并了，《颜氏家训·音辞》说："北人以庶为戍，以如为儒。"不过慧琳《一切经音义》鱼、虞仍然有别：

居（鱼），举鱼（鱼）—— 驹（虞），矩虞（虞）
鱼（鱼），语居（鱼）—— 愚（虞），遇俱（虞）
舆（鱼），与诸（鱼）—— 俞（虞），庾朱（虞）

宋代鱼、虞合并就比较清楚了。《四声等子》已经将鱼、虞合并在遇摄图上。《切韵指掌图》也将鱼、虞同列在第三图上，不过将《切韵》鱼、虞对立小韵中的鱼韵字列在三等，虞韵字列在四等，这显然是迁就《切韵》的做法。

（五）蟹摄

蟹摄一等有咍[①]、泰，二等有佳、皆、夬，三等有祭、废，四等有齐。晚唐咍、泰合并，慧琳《一切经音义》混用不分：

盖（泰），该爱（咍）；慨（泰），苦代（咍）；怠（咍），徒柰（泰）；
贿（灰），灰外（泰）；贝（泰），杯昧（灰）；悔（灰），呼会（泰）。

佳、皆、夬合并：

街（佳），界谐（皆）；娃（佳），於皆（皆）；虿（夬），丑芥（皆）；
快（夬），夸怪（皆）；挂（佳），寡话（夬）；败（夬），排卖（佳）。

齐、祭、废合并：

契（齐），轻艺（祭）；艺（祭），霓计（齐）；刈（废），鱼厕（祭）；
桂（齐），圭锐（祭）；喙（废），兄卫（祭）；说（祭），商秽（废）。

（六）臻摄

臻摄一等有痕（没），三等有真（质）、欣（迄）。慧琳《一切经音义》真（质）、欣（迄）仍然分用：

紧（真），吉引（真）—— 谨（欣），斤隐（欣）
印（真），因胤（真）—— 隐（欣），於靳（欣）
钧（谆），橘匀（谆）—— 军（文），窘云（文）

宋代真（质）、欣（迄）已经合并，邵雍《声音唱和图》不分，《切韵指掌图》《四声等子》真（质）、欣（迄）同图，但是仍然区分一些对立小韵，应当是迁就《切韵》。

（七）山摄

山摄一等有寒（曷），二等有删（辖）、山（黠），三等有元（月）、仙（薛），四等有先（屑）。晚唐删（辖）、山（黠）合并，慧琳《一切经音义》混用不分：

间（山），皆颜（删）；栈（山），查谏（删）；孱（山），初板（删）；
鳏（山），惯还（删）；幻（山），还惯（删）；斑（删），补间（山）。

元韵在魏晋南北朝时与魂、痕为一部，唐以后逐渐转入山摄。晚唐时仙（薛）韵重纽三等

① 开合分韵的只列开口韵，下同。

字、知组字、来母字与元（月）韵合并：

惄（仙），丘言（元）；褰（仙），羌言（元）；謇（仙），居偃（元）；
权（仙），倦袁（元）；爰（元），远权（仙）；癵（仙），劣袁（元）。

仙（薛）韵重纽四等字、精章组字、喻母字与先（屑）韵合并：

谴（仙），企见（先）；先（先），星延（仙）；演（仙），延典（先）；
涓（先），决缘（仙）；蜎（先），於全（仙）；捐（仙），悦玄（先）。

宋代《切韵指掌图》《四声等子》中元（月）、仙（薛）、先（屑）同图，实际上已经合并了。

（八）效摄

效摄一等有豪，二等有肴，三等有宵，四等有萧。晚唐宵、萧合并，慧琳《一切经音义》混用不分：

浇（萧），皎遥（宵）；幺（萧），侯遥（宵）；凋（萧），丁遥（宵）；
眇（宵），弥了（萧）；啸（萧），肖曜（宵）；辽（萧），了焦（宵）。

（九）果摄

果摄一等有歌，三等有戈三。

（十）假摄

假摄二等有麻二，三等有麻三。

（十一）宕摄

宕摄一等有唐（铎），三等有阳（药）。

（十二）梗摄

梗摄二等有庚二（陌二）和耕（麦），三等有庚三（陌三）和清（昔），四等有青（锡）。慧琳《一切经音义》庚二（陌二）和耕（麦）合并：

耕（耕），古衡（庚）；更（庚），古茎（耕）；行（庚），幸耕（耕）；
横（庚），获萌（耕）；泓（耕），乌横（庚）；锽（庚），音宏（耕）。

清（昔）和青（锡）合并：

婴（清），益经（青）；听（青），体盈（清）；青（青），戚盈（清）；
扃（青），癸营（清）；萤（青），穴营（清）；营（清），惟扃（青）。

庚三（陌三）与清（昔）、青（锡）仍有区别：

景（庚），羁影（庚）—— 颈（清），鸡郢（清）；

影（庚），英景（庚）—— 瘿（清），缨顶（青）；

秉（庚），兵永（庚）—— 饼（清），必郢（清）。

但是已经有个别字开始合并：

莹平（庚），伊暝（青）；莹去（青），萦定（青）、萦映（庚）。

宋代《声音唱和图》庚三（陌三）与清（昔）、青（锡）已经合并。

（十三）曾摄

曾摄一等有登（德），三等有蒸（职）。

（十四）流摄

流摄一等有侯，三等有尤、幽。幽韵韵图列在四等，相当于重纽四等，晚唐已经与尤韵合并。慧琳《一切经音义》的反切中尤、幽两韵混用：

樛（幽），经由（尤）；幽（幽），幼由（尤）；缪（幽），美忧（尤）；

游（尤），酉幽（幽）；彪（幽），彼忧（尤）；谬（幽），眉宥（尤）。

（十五）深摄

深摄只有三等侵（缉）。

（十六）咸摄

咸摄一等有覃（合）、谈（盍），二等有咸（洽）、衔（狎），三等有盐（叶）、严（业）、凡（乏），四等有添（帖）。从慧琳《一切经音义》来看，晚唐覃（合）、谈（盍）合并：

堪（覃），苦甘（谈）；函（覃），合甘（谈）；谙（覃），暗甘（谈）；

担（谈），答南（覃）；谈（谈），徒南（覃）；岚（覃），览甘（谈）。

咸（洽）、衔（狎）合并，凡韵字转入：

缄（咸），甲衔（衔）；岩（衔），吾咸（咸）；衫（衔），沙咸（咸）；

槛（衔），衔黯（咸）；范（凡），凡黯（咸）；泛（凡），敷陷（咸）。

盐（叶）、严（业）、添（帖）合并：

兼（添），颊盐（盐）；黔（盐），俭严（严）；甜（添），定阎（盐）；

俨（严），严奄（盐）；廉（盐），力兼（添）；檐（盐），叶兼（添）。

金代韩道昭的《五音集韵》（1208 年初刊，1212 年重刊）最早将同摄之内同等的重韵以及三、四等韵进行归并，归并以后的韵部大致可以作为宋金时期读书音韵部系统的代表。因此，我们可以把中古后期的韵母系统构拟如下（见表 2—9）：

表 2—9 **中古后期韵母表**

	一等		二等		三四等	
	开口	合口	开口	合口	开口	合口
通摄		uŋ uk				iuŋ iuk
江摄			ɔŋ ɔk			
止摄					i	ui
遇摄		u				iu
蟹摄	ɑi	uɑi	ai	uai	iɛi	iuɛi
臻摄	ən ət	uən uət			iən iət	iuən iuət
山摄	ɑn ɑt	uɑn uɑt	an at	uan uat	iɛn iɛt	iuɛn iuɛt
效摄	ɑu		au		iɛu	
果摄	ɑ	uɑ			iɑ	iuɑ
假摄			a	ua	ia	
宕摄	ɑŋ ɑk	uɑŋ uɑk			iɑŋ iɑk	iuɑŋ iuɑk
梗摄			ɐŋ ɐk	uɐŋ uɐk	iɛŋ iɛk	iuɛŋ iuɛk
曾摄	əŋ ək	uəŋ uək			iəŋ iək	iuək
流摄	əu				iəu	
深摄					iəm iəp	
咸摄	ɑm ɑp		am ap		iɛm iɛp	iuɛm iuɛp

第四节 汉语声调从上古到中古的发展

一、四声格局的确立

从上古到中古，汉语调类系统最主要的变化是长入声变为去声，从而形成了中古汉语平、上、去、入四声的格局。

不同韵尾的长入声字演变并不同步，甲类韵部（收-k）中的长入声变化较早，乙类韵部（收-t）中的长入声变化较晚。

(一) 甲类韵部长入声的发展

甲类韵部的长入声字在汉代就已经演变为去声。从汉代的韵文来看，甲类韵部的长入声字已经大量与去声字押韵（加点的是韵脚字，其中黑体字是长入声字，下同）：

既讯尔以吉象兮，又申之以炯**戒**。盍孟晋以迨群兮，辰倏忽其不再。承灵训其虚徐兮，伫盘桓而且俟。惟天地之无穷兮，鲜生民之晦在。（班固《幽通赋》）

东海黄公，赤刀粤**祝**。冀厌白虎，卒不能救。挟邪作蛊，于是不售。（张衡《西京赋》）

来何**暴**也，去何躁也，孳孳望之，其可**悼**也。（贾谊《旱云赋》）

御者箠策，示有威怒。东野之败，督责过**度**。（李尤《马箠铭》）

所贵圣人至论兮，顺天性而断谊。物有欲而不居兮，亦有恶而不**避**。守孔约而不贰兮，乃**輶**德而无累。（班固《幽通赋》）

长入变为去声的演变可能是以“词汇扩散”的方式进行的，所以汉代诗文中还有少数甲类韵部长入与短入押韵的现象：

世之君子，博见强**识**。承间语事，变度易**意**。常无离侧，以为羽翼。（枚乘《七发》）

(二) 乙类韵部长入声的发展

乙类韵部的长入声字在汉代仍然常常与短入声字押韵，如：

于是众变尽，心酲**醉**。盘乐极，怅怀**萃**。阴戒期门，微行要屈。降尊就卑，怀玺藏绂。便旋闾阎，周观郊**遂**。若神龙之变化，彰后皇之为**贵**。（张衡《西京赋》）

尔乃卒岁大傩，驱除群**疠**。方相秉钺，巫觋操茢。侲子万童，丹首玄**制**。桃弧棘矢，所发无臬。飞砾雨散，刚瘅必**毙**。煌火驰而星流，逐赤疫于四**裔**。（张衡《东京赋》）

魏晋以后，乙类韵部的长入声也转变为去声。如：

成王即位，年尚幼稚。周公居摄，四海慕**利**。罚叛柔服，祥应仍**至**。诵长反政，达天忠义。（曹植《周公赞》）

出不辞难，处不闷**滞**。望色斯听，温言则**厉**。志在恤人，损己济代。复宰旧都，三命而**逝**。（潘尼《献长安君安仁》）

同甲类韵部的情况类似，乙类韵部的长入声也是以“词汇扩散”的方式变为去声的。南北朝的诗文中还有少数乙类韵部长入与短入押韵的现象：

魂绵昧其若绝，泣萦盈其若结。吝妙赏之不留，悼知音之已逝。金虽重而见铸，桂徒芳而被折。百年一尽兮，贵扬蕤于后烈。（江淹《伤友人赋》）

到齐梁时周颙、沈约等人提出四声理论，就表明长入变为去声的演变基本完成了，也就标志着四声的格局确立了。

二、四声的进一步发展

到了唐代，汉语的声调系统又发生了两项重要的变化：（1）四声开始依声母清浊的不同分化为阴阳调类；（2）全浊声母上声变为去声。

日僧安然（841—?）所撰《悉昙藏》中有这样一段记载：

> 我日本国元传二音。表则平声直低，有轻无重；上声直昂，有轻无重；去声稍引，无轻无重；入声径止，无内无外；平中怒声，与重无别；上中重音，与去不分。
>
> 金则声势低昂与表不殊，但以上声之重稍似相合平声轻重，始重终轻呼之为异；唇舌之间，亦有差舛。
>
> 承和之末，正法师来。初习洛阳，中听太原，终学长安，声势大奇。四声之中，各有轻重。平有轻重，轻亦轻重，轻之重者金怒声也；上有轻重，轻似相合金声平轻、上轻，始平终上呼之；重似金声之上重，不突呼之；去有轻重，重长轻短；入有轻重，重低轻昂。
>
> 元庆之初，聪法师来。久住长安，委搜进士，亦游南北，熟知风音。四声皆有轻重着力。平入轻重，同正和上；上声之轻，似正和上上声之重；上声之重，似正和上平轻之重；平轻之重，金怒声也，但呼着力为今别也。去之轻重，似自上重，但以角引为去声也。音响之终，妙有轻重，直止为轻，稍昂为重。此中着力，亦怒声也。①

"轻重"相当于"清浊"，这里指的是声调的"阴阳"，"怒声"指的是次浊。从这段记载来看，唐代汉语的四声已经开始依声母清浊的不同而分化。不过，这个时期浊声母还没有清化，阴阳调类出现的条件是互补的，因而还不是音位性的。从唐宋时期的反切材料来看，反切下字并没有区分阴阳调类的迹象，可见在当时汉族人的语感中，这种差别不是区别性的。所以从音位的角度来看，汉语的调类还是平、上、去、入四个。

"上中重音，与去不分"，这句话说明浊声母的上声字已经变为去声。唐末李涪在《刊误》中批评《切韵》说："吴音乖舛，不亦甚乎！上声为去，去声为上。……恨怨之恨则在去声，很戾之很则在上声。又言辩之辩则在上声，冠弁之弁则在去声。又舅甥之舅则在上声，故旧之旧则在去声。又皓白之皓则在上声，号令之号则在去声。""很辩舅皓"等在《切韵》里都是全浊声母上声字，从李涪的话里知道当时已经分别与去声的"恨弁旧号"同音了。

以上讨论的都是调类的问题。至于调值，上古到《切韵》的情况还不清楚。唐代的材料稍微多一些。《玉篇》所附神珙《四声五音九弄反纽图·序》引唐释处忠《元和韵谱》说：

> 平声者哀而安，上声者厉而举，去声者清而远，入声者直而促。

① 转引自［日］平山久雄：《日僧安然〈悉昙藏〉里关于唐代声调的记载》，见《平山久雄语言学论文集》，113～141页，北京，商务印书馆，2005。承和、元庆是日本年号，承和为834—848年，元庆为877—885年。

这与上引《悉昙藏》中“平声直低”、“上声直昂”、“去声稍引”、“入声径止”的说法比较接近。这些材料对于我们推测唐代四声的读法有一定的价值，但是由于不是科学的描写，还不足以据此构拟出唐代的调值。此外，从《悉昙藏》的记载来看，当时方言之间在调值上已经有差异了，而且各家所传的读法也不尽相同，所以要从中得出当时通语四声的调值也很困难。

【思考题】

1. 三十六字母中的“照穿床审禅”是如何形成的？
2. 三十六字母中喻母的上古来源是什么？
3. 为什么说娘母是一个独立的声母？
4. 为什么说俟母是一个独立的声母？
5. 举例说明影响韵母演变的主要因素有哪些。
6. 中古麻韵的上古来源有哪些？
7. 举例说明《切韵》音系一二等重韵的成因。
8. 汉语的声调从上古到中古主要发生了哪些变化？

【本章参考文献】

储泰松．施护译音研究．谢纪锋，刘广和，主编．薪火，编．太原：山西高校联合出版社，1996.

丁邦新．魏晋音韵研究．台北：“中央研究院”历史语言研究所，1975.

范新幹．东晋刘昌宗音研究．武汉：崇文书局，2002.

[瑞典] 高本汉（Karlgren）．中国音韵学研究．上海：商务印书馆，1926.

黄淬伯．慧琳一切经音义反切考．史语所专刊之六，1931.

简启贤．《字林》音注研究．成都：巴蜀书社，2003.

蒋希文．徐邈音切研究．贵阳：贵州教育出版社，1999.

李荣．切韵音系．北京：科学出版社，1956.

刘广和．音韵比较研究．北京：中国广播电视出版社，2002.

罗常培．知彻澄娘音值考//罗常培语言学论文集．北京：商务印书馆，2004.

罗常培，周祖谟．汉魏晋南北朝韵部演变研究．北京：中华书局，2007.

马伯乐（Maspéro）．唐代长安方言考．北京：中华书局，2005.

邵荣芬．《经典释文》音系．台北：学海出版社，1995.

邵荣芬．切韵研究（校订本）．北京：中华书局，2008.

施向东．玄奘译音中的梵汉对音和唐初中原方音．语言研究，1983（1）.

孙玉文．李贤《后汉书音注》的音系研究．湖北大学学报，1993（5）-（6）.

俞敏．后汉三国梵汉对音谱//俞敏语言学论文集．北京：商务印书馆，1999.

尉迟治平．日本悉昙家所传古汉语调值．语言研究，1986（2）.

周祖谟．关于唐代方言中四声读法之一些资料．语言学论丛，第2辑，1958.

周祖谟．切韵的性质和它的音系基础//问学集（上册）．北京：中华书局，1966.

周祖谟．魏晋南北朝韵部之演变．台北：东大图书股份有限公司，1996.

第三章

汉语语音从中古到近代的发展

本章介绍以《中原音韵》音系为代表的近代汉语音系以及普通话语音系统的形成。从中古到近代，汉语声母主要发生了以下变化：第一，全浊声母清化；第二，知、照组声母合流；第三，泥、娘母合流；第四，影、喻以及大部分疑母字合并为零声母。到普通话中，声母又发生了以下变化：第一，微、疑母变为零声母；第二，精、见组细音字腭化为舌面音。从中古到近代，汉语韵母主要发生了以下变化：第一，一、二等元音合并，奠定了四呼格局的基础；第二，入声韵变为阴声韵；第三，产生了支思和车遮两个新韵部。到普通话中，韵母又发生了以下变化：第一，y 韵母产生，四呼格局确立；第二，m 韵尾变为 n 韵尾；第三，韵部进一步归并；第四，er 韵母和儿化现象产生。从中古到近代，汉语声调主要发生了以下变化：第一，平声分化为阴平和阳平两个调类；第二，入声分化为阴入、阳入和次阳入三个调类。到普通话中，阳入并入阳平，次阳入并入去声，阴入分别派入阴平、阳平、上声、去声四个调类。

近代汉语的代表音系是《中原音韵》音系。《中原音韵》是元代周德清（1277—1365）编撰的一部曲韵韵书，成书于元泰定甲子年（1324）。

《中原音韵》反映的是元大都（今北京）话的语音系统。这个语音系统并不是当时的“正音”。明葛中选《泰律篇》卷十二说：“周德清以入声派入三声，直用填辞。推其原，亦为箫管度曲之便，乃以是为中原雅音，何其谬也！”从相关的记载来看，宋元时期洛阳话仍然是正音。南宋陆游《老学庵笔记》说：“中原惟洛阳得天地之中，语音最正。”元孔齐《至正直记》也说：“北方声音端正谓之中原雅音，今汴、洛、中山等处是也。”

把《中原音韵》作为近代汉语的代表音系主要有三个原因：第一，《中原音韵》音系是现代汉民族共同语标准音——北京语音的源头；第二，由于《切韵》具有一定的存古性，我们大致能够理清从《切韵》音系到《中原音韵》音系的发展脉络；第三，目前还没有发现能够反映完整的近代洛阳话语音系统的资料。

研究近代汉语音系主要依据以下材料：

（1）反映近代北京语音的韵书、韵图。除《中原音韵》以外，主要还有：元卓从之《中州乐府音韵类编》①、明徐孝《重订司马温公等韵图经》和《合并字学集韵》(1602)②、清赵绍箕《拙庵韵悟》(1674)、清存之堂《圆音正考》(1743)③、清李汝珍《李氏音鉴》(1805)、清裕恩《音韵逢源》(1840)。

(2) 元曲等韵文的用韵。

(3) 国外汉学家编写的汉语教材、工具书等。如：朝鲜崔世珍的《老乞大谚解》《朴通事谚解》(1515)、《四声通解》(1517)，英国威妥玛(Thomas Wade)的《语言自迩集》(1867，1886)，美国富善(Chauncey Goodrich)的《官话萃珍》(1898)。

(4) 现代北方方言，尤其是北京官话。

第一节
《中原音韵》音系

《中原音韵》的体例与《切韵》系韵书不同：不按声调分卷，先分为 19 个韵部，每部以两个字作为韵目；每部之中按平声阴（阴平）、平声阳（阳平）、上声、去声分别排列，《切韵》入声字分别派入阳平、上声和去声，附于本调字之后，标明“入声作某声”；同音字排在一起构成一“空”(小韵)，不用反切注音，一般也没有释义。

由于《中原音韵》不用反切注音，无法通过反切来考察其音系，研究《中原音韵》的语音主要是通过分析书中的小韵。比如：“东钟”韵去声“洞动栋冻蝀”同小韵，“江阳”韵去声“荡宕砀当挡”同小韵；《广韵》“洞动”“荡宕砀”为定母，“栋冻蝀”“当挡”为端母，表明定母仄声与端母合并。不过小韵的安排只显示了音类的分合，对于整个音系的拟测还需要结合同前代和后代语音系统的比较。

一、《中原音韵》的声母

《中原音韵》音系共有 21 个声母，列表如下（见表 3—1）：

---

① 《中州乐府音韵类编》(以下简称《类编》)也分十九部，韵部的名称和次序与《中原音韵》基本相同，只是《中原音韵》的“皆来”、“歌戈”、“侵寻”在《类编》中作“皆莱”、“哥戈”、“寻侵”。《类编》中小韵的次序和小韵中单字的次序也与《中原音韵》大致相同。两书最大的差别是《类编》平声分“阴”、“阳”和“阴阳”三类，其中“阴阳”是以阴平、阳平相配的。《类编》很可能是根据《中原音韵》的初稿编写的。

② 《重订司马温公等韵图经》是与《合并字学集韵》相配合的韵图，与《合并字学集篇》《四声领率谱》合刊在一起，总名为《合并字学篇韵便览》。

③ 该书乌扎拉文通的序中称“不知集自何人”。存之堂是否为作者，甚至是否为人名，目前都还有争议。

表 3—1 《中原音韵》音系声母表

帮 p	滂 p^h	明 m	非 f	微 ʋ
端 t	透 t^h	泥 n		来 l
精 ts	清 ts^h		心 s	
照 tʂ	穿 $tʂ^h$		审 ʂ	日 ɻ
见 k	溪 k^h	疑 ŋ	晓 x	
影 ø				

关于声母有如下两个问题需要说明：

（1）微母独立。《中原音韵》中微母字与影母字（包括喻母和部分疑母字）对立①：

［江阳］阳平：亡忘（微）/王（喻）；上声：罔网（微）/往（喻）；去声：望忘妄（微）/旺王（喻）

［鱼模］阳平：无芜巫诬（微）/吾浯铻蜈吴梧娱鼯（疑）；上声：武舞鹉侮庑（微）/五伍午仵忤（疑）坞邬（影）；去声：务雾骛戊（微）/误悞悟寤（疑）恶污（影）

［真文］上声：刎吻（微）/稳（影）；去声：问紊（微）/揾（影）诨（疑）

所以微母仍然是一个独立的声母。《中原音韵》音系没有全浊声母，微母的音值应该是唇齿近音。

（2）疑母独立。中古疑母字在《中原音韵》中多数已经与影（喻）母字合并，但是仍然有一部分疑母字与影母字构成对立：

［江阳］上声：仰（疑）/养（喻）鞅（影）

［萧豪］去声：傲奡鏊（疑）/奥懊澳（影）

［车遮］入声作去声：业邺额（疑）/拽（喻）噎谒（影）叶烨（喻）

所以疑母仍然是一个独立的声母。

二、《中原音韵》的韵母

《中原音韵》的十九部并不是 19 个韵母，因为韵部不区分介音，所以一部之中可以包含不止一个韵母。《中原音韵》实际有 46 个韵母，见表 3—2。

表 3—2 《中原音韵》音系韵母表

东钟			uŋ	iuŋ
江阳	aŋ	iaŋ	uaŋ	
支思	ɿ，ʅ			
齐微	ei	i	uei	
鱼模			u	iu
皆来	ai	iai	uai	

① 本章所举《中原音韵》小韵中的单字全部依照原书次序，为排印方便，在不影响所涉问题的前提下略去了个别生僻字。括号中是中古的语音条件，相同条件只在末一字后注明，斜杠“/”用来区分不同小韵。

真文	ən	iən	uən	iuən
寒山	an	ian	uan	
桓欢			uon	
先天		iɛn		iuɛn
萧豪	au	iau，iɛu		
歌戈	o	io	uo	
家麻	a	ia	ua	
车遮		iɛ		iuɛ
庚青	əŋ	iəŋ	uəŋ	iuəŋ
尤侯	əu	iəu		
侵寻	əm	iəm		
监咸	am	iam		
廉纤		iɛm		

关于韵母有如下几个问题需要说明：

（1）支思韵实际上有两个韵母，出现在舌尖音［ts］等后是［ɿ］，出现在卷舌音［tʂ］等后是［ʅ］，二者出现的条件互补，也可以归纳为一个音位，写作［ï］。

（2）萧豪韵中唇音和泥母存在一、二等重出的现象：

> 阴平：褒（一等）/包胞苞（二等）；上声：宝保堡褓葆（一等）/饱（二等）；脑恼（一等）/挠（二等）；去声：豹爆（二等）瀑（一等）/抱报暴（一等）鲍靴（二等）

从去声来看，一、二等的界限已经打乱了。这应该是一、二等韵合流过程中的残存现象，由于并不系统，我们并不加以区分。

（3）萧豪韵牙喉音二等字和三、四等字对立：

> 阴平：交蛟郊胶教（二等）/娇骄（三等）；去声：窖校教觉较（二等）/叫（四等）轿峤（三等）

这种对立中来自二等的韵母是 iau，来自三、四等的韵母是 iɛu，这与其他韵摄中的演变是平行的。

三、《中原音韵》的声调

《中原音韵》将声调分为阴平、阳平、上声和去声四类，首次明确地提出平声分为阴平和阳平两个调类。

《中原音韵》没有独立的入声，中古入声字分别派入阳平、上声和去声，但是仍然相对独立，列在“本声”字之后，并标明“入声作某声”。周德清在《中原音韵·正语作词起例》中说：“入声派入平、上、去三声者，以广其押韵，为作词而设耳。然呼吸言语之间，还有入声之别。”可见入声仍然存在。元代陶宗仪在《辍耕录》中说：“今中州之韵，入声似平声，又可作去声，所以蜀、术等字皆与鱼虞相近。”用的是“似”、“相近”这样的词语，也说明入声还没有完全消失。

中古的入声兼有入声韵和入声调双重的属性，而《中原音韵》既然已经将入声字归入阴声韵部，说明其入声韵的属性已经不存在了，所谓“入声”就只是入声调了。《中原音韵》的入声有“入声作平声阳”、“入声作上声”和“入声作去声”三类，说明有三种不同的入声调。之所以将入声分别附于阳平、上声和去声，说明其调值分别与这三个声调接近，上引《辍耕录》文也说明这种情况。从后来的发展来看，作平声的（中古全浊声母字）与阳平合并了，作去声的（中古次浊声母字）与去声合并了，作上声的（中古清声母字）可能存在了较长的时间，后来又发生了比较复杂的变化。《辍耕录》中没有提到上声，可能是因为清入与上声在调值上不像全浊入与阳平、次浊入与去声那么接近，正因为如此，清入独立的时间比较长，后来也没有与上声完全合并。现代北方方言中还有清入独立的，如河北的赞皇、元氏方言，山东的利津方言等，正是处在演变的中间状态。

所以，《中原音韵》音系实际有阴平、阳平、上声、去声、阴入（入声作上声）、阳入（入声作平声阳）、次阳入（入声作去声）七个声调。

第二节 汉语声母从中古到近代的发展

从中古到《中原音韵》，汉语声母主要发生了以下变化：第一，全浊声母清化；第二，知、照系声母合流；第三，泥、娘母合流；第四，影、喻母合流，疑母开始消失。下面分别进行讨论。

一、全浊声母清化

中古的全浊声母到元代全部演变为清声母。擦音和塞音、塞擦音的演变方式不同。

其一，浊擦音清化后与同部位的清擦音合并。

中古浊擦音声母去声字在《中原音韵》中已经与清擦音声母去声字同音①：

（1）奉并入非②：

［东钟］去声：凤奉（奉）讽（非）缝（奉）；［真文］去声：忿（敷）分（奉）粪奋（非）

（2）禅并入审：

［先天］去声：扇（审）善（禅）煽（审）鳝禅僐擅墠单（禅）；［萧豪］去声：少

① 这里的去声包括《切韵》音系全浊声母的上声字，这部分字唐末已经变为去声。

② 宋代非、敷已经合并为一个声母，参见第二章第二节。

（审）绍邵（禅）烧（审）

（3）邪并入心：

［江阳］去声：象像（邪）相（心）；［先天］去声：线（心）羡（邪）霰（心）

（4）匣并入晓：

［江阳］去声：巷（匣）向（晓）项（匣）；［寒山］去声：旱悍焊（匣）汉（晓）翰瀚汗鼾骭（匣）

浊擦音平声字在《中原音韵》中归在阳平，不会与清声母字同小韵。卓从之的《中州乐府音韵类编》将平声分为三类："阴"类是中古清声母字，"阳"类是中古浊声母字，"阴阳"类以清浊相配。该书"阴阳"类中浊擦音字与清擦音字相配[①]：

［东钟］风（非）/冯（奉）；烘（晓）/红（匣）

［江阳］香（晓）/降（匣）；方（非）/房（奉）；湘（心）/详（邪）；荒（晓）/黄（匣）

［支思］施（审）/时（禅）；斯（心）/词（邪）

［齐微］灰（晓）/回（匣）；非（非）/肥（奉）；希（晓）/奚（匣）

［鱼模］书（审）/殊（禅）；须（心）/徐（邪）；肤（非）/扶（奉）；呼（晓）/糊（匣）

［真文］申（审）/神（禅）；询（心）/巡（邪）；分（非）/坟（奉）

［寒山］番（非）/烦（奉）

［桓欢］欢（晓）/桓（匣）

［先天］先（心）/涎（邪）；轩（晓）/贤（匣）；宣（心）/旋（邪）

［萧豪］哮（晓）/爻（匣）

［哥戈］呵（晓）/何（匣）

［家麻］花（晓）/华（匣）

［车遮］奢（审）/蛇（禅）；些（心）/斜（邪）

［庚青］亨（晓）/茎（匣）；馨（晓）/行（匣）；声（审）/绳（禅）；星（心）/饧（邪）

［尤侯］修（心）/囚（邪）；齁（晓）/侯（匣）

［寻侵］心（心）/寻（邪）

［监咸］憨（晓）/含（匣）

［廉纤］纤（心）/挦（邪）；枕（晓）/嫌（匣）

再结合明清以后北京话的情况，可以推断浊擦音平声字也演变为清擦音。

浊擦音入声字在《中原音韵》中归在"入声作平声阳"，不与清声母字同小韵，也不与浊擦音平声字同小韵。从明清以后北京话的情况来看，浊擦音入声字也应变为同部位的清擦音。

其二，浊塞音、塞擦音仄声字变为不送气清音，与同部位的全清声母合并。

中古浊塞音、塞擦音声母去声字在《中原音韵》中已经与全清声母字同音：

---

① 只举每小韵第一个字。

（1）並并入帮：

［江阳］去声：谤（帮）傍蚌棒（並）；［鱼模］去声：布佈（帮）部簿哺捕步（並）

（2）定并入端：

［江阳］去声：荡宕砀（定）当挡（端）；［寒山］去声：旦（端）诞弹惮但（定）

（3）床（澄）并入照（知）：

［萧豪］去声：赵兆（澄）照（照）旐（澄）诏（照）召肇（澄）；［皆来］去声：寨（床）豸（澄）瘵债（照）

（4）从并入精：

［齐微］去声：罪（从）醉最（精）；［先天］去声：箭荐煎（精）贱（从）溅（精）饯践（从）

（5）群并入见：

［先天］去声：见建（见）健件（群）；［尤侯］去声：臼舅旧咎（群）救（见）柩（群）厩究（见）

浊塞音、塞擦音入声字在《中原音韵》中归在"入声作平声阳"，不与清声母字同小韵，也不与浊声母平声字同小韵。从明清以后北京话的情况来看，浊塞音、塞擦音入声字也变为同部位的不送气清音。

其三，浊塞音、塞擦音平声字变为送气清音，与同部位的次清声母合并。

浊声母平声字在《中原音韵》中归在阳平，所以不会与清声母字同小韵。《中州乐府音韵类编》"阴阳"类将浊塞音、塞擦音声母平声字与次清声母平声字相配：

［东钟］通（透）/同（定）；葱（清）/丛（从）

［江阳］牕（穿）/床（床）；镑（滂）/傍（並）；腔（溪）/强（群）；昌（穿）/长（澄）；汤（透）/唐（定）；抢（清）/墙（从）；匡（溪）/狂（群）；仓（清）/藏（从）

［支思］雌（清）/慈（从）

［齐微］妻（清）/齐（从）；溪（溪）/奇（群）；梯（透）/提（定）；吹（穿）/锤（澄）；醅（滂）/裴（並）；魁（溪）/葵（群）；笞（彻）/池（澄）；摧（清）/摧（从）；纰（滂）/脾（並）

［鱼模］初（穿）/雏（床）；粗（清）/殂（从）；区（溪）/渠（群）；枢（穿）/除（澄）；铺（滂）/蒲（並）

［皆莱］钗（穿）/柴（床）；台（透）/臺（定）；猜（清）/才（从）

［真文］嗔（穿）/陈（澄）；亲（清）/秦（从）；春（穿）/唇（床）；村（清）/存（从）；吞（透）/豚（定）；喷（滂）/盆（並）

［寒山］餐（清）/残（从）；滩（透）/坛（定）

［桓欢］湍（透）/团（定）；撺（清）/攒（从）；潘（滂）/盘（並）

［先天］千（清）/前（从）；天（透）/阗（定）；牵（溪）/乾（群）；篇（滂）/便（並）；痊（清）/全（从）；川（穿）/船（床）；圈（溪）/拳（群）

［萧豪］挑（透）/迢（定）；锹（清）/樵（从）；趫（溪）/乔（群）；飘（滂）/瓢（並）；绦（透）/桃（定）；操（清）/曹（从）

［哥戈］磋（清）/矬（从）；他（透）/驼（定）；坡（滂）/婆（並）

［家麻］葩（滂）/琶（並）；叉（穿）/茶（澄）

［庚青］铛（穿）/橙（澄）；称（穿）/澄（澄）；轻（溪）/擎（群）；青（清）/情（从）；汀（透）/亭（定）

［尤侯］抽（彻）/紬（澄）；丘（溪）/求（群）；偷（透）/头（定）；篘（穿）/愁（床）

［寻侵］琛（彻）/沉（澄）；钦（溪）/琴（群）

［监咸］贪（透）/覃（定）；参（清）/蚕（从）；搀（穿）/谗（床）

［廉纤］佥（清）/潜（从）；觇（彻）/憺（澄）；谦（溪）/钤（群）；添（透）/甜（定）

再结合明清以后北京话的情况，可以推断浊塞音、塞擦音声母平声字演变为送气清音。

二、知照合流

庄、章两组声母在唐末已经合流为照组，到了元代，知、照两组声母也合流了：

［东钟］阴平：锺鐘（照）中忠衷（知）终（照）；去声：众（照）中（知）仲（澄）

［齐微］入声作上声：尺赤（穿）敕（彻）叱（穿）；去声：製制（照）置（知）滞雉稚（澄）致（知）彘治（澄）智（知）帜（照）

［鱼模］阴平：诸（照）猪潴（知）朱（照）姝（穿）株蛛诛（知）珠（照）邾（知）侏（照）

［皆来］入声作上声：责帻（照）摘谪（知）侧窄仄昃箦迮（照）

［真文］去声：震（照）阵（澄）振赈（照）镇（知）

［寒山］去声：栈（床）绽組（澄）

［先天］去声：战颤（照）缠（澄）

［家麻］阴平：查楂蹅（照）咤（知）

［车遮］入声作上声：哲（知）褶摺折浙（照）

［庚青］阴平：征正（照）贞祯徵（知）蒸烝（照）

［尤侯］阴平：周赒（照）啁（知）週洲州舟（照）辀（知）；去声：昼（知）咒（照）胄纣宙籀（澄）咮（知）

［侵寻］去声：朕沈鸩（澄）枕（照）

［监咸］去声：蘸（照）站（知）湛賺（澄）

［廉纤］阴平：瞻詹占（照）沾霑（知）

《中原音韵》中还有以下这些对立的小韵：

［江阳］阴平：章漳獐樟璋彰麞（照三）张（知三）/庄妆装（照二）桩（知二）；阳

平：长苌肠场（澄三）常裳尝偿（禅三）/床（床二）幢撞（澄二）

［萧豪］阴平：嘲（知二）抓（照二）啁（知二）/昭招（照三）朝（知三）

不过这种对立已经不是知、照两组声母的对立了，而是韵母的对立：知二、照二所拼的韵母都不带i介音，知三、照三所拼的韵母都带i介音。在东钟韵中韵母的对立也开始消失了：

［东钟］阳平：重虫（澄三）慵鳙（禅三）崇（床二）

三、泥娘合流

娘母在元代变为舌尖鼻音，与泥母合流：

［齐微］阳平：泥（泥）尼（娘）麑（泥）；去声：腻（娘）泥（泥）；［廉纤］阳平：鲇（泥）黏（娘）拈（泥）

少数疑母三四等字也并入泥娘母：

［先天］上声：捻（泥）辗碾（娘）谳（疑）；［车遮］入声作去声：捏（泥）聂蹑镊（娘）啮臬蘖（疑）

四、影喻合流

影母和喻母以及大部分疑母字在元代合并为一个声母：

［江阳］上声：养痒（喻）鞅（影）；去声：羕炀样（喻）怏鞅（影）漾恙（喻）

［齐微］去声：异裔（喻）义议谊毅艺（疑）易（喻）翳瘗（影）勚枻曳（喻）瞖（影）诣（疑）饐（影）刈乂（疑）意（影）劓（疑）懿（影）；入声作去声：逸易埸译驿（喻）益（影）溢镒（喻）鹢（疑）液腋掖疫役（喻）一（影）佾泆（喻）乙邑忆揖（影）射翊翼（喻）

［鱼模］上声：五伍午仵忤（疑）坞邬（影）；去声：误悮悟寤（疑）恶污（影）；入声作去声：玉狱（疑）欲浴（喻）郁（影）育鹆（喻）

［皆来］去声：艾（疑）爱嗳餲（影）；去声：捱（疑）隘阨搤（影）

［真文］上声：隐（影）引蚓尹（喻）；去声：印（影）孕（喻）

［先天］阳平：延筵鋋埏蜒缘（喻）妍言研（疑）焉沿（喻）；去声：砚（疑）燕咽（影）谚（疑）堰（影）缘掾（喻）宴（影）彦喭（疑）嬿（影）

［萧豪］入声作去声：萼鹗鳄（疑）恶（影）愕（疑）

［歌戈］入声作去声：萼鹗鳄（疑）恶垩（影）鄂（疑）；岳乐（疑）药（喻）约（影）跃钥（喻）

［车遮］入声作去声：拽（喻）噎谒（影）叶烨（喻）；月（疑）悦说阅（喻）軏（疑）越钺樾（喻）刖（疑）

［庚青］上声：影（影）郢颖（喻）瘿（影）；去声：暎应膺（影）凝硬（疑）

［尤侯］去声：又右佑祐狖宥（喻）幼（影）囿侑（喻）

［廉纤］上声：掩魇郾埯奄晻崦（影）琰剡（喻）；艳焰（喻）厌餍（影）验（疑）滟（喻）酽（疑）

影母中古是清声母，喻（疑）母中古是浊声母，所以《中原音韵》中影母平声字为阴平，喻（疑）母平声字为阳平，两类不会同小韵。《中州乐府音韵类编》“阴阳”类将影母与喻（疑）母相配：

［东钟］邕（影）/容（喻）

［江阳］鸯（影）/阳（喻）；汪（影）/王（喻）

［齐微］威（影）/围（喻）；衣（影）/移（喻）

［鱼模］迂（影）/鱼（疑）；乌（影）/吾（疑）

［皆莱］挨（影）/崖（疑）；哀（影）/骇（疑）

［真文］因（影）/银（疑）；氲（影）/云（喻）

［寒山］弯（影）/顽（疑）

［先天］烟（影）/延（喻）；渊（影）/元（疑）

［哥戈］阿（影）/哦（疑）；窝（影）/讹（疑）

［家麻］鸦（影）/牙（疑）

［庚青］英（影）/盈（喻）

［尤侯］忧（影）/游（喻）

［寻侵］音（影）/吟（疑）

［监咸］渰（影）/岩（疑）

［廉纤］淹（影）/盐（喻）

每对小韵只是声调不同，声母已经没有区别了。

中古影母是喉塞音［ʔ］，疑母是鼻音［ŋ］，元代与喻母合并以后变成零声母。

第三节 汉语韵母从中古到近代的发展

从中古到《中原音韵》音系，汉语韵母主要发生了以下变化：第一，形成了四呼格局的雏形；第二，入声韵演变为阴声韵；第三，韵部继续分化和合并。下面分别讨论。

一、介音的演变和四呼雏形的形成

从中古到近代，韵母的演变大体上是以“洪”（一二等）、“细”（三四等）为条件。一般来说，同摄一、二等韵合并，三、四等韵合并。因此，到元代就形成了［Ø］［i］［u］［iu］四种介音的格局，从而奠定了四呼格局的基础。具体来说，介音主要有如下一些演变。

（一）一二等主要元音的对立消失

中古同摄的一二等韵在《中原音韵》中大多归同一韵部。蟹摄一等（开口）和二等归在皆来韵，山摄一等（开口）和二等归在寒山韵，效摄一二等归在萧豪韵，咸摄一二等归在监咸韵；由于韵部合并，宕摄一等和江摄二等归在江阳韵，曾摄一等和梗摄二等归在庚青韵。这就说明一二等的主要元音已经没有差别了。虽然一二等的主要元音已经合并，但是由于一二等的对立主要分布在唇牙喉音声母中，唇音声母的一等韵多为合口呼，与开口呼的演变不同，而牙喉音开口二等字产生了i介音，所以在《中原音韵》中一二等同小韵情况并不多，只出现在江阳和庚青两韵：

［江阳］阳平：傍旁房（宕开一）逄（江开二）；忙茫邙芒（宕开一）铓（宕合三）哤狵厖（江开二）；去声：谤傍（宕开一）蚌棒（江开二）

［庚青］阴平：觥（梗合二）肱（曾合一）；［阳平］横宏纮闳嵘鈜（梗合二）弘（曾合一）

一二等的对立在萧豪韵中还有残存：

［萧豪］阴平：褒（一等）/包胞苞（二等）；上声：宝保堡褓葆（一等）/饱（二等）；脑恼（一等）/挠（二等）；去声：豹爆（二等）瀑（一等）/抱报暴（一等）鲍靤（二等）

不过，从整个《中原音韵》音系的格局来看，一二等元音的对立已经不存在了。

（二）开口二等牙喉音产生i介音

中古的开口二等牙喉音字到元代产生了i介音，由洪音变为细音。在江阳韵和庚青韵中，开口二等牙喉音字与开口三四等字合流：

［江阳］阴平：姜（宕开三）江杠釭（江开二）薑繮缰殭僵（宕开三）；腔谾（江开二）蜣羌（宕开三）；上声：讲（宕开三）港（江开二）镪（宕开三）；去声：绛降洚虹（江开二）糨强（宕开三）；巷（江开二）向（宕开三）项（江开二）。

［庚青］阴平：京麖（梗开三）庚鹒赓更粳羹畊（梗开二）惊荆（梗开三）经（梗开四）兢矜（曾开三）泾（梗开四）；轻（梗开三）坑（梗开二）卿（梗开三）誙硁（梗开二）倾（梗合三）铿（梗开二）；英瑛（梗开三）鹰应膺（曾开三）樱（梗开二）婴（梗开三）嘤（梗开二）膺（曾开三）鹦（梗开二）缨瓔（梗开三）萦（梗合三）；阳平：行（梗开二）形刑邢（梗开四）桁衡（梗开二）铏（梗开四）珩（梗开二）硎（梗开四）；上声：景儆（梗开三）璟（梗合三）撒（梗开三）骾鲠绠梗（梗开二）警境颈（梗开三）耿哽（梗开二）；去声：敬（梗开三）径俓经（梗开四）镜獍竟竞劲（梗开三）更（梗开二）；庆（梗开三）磬罄謦（梗开四）；杏幸倖（梗开二）胫（梗开四）兴（曾开三）行

（梗开二）；暎（梗开三）应膺凝（曾开三）硬（梗开二）。

其他韵中，开口二等牙喉音字与开口一等字对立：

［皆来］阴平：该垓荄陔（蟹开一）/皆堦阶喈街偕楷秸（蟹开二）；开（蟹开一）/揩（蟹开二）；上声：改（蟹开一）/解（蟹开二）；凯铠垲（蟹开一）/楷（蟹开二）；去声：害亥妎（蟹开一）/懈械薤解獬（蟹开二）

［寒山］阴平：干竿肝玕乾（山开一）/姦奸间艰菅（山开二）；刊看（山开一）/悭（山开二）；阳平：寒邯韩汗翰（山开一）/闲鹇痫（山开二）；上声：赶秆簳（山开一）/简拣（山开二）；去声：幹榦（山开一）/间涧谏覵（山开二）；旱悍焊汉翰瀚汗鼾骭（山开一）/限苋（山开二）

［萧豪］阴平：高篙膏羔槔皋橐鼛（效开一）/交蛟咬郊茭鲛胶教（效开二）；上声：杲藁缟镐鄗槁（效开一）/狡搅铰姣筊绞（效开二）；去声：号皓好昊皞耗浩颢灏（效开一）/孝効傚校（效开二）

［监咸］阴平：甘柑疳泔（咸开一）/监缄槭（咸开二）；阳平：含涵邯（咸开一）/咸醎諴函衔啣（咸开二）；去声：憾撼颔琀萻晗（咸开一）/鑑槛舰馅陷（咸开二）

这些对立的小韵声母、韵部（主要元音和韵尾）、声调都相同，区别只能是介音，其中的二等字应当与江阳、庚青两韵一样产生了 i 介音，这也与后来北京话的演变是一致的。

（三）非组和照二组细音变洪音

轻唇音非组在从重唇音分化出来以后不久就失去 i 介音，演变为洪音了。宋代邵雍的《声音唱和图》中非组字不列在三等的位置上，说明 i 介音已经失去。《中原音韵》中，除了齐微韵的 i 韵母以外①，非、微两个声母都只与洪音相拼。山、咸摄三等韵一般演变到《中原音韵》的先天和廉纤两韵，而元韵和凡韵的唇音字变到寒山，与一二等韵的演变一致，正是因为这部分字变为轻唇音后失去了 i 介音，并入了一二等韵。入声月韵和乏韵唇音字变到家麻韵，而非车遮韵，也是同样的原因。

照二组声母来自《切韵》的庄组声母，在《切韵》音系中可以拼三等韵，到了《中原音韵》中这些三等字全部变为洪音。这一变化在山、咸摄中最为显著。山、咸摄三等阳声韵演变到先天和廉纤两韵，三等入声韵演变到车遮韵。而照二组阳声韵演变到寒山韵（如：潺、栈、譔、馔），入声韵演变到家麻韵（如：霎、刷），与一二等韵的演变一致，说明其早先已经失去 i 介音并入一二等韵。

照二组细音转变为洪音的演变可能很早就开始了。《广韵》中庄组三等字往往有二等的异读，如：潺，士连切（三等），又士山切（二等）；栈，士免切（三等），又士限切（二等）；馔，士恋切（三等），又雏鲩切（二等）；霎，山辄切（三等），又山洽切（二等）；刷，所劣切（三等），又数刮切（二等）。《韵镜》《七音略》等早期等韵图都将庄组三等字列在二等。这都表明庄组三等在向洪音转化。庄、章组在唐末以后就合并为一组了，但是到《中原音韵》中庄组三等字与章组字仍然对立，如：阻（庄）/主（章）；梳（生）/书（书）；邹（庄）/周

① 也有的学者主张齐微韵非、微母字的韵母是［ei］。

(章)；搜（生）/收（书）。这种对立不可能是声母的，只能是韵母的，说明庄组三等字在与章组合并之前就已经变为洪音了。

此外，还有一些介音的变化：止摄、蟹摄、宕摄合口三四等字变为洪音，果摄开口一等舌齿音字变为合口呼，江摄开口二等阳声韵知、照系字变为合口呼，宕摄开口三等阳声韵照二组字变为合口呼。详见“韵部的分化与合并”部分对各韵部演变的具体描述。

二、中古入声韵演变为阴声韵

中古的入声字到元代演变为阴声韵，在《中原音韵》中全部归在阴声韵部，详细的情况见下文“韵部的分化与合并”。下面举元曲押韵的例子作为参证①：

[齐微] 霎时间杯盘狼**藉**，车儿投东，马儿向西。两意徘徊，落日山横翠。知他今宵宿在那里？有梦也难寻**觅**。（王实甫《西厢记》第四本第三折）

[鱼模] 待将咱所图，我宁死不**辱**！这厮笑里藏刀，节外生枝，暗地埋**伏**。这里是大道官塘，怎没个行人，南来北去？天那，眼见的死的来不着坟墓。（贾仲名《对玉梳》第三折）

[皆来] 猛地里难回避，可叫人怎离**摘**，则见他叉手前来。多管是迷了路的行人，多管是失了船的过**客**。比及你来相问，先对俺说明**白**。且将个采芝女，权休怪，只问那可意人，安在哉？（李好古《张生煮海》第二折）

[萧豪] 元来这象简乌纱出圣朝，若是没福的也难消。只为俺读书人受过凄凉合荣耀，因此上把儒衣换了，换了。他那曾习读古圣**学**？枉惹的儒人笑。今日个折将丹桂来，可不道俺则会打莲花**落**。（无名氏《举案齐眉》第四折）

[歌戈] 我为贼盗呵杀人放火，不似你贪财呵披枷带锁。你得了斗来大黄金印一颗，为元帅，佐山河，倒大来显**豁**。（马致远《黄粱梦》第四折）

[家麻] 人去阳台，云归楚**峡**。不争他江渚停舟，几时得门庭过马。悄悄冥冥，潇潇洒洒，我这里踏岸沙，步月华。我觑着这万水千山，都只在一时半**霎**。（郑光祖《倩女离魂》批二折）

[车遮] 数年一枕梦庄**蝶**，过了些不明白好天良夜。想父母关山途路远，鱼雁信音**绝**。为甚感叹咨嗟？甚日得离书舍？（白朴《墙头马上》第三折）

[尤侯] 怕娘娘觉饥时吃一块淡淡盐烧**肉**，害渴时喝一杓儿酪和**粥**。我索折一枝断肠柳，饯一杯送路酒。眼见得赶程途，趁宿头，痛伤心，重回首，则怕他望不见凤阁龙楼，今夜且则向灞陵桥畔**宿**。（马致远《汉宫秋》第二折）

三、韵部的分化与合并

从中古到元代，韵部分化与合并的演变主要有：第一，宕、江摄合流；第二，曾、梗摄合

① 加点的字是韵脚，其中黑体字是中古入声字。

流；第三，蟹摄三四等和合口一等并入止摄；第四，止摄开口三等照组字和精组字独立为支思部；第五，果、假摄三等字独立为车遮部；第六，入声韵变为阴声韵，并入阴声韵部。

下面按照《中原音韵》十九部的次序介绍从中古到近代韵母演变的详细情况。

(一) 东钟

东钟韵有两个韵母，来源于通摄阳声韵和部分曾、梗摄合口呼阳声韵字：

(1) [uŋ]：

通摄合口一等 uŋ>uŋ：蓬蒙东同脓笼宗丛工空红翁

曾摄合口一等 uəŋ>uŋ：崩鹏肱弘

梗摄合口二等 uɐŋ>uŋ：觥横泓

通摄合口三等 iuŋ>uŋ /非、明：风冯梦

/知、照：中冲钟充

/见（部分）：弓恐

(2) [iuŋ]：

通摄合口三等 iuŋ>iuŋ：浓龙踪松戎穷凶容

梗摄合口三四等 iuɛŋ>iuŋ：倾兄永

(二) 江阳

江阳韵有三个韵母，来源于宕摄和江摄阳声韵：

(1) [aŋ]：

宕摄开口一等 ɑŋ>aŋ：谤旁忙当唐囊郎赃藏桑刚康昂杭

江摄开口二等 ɔŋ>aŋ：邦庞厐

宕摄合口三等 iuɑŋ>aŋ/非：方房亡

(2) [iaŋ]：

宕摄开口三等 iɑŋ>iaŋ：娘良将墙湘章昌商让姜强香央

江摄开口二等 ɔŋ>iaŋ/见：江腔降

(3) [uaŋ]：

宕摄合口一等 uɑŋ>uaŋ：光旷黄汪

宕摄合口三等 iuɑŋ>uaŋ：诳狂况王

江摄开口二等 ɔŋ>uaŋ/知、照：桩窗双

宕摄开口三等 iɑŋ>uaŋ/照$_{二}$：庄创霜

(三) 支思

支思韵有两个韵母，来源于止摄开口三等精、照组字：

(1) [ɿ]：

止摄开口三等 i>ɿ/精：资慈斯

(2)［ʅ］：
止摄开口三等 i＞ʅ/照：支齿师而

（四）齐微

齐微韵有三个韵母，来源于止摄、蟹摄三四等、蟹摄合口一等以及臻、深、曾、梗四摄三四等入声和曾摄一等入声：

(1)［ei］：
曾摄开口一等入声 ək＞ei：德勒贼黑
(2)［i］：
止摄开口三等 i＞i：比疲弥尼离知池基欺希衣
止摄合口三等 ui＞i/非：非肥微
蟹摄开口三四等 iεi＞i：闭批迷低梯泥黎挤齐西制世鸡溪奚艺
臻摄开口三等入声 iət＞i：必匹蜜栗疾七质叱失日吉乞一
深摄开口三等入声 iəp＞i：立集习汁十急泣吸邑
曾摄开口三等入声 iək＞i：逼匿力稷息直勅饰极翼
梗摄开口三四等入声 iεk＞i：碧劈觅的剔历寂戚昔只尺释隙译
(3)［uei］：
蟹摄合口一等 uɑi＞uei：杯裴枚堆颓内雷罪崔绥桧盔回隈
止摄合口三等 ui＞uei：悲披眉泪醉萃虽追吹水芮归葵毁围
蟹摄合口三四等 iuεi＞uei：桂慧卫
曾摄合口一等入声 uək＞uei：北墨国惑

（五）鱼模

鱼模韵有两个韵母，来源于遇摄、通摄入声和臻摄合口入声：

(1)［u］：
遇摄合口一等 u＞u：补蒲模睹徒奴鲁祖徂苏孤枯呼乌
遇摄合口三等 iu＞u/非、照$_{二}$：夫符无阻楚疏
通摄合口一等入声 uk＞u：卜扑木读秃鹿族簇速谷哭鹄屋
通摄合口三等入声 iuk＞u/非、明、照$_{二}$：福伏目缩
臻摄合口一等入声 uət＞u：突卒骨窟忽兀
臻摄合口三等入声 iuət＞u/非：拂佛物
(2)［iu］：
遇摄合口三等 iu＞iu：女吕沮取须朱除书如居去虚鱼
通摄合口三等入声 iuk＞iu：绿足促俗竹畜叔辱菊曲玉
臻摄合口三等入声 iuət＞iu：律出术屈

（六）皆来

皆来韵有三个韵母，来源于蟹摄二等、开口一等以及梗摄二等入声和曾摄开口三等照二组

入声：

（1）[ai]：

蟹摄开口一等 ɑi>ai：代泰耐赖在采赛该开海哀

蟹摄开口二等 ai>ai：败派卖斋柴筛

梗摄开口二等入声 ɐk>ai：白拍麦掰宅策

曾摄开口三等入声 iək>ai/照$_{二}$：仄测色

（2）[iai]：

蟹摄开口二等 ai>iai/见：皆揩谐崖

梗摄开口二等入声 ɐk>iai/见：革客吓额

（3）[uai]：

蟹摄合口二等 uai>uai：怪快坏

梗摄合口二等入声 uɐk>uai：掴划

（七）真文

真文韵有四个韵母，来源于臻摄阳声韵和深摄阳声韵唇音字：

（1）[ən]：

臻摄开口一等 ən>ən：吞根恳恨恩

臻摄开口三等 iən>ən/照$_{二}$：榛衬莘

（2）[iən]：

臻摄开口三等 iən>iən：宾贫民邻津亲新真陈身人巾芹欣因

深摄开口三等 iəm>iən/帮：品

（3）[uən]：

臻摄合口一等 uən>uən：本盆门敦豚论尊村孙昆坤昏温

臻摄合口三等 iuən>uən/非：分焚文

（4）[iuən]：

臻摄合口三等 iuən>iuən：伦遵逡询谆春闰君群熏云

（八）寒山

寒山韵有三个韵母，来源于山摄二等和开口一等阳声韵以及山摄、咸摄合口三等阳声韵非组字：

（1）[an]：

山摄开口一等 ɑn>an：丹坦难兰赞残散干刊寒安

山摄开口二等 an>an：班攀蛮赧盏铲山

山摄合口三等 iuɛn>an/非：翻繁晚

咸摄合口三等 iuɛm>an/非：凡泛

（2）[ian]：

山摄开口二等 an>ian/见：间悭限眼

（3）[uan]：

山摄合口二等 uan>uan：馔篡关还

山摄合口三等 iuɛn>uan/照$_{二}$：譔

（九）桓欢

桓欢韵有一个韵母，来源于山摄合口一等：

[uon]：

山摄合口一等 uɑn>uon：般盘满端团暖乱钻窜酸官宽欢剜

（十）先天

先天韵有二个韵母，来源于山摄三四等阳声韵以及咸摄三等阳声韵帮组字：

（1）[iɛn]：

山摄开口三四等 iɛn>iɛn：边篇绵典天年连煎前先展蝉扇然肩遣贤燕

咸摄开口三等 iɛm>iɛn/帮：贬

（2）[iuɛn]：

山摄合口三四等 iuɛn>iuɛn：联镌全选专川软卷犬玄元

（十一）萧豪

萧豪韵有三个韵母，来源于效摄和宕、江摄入声字：

（1）[au]：

效摄开口一等 ɑu>au：褒毛刀桃脑牢遭曹骚高豪

效摄开口二等 au>au：包抛茅闹爪抄稍

宕摄开口一等入声 ɑk>au：博莫铎拓诺落作错索各鹤恶

江摄开口二等入声 ɔk>au：剥卓戳朔

（2）[iau]：

效摄开口二等 au>iau/见：交巧孝咬

江摄开口二等入声 ɔk>iau/见：角学岳

（3）[iɛu]：

效摄开口三四等 iɛu>iɛu：表飘苗凋条了焦悄消昭超烧饶骄乔晓摇

宕摄开口三等入声 iɑk>iɛu：略爵鹊削酌绰烁弱虐谑

（十二）歌戈

歌戈韵有三个韵母，来源于果摄和宕、江、臻、山、咸等摄的入声字：

（1）[o]：

果摄开口一等 ɑ>o：歌珂河阿

宕摄开口一等入声 ɑk>o：薄铎凿鹤恶

宕摄合口三等入声 iuɑk>o：缚

江摄开口二等入声 ɔk＞o：浊
臻摄合口一等入声 uət/帮＞o：勃
臻摄合口三等入声 iuət＞o：佛
山摄开口一等入声 ɑt＞o/见：葛渴
咸摄开口一等入声 ɑp＞o/见：鸽合
（2）[io]：
宕摄开口三等入声 iɑk＞io：略著杓若虐约
江摄开口二等入声 ɔk＞io/见：学岳
（3）[uo]：
果摄合口一等 uɑ＞uo：波坡磨朵妥骡矬莎戈科和窝
果摄开口一等 ɑ＞uo/端、精：多驼那罗左蹉娑
山摄合口一等入声 uɑt＞uo：跋泼末夺脱撮括阔活
宕摄合口一等入声 uɑk＞uo：镬
宕摄开口一等入声 ɑk＞uo：莫诺落

宕、江摄入声字多重见于萧豪韵。这是文白异读现象，歌戈韵的读法是文读，萧豪韵的读法是白读。

（十三）家麻

家麻韵有三个韵母，来源于假摄和山、咸摄的入声字：
（1）[a]：
假摄开口二等 a＞a：巴爬麻拏查茶沙
山摄开口二等入声 at＞a：拔扎察杀
咸摄开口二等入声 ap＞a：札插霎
山摄开口一等入声 ɑt＞a/端、精：达獭辣萨
咸摄开口一等入声 ɑp＞a/端、精：答塔纳蜡杂飒
山摄合口三等入声 iuɛt＞a/非：发伐袜
咸摄合口三等入声 iuɛp＞a/非：法乏
（2）[ia]：
假摄开口二等 a＞ia/见：家霞牙
山摄开口二等入声 at＞ia/见：辖瞎
咸摄开口二等入声 ap＞ia/见：甲恰匣押
（3）[ua]：
假摄合口二等 ua＞ua：髽瓜夸花蛙
山摄合口二等入声 uat＞ua：刷刮滑

（十四）车遮

车遮韵有两个韵母，来源于假摄、果摄三等字和山、咸摄三四等入声字：

(1) [iɛ]：
假摄开口三等 ia>iɛ：姐且写遮车奢惹也
山摄开口三四等入声 iɛt>iɛ：别撇灭迭铁啮列节切屑折撤设热结挈歇谒
咸摄开口三四等入声 iɛp>iɛ：蝶帖聂猎接妾燮折摄劫怯业协叶
(2) [iuɛ]：
果摄合口三等 iuɑ>iuɛ：瘸靴
山摄合口三四等入声 iuɛt>iuɛ：劣绝雪拙啜说爇决缺月

(十五) 庚青

庚青韵有四个韵母，来源于梗摄、曾摄阳声韵：
(1) [əŋ]：
曾摄开口一等 əŋ>əŋ：登滕能楞增层僧恒
梗摄开口二等 ɐŋ>əŋ：冷争瞠甠
(2) [iəŋ]：
曾摄开口三等 iəŋ>iəŋ：冰凭陵蒸称胜仍兴应
梗摄开口三四等 iɛŋ>iəŋ：丁汀宁灵精清星征逞声京轻形英
梗摄开口二等 ɐŋ>iəŋ/见：更坑行硬
(3) [uəŋ]：
曾摄合口一等 uəŋ>uəŋ：崩鹏肱弘
梗摄合口二等 uɐŋ>uəŋ：觥横泓
(4) [iuəŋ]：
梗摄合口三四等 iuɛŋ>iuəŋ：扃琼兄永
合口呼字多重见于东钟韵，已经开始并入东钟韵。

(十六) 尤侯

尤侯韵有两个韵母，来源于流摄和部分通摄三等入声字：
(1) [əu]：
流摄开口一等 əu>əu：剖贸斗头耨楼走凑叟钩扣后偶
流摄开口三等 iəu>əu/照$_{二}$：皱愁瘦
(2) [iəu]：
流摄开口三等 iəu>iəu：彪谬纽留酒秋修周抽收柔九求休幽
通摄合口三等入声 iuk>iəu：六宿轴熟肉
通摄三等入声字又重见于鱼模韵。这是文白异读现象，鱼模韵的读法是文读，尤侯韵的读法是白读。

(十七) 侵寻

侵寻韵有两个韵母，来源于深摄阳声韵：

(1) [əm]：
深摄开口三等 iəm>əm/照$_{二}$：簪岑森
(2) [iəm]：
深摄开口三等 iəm>iəm：林赁浸侵心针沉深任金钦歆音

(十八) 监咸

监咸韵有两个韵母，来源于咸摄一二等阳声韵：
(1) [am]：
咸摄开口一等 ɑm>am：担谈南蓝暂惭三甘堪含暗
咸摄开口二等 am>am：斩忏衫
(2) [iam]：
咸摄开口二等 am>iam/见：减嵌咸岩

(十九) 廉纤

廉纤韵有一个韵母，来源于咸摄三四等阳声韵：
[iɛm]：
咸摄开口三四等 iɛm>iɛm：点添念廉尖潜纤占蟾闪染兼谦嫌炎

第四节
汉语声调从中古到近代的发展

唐代汉语四声已经开始依声母的清浊分化为阴阳调类，不过由于当时浊声母还没有清化，这种阴阳调类的差别还不是音位性的。到了元代，浊声母已经清化，阴阳调类的差别就演变成音位性的区别了。由于全浊声母上声字并入去声，去声不分阴阳，在《中原音韵》音系中，只有平声和入声有阴阳之别。《中原音韵》平声明确分为阴、阳两类，入声分别“派入”阳平、上声、去声，实际上是三种不同的入声调，所以入声虽然没有阴阳之名，但是有阴阳之实。

同《切韵》相比，《中原音韵》的声调系统主要有以下变化：其一，平声分化为阴平、阳平两个调类；其二，全浊声母上声字变为去声；其三，入声分化为阴入、阳入、次阳入三类。下面分别进行讨论。

一、平分阴阳

周德清在《中原音韵·序》中说：“字别阴阳者，阴阳字平声有之，上去俱无。上去各止一声，平声独有二声，有上平声，有下平声。上平声非指一东至二十八山而言，下平声非指一先至二十七咸而言。前辈为《广韵》，平声多，分为上下卷，非分其音也。殊不知平声字字俱有上平、下平之分，但有有音无字之别。”

中古的清声母平声字演变为阴平，浊声母平声字演变为阳平。平声分化较早，在影母、喻母合流之前，所以影母平声字变为阴平，喻母平声字变为阳平。下面以东钟和齐微两韵为例来说明这种变化（见表3—3）①：

表3—3　《中原音韵》东钟、齐微平声字表

	东钟		齐微	
	阴平	阳平	阴平	阳平
帮［p］	崩绷（帮）		篦鎞（帮）/杯悲卑碑陂（帮）	
滂［p^h］	烹（滂）	蓬篷芃鬔彭棚鹏（並）	纰批铍（滂）/醅披邳丕呸胚䘐（滂）	脾疲比毗罴（並）/裴陪培皮（並）
明［m］		蒙濛朦矇甍盲懵萌（明）		迷弥瀰（明）/梅莓枚媒煤眉湄楣嵋麋縻醾塺（明）
非［f］	风枫（非）豐（敷）封葑（非）峯锋烽丰蜂（敷）	冯逢缝（奉）	非扉绯（非）霏骓（敷）緋（非）菲妃（敷）飞（非）	肥淝（奉）
微［ʋ］				微薇（微）维惟（喻）
端［t］	东冬（端）		低堤磾视氐羝（端）/堆鎚（端）	
透［t^h］	通蓪（透）	同筒铜桐峒童僮曈瞳艟潼檠（定）	梯（透）	啼蹄提题醍绨稊（定）/颓魋（定）
泥［n］		脓农侬（泥）/浓秾醲（娘）		泥（泥）尼（娘）麑（泥）
来［l］		笼眬胧栊珑礲砻聋咙（来）/龙隆癃霳（来）		黎黧犁梨藜瓈离璃篱醨鹂骊丽狸蜊厘漓（来）/雷擂累罍羸（来）
精［ts］	宗椶鬃（精）/踪纵枞（精）		齑赍挤跻（精）	
清［ts^h］	匆葱聪囱（清）	丛藂淙（从）/从（从）	妻凄萋栖情悽（清）/崔催（清）衰榱（穿）	齐脐（从）/摧（从）
心［s］	鬆憁（心）/**松**（邪）嵩（心）		西犀嘶（心）/虽荽绥睢尿（心）	隋随（邪）
照［tʂ］	锺鐘（照）中忠衷（知）终（照）		知蜘（知）/追（知）骓锥（照）	

① 表中演变不规则（仅限于声调变化不规则）的字用黑体表示。

续前表

	东钟		齐微	
	阴平	阳平	阴平	阳平
穿［tʂ^{h}］	**冲**（澄）充衝（穿）春（审）忡（彻）揰（审）艟穜（穿）**翀种**（澄）	重虫（澄）慵鳙（禅）崇（床）	笞痴郗（彻）蚩媸（穿）螭（彻）鸱（穿）絺（彻）/吹炊推（穿）	池驰迟墀箎持（澄）/锤（澄）垂陲（禅）
审［ʂ］				谁（禅）
日［ɻ］		戎茙駥绒茸（日）		甤（日）
见［k］	工功攻公蚣弓躬恭宫龚供肱觥（见）		机幾矶玑讥肌饥笄朞箕基鸡稽饑姬奇羁羈（见）/归圭邽龟闺规（见）	
溪［kʰ］	空悾（溪）/穹芎倾（溪）	穷藭蛩邛笻（群）	溪欺攲（溪）/魁盔亏窥（溪）瑰（见）奎（溪）	奇骑琦碕萁期旗旂綦祈祁其畿只耆鬐芪岐麒琪蕲（群）/葵馗夔逵（群）
疑［ŋ］				
晓［x］	烘叿轰薨（晓）/凶匈胷汹兄（晓）	红䂫虹洪鸿宏紘横嵘弘（匣）/熊雄（匣）	希稀豨羲曦牺醯熹嘻僖熙（晓）/灰挥晖辉翚麾徽隳（晓）	奚兮畦携蹊（匣）/回徊迴（匣）
影［ø］	翁鞥痈廱壅泓（影）/邕噰雍（影）	容溶蓉镕瑢庸佣鄘镛墉融荣（喻）	衣依伊医鷖猗漪噫（影）/威偎隈煨（影）	移扅（喻）兒鲵霓倪猊輗（疑）姨夷痍（喻）疑嶷（疑）**翳**（影）沂宜仪鸃（疑）彝贻（喻）/围闱韦帏（喻）嵬巍危桅（疑）为（喻）

二、浊上变去

全浊声母上声字在唐末就变为去声了，这一变化在《中原音韵》中反映得更加明确，也更加全面。中古的全浊声母上声字在《中原音韵》中归在去声小韵，已经与去声字完全混同，下面按中古声母分别举例。①

（1）并母：

［江阳］去声：谤傍（去）蚌棒（上）；［鱼模］去声：布怖佈（去）部簿（上）哺捕

① 加点的是全浊声母上声字。个别平声字、清声母上声字用黑体标明。

步（去）；[桓欢] 去声：半（去）伴（上）泮泮畔绊（去）；[先天] 去声：变便遍徧（去）辨辩（上）卞汴弁（去）；[庚青] 去声：病（去）並（上）柄凭（去）

(2) 奉母：

[鱼模] 去声：赴（去）父釜辅（上）付赋傅富仆鲋赙讣（去）拊（上）妇（上）附（去）阜负（上）；[寒山] 去声：饭贩畈（去）範（上）泛（去）范犯（上）

(3) 定母：

[东钟] 去声：洞（去）动（上）栋冻蝀（去）；[江阳] 去声：荡（上）宕砀当挡（去）；[鱼模] 杜（上）妬（去）肚（上）渡镀斁度蠹（去）；[寒山] 去声：旦（去）诞（上）啴（上）弹惮（去）但（上）；[庚青] 去声：定锭矴钉（去）订（上）饤（去）

(4) 澄母：

[江阳] 去声：帐胀涨（去）丈仗杖（上）障嶂瘴（去）；[萧豪] 去声：赵兆（上）照（去）旐（上）诏召（去）肇（上）；[庚青] 去声：净（去）静穽（上）甑（去）靖（上）清（去）圊（平）；[尤侯] 去声：昼咒胄（去）纣（上）宙籀咮（去）；[侵寻] 去声：朕（上）沈鸩枕（去）；[监咸] 去声：蘸站赚（去）湛（上）

(5) 从母：

[齐微] 去声：罪（上）醉最（去）；[先天] 去声：箭荐煎贱溅（去）饯践（上）牮（去）；[萧豪] 去声：灶（去）皂造（上）漕（去）慥（上）躁（去）；[监咸] 去声：暂（去）錾（上）；[廉纤] 去声：僭（去）渐（上）

(6) 邪母：

[江阳] 去声：象像（上）相（去）；[支思] 去声：似兕（上）赐（去）姒巳汜祀（上）嗣饲笥（去）耜（上）涘俟（上）寺食思四肆泗驷（去）；[鱼模] 去声：絮（去）绪序叙（上）

(7) 床母、禅母：

[支思] 去声：是氏市（上）柹（上）侍（去）士仕（上）使示谥莳（去）恃（上）事施嗜豉试弑筮视噬（去）；[鱼模] 去声：恕庶树戍（去）竖（上）署曙（去）；[寒山] 去声：譔（上）馔（去）；[先天] 去声：扇（去）善（上）煽（去）鳝（上）禅缮擅（去）墠单（上）；[车遮] 去声：舍（去）社（上）射麝贳赦（去）；[尤侯] 去声：受（上）授（去）绶（上）寿兽首售狩（去）

(8) 群母：

[齐微] 去声：计记寄系继（去）妓（上）忮（去）技（上）髻偈忌季缢骑既骥冀蓟鱀（去）/贵柜馈愧悸桂桧脍鲙（去）跪（上）猃绘（去）；[先天] 去声：见建健绢（去）件（上）；[尤侯] 去声：臼舅（上）旧（去）咎（上）救柩厩究（去）；[廉纤] 去声：剑（去）俭（上）

(9) 匣母：

[江阳] 去声：巷向（去）项（上）；[鱼模] 去声：户扈（上）护瓠互岵䕶（去）岵怙（上）；[皆来] 去声：害（去）亥（上）妎（去）；[寒山] 去声：旱（上）悍焊汉翰瀚汗䶎骭（去）；[萧豪] 去声：号（去）皓（上）好（去）昊皞（上）耗（去）浩颢灏（上）；[家麻] 去声：下（上）芐（去）夏（上）吓罅暇（去）厦（上）；[庚青] 去声：杏幸倖（上）胫兴行（去）；[尤侯] 去声：后（上）逅候堠（去）後厚（上）；[监咸] 去声：槛槛舰（上）馅陷（去）

三、入声分化

中古入声到元代分化为阴入、阳入、次阳入三个调类。在《中原音韵》中，入声不作为独立的调类，而是分别附于阳平、上声和去声，列在"本声"字之后，并标明"入声作某声"。入声分化的规律是：清声母入声字变为阴入（入声作上声），全浊声母入声字变为阳入（入声作平声阳），次浊声母入声字变为次阳入（入声作去声）。下面分别讨论。

（一）清入的演变

中古的清声母入声字在元代变为阴入，在《中原音韵》归在"入声作上声"。

[支思] 入声作上声：塞（心）涩瑟（审）

[齐微] 入声作上声：必毕跸筚碧壁璧（帮）/笔北（帮）/匹辟僻劈（滂）/的靮嫡滴（端）/德得（端）/**涤**（定）剔踢（透）/唧积稷绩迹脊鲫（精）/七戚漆刺（清）/昔惜息锡淅（心）/质隻炙织骘汁只（照）/尺赤（穿）吃（溪）勅（彻）叱（穿）/失室识适拭轼饰释湿奭（审）/吉击激棘戟急汲给（见）/国（见）/乞泣（溪）讫（见）/吸（晓）隙（溪）翕（晓）**檄觋**（匣）/黑（晓）

[鱼模] 入声作上声：卜不（帮）/**暴**（並）扑（滂）/**復**（奉）① 福幅蝠腹（非）覆拂（敷）/督笃（端）秃（透）/卒（精）/足（精）/促（清）/簇（清）/蔌（心）缩谡（生）速（心）/粟宿（心）/筑（知）烛粥（照）竹（知）/触（穿）束（审）/出（穿）黜畜（彻）/叔菽（审）/谷穀毂骨（见）/菊踘（见）**局**（群）/哭窟酷（溪）/曲麯屈（溪）/笏忽（晓）/**屋沃**（影）**兀**（疑）②

[皆来] 入声作上声：伯百栢迫擘檗（帮）/拍珀魄（滂）/则（精）/责帻（照）摘谪（知）侧窄仄昃箦迮（照）/策册栅测（穿）/跚（心）/色穑索（审）/摔（审）/骼革隔格（见）/掴（见）/客刻（溪）/吓（晓）

[萧豪] 入声作上声：剥驳（帮）/托拓橐魄饦柝（透）/柞作凿（精）/爵（精）/错造（清）/鹊（清）雀（精）趞（清）/**繂**索（心）/削（心）/捉（照）卓琢（知）/

① 疑当为"複"，《中州乐府音韵类编》无此字。
② 本小韵当在"入声作去声"，《中州乐府音韵类编》正在"入声作去声"。

斫酌缴灼（照）/戳（照）槲（审）/绰婥（穿）/朔稍（审）/烁铄爍（审）/阁各（见）/郭（见）廓（溪）/角觉脚桷（见）/壑熇（晓）/谑（晓）

［歌戈］入声作上声：钵拨（帮）跋（並）/泼粕钹（滂）/抹（明）/掇（端）/脱（透）/撮（清）/葛割鸽合蛤（见）/聒括（见）/渴瘸（溪）/阔（溪）

［家麻］入声作上声：八（帮）/法發髮（非）/答搭嗒（端）/塔獭榻塌（透）/咂匝（精）/飒撒萨靸（心）/劄（知）扎（知）/察插锸（穿）/杀霎（审）/甲胛夹（见）/刮（见）/恰掐（溪）/瞎（晓）

［车遮］入声作上声：鳖别（帮）撇（滂）/瞥撇（滂）/铁餮帖贴（透）/节接楫疖（精）/切窃妾沏（清）/屑薛绁泄亵燮屧疶（心）/雪（心）/哲（知）褶摺折浙（照）/拙（照）辍（知）/辙（澄）撤（彻）澈（澄）/掣（穿）/啜（穿）设摄涉（审）/说（审）/结洁刧颊铗荚（见）/玦决诀谲蕨鴂（见）/怯挈箧客（溪）/阙缺阕（溪）/血歇吓蝎（晓）

［尤侯］入声作上声：宿（心）/竹（知）烛粥（照）

（二）全浊入的演变

中古的全浊声母入声字在元代变为阳入，在《中原音韵》归在“入声作平声阳”。

［齐微］入声作平声阳：逼（帮）/荻狄敌逖笛籴（定）/疾嫉（从）葺（精）集寂（从）/贼（从）/夕习席袭（邪）/直（澄）值（禅）侄掷秩（澄）/实（床）十什石（禅）射食蚀（床）拾（禅）/及极（群）/劾（匣）/惑（匣）

［鱼模］入声作平声阳：仆（並）/复佛伏鹏袱服（奉）/独读牍渎犊毒突纛（定）/族（从）镞（精）/俗续（邪）/逐轴（澄）/赎（床）属（禅）述秫術术（床）/淑蜀孰熟塾（禅）/局（群）/鹄鹘斛槲（匣）

［皆来］入声作平声阳：白帛舶（並）/宅泽择（澄）/画划（匣）

［萧豪］入声作平声阳：薄箔泊（並）博（帮）/缚（奉）/铎度踱（定）/凿（从）/浊濯镯擢（澄）/着（澄）/芍杓（禅）/鹤涸（匣）/镬（匣）/学鷽（匣）

［歌戈］入声作平声阳：薄箔勃泊渤（並）/跋魃（並）/缚佛（奉）/铎度（定）/夺（定）/凿（从）/浊濯镯（澄）/着（澄）/杓（禅）/合盒鹤盍（匣）/学（匣）/活镬（匣）

［家麻］入声作平声阳：拔（並）/乏伐筏罚（奉）/达（定）挞踏（透）沓（定）/杂（从）/闸（澄）/狎辖鎋侠峡洽匣祫（匣）/滑猾（匣）

［车遮］入声作平声阳：别（並）/叠迭牒揲喋谍垤绖凸蝶跌（定）/捷截（从）睫（精）/绝（从）/踅（邪）/折（禅）舌（床）涉（禅）/杰竭碣（群）/镢撅（群）/协穴侠挟缬（匣）

［尤侯］入声作平声阳：轴逐（澄）/熟（禅）

（三）次浊入的演变

中古的次浊声母入声字在元代变为次阳入，在《中原音韵》归在“入声作去声”。由于影母与喻母合并，影母入声字演变方式与喻母相同，也变为次阳入。

［齐微］入声作去声：觅蜜（明）/墨密（明）/匿（娘）/立粒笠曆歷枥沥疬雳皪力栗（来）日入（日）/勒肋（来）/逸易埸译驿（喻）益（影）溢镒（喻）鹢（疑）液腋掖疫役（喻）一（影）佾泆（喻）乙邑忆揖（影）射翊翼（喻）

［鱼模］入声作去声：木沐穆睦没牧目鹜（明）/物勿（微）讷（泥）/禄鹿漉麓（来）/録箓绿醁陆戮律（来）/辱褥入（日）/玉狱（疑）欲浴（喻）郁（影）育鸽（喻）

［皆来］入声作去声：麦陌貊蓦脉（明）搦（娘）/额厄客韄（疑）

［萧豪］入声作去声：末幕漠寞莫沫（明）/搭诺（娘）/落络烙洛酪乐珞（来）/略掠（来）/弱蒻箬（日）/虐疟（疑）/萼鹗鳄（疑）恶（影）愕（疑）/岳乐（疑）药（喻）约（影）跃钥瀹（喻）

［歌戈］入声作去声：幕末沫莫寞（明）/搭诺（娘）/略掠（来）/落洛络酪乐烙（来）/若弱蒻（日）/虐疟（疑）/萼鹗鳄（疑）恶垩（影）鄂（疑）

［家麻］入声作去声：抹（明）/袜（微）/纳衲（泥）/腊蜡镴拉粝辣（来）/压押鸭（影）

［车遮］入声作去声：灭篾蔑（明）/捏（泥）聂蹑镊（娘）啮臬蘖（疑）/裂冽猎鬣列（来）/劣（来）/热（日）/爇（日）/业邺额（疑）/拽（喻）噎谒（影）叶烨（喻）/月（疑）悦说阅（喻）钆（疑）越钺樾（喻）刖（疑）

［尤侯］入声作去声：六（来）/肉褥（日）

从《切韵》到《中原音韵》，汉语声调的演变可以概括为表 3—4：

表 3—4 **《切韵》《中原音韵》调类比较表**

切韵	平			上			去			入		
	清	次浊	全浊	清	次浊	全浊	清	次浊	全浊	清	全浊	次浊
中原音韵	阴平	阳平		上声		去声				阴入	阳入	次阳入

第五节
普通话语音系统的形成

元代定都于北京，虽然当时北京话还不是标准音，但是为其日后发展成为标准音奠定了基础。明初定都南京，南京话的地位也随之上升。南京话是东晋南渡以后在北方士族带来的洛阳话的基础上吸收南方方言的成分形成的，在中古时期就具有重要的影响。不过有明一代文人心目中仍然是以洛阳话为正音。明吕坤在《交泰韵·辨五方》中说："中原当南北之间，际清浊之会。故宋制中原雅音，合南北之儒，酌五方之声，而一折衷于中原。谓河洛不南不北，当天地之中，为声气之萃。我朝《正韵》，皆取裁焉。"直到清代，潘耒在《类音》中还说："河洛天地之中，雅音声韵之正。”

明成祖朱棣迁都北京以后，北京成为明清两代的政治文化中心，北京话的地位不断提高，大致到清代中叶以后，北京话逐渐发展成为标准音。清陈钟庆在《古今音韵通转汇考》中说：“国朝建都于燕，天下语音首尚京音。”到19世纪中期，威妥玛（Thomas Wade）编写的汉语教科书《语言自迩集》就以北京话作为标准了。威妥玛在该书第一版序言中引述了埃德金斯（Joseph Edkins）的说法：“那些想说帝国宫廷语言的人一定要学习北京话，而净化了它的土音的北京话，就是公认的‘帝国官话’（kuan hua of the Empire）。”接着他说：“这里引证这种观点，只是要进一步证实我自己很久以前的一个结论，即北京话（Pekingese）是官方译员应该学习的语言。”①

辛亥革命以后，国民政府推行“国语运动”。起初的“国音”以北京音为基础，但是加入了一些人为的区别，如：保留入声，区分尖团。到1924年确立了采用北京音的原则。新中国成立后，将汉民族共同语定名为“普通话”。20世纪50年代，给普通话下了一个科学的定义，即“以北京语音为标准音、以北方话为基础方言、以典范的现代白话文著作为语法规范的汉民族共同语”。

从《中原音韵》到现代普通话，汉语的语音系统又经历一些发展变化，下面按声、韵、调三个方面分别加以介绍。

一、普通话声母系统的形成

从《中原音韵》到现代普通话，汉语声母主要发生了以下两项变化：其一，零声母范围进一步扩大；其二，精、见组细音腭化为舌面音。下面分别进行讨论。

（一）零声母范围进一步扩大

疑母在元代大部分已经变为零声母，只有少数字仍然独立。到了明代，疑母就完全消失了。在徐孝的《重订司马温公等韵图经》（以下简称《等韵图经》）和《合并字学集韵》中已经没有疑母。《中原音韵》的疑母字“敖仰”等在《等韵图经》中列在影母下，“业额”等在《合并字学集韵》中也是影母。《中原音韵》和《等韵图经》都有少数疑母细音字变为泥母，不过范围略有不同：如“牛”字，《中原音韵》为零声母，与“尤”同音；而《等韵图经》列在泥母下，与今北京话同。

微母在元代仍然独立，到了明代就演变为零声母，与影母合并了。中古微母字“问文晚望”等在《等韵图经》中都列在影母下。徐孝在《便览引证》中说：“‘吴无、椀晚、玩万、悟勿’之类，母虽居二三音，实为一味，不当分别而分别也。或曰：唇牙喉三音安得为一乎？不然，此乃器异金同之象。今并于影母领率。”

中古止摄开口三等日母字在《中原音韵》中归支思韵，读［ɻʅ］。《等韵图经》将“尔二

---

① ［英］威妥玛：《语言自迩集》，张卫东译，14页，北京，北京大学出版社，2002。Joseph Edkins，通译“艾约瑟”。

而”列在影母下，说明这些字已经变为零声母。这一变化与韵母的演变相关，请参看下文。

(二) 精见组细音腭化为舌面音

普通话的舌面音声母有两个来源，一是《中原音韵》的精组细音字，二是《中原音韵》的见组细音字。前者即所谓“尖音”，后者即所谓“团音”。需要注意的是，这里所说的精、见组细音是就近代北京话而言的，而非指中古汉语的洪细。中古开口二等见组字到元代变为细音，所以后来也变为舌面音；而止摄、蟹摄、宕摄的合口细音字到元代变为洪音，所以后来没有腭化。

从现有的资料中还看不出尖音和团音是哪一组先腭化的。成书于 1743 年的《圆音正考》一书是专门辨别尖团音的，该书序言中说：“第尖团之辨，操觚家阙焉弗讲，往往有博雅自诩之士，一矢口肆笔而纰缪立形，视书璋为麞、呼杕为杖者，其直钩也。试取三十字母审之，隶见溪群晓匣五母者属团，隶精清从心邪五母者属尖，判若泾渭。”这表明 18 世纪口语中尖团音已经开始合流。稍晚的《李氏音鉴・凡例》(1805) 中说：“北音不分香厢、姜将、羌枪六母。”说明北京口语中不分尖团，而李汝珍认为当分。到威妥玛的《语言自迩集》，尖团合流就非常明确了。下面是从《语言自迩集》中的“北京话字音表”（SOUND TABLE）中摘录的字音①：

chi　　隮跻赍积绩唧（精）幾机玑矶讥饑几肌饥极击（见）
chiang　将浆（精）僵薑缰疆姜（见）
chiao　焦蕉鷦椒（精）交郊蛟浇娇骄胶教（见）
chieh　嗟接疖（精）街皆阶揭结（见）
chien　歼笺牋煎尖（精）间缄坚肩菅奸艰兼监（见）
chin　津浸（精）筋金今禁襟（见）
ching　菁睛精晶旌（精）京惊耕荆更（见）
chio　爵嚼（精）角觉脚（见）
chiu　酒（精）九久韮（见）

尖团音合流标志着现代北京话的声母系统形成了。

二、普通话韵母系统的形成

从《中原音韵》到现代普通话，汉语的韵母系统又发生不少变化。为了便于说明韵母演变的详细情况，我们把演变的过程分为两个阶段：第一阶段是从元代到明末，第二阶段是从明末到清末。

(一) 明末北京话的韵母系统

《等韵图经》的语音系统可以作为明末北京音系的代表，该书分十三摄，相当于 13 个韵

① 该书用威式拼音法标音。为了分清来源，例字没有依照原表的次序，并略去一些生僻字。

部，共 43 个韵母，见表 3—5：

表 3—5 《等韵图经》韵母表

通摄	əŋ	iŋ	uŋ	yŋ
止摄	ʅ，ʅ，ɚ	i	ɥ	y
祝摄		(iu)	u	
蟹摄	ai	iai	uai	
垒摄	ei		uei	
效摄	au	iau	(uau)①	
果摄	o	io	uo	
假摄	a	ia	ua	
拙摄	ɛ	iɛ	uɛ	yɛ
臻摄	ən	in	un	yn
山摄	an	ian	uan	yan
宕摄	aŋ	iaŋ	uaŋ	
流摄	əu	iəu		

从《中原音韵》到《等韵图经》，韵母主要发生了以下变化。

1. y 韵母形成和四呼确立

《中原音韵》鱼模韵的［iu］韵母字在《等韵图经》中列在止摄合口细音，说明其音值已经变为［y］。［y］和［i］只是圆唇与否的区别，所以同归止摄。这个变化可能发生较早，在《等韵图经》之前，明兰茂的《韵略易通》（1442）已经将《中原音韵》的鱼模韵分为两部：《中原音韵》的［u］韵母字归“呼模”，《中原音韵》的［iu］韵母字归“居鱼”。《等韵图经》中还有“育倏衄”等少数几个古入声字列在祝摄细音，韵母为［iu］。其中“育倏”二字为“白字”（阴文），是所谓“有音无形”的。而且这几个字在《合并字学集韵》中都有异读：育［y］、倏［ʂu］、衄［ny］。②所以［iu］韵母的读法应该是读书音中的残留现象。

介音［iu］演变为［y］，与单韵母［y］的形成应该大致同步，所以［y］韵母的形成就标志着四呼格局正式确立了。开口呼、齐齿呼、合口呼、撮口呼等名称明代就出现了，不过在使用上还比较混乱。直到清代，潘耒在《类音》中才给四呼下了一个比较明确的定义：“凡音皆自内而外，初出于喉，平舌舒唇，谓之开口；举舌对齿，声在舌腭之间，谓之齐齿；敛唇而蓄之，声满颐辅之间，谓之合口；蹙唇而成声，谓之撮口。”

2. m 韵尾并入 n 韵尾

《中原音韵》中，中古的 m 韵尾唇音字已经变为 n 韵尾，并入真文、寒山、先天等韵，这是由于声母的异化作用。从朝鲜汉学家崔世珍的《老乞大谚解》《朴通事谚解》（1515）和《四声通解》（1517）中所记录的“今俗音”来看，16 世纪早期汉语口语中 m 韵尾已经普遍演变为 n 韵尾了。不过这些材料反映的是否是北京话的情况还不能确定。到了《等韵图经》，《中原音

① uau 韵母只有“镬”和“斸”两个字，可能是方言的读音。

② 参见郭力：《古汉语研究论稿》，52 页，北京，北京语言大学出版社，2003。

韵》的侵寻韵已经并入臻摄，监咸韵和廉纤韵已经并入山摄，m 韵尾完全并入 n 韵尾。

3. 齐齿呼韵母进一步归并

《中原音韵》中，除江阳韵和庚青韵以外，由开口二等变来的细音字与开口三四等字不同音，如：甲［kia］/结［kiɛ］，交［kiau］/娇［kiɛu］，间［kian］/坚［kiɛn］，监［kiam］/兼［kiɛm］。到《等韵图经》中，在有韵尾的情况下，两类细音字就合并了。如："哮（二等）晓（三等）孝（二等）肴（二等）"同列在效摄开口细音晓母下；"敲（二等）巧（二等）窍（四等）乔（三等）"同列在效摄开口细音溪母下；"坚（四等）减（二等）件（三等）"同列在山摄开口细音见母下。只有无韵尾的［ia］和［iɛ］没有合并，分别归在假摄和拙摄。

4. 卷舌音声母后细音变洪音

中古的知、照两组声母在《中原音韵》中已经合并，但是知二、照二只拼洪音，知三、照三多数只拼细音，所以还有如下的对立：盏［tʂan］/展［tʂiɛn］，生［ʂəŋ］/升［ʂiəŋ］，邹［tʂəu］/舟［tʂiəu］。《等韵图经》中卷舌音声母字全部列在"中等"，已经没有洪细之别，如："占（照$_{三}$）展（知$_{三}$）湛（澄$_{二}$）"同列在山摄照母下；"生（审$_{二}$）省（审$_{二}$）胜（审$_{三}$）绳（床$_{三}$）"同列在通摄审母下；"邹（照$_{二}$）肘（知$_{三}$）纣（澄$_{三}$）妯（澄$_{三}$）同列在流摄照母下。徐孝在《便览引证》中说："淄支、展盏、生升、邹舟之字既一音而又析为二音者……岂足以为等韵之理乎?"也说明两类字已经混同。

卷舌音声母细音字演变为洪音有四种方式：

（1）i>ʅ。

《中原音韵》齐微韵［i］韵母卷舌音字在《等韵图经》中与支思韵同列在止摄开口中等，如"支止至（支思）直（齐微）"，"蚩（齐微）齿（支思）尺池（齐微）"，"诗史（支思）世（齐微）时（支思）"。表明这些字的韵母已经变为［ʅ］。

（2）iu>ʮ。

《中原音韵》鱼模韵［iu］韵母卷舌音字在《等韵图经》中列在止摄合口中等，韵母演变为［ʮ］。所以有这样的对立：

支［tʂʅ］（止开）— 珠［tʂʮ］（止合）— 菹［tʂu］（祝）
齿［tʂʰʅ］（止开）— 褚［tʂʰʮ］（止合）— 楚［tʂʰu］（祝）
诗［ʂʅ］（止开）— 书［ʂʮ］（止合）— 疏［ʂu］（祝）
日［ʐʅ］（止开）— 褥［ʐʮ］（止合）

明初［iu］已经变成［y］，［ʮ］应该是由［y］进一步演变来的，这与 i>ʅ 是平行的音变。

（3）-i->-Ø-。

介音 i 在卷舌音后失去了，所以《等韵图经》中"展盏"、"生升"、"邹舟"分别同音。这个变化也许经历了-i->-ʅ-的中间环节。

（4）-iu->-u-。

介音 iu 在卷舌音后变成 u。这个变化也许经历了-iu->-ʮ-的中间环节。

5. ɚ 韵母形成和儿化现象产生

中古日母止摄开口三等的"尔二而"等字在《中原音韵》中归支思韵，读［ʐʅ］，在《等韵图经》中则列在影母下，表明读音已经变成［ɚ］。明方以智在《通雅·切韵声原》中说："'儿'在支韵，独字无和，姑以人谁切，附入支韵。"也表明"儿"字读音特殊。李思敬（1994）指出，明初四夷馆翻译回鹘文用"儿"对译回鹘文元音后的 r，表明当时"儿"已经读［ɚ］。如：

雹　满都儿 məndür
地　叶儿 yir
麦　阿儿把 arpa
帽　卜儿克 bürkə
虎　把儿思 bars
酒　琐儿马 sorma

由于"儿"是一个重要的词尾，当卷舌韵母 ɚ 形成后，词尾"儿"就有可能与前一音节融合为一个音节，从而产生"儿化"现象。《金瓶梅》是一部明代的白话小说，其中有不少反映儿化现象的资料。比如将俗曲"挂枝儿"写作"挂真儿"，将"打张惊儿"写作"打张鸡儿"。"枝儿"和"真儿"、"惊儿"和"鸡儿"只有在儿化的条件下才能同音。又如书中记录了这样的谚语：

生有地儿，死有处。
奴才不可逞，小孩儿不宜哄。

这类谚语应该是对仗的，上下两句音节数相等，所以其中的"儿"不是独立音节，已经与前一音节融合为一个音节。

清初的《拙庵韵悟》在十四通韵中设有两个儿化韵，与其他韵地位平等，说明儿化已经是一种十分普遍的现象了。

6. 韵部进一步归并

从《中原音韵》的十九部到《等韵图经》的十三摄，由于鼻音韵尾和主要元音的归并，又有一些韵部合并了：（1）侵寻、真文合并为一部（臻摄）；（2）监咸、廉纤、寒山、桓欢、先天合并为一部（山摄）；（3）庚青、东钟合并为一部（通摄）。

（二）普通话韵母的形成

明末以后北京话的韵母又发生了一些变化，到 1898 年的《官话萃珍》就已经和现代北京话完全相同了。具体的演变如下。

1. ʮ 韵母消失

《等韵图经》的 ʮ 韵母到清代中期以后变为 u，与祝摄字合并。《李氏音鉴》的反切两类已经混同：

珠（止），钟污（祝）切；主（止），肿五（祝）切；
炷（止），仲悟（祝）切；书（止），闩初（祝）切；
述（止），顺固（祝）切；术（止），中污（祝）切；

竹（止），肿吴（祝）切；褥（止），认误（祝）切。

2. iai 韵母消失

现代北京音中没有 iai 韵母，《中原音韵》和《等韵图经》的 iai 韵母字到现代北京话大部分变为 iɛ，个别字变为 ia 或 ai。这个变化可能经历了一个漫长的过程。《中原音韵》中“客额吓”三字在皆来、车遮两韵重见，韵母有 iai 和 iɛ 两种读法。《合并字学集韵》中“鞋解”二字也有 iai 和 iɛ 两种读法。到《语言自迩集》中，iai 大部分已经变为 iɛ，只有“楷秸涯挨隘”等少数几个字读 iai。《官话萃珍》中就完全没有 iai 韵母了。不过零声母的 iai 在口语中存在的时间稍长。据 1921 年出版的《国音京音对照表》（王璞撰）记载，“崖”字在京音还有 [ia]、[ai]、[iai] 等读法。

3. 果摄和拙摄重新组合为一个韵部

《等韵图经》果摄有 o、io、uo 三个韵母，拙摄有 ɛ、iɛ、uɛ、yɛ 四个韵母，到现代北京话重新组合成 ə、iɛ、uo、yɛ 四个韵母。具体的演变如下。

（1）ɛ>ə，o>ə/牙喉。

《等韵图经》的拙摄开口呼 ɛ 韵母字主要有两个来源：一是《中原音韵》车遮韵开口呼卷舌音字（iɛ>ɛ），二是《中原音韵》皆来、齐微两韵的开口呼入声字。后者多有蟹摄或垒摄的异读，读 [ɛ] 是一种文读音。清初的《拙庵韵悟》增加了一个与戈韵和迦韵对立的格韵，表明 ɛ 已经变为 ə。到清代中期，果摄开口呼 o 韵母的牙喉音字也变为 ə，与拙摄开口呼字合并。下面是《李氏音鉴》的反切：

革（拙），敢娥（果）切；刻（拙），抗贺（果）切；
则（拙），子娥（果）切；特（拙），透贺（果）切；
劾（拙），恒娥（果）切；德（拙），等娥（果）切。

（2）uɛ>uo，o>uo/卷舌。

《等韵图经》的拙摄合口呼 uɛ 韵母字主要有两个来源：一是《中原音韵》车遮韵合口呼卷舌音字（iuɛ>uɛ），二是《中原音韵》皆来、齐微两韵合口呼或唇音入声字。到清代中期，uɛ 变为 uo，与果摄合口呼合并。下面是《李氏音鉴》的反切：

拙（拙），珠窝（果）切；说（拙），舒窝（果）切；
国（拙），古罗（果）切；或（拙），护卧（果）切。

《等韵图经》果摄开口呼 o 韵母卷舌音字来自中古宕摄开口三等入声字，由于卷舌声母的影响失去 i 介音变为洪音。这类字在《中原音韵》中多归在萧豪韵，少数字有歌戈韵异读；到《等韵图经》中仍有效摄和果摄两读，但是读果摄的更多了。到清代中期，卷舌音后的 o 变为 uo。下面是《李氏音鉴》的反切：

酌（果开），主罗（果合）切；绰（果开），宠罗（果合）切；
若（果开），闰卧（果合）切；硕（果开），爽罗（果合）切。

（3）io>yɛ。

《等韵图经》果摄齐齿呼 io 韵母来自中古宕、江摄入声字。这类字多有效摄的异读，读

[io] 是文读。这类字的韵母在《语言自迩集》中有 io、üo、üeh 三种拼法。其中 üeh [yɛ] 就已经与拙摄的撮口呼合并了。至于另外两种，威妥玛说："üo，这是个有争议的音，在某些音节里它通常可以跟 io 互相替换。"① 这就表明正处在演变的过程当中。下面是从《语言自迩集》中的"北京话字音表"中摘录的字音：

chio	角觉爵脚嚼
chüo	爵
chüeh	角觉
ch'io	卻却雀鹊碏殻悫墧
ch'üo	却
ch'üeh	却卻碏鹊雀确
hsio	学削谑
hsüo	学
hsüeh	削
lio	略
lüo	略掠
lüeh	略
nio	虐谑
nüo	虐谑
nüeh	虐谑
yo	约药乐幄喔握渥龠瀹禴籥钥嶽虐疟耀跃若岳
yüeh	乐药曜燿耀跃嶽约岳瀹禴籥钥

到《官话萃珍》，io 韵母就完全并入 yɛ 了。

4. 通摄、臻摄合口呼唇音字变为开口呼

《等韵图经》中通摄和臻摄的唇音洪音字全部列在合口呼，而现代北京话中这些字全部变为开口呼，这一变化大致在 19 世纪中期以前就完成了。威妥玛在《语言自迩集》中说："ên、êng 两个韵母是被用来替代声母 f、m、p 音节中的 un、ung 的。这种情况最先见于在广东出版的教广东人学官话的本地课本。人们发现，这种演变已被北京人完全认可了。上个世纪满洲人的发音还是 fung、mung，不过也经常是 fên、mên、pên。"②

三、普通话声调系统的形成

(一) 入声消失和新四声格局的形成

《中原音韵》的入声仍然是独立的调类。《等韵图经》将声调分为平（阴平）、上、去、如

① [英] 威妥玛：《语言自迩集》，26 页。
② [英] 威妥玛：《语言自迩集》，28 页。

（阳平）四个调类，独立的入声调就不复存在了。所以，现代北京话阴、阳、上、去四声的格局至晚到明末就完全形成了。

虽然入声作为独立的调类已经消失了，但是入声字的演变并没有结束。元代的阳入和次阳入到明代分别与阳平和去声合并了，而阴入的演变却很复杂。根据郭力（1997）的研究，《合并字学集韵》中见于《广韵》的清入字共有 2 738 个，全都有去声的读法，其中 2 591 个字只有去声一读，147 个字有阴平、阳平或上声的异读。郭力认为清入读去声是读书音。这个意见是对的。入声字的文白异读不仅限于声调，同时也涉及韵母。下面这些古清入字在《合并字学集韵》中有异读：

雀 ^{c}ts^{h}iau，ts^{h}io^{ɔ}；　　觉 ^{c}kiau，kio^{ɔ}；
色 ^{c}ʂai，ʂɛ^{ɔ}；　　客 ^{c}k^{h}iai，k^{h}ɛ^{ɔ}；
德 ^{c}tei，tɛ^{ɔ}；　　北 ^{c}pei，puɛ^{ɔ}。

去声的读法都出现在韵母为文读时，显然读去声也是文读。这种文读一直延续了很久。白涤洲在《北音入声演变考》（1931）中说："入声在现代北音中是一种什么情形？……据我所知道，大抵读书音都念作去声，甚至于还故意念得短一点，企图能合于所谓入声。"

从《中原音韵》到《合并字学集韵》，入声字的文读显著增加了。宕、江摄入声字在《中原音韵》中白读（萧豪）多于文读（歌戈），《合并字学集韵》中文读（果摄）多于白读（效摄）。曾、梗摄入声字在《中原音韵》中没有文读，《合并字学集韵》中出现了文读（拙摄），而且数量多于白读（垒摄、蟹摄）。清声母入声字在《中原音韵》中全部归在"入声作上声"（阴入），《合并字学集韵》中出现了去声的文读，而且数量上占有绝对优势。这种现象的出现是因为北京话的地位上升了。由于地位上升，北京话成为读书人学习的对象。北京话中没有入声，而入声是传统四声中重要的一类，并且关乎平仄，于是这种人为的"入声"就以文读的形式进入到北京话中了。从上引白涤洲的话中知道，作为入声文读的去声可能读得略短，而文读的韵母都是不带韵尾的，这也便于将声调读得短一些。

文读和白读并存必然会形成竞争。《合并字学集韵》里文读多于白读，这恐怕与读书人重文轻白有关。由于文读音和白读音的竞争，在《中原音韵》之后的数百年间，清声母入声字一直处在变化之中，因而造成清入声字在普通话中分派的混乱。

那么，浊声母入声字的归派为什么一直很稳定呢？耿振生（2001）推测：阳平是升调，去声是降调，读成短调时不必改变调型，只需缩短升降幅度即可，因此全浊和次浊入声字可以保持读阳平和去声。上声是曲折调，读成短调时就无法保持原调型，因而清声母入声字后来多变为上声以外的三声。这个意见大致是对的。事实上，相当一部分全浊声母入声字在《合并字学集韵》中也有去声异读，如"捷叠谍协集辑习袭蛰及达辙截橛穴弼疾勃突薄柞鹤嚼着勺芍镬缚镯特值殖植极或惑白泽择剧屐籍夕掷寂获划服复逐淑俗赎蜀"等，此外，还有"涉辟续"三字只有去声的读音。在有去声异读的字中，如果韵母存在文白异读，读去声的韵母通常都是文读，只有"嚼"字读去声时韵母有文白两种读法，具体如下：

薄 puo^{ɔ}，$_{c}$puo，$_{c}$pau；柞 tsuo^{ɔ}，$_{c}$tsuo；鹤 xo^{ɔ}，$_{c}$xo，$_{c}$xau；
嚼 tsio^{ɔ}，tsiau^{ɔ}，$_{c}$tsiau；着 tʂo^{ɔ}，$_{c}$tʂo，$_{c}$tʂau；缚 fuo^{ɔ}，$_{c}$fuo，$_{c}$fau；
勺 ʂo^{ɔ}，$_{c}$ʂo；芍 ʂo^{ɔ}，$_{c}$ʂo，$_{c}$ʂau；镯 tʂuo^{ɔ}，$_{c}$tʂuo；特 t^{h}ɛ^{ɔ}，$_{c}$tɛ；
或惑获划 xuɛ^{ɔ}，$_{c}$xuɛ；泽择 tʂɛ^{ɔ}，$_{c}$tʂɛ，$_{c}$tʂai。

这就表明去声是文读。可见，相当一部分全浊声母入声字也曾有过去声的文读。不过上面这些有异读的字差不多都有一个读阳平的文读音。那些只有阳平读音的全浊声母入声字也都有韵母为文读的读音：

泊꜁puo；雹꜁puo，꜁pu，꜁pau；铎踱꜁tuo；凿꜁tsuo，꜁tsau；
昨꜁tsuo；浊浞꜁tʂuo；学꜁xio，꜁xiau；贼꜁tsɛ，꜁tsei；
帛꜁puɛ；宅꜁tʂɛ，꜁tʂai；核꜁xɛ，꜁xu。

对于全浊声母入声字来说，只要把韵母改成没有韵尾的文读，就可以读得比较短，而不必改读为去声，所以去声的文读就逐渐被淘汰了。

（二）连读变调和轻声

普通话中两个上声字连读时，前一字变为阳平。这种连读变调至晚在明代就出现了。明代戏曲家王骥德（？—1623）在《曲律·论平仄》中说："上上叠用，则第一字便似平声。……'李广'两上声，李字稍不调停，则开口便是'离广'矣。"比《曲律》大约早一百年的朝鲜韵书《四声通解》（1517）也记录了这种变调。该书卷末所附的《翻译老乞大朴通事凡例》说："但连两字皆上声而势难俱本声之呼者，则呼上字如平声浊音之势，然后呼下字可存本音。……若下字为虚，或两字皆语助，则下字呼为去声。"

上引《翻译老乞大朴通事凡例》的后一句是说，如果两个上声字中后一字为虚词，或者两个字都是虚词，那么后字读为去声。这里所谓的"去声"，康寔镇认为从现代北京话的情况来看应该是轻声。[①]这个意见是对的。如"斧子"、"走了"，今北京话后字都读轻声。轻声现象应该不会只出现在上声后面。明代已经产生儿化现象，儿化的前提应该是词尾"儿"读音弱化，儿化与否与前一音节的调类无关。弱化在声调上的表现就是轻声，那么就表明轻声至迟到明代已经是一种普遍现象了。《语言自迩集》对轻声有更加明确的描述："名词词缀'子 tzŭ''儿 êrh'，名词和动词词缀'的 ti'，还有讹变为 la 和 lo 的'了 liao'，也用于动词之后，不过更经常地用在句子末尾，当它们作为非重读后接成分（enclitic）跟其他词语发生关系时，声调就不属于四声中的任何一种。"[②]

【思考题】

1. 简述汉语零声母的形成和发展。
2. 简述中古的全浊声母在近代汉语中的演变。
3. 普通话的卷舌音声母来源于中古哪些声母？
4. 普通话的舌面音声母来源于中古哪些声母？
5. 简述四呼格局的形成过程。
6. 比较《中原音韵》和《等韵图经》[ʅ] 韵母收字范围的差异。
7. 简述普通话 [iɛ] 韵母的来源。

---

① 参见张晓曼：《〈四声通解〉研究》，165 页。
② ［英］威妥玛：《语言自迩集》，327 页。

8. 简述普通话［yɛ］韵母的来源。

9. 简述近代以后汉语入声调的发展。

【本章参考文献】

郭力．古汉语研究论稿．北京：北京语言大学出版社，2003.

蒋冀骋．近代汉语音韵研究．长沙：湖南师范大学出版社，1997.

李立成．元代汉语音系的比较研究．北京：外文出版社，2002.

李思敬．汉语“儿”［ɚ］音史研究（增订版）．北京：商务印书馆，1994.

李新魁．中原音韵音系研究．郑州：中州书画社，1983.

陆志韦．陆志韦近代汉语音韵论集．北京：商务印书馆，1988.

罗常培．中原音韵声类考//罗常培语言学论文集．北京：商务印书馆，2004.

宁继福．中原音韵表稿．长春：吉林文史出版社，1985.

唐作藩．普通话语音史话．北京：语文出版社，2000.

［英］威妥玛．语言自迩集．张卫东，译．北京：北京大学出版社，2002.

薛凤生．中原音韵音位系统．鲁国尧，侍建国，译．北京：北京语言学院出版社，1990.

杨耐思．中原音韵音系．北京：中国社会科学出版社，1981.

杨亦鸣．李氏音鉴音系研究．西安：陕西人民教育出版社，1992.

叶宝奎．明清官话音系．厦门：厦门大学出版社，2001.

张晓曼．《四声通解》研究．济南：齐鲁书社，2005.

张卫东．威妥玛氏语言自迩集所记的北京音系．北京大学学报，1998（4）.

赵荫棠．中原音韵研究．上海：商务印书馆，1936.

周赛华．合并字学篇韵便览研究．武汉：湖北人民出版社，2005.

第二编

汉语语法史

第一章
名词的发展

在汉语的历史发展中，名词的发展主要表现为前缀和后缀的产生。前缀有“阿”和“老”等，后缀有“子”、“儿”、“头”等。此外，还有后缀“们”，出现在名词和代词之后，表示复数。前缀“阿”，产生于汉代；前缀“老”，产生于六朝，由形容词“老”（“年老”义）虚化而来；后缀“子”，产生于东汉至魏晋时期，由表小称的名词“子”虚化而来；后缀“儿”，产生于唐代，由具有“小儿”义的名词“儿”虚化而来；后缀“头”产生于六朝，由名词“头”虚化而来；后缀“们”产生于宋代。

第一节 上古汉语名词的特点

在汉语中，名词属于体词中的一类，语法意义上，名词表示实体。从殷商到汉代的 1 000 多年里，上古汉语的名词变化很大，产生了一些新的小类，如方位词、时间词、处所词和度量衡单位词。它们从名词中独立出来，形成了完整的词类系统。天然单位词也已产生。依此，我们这里所谓的“名词”，指凡体词中不能归入方位词、时间词、处所词、单位词的词。其语法功能是，在句中作主语和宾语，其次作定语。其语法特点是，一般可以受数词、数量词组和指示代词修饰。

上古名词有普通名词和专有名词，普通名词有具体名词和抽象名词。具体名词包括具体的人和事物的名词，抽象名词包括依附于具体名词和专有名词的抽象概念名词。专有名词指人名、地名、国名、族名、官职名等名词。甲骨卜辞中，名词已具备了以上类型。如，有“人”、“马”、“牛”、“犬”、“羊”、“刀”、“贝”、“弓”、“祸”、“害”、“灾”、“疾”、“尤”、“父”、“母”、“兄”、“子”等普通名词，有“上甲”、“大丁”、“武乙”、“父甲”、“妇好”等专有名词。

甲骨卜辞中的名词，有些一直沿用至今。名词没有严格意义上的形态标志。①

春秋战国时期，名词作定语很常见，其主要作用是，表示人物的身份或职业，人和事物的特征、状态或性质及领属关系。如：

蒲人、狄人，余何有焉？（《左传·僖公二十四年》）
役人曰："从其有皮，丹漆若何？"（《左传·宣公二年》）
故不听王命，而执二子。（《左传·僖公二十四年》）

在表示领属关系时，修饰语和被修饰语之间常常加"之"。如：

思齐大任，文王之母。（《诗经·大雅·思齐》）

名词可以作状语，表示比喻、对人的态度、方式、工具、地点等。如：

豕人立而啼。（《左传·庄公八年》）
今而后知君之犬马畜伋。（《孟子·万章下》。伋：人名）
群臣吏民能面刺寡人之过者，受上赏。（《战国策·齐策》）
舜勤民事而野死。（《国语·鲁语上》）

名词或名词词组在判断句中可以作谓语，表示判断。如：

死生，命也，其有夜旦之常，天也。（《庄子·大宗师》）
君者，舟也；庶人者，水也。（《荀子·王制》）

有一些名词可以转化为动词，形成名、动相兼的兼类词。"目"，既作名词，指"人的眼睛"，又作动词表示"观看、注视"的意思。"鱼"，既作名词指"鱼"，又作动词表示"捕鱼"的意思。如：

酆舒为政而杀之，又伤潞子之目。（《左传·宣公十五年》）
目于眢井而拯之。（《左传·宣公十二年》陆德明释文："眢，废井也。"）
鱼在在藻，有颁其首。（《诗·小雅·鱼藻》笺云："鱼何所处乎？处于藻。"）
隐公五年，春，公将如棠观鱼者。（《左传·隐公五年》）

在句法中，名词可以作动词，具有使动、意动和为动的用法。如：

吾见申叔，夫子所谓生死而肉骨也。（《左传·襄公二十二年》）
托地而游宇，友风而子雨。（《荀子·赋》）
敝无存之父将室之，辞。（《左传·定公九年》）

以上用法表明，上古名词的句法功能和组合关系具有多样化的趋势。

在汉语的历史发展中，名词的发展又表现为词缀的产生。下面着重介绍汉语中几个最为常见的词缀。

---

① 甲骨文中，有些动物名称有表示性别的标志，雄性动物名称旁加⊥（土），雌性动物名称旁加⺅（匕），如：公羊为"羖"（《前》1.28.5），母羊为"牝"（《前》5.43.6）[参见向熹：《简明汉语史》（下）]。我们认为，这种具有性别标志的名称的存在，并不能说明上古汉语中一定存在着"性"范畴，不仅因为它们的使用数量极其有限，而且关键在于，这种文字上的标志不足以证明汉语具有区别"性"范畴的语音形式。

第二节
名词前缀“阿”和“老”

古代汉语中，名词的形态很复杂，名词前后都可以附加词缀。前缀有“阿”和“老”[①]，后缀有“子”、“儿”、“头”。除此之外，还有“们”，作为后缀出现在名词和代词之后，表示复数。

一、前缀“阿”的产生和发展

前缀“阿”最早见于汉代。顾炎武《日知录》（卷三十二）指出，《隶释》[②] 载汉殽阬碑阴云：“其间四十人，皆字其名而系以阿字，如刘兴阿兴、潘京阿京之类。”顾炎武说：“皆是其小时之称也。”根据顾氏的观点，前缀“阿”当从小字（小名）开始使用。汉代前缀“阿”的用例，如[③]：

> 道逢乡里人，家中有阿谁？（《汉乐府·十五从军征》）
> 阿母常仁恻，今何更不慈？（蔡琰《悲愤诗》）
> 阿母得闻之，槌床便大怒。（《乐府诗集·孔雀东南飞》）
> 府吏得闻之，堂上启阿母。（《乐府诗集·孔雀东南飞》）

“阿谁”、“阿母”中的“阿”用于疑问代词和亲属称呼的前面。

魏晋南北朝，“阿”既用在人名、疑问代词和亲属称呼的前面，也用在指示代词或排行的前面。曹操小名“阿瞒”，刘禅小名“阿斗”，均见于文献记载；《三国志》中称吕蒙为“阿

---

① 关于上古附加在名词、动词和形容词前的“有”的性质，学界存在不同观点：王力（1958）认为，它类似词头的前附成分；黄奇逸（1981）认为，宜把它理解为“有无”的“有”；秦建明等（1985）认为，“有”可通“国”。第一种观点无法解释“有＋动词或形容词”之类。（王力《古代汉语》）；第二种观点除可以解释“有苗”、“有夏”之类外，还可以解释“有司”，但无法解释“有众”、“有民”之类；第三种观点只能解释“有苗”、“有夏”、“有殷”之类。殷国光认为，“有”字当一分为二：“有＋名词”中的“有”为“有$_1$”，可以视为标示名词词性的前加成分（只有少数名词具备这种形态）；“有＋动词或形容词”中的“有”为“有$_2$”，当视为音节助词。姚振武（2015）提出一种新的观点，认为这个“有”字很可能是一个具有实义的修饰语。如“有年”指丰足之年，“有狐”指许多狐，“有妣”指诸妣，“有夏”指大夏，“有疾”指重疾，“有忡”指忡忡的样子，“有来”指纷纷而来，等等。这个“有”字的性质还有待进一步研究。

② 《隶释》，碑帖考证汇编，宋洪适撰，二十七卷，共收汉碑碑文、碑阴等258种，魏晋石刻17种，附收汉晋铜铁器铭及砖瓦文20余种。现存专门集录、考释石刻之书以此为最早，《四库提要》称“自有碑刻以来，推是书为最精博”。

③ “故济北王阿母自言足热而懑。”（《史记·扁鹊仓公列传》）此“阿母”，《索引》注：“是王之奶母也。”《正义》曰：“乳母也。”

蒙”，《世说新语》注中称“王戎”为“阿戎”。如：

陈郡袁真在豫州，送妓女阿薛、阿郭、阿马三人与桓宣武。（《幽明录》）
阿平若在，当复绝倒。（《世说新语·赏誉》）
阿孃阿孃，我父是谁，今在何处？（《佛本行集经》卷三十八）
自呼“阿侬”，语则阿傍。（《洛阳伽蓝记》卷二）
殷中军见佛经，云：“理亦应在阿堵上。”（《世说新语·文学》）
一门叔父，则有阿大、中郎。（《世说新语·贤媛》）
阿五常日不尔，今可谓仰藉天威。（《南齐书·武陵昭王晔传》）

前缀“阿”的上述用法一直沿用到近代汉语。

关于前缀“阿”的来源，目前尚无定论。王力（1958）认为，词头“阿”，最初用于疑问代词“谁”的词头，称“阿谁”。最早出现的“阿谁”来自“伊谁”，“伊谁”出现于《诗经》。如：

既克有定，靡人弗胜。有皇上帝，伊谁云憎！（《诗经·小雅·正月》）

前缀“阿”，有可能来自上古“伊谁”、“伊何”的“伊”。“伊”，最初作疑问代词前缀。后来，“伊”随着用途的不断扩大，出现作人名、亲属称谓和人称代词前缀的用法。向熹（2010）解释说：“伊”、“阿”属歌部，影母双声，“脂”、“歌”韵近。[①]

二、前缀“老”的产生和发展

前缀“老”在《世说新语》中已有出现。据推测，前缀“老”产生于六朝时期，首先出现在亲属称谓词之前。[②] 如：

汝讵复足与老兄计？（《世说新语·忿狷》）

唐代，前缀“老”的使用逐渐普遍，可用于亲属称谓词前，也可用于动物名词、人的姓名或数词前。其具体表现为：

用于某些亲属称谓词前面的有“老兄”、“老姊”。如：

有内状勘老兄，请兄入此甕。（唐《朝野佥载》卷六）
奕有寡姊，随奕之官，姊下僮仆多有奸犯，而为人所纠。奕省按毕，曰：“大丈夫岂当以老姊求名？”（《晋书·郭奕传》）

用于动物名词的前面，有“老鼠”、“老鸦”、“老乌”等。如：

愿我托生为猫儿，阿武为老鼠。（《大唐新语》卷十二）

---

① 关于“阿”的来源，杨天戈和周生亚等提出了不同的观点。杨天戈（1991）认为，词头“阿”是由动词“阿”演变而来。周生亚（2008）认为，词缀“阿”是由第一人称代词“阿”虚化而成。我们推测，名词前缀“阿”的来源或许与古代的百越语有关。《魏志·东夷传》：“东方人名我为阿。”东方当指吴越一带；吴人称我为“侬”，故有“阿侬”。《世说新语》杂有吴方言成分，故多处运用“阿”。“阿”还多见于乐府诗歌、变文和民谣。

② 关于前缀“老”，太田辰夫（1958）、向熹（2010）认为产生于六朝时期，用在称谓和动物名词之前。

此是天上老鸦鸣，人间老鸦无此声。（相和歌辞《乌夜啼》）

君不见昔日蜀天子，化作杜鹃似老乌。（杜甫《杜鹃行》）

用于人的姓和名的前面。① 如：

每被老元偷格律，苦教短李伏歌行。（白居易《戏赠元九、李二十》。“老元”，指元稹）

酸寒孟夫子，苦爱老叉诗。生涩有百篇，谓是琼瑶辞。（刘叉《答孟东野》。“老叉”，指刘叉）

宋代有“老婆”、“老爷”、“老虎”等。如：

时运来时，买田庄，取老婆。（《梦粱录》卷十三）

老虎②穴中卧，猎夫不敢窥。（《苏辙集·湖阴曲》）

这里的“老婆”指妻子。“老”，已不再是表年老的意思。

元代，“老”出现在表排行的数字前。如：

我老三不是夸口，我精神抖擞，机谋通透，平日曾怕那个？（《关汉卿戏剧集·单鞭夺槊》第二折）

明清时期，前缀“老”一直得以沿用。如：

老安因甚么事监在牢里？（明《朴通事谚解》）

起来起来，不要怕，我们是东土大唐来的老爷。（《西游记》第十六回）

那何官人忙出来道：“老二你休怪，我去罢。”（《金瓶梅》第九十九回）

老七，你别怪我说你。（《醒世姻缘传》第二十二回）

老程，你那主意成不的。（《醒世姻缘传》第七十二回）

那人见牛玉圃，吓了一跳，说道：“原来是老弟！”牛玉圃道：“原来是老哥！”（清《儒林外史》第二十二回）

学界认为，前缀“老”来源于形容词“老”。这个“老”，最初是表示年老或年长的意思。后来，在词汇双音化的趋势下，它才逐渐虚化为词缀。“老”的虚化当从对长辈亲属的称谓开始。

需要注意的是：第一，“阿”和“老”，虽然都可以用于指人的名词前面，但二者还是存在一定的区别。如：“阿”限于指人，即使说“阿猫”、“阿狗”，也只能是指人。而“老”则有所不同，既可以指人，也可以指动物。如“老李”指人，“老鼠”、“老虎”指动物。不过，“老”缀构成诸如此类的动物名词仅限于少数几个。这种情况一直保持到现代汉语。第二，前缀“阿”和“老”的作用都极其有限。一是应用范围有限。前缀“阿”和“老”，不能适用于一切名词，只能附在部分名词前起到标示词性的作用。二是名词前缀的功能有限。前缀“阿”和“老”，只有在附于数词前的时候，才具有标示其转类的功能。

---

① 王力（1958）认为，前缀“老”用于姓的前面始于唐代，用于名字前则起于宋代。杨建国（1993）则指出，前缀“老”用于名字前面的用例早在唐代就有。

② 在唐代，“老虎”之词常有见到。如，“常于竹林坐禅，有四老虎绕于左右”（《法苑珠林》卷八十四）。但这个“老”在句中或仍有实义。

此外，还有一点需要注意：前缀“阿”来源不明，无实义，附在名词前，只起到标示词性的作用，因而“阿～”无歧义。鉴于前缀“老”是形容词“老”虚化的结果，所以，即使前缀“老”产生后，也仍与形容词“老”共存，两者并没有各自的形态标志。严格地说，对于历史文献中的“老～”，是需要做进一步甄别的。第一，在不同时代的文献中，“老～”的“老”存在不同的用法。例如：汉代扬雄《方言》中，“老鼠”的“老”是实词。① 而唐代《寒山诗》中，“老鼠”的“老”却是前缀（如“老鼠入饭瓮，虽饱难出头”）。《寒山诗》中，“老婆”的“老”是实词（如“老婆嫁少夫，面黄夫不爱。老翁娶老婆，一一无弃背”）。而宋代吴自牧《梦粱录》中“老婆”的“老”则是前缀（“买田庄，取老婆”）。第二，即使是同一时代的文献，其中“老～”的“老”也可能存在不同的用法。以上文提到的《寒山诗》中的“老鼠”和“老婆”为例，两个“老”虽然是在同一文献中出现，但用法并不相同。又如：在宋代《太平广记》中出现的“老虎”，其“老”都是实词（如卷四“老虎老麋即屈膝哀请”），而在宋代曾慥《类说》中，“老虎”的“老”则都是前缀（如卷五十五“衡山老虎”）。

第三节 名词后缀“子”、“儿”、“头”

汉语中，名词后缀主要有“子”、“儿”、“头”。现代汉语中，只要是名词后缀，就一律读轻音。这也就告诉我们，现代汉语中，“子”、“儿”、“头”到底是不是后缀，完全可以通过读音来作出判断。而在汉语史中的名词后缀，光依靠读音来做出判定是行不通的。现有的研究表明，通过判别字的意义来判定汉语史中的名词后缀是目前最可靠的手段。

一、后缀“子”的产生和发展

王力（1958）认为，词尾“子”比词尾“儿”产生的时间要早。他认为，上古，“子”已有词尾化的迹象。如：

芄兰之支，童子佩觿。（《诗经·卫风·芄兰》）

胸中正，则眸子了焉。（《孟子·离娄上》）

太史公曰：“吾闻之周生曰‘舜目盖重瞳子’，又闻项羽亦重瞳子。”（《史记·高祖本纪》）

老父曰：“乡者夫人儿子皆以君，君相贵不可言。”（《汉书·高帝纪》）

如我死，则必大为我棺，使吾二婢子夹我。（《礼记·檀弓下》）

---

① 《方言》卷八：“蝙蝠……或谓之老鼠，亦谓之仙鼠。”王力（1958）据《释名》“老而不死曰仙”的解释指出，汉代“老鼠”的“老”不是词头。

名词后缀“子”，是从表小称的“子”虚化而来。以上例句中，带“子”的名词有“童子”、“儿子”、“婢子”、“眸子”、“瞳子”。其中的“子”，都还含有小称的意思，不能看作后缀。同样，在上古文献中，像“孩子”、“孺子”中的“子”，也都有小称的意思，也无法看作后缀。从字形分析看，“孩”、“孺”都从“子”，都有“小”义。由于“孩”和“子”、“孺”和“子”都是同指，因此，其指小之义也就被这一些词的词义覆盖。① 据分析，词汇双音化是“～子”同指短语出现的动因。“～子”同指短语意义上的前重后轻，是名词“子”虚化的基础。

东汉魏晋以后，词缀“子”已产生，附在动物、器物名词（或语素）之后。② 如：

乌弋地暑热莽平，其草木、畜产、五谷、果菜、食饮、宫室、市列、钱货、兵器、金珠之属皆与罽宾同，而有桃拔、师子、犀牛。（《汉书·西域传》）

妻尝妒，乃骂秀为“貉子”。（《世说新语·惑溺》）

盘上和令均调，内瓮子中。（《齐民要术》卷八）

以小杓子挹粉著铜钵内，顿钵著沸汤中。（《齐民要术》卷九）

艇子打两桨，催送莫愁来。（六朝民歌《莫愁乐》）

指小是名词“子”的核心义素特征之一，但上述例句中，“子”前所附的名词，其词义已不含“小”义，“子”也失去了其核心义素特征，不再指小，只具有标示名词词性的功能。

从唐五代开始，词缀“子”的功能有了扩大。它不仅仅附在名词（语素）之后标示词性，而且可以附在形容词、动词（语素）之后，使其转指事物。如：

此等诸痴子，论情甚可伤。（《寒山诗》）

之才为剖，得哈子二，大如榆荚。（《北史·徐之才传》）

李茂贞闻之惧，斩阎圭、武秃子，传首行在，上章请罪。（《旧唐书·昭宗本纪》）

（暂）借牙疏子，弄发却归还。（《敦煌变文集新书·下女夫词》）

师常提杈子，每见僧参，蓦项便杈云：“那个魔魅教你出家……速道速道。”（《祖堂集》卷十五）

此外，后缀“子”还可以附在复音节名词（语素）之后，如③：

可怜青雀子，飞来邺城里。（《北齐书·魏兰根传》）

见此汗衫子，必差人进来。（《敦煌变文集·叶净能诗》）

总之，至唐五代时期，后缀“子”的发展已经相当成熟了。

从宋代开始，后缀“子”具有构成新词的能力。如：

不若禁行在会子不许过江，只专令用交子。（《朱子语类》卷一百一十一）

己酉，尽出内藏及南库银以易会子，官司并以钱银支遣，民间从便。（《宋史·孝宗本纪》）

---

① 并不是所有的“子”都是后缀。如“男子”的“子”，表尊称的“子”，表禽兽虫类的初生者的“子”，表鸟卵的“子”，表某种行业的人的“子”以及表圆形的小东西的“子”等，都不能算作后缀。

② 太田辰夫（1958）、志村良治（1984）认为，“子”到魏晋开始普遍使用，有“种子”、“艇子”、“奴子”等。

③ 宋代出现“老鼠子”，如，“此间有个老鼠子，今在浴室里”（《五灯会元》卷七）。

“交子”和“会子”是宋代的纸币，是由后缀“子”附在动词“交”和“会”的后面构成的新词。

二、后缀“儿”的产生和发展

“儿”本义是“小儿”（《说文》：“儿，孺子也”）。王力（1958）指出：“‘儿’字用作词尾，是从‘小儿’的意义发展来的。”

南北朝时期，“儿”用作人名小字，用以指小。如《北史》有“楼龙儿”、“王洛儿”、“吕苟儿”、“唐洛儿”等；《南史》有“张敬儿”、“李道儿”、“薛索儿”、“张苟儿”等。《南史·张敬儿传》云：“其母生敬儿，因梦犬子有角舐己而有娠，故初名狗儿；宋明帝嫌狗儿名鄙，而改为敬儿。”以“张敬儿”命名可以得知，上述人名中的“龙儿”、“洛儿”、“苟儿”等，当都是小字。“儿”附在人名之后，用以指人小，已有虚化的迹象。[①]

后缀“儿”产生于唐代。在唐代，“儿”除了用于人的名和字的名词后面以外，还可以用在动物名词（语素）之后。如：

芦笋穿荷叶，菱花罥雁儿。（王维《戏题示萧氏甥》）

细雨鱼儿出，微风燕子斜。（杜甫《水槛遣心》）

打起黄莺儿，莫教枝上啼。（金昌绪《春怨》）

几回举手抛芳饵，惊起沙滩水鸭儿。（李群玉《钓鱼》）

本来，指小是名词“儿”的核心语义。但上述例句中，“儿”附在动物名词后，已不再指小。如“雁儿”的“儿”，既不是指雁之初生者，也无指小之义。“雁儿”指称大雁，“儿”只是用来标示动物的类属。可见，“儿”已虚化为词缀。

到宋代，后缀“儿”发展成熟，广泛用于指称器物，位于器物名词（语素）之后，标示词性。如：

船儿傍舷回，走若一足夔。（梅尧臣《重送杨明叔》）

人家妇女皆归外家，晚归，即外公姨舅皆以新葫芦儿、枣儿为遗，俗云宜男外甥。（《东京梦华录》卷八）

山儿矗矗水儿清，船儿似叶儿轻，风儿更没人情。月儿明，厮合造，送行人。（刘仙伦《系裙腰》）

元、明时期，“儿”缀发展得很快，不仅使用频率增加，而且用法增多。“儿”可以附在动词性成分之后，用来转指事物。如：

近新来，下雨的那一日，你输与我绣鞋儿一对，挂口儿再不曾提。（关汉卿《谢天香》第三折）

迎头儿称妾身，满口儿呼陛下，必不是寻常百姓家。（马致远《汉宫秋》第一折）

---

① 孙锡信（1992）认为，人名小字中的“儿”已虚化为名词的附加成分。

“挂口”，本作动词，相当于“谈到”、“提及”；“挂口儿”，名词，相当于“口头上”，“挂口儿再不曾提”意即“口头上再也没有提起过”。“迎头”本作动词，相当于“迎面”；“迎头儿”，名词，相当于“抢在他人之前”，“迎头儿称妾身”意即在他人没有来得及称呼之前自称“妾身”，表时间。

“儿”可以附在副词性成分之后，表示动作状态和时间、程度。如“尽兴儿”、“尽场儿”。

“儿”可以附在重叠形容词之后，表示事物各种各样和动作状态。如“般般儿”、“色色儿”、“光光儿”。有的带“的”，如“饱饱儿的”、“紧紧儿的”、“活活儿的”。

“儿”可以附在动词拷贝结构之后，表示动作的轻量。（太田辰夫 1958）如“坐一坐儿”、“告一告儿”。

“儿”可以插在双音节名词之间，表示一种口语色彩。如“蜂儿蜜”、“心儿里”。

“儿”缀结构可以表达说话人的主观化倾向，表示喜爱或厌恶的感情色彩。如“心肝儿”、“花朵儿”、“笑脸儿”、“小样儿”、“贼儿”、“探爪儿”、“小手儿”。

到了清代，后缀“儿”的适用范围更广，可以附加在时间名词、指示代词之后。① 如：

> 我本是前儿合张爷告下假来，要回三河去。（《儿女英雄传》第三回）
>
> 原说满破着不用他们，我一个人也服侍你去了，谁想又害了这场大病，昨儿险些死了。（《儿女英雄传》第三回）
>
> 我父亲打发来求婶子，上回老舅太太给婶子的那架玻璃炕屏，明儿请个要紧的客，略摆一摆就送来。（《红楼梦》第六回）
>
> 他最嫌人斗牌，他看见人斗牌，却也不言语，等过了后儿提起来，你可听么……（《儿女英雄传》第二十九回）
>
> 昨儿奎官为着得罪了你，怕我脸上下不去，到我这儿来赔不是。（《官场现形记》第二十五回）
>
> 列公请听，何小姐这段交代，照市井上外话说，这就叫“把朋友码在那儿”了。（《儿女英雄传》第三十回）

在唐代的诗律中，凡“儿”和“子”都能独占一个音节，甚至还可以用作韵脚。这就是说，在虚化为词缀的初期，“儿”和“子”并不一定都读轻音。在现代某些方言中，如杭州方言和冀南方言中，还存在“儿”独成一个音节的情况。至于“儿化韵”的出现，大多数学者认为，这是元代以后的事。

在现代汉语里，如在南方方言的粤方言、闽方言、客家方言中，很少出现“儿”和“子”作后缀的情况。这与上古汉语情况一致。广州话只说“刀”、“铰剪”、“铁箝”，而不说“刀子”、“剪子”、“箝子”。粤语很少说“筷子”，也不用“儿”作后缀。吴方言除个别地方（如杭州）以外，一般只用“子”，而不用“儿”，并且其应用范围窄。苏州话只说“桃子”，而不说“桃儿”，只说“剪刀”、“绳”，而不说“剪子”、“绳子”。

---

① 太田辰夫（1958）认为，附加在时间名词后的“儿”，是由“日”音变来的，附加在指示代词之后的“儿”，是由“里”音变来的。

三、后缀“头”的产生和发展

后缀“头”由名词“头”虚化而来。[①]“头”，本指人或动物的头部，引申为指事物的“顶端”、“边缘”。凡带“顶端”、“边缘”义的“头”都应视为实词，例如：“床头”、“被头”、“水头”。[②] 至于加在方位词和处所词之后的“头”，例如“上头”、“前头”、“东头”等，虽“顶端”、“边缘”义已经弱化，但仍具有方位或处所词的笼统义，与“边”、“面”相当，还不能视为纯粹的词缀。[③] 王力（1958）认为，词尾“头”产生于六朝。[④] 如：

两边角子羊门里，犹学容儿弄钵头。（张祜《容儿钵头》）

东市买骏马，西市买鞍鞯，南市买辔头，北市买长鞭。（《乐府诗集·木兰诗》）

不应著树抖擞革屣，应著石抖擞，若木头、若篱、若两革屣相抖擞。（姚秦《四分律》卷四十九）

时妇常以三奇木头，擎镜照面。自覩端正，便起憍慢，深生爱着。（元魏《贤愚经》卷四）

膝头似虎，掌爪常没水中，出膝头，小儿不知，欲取弄戏，便杀人。（《水经注》卷二十八）

第三止何以故在鼻头？（东汉《大安般守意经》）

该时期，“头”出现在指事物的名词后面，有“钵头”、“辔头”、“木头”和“弓头”等；也出现在指人的身体某部位名词后面，有“膝头”、“指头”、“鼻头”、“肘头”等。“头”出现在指处所或方位名词后面，指处所或方位的边缘，这是“头”的核心义素。当“头”用在一般事物的名词后面时，已不再有指“边”和“面”的意义。如“辔头”的“辔”，不再是表方位和处所，而是指“辔”这种东西；“头”也不再是指“辔”的边，只标示词性。这表明，“头”在句中语义已经弱化。

唐代以后，后缀“头”的使用有了很大的发展，不仅广泛地使用在名词（语素）后面，而且使用在动词和形容词（语素）后面，使其转称事物。如：

卿与我一个异（易）问头，朕必不负卿。（《敦煌变文集·唐太宗入冥记》）

德山云：“什摩处学得虚头来？”（《祖堂集》卷七）

要向云中邀月，真是个呆头。（吴潜《诉衷情》）

戴宗见个老丈，独自一个占着一付大座头，便与他施礼。（《水浒传》第五十三回）

---

① 志村良治（1984）认为，词缀“头”来源于方位名词。

② 《世说新语·容止》：“帝自捉刀立床头。”《乐府·刘商·胡笳十八拍》：“水头宿兮草头坐。”韩偓《惆怅》：“被头不暖空沾泪。”

③ 王力（1958）、太田辰夫（1958）、向熹（2010）等学者将“前头”、“上头”、“东头”之类的“头”视为词尾。例如：《陌上桑》：“东方千余骑，夫婿居上头。”梁《企喻歌辞》：“前头看后头，齐著铁兜鉾。”《世说新语·赏誉》：“士龙住东头，士衡住西头。”《佛本行集经》（卷二十三）：“如暗山头大猛火聚，如大云里出闪电光。”

④ 朱庆之（1992）、向熹（2010）、魏兆惠（2007）认为，东汉译经中的“头”，可以用在方位词后面和身体名词后面作词缀。如，“与比丘僧相随，最在前头”（《道行般若经》卷七），“一种在胫，一种在膝头”（《道地经》），“意念不灭，亦不得行生上意，意头起以灭，复更念所念虽多，当还从上头意受因缘”（东汉《阿含口解十二因缘经》）。

总之，名词的后缀“子”、“儿”和“头”，都是由名词虚化而来。汉语历史发展中出现的词汇双音化趋势，是名词“子”、“儿”、“头”虚化的前提。在“～子”、“～儿”、“～头”短语中，其语义前重后轻，导致了“子”、“儿”、“头”意义上的弱化。而“子”、“儿”、“头”核心义素的失落，则是其虚化的标志。“子”、“儿”、“头”附加在动词、形容词（语素）之后，构成新词，转称事物，是其发展成熟的重要标志。

第四节
后缀“们”的产生和发展

后缀“们”产生于近代汉语中。在上古，代词单、复数采用的是同一形式。汉代以后，在名词和代词后面，开始出现“属”、“曹”、“等”、“辈”等表复数的词。如：

不者，若属皆且为所虏。（《史记·项羽本纪》）
公等皆去，吾亦从此逝矣！（《汉书·高帝纪》）
昭仪言：“女无过。宁自杀邪，若外家也？”我曹言愿自杀。（《汉书·外戚传》）
籍曰：“礼岂为我辈设也？”（《世说新语·任诞》）

以上例句中，在名词和人称代词后面都出现了“属”、“曹”、“等”和“辈”等词。但这些词在汉语中还仍然保留有一定的实义。当这些词与名词或人称代词相搭配时，其形式还不固定。这表明，这些词在上古时尚未虚化为词缀，仍当视为名词。

确凿地说，后缀“们”产生于宋代①，附在指人名词和人称代词之后，表示复数。“们”最初写作“懑”（满），后又写作“瞒”、“门”、“们”。② 如：

对酒当歌浑冷淡，一任他懑嗔恶。（赵长卿《念奴娇·小饮江亭有作》）
不因你瞒番人在此，如何我瞒四千里路来？（南宋周密《齐东野语》卷五）
学人言语，未会十分巧。看他门，得人怜，秦吉了。（辛弃疾《千年调·卮酒向人时》）
往往佛法入中国，他们自会寻讨。（《朱子语类》卷三）

在元曲等作品中，“们”被写成“每”。如：

有人问著，一句话也说不得时，教别人将咱每做甚么人看？（元《原本老乞大》）
我每常几曾和一个男儿一处说话来，今日到这里无奈处也，怎生呵是那？（《元刊杂剧三十种·拜月亭》第一折）
他每都喜孜孜的笑里藏刀。（《元刊杂剧三十种·关大王单刀会》第一折）

---

① 有的学者认为，后缀“们”产生于唐代。参见蒋绍愚、曹广顺：《近代汉语语法史研究综述》，北京，商务印书馆，2005。

② 在宋代，北方话中出现“咱们”，表复数。“咱们”和早先出现的复数“我们”有着明确的分工。“咱们”作包括式用，听话的对方包括在内；“我们”作排除式用，听话的对方不包括在内。

明代，人们习惯将其写作“们”，并逐渐成为一种规范。如：

岸上又有一个汉子跳下船来道：“我也相帮你们去。”（《警世通言》卷十一）

我们本是黄巾余党，勉强降顺陶谦，未有好处。（《三国演义》第十回）

你等要妄生怪事，煽惑百姓良民，故意安排这等去处，假称锁镇魔王，显耀你们道术。（《水浒传》第一回）

近代汉语中名词或代词复数后缀“们”，与现代汉语的“们”相比，存在着一定的差异。

首先，近代汉语中，“们”起初只简单地作为人称代词和某些指人名词的后缀，在表复数的同时，还可以表单数。表单数的情况主要出现在宋词和元曲中。（参见蒋绍愚、曹广顺，2005）如：

自家懑、都望有前程，背地里、莫教人咒骂。（宋晁元礼《鹊桥仙》）

咱每今番下了第，是咱的学问短浅。（《新编五代史平话·梁史》）

我扶你门归去，勉强且行着山路。（《张协状元》）

教他好看承我爹娘，料他每应不会遗忘。（高明《琵琶记》巾箱本）

其次，近代汉语中，“们”的使用范围比在现代汉语广。有在指示代词“这（的）”或“那（的）”后面带“们（每）”的情况；有在动物名词后面带“们（每）”的情况；有在器物名词后面带“们（每）”的情况；有在复数称谓词后面带“们（每）”的情况。如：

这每取经后不肯随三藏肩担着扫帚藤杖，簇捧着个杀人和尚。（《董西厢》卷二）

这的每寺院里房舍，使臣休安下者。（《元代白话碑集录·一三五四年大都崇国寺圣旨碑》）

俺众人与南人每一处商量来，那的每也则这般说有。（《元典章·户部》）

管事的来，马们怎么来的迟？（《朴通事谚解》）

你写与我告子，各处桥上角头们贴去。（《朴通事谚解》）

马儿年和尚与先生每对证，佛修赢了先生每上头，将一十七个先生每剃了头发，交做了和尚。（《元代白话碑集录·一二八〇年灵仙玉泉寺圣旨碑》）

关于后缀“们”的来源，目前尚无一致看法。吕叔湘（1940）认为，宋代复数形式“们”跟唐代的“弭”、“伟”有语源上的关系。如，“我弭当家没处得卢皮遐来”（唐赵璘《因话录》）。又如，“儿郎伟，重重祝愿”（《司空表圣文集·障车文》）。“弭”、“伟”跟南北朝时期的“辈”在语源上存在一定关系。元代的“每”和宋代的“们”属官话系不同方言。其中，“每”属北方系方言，无鼻音韵尾，“们”属南方系方言，有鼻音韵尾。[①] 梅祖麟（1986）进一步指出，宋、辽对峙时，由于辽军南下，导致南北语言融合，“弭”、“伟”在发展为“们”的过程中受到了阿尔泰语（有-n复数词尾）的影响。[②] 太田辰夫（1958）认为，“们”源自于“门”。[③]

---

① 支持吕叔湘观点的还有江蓝生（1995）。又李艳慧、石毓智（2000）提出“们”源于表示“家庭”、“一组”、“学派”的“门”。另季羡林（1993）、冯春田（1997）等也讨论了“们”的来源，可以参见。

② 殷国光认为，元代是受阿尔泰语影响最强的时候，该时期“们”不写作“懑”、“门”，而写作“每”；北方是受阿尔泰语影响最强的地域，北方系方言中，“们”只写作“每”。这显然与梅的说法相矛盾。

③ 支持太田意见的人还有俞敏（1999）和李艳慧、石毓智（2000）。参见俞敏：《古汉语人称代词》，见《俞敏语言学论文集》，北京，商务印书馆，1999。李艳慧、石毓智：《汉语量词系统的建立与复数标记“们”的发展》，载《当代语言学》，2000（1）。

总之，词缀“们”的来源问题尚未解决，有待于做进一步的探讨。

【思考题】

1. 简述名词前缀“阿”和“老”的产生过程和发展情况。
2. 简述名词后缀“子”、“儿”和“头”的产生过程和发展情况。
3. 简述名词和代词复数后缀“们”的产生过程和发展情况。

【本章参考文献】

冯春田．汉语复数词尾“们”来源试说．俗语言研究，1997（4）．

冯春田．汉语复数词尾“们”来源于“辈”字说续貂//语苑撷英．北京：北京语言文化大学出版社，1998.

郭锡良．先秦汉语名词、动词、形容词的发展//汉语史论集（增订本）．北京：商务印书馆，2005.

黄奇逸．古国、族名前的“有”字新解．中国语文，1981（1）．

季羡林．论《儿郎伟》//庆祝饶宗颐教授七十五岁论文集．香港：中华书局有限公司，1993.

江蓝生．说“麽”与“们”同源．中国语文，1995（3）．

李艳慧，石毓智．汉语量词系统的建立与复数标记“们”的发展．当代语言学，2000（1).

吕叔湘．释“您”、“俺”、“咱”、“喒”，附论“们”字//汉语语法论文集（增订本）．北京：商务印书馆，1984.

吕叔湘．说“们”．国文月刊，1949（79）、（80）．

梅祖麟．关于近代汉语指代词——读吕著《近代汉语指代词》．中国语文，1986（6）．

秦建明，等．也谈古国名前的“有”字．中国语文，1985（4）．

魏兆惠．论古汉语词缀“头”．语言研究，2007（2）．

杨建国．近代汉语引论．合肥：黄山书社，1993.

杨天戈．名词前缀“阿”探源．中国语文，1991（3）．

俞敏．俞敏语言学论文集．北京：商务印书馆，1999.

周生亚．论词头“阿”字的产生和用法的发展//语言论集(第五辑)．北京：中国社会科学出版社，2008.

朱庆之．佛典与中古汉语词汇研究．台北：文津出版社，1992.

第二章
数词和量词的产生及其发展

上古，数词直接跟名词或动词搭配的情况很普遍，而与量词搭配的情况却很少见；中古，量词广泛使用，使得数量短语和名词开始普遍组合。个体量词产生于先秦，但其整体语法范畴却形成在汉代。动量量词产生于汉代，但其整体语法范畴却形成在南北朝。

第一节 数词的产生和发展

汉语中，数词属于基本词汇。从古到今，其使用一直发生着变化。数词的表示形式有基数、整数带尾数、分数、约数和序数等方面。下面讨论数词在这些方面的产生和发展。

一、基数词表示法

甲骨卜辞中，出现从“一”到“万”的数字。其中最大数词是“三万”。周代，出现“亿”以上的数词，“亿”、“兆”、“京”、“垓”、“秭”。[①] 据东汉《数术记遗》记载，“亿”以上大数表述有上法（“万万曰亿，亿亿曰兆，兆兆曰京”）、中法（“中数万万变之”）、下法（“其下数者十十变之”）。《诗经·魏风·伐檀》“胡取禾三百亿兮”，毛传：“万万曰亿。”郑笺：“十万曰

---

① 古代对于“亿”、“兆”、“京”、“垓”、“秭”这几个字说法不一。《诗经·周颂·丰年》：“丰年多黍多余，亦有高廪，万亿及秭。”毛传：“数万至万曰亿。数亿至亿曰秭。”《礼记·内则》：“后王命冢宰，降德于众兆民。”唐孔颖达疏：“亿之数有大小二法，其小数以十为等，十万为亿，十亿为兆也，其大数以万为等，万至万是万万为亿，又从亿而数至万亿曰兆，亿亿曰秭……兆在亿秭之间，是数之法。”慧琳《一切经音义》卷三十引汉应劭《风俗通》：“十经谓之垓，十垓谓之秭，十秭谓之选。”《孙子算经》卷上：“凡大数之法，万万曰亿，万万亿曰兆，万万兆曰京，万万京曰垓，万万垓曰秭。”

亿。”《国语·楚语下》韦昭注：“十万曰亿，古书数也，今以万万为亿。”韦注表明，汉以后取“万万为亿”。（向熹，2010）

从甲骨卜辞到周代，数词与名词组合有三种表达方式：“数词＋名词”，“名词＋数词”和“名词＋数词＋单位词”。其中，前面两种表达式都不带单位词，第三种表达式带单位词。“数词＋名词”格式如：

奠示十屯又一。（《甲骨文合集》6527反）

十又二公，在帝之坯。（春秋早期《秦公簋》4315）

一言以蔽之。（《论语·为政》）

“名词＋数词”格式如：

羊百，有用五十八，有女三十。（《甲骨文合集》22099）

王令士道馈貉子鹿三。（西周早期《貉子卣》5409）

越翼日戊午，乃社于新邑，牛一、羊一、豕一。（《尚书·召诰》）

“名词＋数词＋单位词”格式如：

马二十丙有□。（《甲骨文合集》1098）

俘人万三千八十一人，俘马□□匹，俘车卅两（辆），俘牛三百五十五牛，羊卅八羊。（西周早期《小盂鼎》2839）

见子皮如上卿，以马六匹。（《左传·昭公六年》）

该时期数词与名词组合的三种表达形式出现的频率不平衡。“名词＋数词”格式使用的频率高，“名词＋数词＋单位词”格式使用的频率低，“数词＋名词”格式使用介于二者之间。

二、整数带尾数的表示法

甲骨卜辞中，在整数和零数（“十”以下的数）之间，出现用连接词“㞢（有）”和“又”连接的表达形式。金文中，出现用“又”连接的表达形式。如：

鹿五十㞢六（《甲骨文合集》10308）

其十牢又五。（《甲骨文合集》31107）

赐尸（夷）嗣王臣十又三伯，人鬲千又五十夫。（西周早期《大盂鼎》2837）

也有不用连接词的情况。① 如：

狐二百六十四。（《甲骨文合集》10198正）

《尚书》中，出现在整数和零数间加上“有”的情况。如果出现的数是百数，那么，在“百”和“十”之间，也同样会加上一个连接词“有”字。如：

惟十有三祀，王访于箕子。（《尚书·洪范》）

① 甲骨卜辞中的连接词“㞢”不能表示相乘的关系，只能表示相加的关系，如“三百㞢四十八”（屯南）、“三百㞢四十㞢八”（屯南）、“百十㞢四”（甲骨文合集）。

期三百有六旬有六日，以闰月定四时成岁。(《尚书·尧典》)

春秋战国时期，在口语中，整数和零数之间一般不再使用“有”。诸子文献也是如此。[①] 如：

以奸者七十二君，论先王之道而明周召之迹，一君无所钩用。(《庄子·天运》)

北决九河，通十二渚，疏三江。(《荀子·成相》)

三、分数表示法

甲骨卜辞和西周金文中，很少出现分数的用法。分数的表达见于春秋战国时期。[②] 先秦时，分数的用法有多种表达形式，最主要的表达形式有以下四种。

第一种，“分母＋分子”格式。这种表达形式是分数表示法中最早也是最简略的形式。分母和分子直接组合，分母在前，分子在后。如：

昔者，文王之治岐也，耕者九一，仕者世禄。(《孟子·梁惠王下》)

夏后氏五十而贡，殷人七十而助，周人百亩而彻，其实皆什一也。(《孟子·滕文公上》)

地方百里者，山陵居什一，薮泽居什一，溪谷流居什一，都邑蹊道居什一，恶田居什二，良田居什四。(《商君书·算地》)

第二种，“分母＋分＋分子”格式。这种表达形式在先秦诸子文献中极为罕见，但在出土文献中却极为多见。它最显著的特征，是在分母和分子之间加上一个“分”字。如：

度禾刍藁而不备其十分一以下，令复其故数。(《睡虎地秦简·秦律十八种·效律》167)

县料而不备其见（现）数五分一以上，直（值）其贾（价），其赀、谇如数者然。(《睡虎地秦简·效律》12)

百分一以到不盈十分一，直（值）过千一百钱以到二千二百钱，谇官啬夫。(《睡虎地秦简·效律》1415)

有时，在“分”的后面有插入名词的情况。如：

大良造鞅爰积十六尊五分尊一为升。(战国《商鞅量》)

第三种，“分母＋之＋分子”格式。这种表达形式是在分母和分子之间加上一个“之”字。如：

于舜之功二十之一也，庶几免于戾乎。(《左传·文公十八年》)

大都不过三国之一，中五之一，小九之一。(《左传·隐公元年》)

---

① 春秋末年，不带“有”的形式逐渐取代带“有”的形式，带“有”的形式趋于消亡。《春秋》中有219例位数词和系数词组合都带“有”，到《左传》中带“有”的只有4例，不带“有”的却有275例。

② 在西周金文中，有一例分数的用法，如“公宕其三，女则宕其二，公宕其二，汝则宕其一”（《召伯虎簋》）。母数为“十（什）”，子数前省略其母数。“其三”指其十分之三，依此类推，“其二”、“其一”分别指其十分之二、其十分之一。

孝子爱亲，百数之一。(《韩非子·难三》)

夫不待法合绳墨，而无不正者，千万之一也。(《商君书·定分》)

第二、三两种表达形式是“几分之几”的早期形式。

第四种，“分母＋分＋之＋分子”格式。这种表达形式是在分母和分子之间用“分之”，此形式一直沿用至今。如：

出门，使以三分之一行。(《左传·哀公八年》)

三贵竭国以自安，然则令何得从王出，权何得母分，是我王果处三分之一也。(《战国策·秦策三》)

岁馑，则仕者大夫以下皆损禄五分之一；旱，则损五分之二；凶，则损五分之三；馈，则损五分之四；饥，则尽无禄，禀食而已矣。(《墨子·七患》)

除上面几种主要的分数表达形式以外，还存在另外几种形式：如果分母是“十”，则只出现分子；如果分子为“一”，则只出现分母。如：

髡窃乐此，饮可八斗而醉二参。(《史记·滑稽列传》)

君臣失计，上下迷惑，栗腹以十万之众五折于外。(《史记·鲁仲连列传》)

居官府公食者，男子参（叁），女子驷（四）。(《睡虎地秦简·秦律十八种·司空》133、134)

上例中，“醉二参”指醉十分之二三，“五折于外”指十分之五折于外，“男子参”指男子三分之一，“女子驷”指女子四分之一。有时，会出现在分子和分母之间用动词“有”、“取”、“得”等进行连接的情况。如：

三分天下有其二，以服事殷。(《论语·泰伯》)

白圭曰：“吾欲二十而取一，何如?”(《孟子·告子下》)

三军之用，甲兵之备，五分而得其一，则犹为序疏矣。(《墨子·非攻下》)

汉代，随着“分”、“分之”表达形式的增多，“分母＋分＋之＋分子”逐渐成为一种常见的分数表达式。如：

今盗宗庙器而族之，有如万分之一，假令愚民取长陵一抔土，陛下何以加其法乎?(《史记·张释之列传》)

故关中之地，于天下三分之一，而人众不过什三。(《史记·货殖列传》)

其义纪之以三，故置一得三又二十五分之六。(《汉书·律历志》)

博自杀，玄减死二等论，晏削户四分之一。(《汉书·哀帝纪》)

今以中国之盛，万倍之资，遣百分之一以攻匈奴，譬犹以强弩射且溃之痈也，必不留神矣。(《汉书·灌夫传》)

善物不足三分之二，为中富之君也。不足三分之一，为下富之君也。(《太平经》卷三十五)

吾为子陈此六事，未能道其万分之一也。(《太平经》卷六十七)

但在当时，“分”和“之”的结合还不够紧密，在它们之间常常可以插入名词。如：

岁行三十度十六分度之七，率日行十二分度之一，十二岁而周天。(《史记·天官书》)

且大王之兵众不能什分吴、楚之一，天下安宁又万倍于秦时。(《汉书·蒯伍江息夫传》)

分母中，往往有“二”、“三”、“十”等数词出现。为了和一般的数词区分开来，书面上，通常把它们写作“两”①、“参”、“什”等。如：

乃通吴于晋，以两之一卒适吴，舍偏两之一焉。(《左传·成公七年》)

大都，不过参国之一；中，五之一；小，九之一。(《左传·隐公元年》)

夏后代五十而贡，殷人七十而助，周人百亩而彻。其实皆什一也。(《孟子·滕文公上》)

汉代以后，这些用法一直沿用。如：

魏成子以食禄千钟，什九在外，什一在内。(《史记·魏世家》)

古者税民不过什一，其求易共。(《汉书·食货志》)

子尚诸皇子皆置邸舍，逐什一之利，为患遍天下。(《宋书·沈怀文传》)

四、约数的表示法

甲骨卜辞中尚无约数，先秦，才开始出现约数。在约数词的使用上，历代各不相同，先秦用“数”、“余”，魏晋南北朝用“所”、“许”、“左右”，唐宋时期用“以来”、“来”，元代以后又增加了“多”、“把”、“来去”、“来往”、“上下”、“外”、“开外”等。如：

地之相去也，千有余里。(《孟子·离娄下》)

众者数十，寡者数人。(《墨子·节葬下》)

庾子嵩读《庄子》，开卷一尺许便放去，曰：“了不异人意。”(《世说新语·文学》)

又命诸葛亮进指关西，江边诸将无复在者，才留三千所兵守武昌耳。(《三国志·吴书·周鲂传》)

其夕梦一少年，可二十已(以)来。(《太平广记》卷三百五十二引《潇湘录》)

雪峰举石霜病重时，有新到二百来人未参见和尚，惆怅出声啼哭。(《祖堂集》卷六)

两个马头，却好相迎着，隔不的丈尺来去。(《水浒传》第八十七回)

若问那赦公，也有二子，长名贾琏，今已二十来往了。(《红楼梦》第二回)

另有一种约数表示法，是数词的并列使用。数值相邻，小数在前。如：

实其为亩也，高而危则泽夺……一时而五六死，故不能为来。(《吕氏春秋·辩土》)

五、序数词表示法

甲骨卜辞中，序数和基数形式无别。先秦，序数和基数仍然没有区分。如：

---

① 分母用“两”而不用“二”。

彼采葛兮，一日不见，如三月兮！(《诗经·王风·采葛》)

七月流火，九月授衣。(《诗经·豳风·七月》)

三人操牛尾，投足以歌八阕：一曰载民，二曰玄鸟，三曰遂草木……八曰总万物之极。(《吕氏春秋·古乐》)

上例中，“三月”之“三”为基数，“七月”之“七”和“九月”之“九”为序数，“三人”之“三”为基数，“一曰”、“二曰”、“三曰”中的“一”、“二”、“三”为序数。并非所有的数词都能兼表基数和序数，兼表基数和序数的数词只有系数词。并且，系数词兼表基数和序数是不平衡的。①

表序数的前缀“第”，本作“弟”，用作名词，表示功勋、爵位的名次、位次，“次第”的意思，由此引申，也有“顺序”、“高低”的意思。“第”也作动词，有“排在……位次”的意思。如：

平阳侯曹参身被七十创，攻城略地，功最多，宜第一。(《史记·萧相国世家》)

表序数的词缀“第”在汉代已经产生。② 汉代“第”字后面接数词，形成“第＋数词”格式。“第”由“排在……的位次”义虚化为表示序次的词缀。(王力，1958) 如：

治敢行，少蕴藉，县无逋事，举为第一。(《史记·酷吏列传》) ③

作五帝本纪第一……作夏本纪第二……作殷本纪第三……作周本纪第四……(《史记·太史公自序》)

撰《学行》第一……撰《吾子》第二……撰《修身》第三……(《汉书·扬雄传》)

第一但有雷无有雨，第二但有雨无有雷，第三亦无雨亦无雷，第四亦有雨亦有雷。(东汉《七处三观经》)

汉代，在“第＋数词”后面接名词，出现“第＋数词＋名词”格式。如：

第廿六燧长王禹。(《居延汉简》104.42A)④

守望亭北平第九十三町口广三步长七步。(《居延汉简》303.17)

有男四人，使相工相之，至第二子，其名玄成。(《汉书·张丞相列传》)

光武帝建平元年十二月甲子生于济阳宫后殿第二内中。(《论衡》卷二)

云有第三郎，窈窕世无双。(《孔雀东南飞》)

“第＋数词＋名词”格式的出现，标志着序数词“第”序数词缀性质的确定。

魏晋南北朝，出现“第＋数＋量＋名”格式。自此，“第”的使用趋于成熟。⑤ 如：

---

① 根据殷国光对《吕氏春秋》的考察，发现系数词共出现 1 034 次，其中，序数只出现 24 次，仅占总数的 2.3%。这种情况，一方面是由于日常生活中基数使用频率大大超过序数使用频率，另一方面是由于“次序”这一语义范畴可以用其他方式表达，如用“伯（孟）”、“仲”、“叔”、“季”，“干支”，“上”、“次之”、“下”等表达。

② 王力（1958）认为，先秦诸子每篇标题，往往标为某某第一、某某第二。这恐怕是后人所加，不足为据。

③ 《史记》中还有一例，“于是孝文帝乃以绛侯勃为右丞相，位次第一”（《史记·陈丞相世家》）。王力（1958）认为，此例中的“第”为名词；向熹（2010）认为，“第”表序数，序数词作补语。我们认为，例句中“位次”当视为名词短语，指官位等级，“第”还当视为动词，意思是“排在……的位次”。

④ 西汉中期至东汉初期的居延汉简中，已有大量“第”字例句，用“第”290 例，其中 284 例是“第＋数＋名”，6 例“第＋数”，不用“第”仅 3 例，“第＋数＋量（＋名）”格式没有出现。

⑤ 早在东汉译经中就已出现了“第＋数＋量＋名”格式。如，“是行者十法……第一两法，行者竟无为当有意亦当念，第二两法，可增行止亦观；第三两法，当知名字”（东汉《长阿含十报法经》卷上）。

不造第二，云何得造第三重屋？（《百喻经·三重楼喻》）

虽然，“第＋数＋量＋名”格式在魏晋南北朝出现，但其使用并不多见。直到唐代，这种格式才真正得以普遍使用。

六、数词“两”的表示法

关于“两”[①]，在先秦，从数量上看，它和“二”所差无几，但从使用上看，却存在很大差别。先秦时，“两”最初作单位词用，表示天然成双的事物。如：

葛屦五两，冠緌双止。（《诗经·齐风·南山》）

之子于归，百两[②]御之。（《诗经·召南·鹊巢》）

当“两”用作数词的时候，也多表示成双的事物。如：

髧彼两髦，实维我仪。（《诗经·鄘风·柏舟》）

有鄙夫问于我，空空如也，我叩其两端而竭焉。（《论语·子罕》）

汉代，“两”和“二”开始交错使用。先秦用“二”的地方，到汉代则出现同时用“两”的情形。如：

今恐二郡兵少，不足以守。（《汉书·赵充国传》）

前在两郡著功迹，征入，历位朝廷，莫不信乡。（《汉书·辛庆忌传》）

唐五代，在一定条件下，“两”和“二”可以互换。而当“两”出现在个体量词前面时，已有替代“二”的趋势。如：

二京陷未收，四极我得制。（杜甫《送樊二十三侍御赴汉中判官》）

始欲投三峡，何由见两京。（杜甫《悲秋》）

皇帝闻奏，龙颜大悦，开库赐雕弓两张。（《敦煌变文集·汉将王陵变》）

在近代汉语中，“两”和“二”也存在一定差别：基数用“两”，序数用“二”；与零数相邻用“二”，称成双的或被认为成双的事物用“两”；基数大于“十”，其整数、个数皆用“二”。同样，也存在既可用“二”，又可用“两”的情况，如：度量衡计数用“二”，但也可用“两”；容器计数用“两”，但也可用“二”。如：

初民主王号曰大人，第二珍宝王，乃至第三十三善思王。（《祖堂集》卷一）

取一锃铤可重二斤，安吾颈中，然后漆之。（《祖堂集》卷十八）

练得身形似鹤形，千株松下两函经。（《祖堂集》卷四）

雀儿得出，喜不自胜，遂唤燕子，且饮二升。（《敦煌变文集·燕子赋》）

---

① 现代汉语“两”和“二”的用法不尽相同。一般来说，“两”用在量词或“半”、“千”、“万”、“亿”等前面。在多位数中大数用“两”，少数用“二”，但有的数目字只能用“二”，不能用“两”，小数和分数只能用“二”，不能用“两”，序数也只能用“二”，不能用“两”。称成双的或被认为成双的事物用“两”，不用“二”；在传统的度量衡单位前，“两”和“二”可通用；在新的度量衡单位前，一般用“两”；形容词前做状语，只能用“两”，不能用“二”。

② 直到现代，“两”仍然得以沿用，作为车的单位名称，写作“辆”。

四者之道，理限于秦，降及两汉，又历三分。（《朱子语类》卷一）

七、零位数表示法

唐以前，没有零位数表示法，只说“百六”、“百三”等。到了宋代，虽然在当时数学运算中，开始有用“0”来替代零位的情况，但在书面语中以使用“单”和“丹”为主。如：

三岁一闰，则三十二日九百四十分日之六百单一。（《朱子语类》卷二）

帝接文帝，于御案上展开看之，乃二百单五年事。（《三国志平话》卷上）

萧妃要看扬州景致，帝用麻胡为帅，起天下百万民夫，开一千丹八里汴河。（《大宋宣和遗事》）

明清时代，“零”在文学作品中出现。如：

时八月廿三日申时也，只活了一年零两个月。（《金瓶梅》第五十九回）

虽走了一个月零两日，日子有限，怕爷心焦，可不赶着来了。（《红楼梦》第五十三回）

第二节 量词的产生和发展[①]

量词是能够用在数词后面的黏着词。量词可以分为名量词和动量词两类，名量词又可以分成个体量词、集合量词、度量词和准量词。

一、名量词的产生和发展

人类因为有劳动的分工，所以有了物物交换。因交换需要而产生用于计算物品的词。这种词我们称它为量词。甲骨卜辞和金文中，并未见计数的量词，仅见计量的量词“朋”（贝的单位[②]）、“丙”（马和车的单位）、“卣”（借用作鬯的单位）、“升”。如[③]：

叀（惠）贝十朋。（《甲骨文合集》29694）

人二十人四，而千五百七十，𡏳百……丙，车二丙。（《甲骨文合集》36481 正）

---

① 本节参考刘世儒（1965）的成果。

② 有人认为“一朋”是五贝，也有人认为是双贝、十贝，或无定数。

③ 在甲骨卜辞和西周金文中出现有“名词＋数词＋名词”的结构，如“俘人十㞢六人”（《甲骨文合集》137 反），“易（赐）女（汝）弓一，矢束，臣五家，田十田”（西周《不其簋》）。

马二十丙。(《甲骨文合集》1098)

其登新鬯二升一卣，王受又（佑）。(《甲骨文合集》30973)

余易（赐）女（汝）鬯一卣。(西周《大盂鼎》2837)

易（赐）皶弓，矢束，马匹，贝五朋。(西周《皶簋》4099)

俘人万三千八十一人，俘马□□匹，俘车卅两（辆），俘牛三百五十五牛，羊卅八羊。(西周早期《小盂鼎》2839)

《小盂鼎》中，单位词“匹”、“两”与数词结合的用法，以及一般名词“牛”、“羊”与数词相结合的用法，完全存在于同一语言环境中，说明单位词还没有完全从名词中分化出来。

从东周到汉代，度量衡单位词有“丈”、“尺”、“寸”、“升”、“斗”、“石”、“斤”、“钟”、“斛”、“镒”等。如：

我欲中国而授孟子室，养弟子以万钟，使诸大夫国人皆有所矜式。(《孟子·公孙丑下》)

当秦之隆，黄金万镒为用，转毂连骑，炫横于道。(《战国策·秦策》)

汉王赐良金百镒，珠二斗，良具以献项伯。(《史记·留侯世家》)

(李陵）令军士人持二升糒，一半冰，期至遮虏鄣者相待。(《汉书·李陵传》)

是时，大雨六十余日。令民入米六百斛为郎，其郎吏增秩赐爵至附城。(《汉书·王莽传》)

郡守、秦官掌治其郡，秩二千石。(《汉书·百官公卿表》)

借用单位词出现。它主要是借用容器名词作单位词。如：

颜子当乱世，居于陋巷，一箪食，一瓢饮；人不堪其忧，颜子不改其乐，孔子贤之。(《孟子·离娄下》)

一箪食，一豆羹，得之则生，弗得则死。(《孟子·告子上》)

今之为仁者，犹以一杯水救一车薪之火也。(《孟子·告子上》)

秋乌豙（喙）二□□□□□者二瓯，即并煎□孰（熟）。(《马王堆帛书·五十二病方》17、18)

官府受钱者，千钱一畚，以丞、令印印。(《睡虎地秦简·秦律十八种·金布律》64)

东周到汉代，名词已经不能直接和数词结合，需要加上个体单位词，并且单位词大量出现。计算数目的单位词出现“个”①、“两”、“双”、“匿”、“合”、“就”、“条”、“领”、“合”、“所”、“口”、“乘”、“张”、“枚”等②。这些单位词已经从名词中分化出来，作普通的个体量词。如：

魏氏之武卒，以度取之，衣三属之甲，操十二石之弩，负服矢五十个，置戈其上。(《荀子·议兵》)

一两鞔屦，紫韦之纳，纷纯，纷鞔。(《信阳长台关1号墓楚简·遣策》2—028)

---

① “个”本义是“竹竿”(《说文》:“个，竹枚也”)，引申为表示竹竿的个数，如“竹竿万个”(《史记·货殖列传》)。汉代很快就发展为指多方面的事物和人的个数。

② 张显成（2005）研究发现，《五十二病方》中出现天然单位量词“把”、“齐（剂)”、“编”、“颗（果)”、“丸”、“阳”、“挼”、“梃”、“分”等。《五十二病方》成书于西汉以前。

一双璜，一双虎（琥）。(《望山 2 号墓楚简》50)

匜一偶。(《五里牌 406 号墓楚简》14)

雕杯二十合。(《望山 2 号墓楚简》47)

旌中干朱缟七就。车戟侵羽一就。其旆朮五就，䅰三就。(《包山 2 号墓楚简·遣策赗书》269)

其上载：朱旌，一百条四十条翠之首。(《包山 2 号墓楚简·遣策赗书》269)

古者圣王制为节葬之法，曰："衣三领，足以朽肉；棺三寸，足以朽骸；堀穴，深不通于泉，流不发泄，则止。"(《墨子·节用中》)

御、右二领鞘甲，皆首胄。(《包山 2 号墓楚简·遣策赗书》牍 1)

某里士五（伍）甲、乙缚诣男子丙、丁及新钱百一十钱，容（镕）二合。(《睡虎地秦简·封诊式》19)

其腹有久故瘢二所。(《睡虎地秦简·封诊式》60)

其食者五口。(《睡虎地秦简·日书乙种》256)

其轺车百乘，牛车千两，木器髤者千枚，铜器千钧。(《史记·货殖列传》)

具弩一张，力四石，木关。(《居延汉简》3011)

上古汉语中，只有名量词而没有动量词。名量词中，度量衡单位量词已形成系统，但天然单位量词却处于初级阶段。量词的发展在汉代以后更为显著。

从汉代到魏晋南北朝时期，名量词的应用日益增多。一是原有的量词，用法在不断扩大；二是新的量词不断涌现。

"枚"，本义为树干（《说文》："枚，枝干也"），引申作计数工具，再由此发展为量词。该时期，"枚"使用的数量在逐渐增多，使用的范围在迅速拓展，可以用于各类事物。如建筑物、衣食用具、交通工具、货物钱币、戈矛武器、纸张文具、动植物等各个方面都可以用到"枚"。如：

若寡人国小也，尚有径寸之珠，照车前后各十二乘者十枚，奈何以万乘之国而无宝乎？(《史记·田敬仲完世家》)

絮巾一枚……黄布绔一枚。(《居延新简》51.66)

隻，鸟一枚也。(《说文解字·隹部》)

有石碑一枚，背上有侍中崔光施钱四十万，陈留侯李崇施钱二十万。(《洛阳伽蓝记》卷二)

"张"本义"张弓"（《说文》："张，施弓弦也"），引申作弓的量词。从南北朝时期开始，其使用范围进一步扩大，既可以用于琴、鼓等乐器，也可以用于幕、帱、罽、氈、纸等生活用品。如：

承五月余官弩两张，箭八十八枚，釜一口，砣二合。(《居延汉简》128.1)

赤弩一张，力四石，木关。(《居延汉简》128.1)

弩一张，力十二石。(《居延新简》22.748A)

弓一张，矢四发。(《汉书·匈奴传》)

又特赐汝绀地句文锦三匹，细班花罽五张。(《三国志·魏书·东夷传》)

我棺中可著百张纸。(《魏书·昭成子孙传》)

"乘"用作"乘载"义（《说文》徐笺："车，人之所乘也，故车谓之乘车"），引申为兵车的量词。其后来逐渐成为一般化的量词，不仅可以专指车，而且可以泛指其他的交通工具，如"船"、"牛车"等。如：

鲁君与之一乘车，两马，一竖子俱，适周问礼。（《史记·孔子世家》）

甸，六十四井也，有戎马四匹，兵车一乘，牛十二头，甲士三人，卒七十二人，干戈备具，是谓乘马之法。（《汉书·刑法志》）

帝给步挽车一乘，游于市里，所经之处，多记旧迹。（《洛阳伽蓝记》卷二）

之镇，舫千余乘，部伍前后百余里。（《宋书·藏质传》）

"种"由"种类"义转为用于事物的量词，到南北朝时期，发展为可以用于人、事、物等方面的量词。如：

它果采千种，子贷金钱千贯。（《汉书·货殖传》）

凡千七百所，用三牲鸟兽三千余种。（《汉书·郊祀志》）

唯最老旧者，最多门徒者，此二种人，最宜先问。（梁武帝《全梁文·断酒肉文》）

初阶圣者，有三种人，其根业各差，谓之三乘。（《魏书·释老志》）

由来千种意，并是桃花源。（庾信《咏怀》）

该时期，新出现的名量词非常多，有"章"、"柄"、"件"、"树"、"头"、"只"、"株"、"颗"、"枝"、"顿"、"根"、"条"、"片"、"朵"、"粒"、"架"、"面"、"盏"、"杯"、"段"等。如：

淮北、常山以南，河济之间千树萩。（《史记·货殖列传》）

安邑千树枣，燕、秦千树栗，蜀、汉、江陵千树橘。（《史记·货殖列传》）

船长千丈，木千章，竹竿万，其轺车百乘，牛车千两，木器髤者千枚。（《史记·货殖列传》）

布令门候于营门中举一只戟。（《三国志·魏书·吕布传》）

今日有一顿饱食，便欲残害我儿子！（《宋书·徐湛之传》）

假令有者，皆信僮仆为之，未尝目观起一拨土，耘一株苗，不知几月当下，几月当收，安识世间余务乎？（《颜氏家训·涉务篇》）

真等进破侯莫陈部，获牛马十余万头，追殄遗迸，入大峨谷。（《魏书·源贺传》）

路旁有大松树十数根。（《魏书·彭城王传》）

皇后东面躬桑，采三条；诸妃公主各采五条；县乡君以下各采九条。（《宋书·礼志》）

舍其七条袈裟，助费开顶。（《高僧传·兴福篇》）

因取净水一杯，杨柳一枝。（《高僧传·神异篇》）

垂赉细绫大文画柳蝉山扇一柄，文筠析缕，香发海檀，肃肃清风。（梁简文帝文，见《初学记》卷二十五）

今送梨三百颗，晚雪，殊不能佳。（王献之《送梨帖》）

见翼于饭中得一粒谷，先取食之。（《高僧传·义解篇》）

我食此不尽，可四片破之，余充晚食。（《南齐书·明帝记》）

日给酪一升，肉一段。（《魏书·临淮王传》）

茂虔又求晋、赵《起居注》诸杂书数十件，太祖赐之。(《宋书·胡氏传》)

承天又能弹筝，上又赐银装筝一面。(《宋书·何承天传》)

时南国商人持一段摩尼来与王阿阇世。(东晋《摩诃僧祇律》卷十八)

鹰嘴爪炙入麝香，煎酥酒一盏服之，治痔瘘有验。(王羲之《鹰嘴帖》)

"番"和"通"在该时期也发展成为名量词。"番"由动词"轮番"引申为名量词，指人或事物的个数，指人相当于"班"，指物相当于"个"。"通"由动词"通括"引申为名量词，指事物的次数。如：

佛问："阿难，有残食不?"答言："有饼。"佛言："分与乞食人。"阿难即付，人人与一番。(东晋《摩诃僧祇律》卷十八)

又复择取五百妓女，形容端正，不肥不瘦……璎珞其身，百人一番，迭代宿卫。(刘宋《过去现在因果经》卷一)

凡为人主，宜写一通，置之坐侧。(《后汉书·崔骃列传》。"写一通"指写一封文)

从唐代开始，名量词有了新的变化和发展。在使用范围方面，有的范围在扩大，而有的范围却在缩小；在词的更新方面，既有新词的产生，也有旧词的消失。

量词"个"，于战国后期产生。"个"自产生以来，虽然在中古时期的发展还远远比不上"枚"，但到了唐代却发展迅速，乃至成为当时最主要的量词。在《祖堂集》中，量词"个"出现一百多例。"个"由最初专称量竹，扩大到可称量各种动植物、日常用品和自然现象等。并且，"个"可以用来称人。如：

延宗幼为文宣所养，年十二，犹骑置腹上，令溺已脐中，抱之曰："可怜止有此一个。"(《北齐书·安德王延宗传》)

赋诗曰："避贤初罢相，乐圣且衔杯，为问门前客，今朝几个来。"(《大唐新语》)

量词"只"，最初仅有专指鸟类的用法，但自唐代起，其用法逐渐扩大到指兽类、人体部位和无生命之物等方面。如：

献展一只，何所施补。(西晋《生经》卷一)

达因取盘中只箸，再三从横之。(《三国志·吴书·赵达传》)

裴监为长史，辛公正为别驾，受王委寄，斗酒只鸡不入。(《北齐书·广平公盛传》)

对曰："忆师兄，哭太煞，失却一只眼，下世去。"(《祖堂集》卷四)

师云："三只投子掷下，失却一个。"(《祖堂集》卷十六)

乘一只之舩，过万重之浪。(《祖堂集》卷二十)

量词"盏"，南北朝用来称量酒，唐代出现称量灯的新用法。我们推测，这应该由"灯盏"义引申而来。如：

床头一盏寂寥灯，枕畔两行酸楚泪。(林楚翘《普劝四众依教修行》)

供养十方诸佛，身上燃灯千盏。(《敦煌变文集·太子成道经》)

量词"段"，南北朝用作指具体事物的量词，如：木、肉、衣、珠、头等，其量词都可用"段"来表示。唐代，"段"还产生了用来称量抽象事物的用法。如：

某甲有一段事，欲问多时，未得其便。(《祖堂集》卷四)

量词“枚”，在南北朝时期使用频繁。唐五代，出现使用不均匀的情况。总体上看，在以口语为主的材料《敦煌变文新书》和《祖堂集》中，“枚”作量词的用例迅速减少，而在医书之中却仍在大量使用。可用来称量的对象有“鸡子”、“小墨”、“蛇牙”、“蛤蚧”、“蝱虫”、“水蛭”、“槟榔”、“雄鸡头”、“蚕矢”、“猪蹄”、“大葱”，等等。其适用范围几乎包罗一切可数之物。

唐代，产生量词“节”、“团”、“橛”、“堆”、“贴”、“铺”等。如：

后焚得灵骨，一节特异清莹，其色如金，其声如铜。(《祖堂集》卷五)

因僧举云岩补草鞋次……师云：“药山与摩道，犹教一节在。”僧问：“和尚如何?”师云：“汝犹教一节在。”(《祖堂集》卷十)

一团青翠色，云是子陵家。(戎昱《闰春宴花溪严侍御庄》)

调和一堆泥水，舜子叉手启阿孃。(《敦煌变文集·舜子变》)

旧随汉使千堆宝，少答胡王万匹罗。(杜甫《喜闻盗贼蕃寇总退口号》)

南泉便以刀斩作两橛。(《祖堂集》卷五)

师云：“将一贴茶来与师僧。”(《祖堂集》卷十九)

长安二年，内出等身金铜像一铺并九部乐。(段成式《酉阳杂俎续集·寺塔记下》)

时刺史元某，欲画观世音七铺，以宪练行，委之勾当。(戴孚《广异记·僧道宪》)

此类量词中，“节”用于具体或抽象的事物。上例中“一节”指“一节灵骨”，“教一节”意指“差一截”；“团”用于成团的东西；“橛”在唐宋时期均用于具体的物；“堆”用于可以成堆的东西；“铺”用以表示面积或体积较大的物量。

一般地，名量词由普通名词演变而来，语法意义由其各自的本来意义引申发展为对对象的称量。如“枚”的本义是“树干”（《说文》：“枚，枝干也”），作量词时“枚”也是称量物。“头”的本义是指人体的最上部分或动物的最前部分，后来发展成为称量有头之物的整体。“颗”的本义是“小头”（依《说文》），进而发展为称量小而圆的东西。“条”的本义是“小枝”，进而引申为称量细长的东西。“根”的本义指植物的“根儿”，进而发展为称量有根之物的整体。“块”的本义是“土块”，进而发展为称量方形且有体积的东西。

近代汉语中，名量词在语法上又有新突破，主要表现在：

(1) 数量短语普遍置于名词前面。先秦，数量短语的基本形式是大多位于名词后面，极少数位于名词前面。[①] 至南北朝以后，“数＋量＋名”格式日益普遍。唐五代以后，数量短语和中心语名词的语序发生了很大的变化，“数＋量＋名”结构占有绝对优势。如：

宁饮三斗醋，不见崔弘度；宁灸三斗艾，不逢屈突盖。(《北史·弘度传》)

计族少十二丁，得十二匹赀绢。(《北齐书·元斌传》)

当时四十万匹马，张公叹其材尽下。(杜甫《天育骠骑歌》)

无锡县有四株茱萸树，相樛而生，状若连理。(《晋书·志》)

改领太子中庶子，与左仆射徐陵参掌尚书五条事。(《陈书·孔奂传》)

---

① 殷国光通过对《吕氏春秋》考察，发现“数词＋量词＋名词”结构共35例。其中，70%是借用量词。据他推测，“数词＋量词＋名词”结构就是为适应名词借用作量词而产生的一种格式，专用量词进入“数词＋量词＋名词”结构，则是类化作用的结果。

一炷名香充供养，百枝花蕊表殷勤。（《敦煌变文集·维摩诘经讲经文》）
方知摩尼一颗珠，解用无方处处圆。（《寒山诗》）
贫儿二亩地，乾枯十树桑。（王梵志《贫儿二亩地》）
此是师子一滴乳，六斛驴乳一时迸散。（《祖堂集》卷十八）

（2）量词前面的数词“一”省略，变为直接使用量词和名词。① 如：

门前有个老人，昨从寮杨城来，今得阿耶书信。（《敦煌变文集·舜子变》）
脊上缝个服子，仿佛亦高尺五。（《敦煌变文集·晏子赋》）
如今事作摩生？试通个消息看。（《祖堂集》卷十二）
若唤做好字，不应说个“可恶”字也。（《朱子语类》卷七十五）
正如而今作件物事，一个做起，一人学起，有不崇朝而遍天下者。（《朱子语类》卷一百三十九）

如果“一”前面是指示代词，那么“一”多被省略。指示代词直接与“个”等量词组合，表示定指。如：

路逢女人来委问：“此个郎君往何方？”（《敦煌变文集·董永变文》）
师云：“只如那个人，还觅牛也无？”（《祖堂集》卷十三）
便如易是卜筮底物事，这个却方是说他理，未到那用处。（《朱子语类》卷七十五）

（3）量词重叠表逐指。南北朝仅见“XX”式，如“卷卷有爷名”（《木兰诗》）。近代大量发展。除“XX”式之外，还有“一XX”式、“一X一X”式。前一种形式是两个量词的重叠，没有数词“一”出现，表示很多，且连续不断；后两种形式是同一个量词的重叠，并且前面有数词“一”，表示一一相接。（向熹，2010）如：

茫茫宇宙人无数，一个个鼻孔辽天。（《五灯会元》卷十六）
马祖下尊宿，一个个阿漉漉地。（《五灯会元》卷十七）
晁盖为头，与九个好汉相见了，迎上关来，各自乘马坐轿，直到聚义厅上，一对对讲礼罢。（《水浒传》第三十五回）
两军混战，曾家军马一步步退入村里。（《水浒传》第六十回）
西门庆让梵僧吃了，教琴童拿过团靶钩头鸡脖壶来，打开腰州精制的红泥头，一股一股邈出滋阴摔白酒来。（《金瓶梅》第四十九回）
说罢，便吩咐彩明念花名册，按名一个一个叫进来看视。（《红楼梦》第十四回）
说着就提笔一条一条的写了一大篇。（《儿女英雄传》第十五回）

重叠量词，如果没有数词“一”，便又会变成为表示个体的普通名词。譬如“人人”、“个个”、“件件”。如：

武鲁人人皆节相，文儒个个是公卿。（《敦煌变文集·双恩记》）
师云：“虽然如此，个个总须偿他始得。”（《祖堂集》卷十四）

---

① 省略“一”的用例从周代就已经开始，如“易女弓一，矢束，臣五家，田十田”（西周《不其簋》），“矢束”即矢一束。又如“然而晋人与姜戎要之肴而击之，匹马只轮无反者”（《公羊传·僖公三十三年》），句中的“匹马”即一匹马。

数年来见得日用间大事小事分明，件件都是天理流行，无一事不是合做底。(《朱子语类》卷一百一十七)

大纲只如此，然就其中须件件要彻。(《朱子语类》卷一百一十七)

(4) 量词直接跟在名词后面，成为名词词缀，并形成新的名词。如“枝条”、“官员”、“墨锭”、“事件”、“船只”、“书本”等。这样的新名词多是无定名词。[①] 如：

师云：“示有明星现，枝条异翠今。”(《祖堂集》卷十二)

正如人贩私盐，担私货，恐人捉他，须用求得官员一两封书，并掩头行引，方敢过场、务，偷免税钱。(《朱子语类》卷一百三十七)

凡写文字，须高执墨锭，端正研磨，勿使墨汁污手。(朱熹《训学斋规》)

此书本是难看底物，不可将小巧去说，又不可将大话去说。(《朱子语类》卷六十七)

若其他学者要学圣人，煞有事件，如何将一个字包括得尽！(《朱子语类》卷一百一十八)

却说周瑜用帐幕船只，曹操一发箭，周瑜船射了左面，令扮棹人回船。(《三国志平话》卷中)

太公不斩二人，先占了船只。(《武王伐纣平话》)

(5) 量词后面出现“子”、“儿”、“头”等词缀，从而使量词又变成为普通名词。这种现象很晚才出现。起初，多出现在北方话中。(贝罗贝，1998；李讷、石毓智，1998) 如：

这二天傅二棒锤跟了钦差辛苦了几个时辰，人家个子高，看得清楚，倒见了许多什面。(《官场现形记》第五十六回)

骡夫说：“一个人儿不行，你瞧不得那件头小，分量够一百多斤呢！”(《儿女英雄传》第四回)

想罢，便把那题目条儿高高的粘起来，望着它每篇立意，选词琢句。(《儿女英雄传》第三十四回)

我依着你就是了，你也依我件儿，爹这们病重，你且是百的别要做声，有你说话的时候哩！(《醒世姻缘传》第七十六回)

在现代汉语方言里，在计量同一事物时，总体上说，名量词的使用和普通话基本一致，当然也有一些不一致的地方。如“船”的量词，有称“只”的，有称“条”的，有称“张”的；又如“狗”的量词，有称“条”的，有称“只”的，等等。

二、动量词的产生和发展

先秦还没有产生动量词，动量范畴的表达靠数词和动词的组合。甲骨卜辞中，数词直接用

① 刘世儒（1965）认为，这种“名词＋量词”的词缀化构词形式产生于南北朝，如“车辆（两）”、“书本”、“辞条”等。我们在南北朝佛经中发现“肉段”、“衣段”这类构词，如“汝作肉段我尚不出，况为羔子而欲见欺”（《摩诃僧祇律》卷四），“若比丘尼有戒德，妇女小儿欲乞破衣段以襁灾者不得自手与，应遣净人女与”（《摩诃僧祇律》卷三十八）。

在谓语动词前，用来表达动量范畴，作状语。如：

癸酉卜，散贞：旬亡祸？王二曰：匄！（《甲骨文合集》10405 正）

西周金文中数词语序发生了变化，可以用在谓语动词后作补语。如：

我既付散氏田器，有爽，实余有散氏心贼，则鞭千罚千，传弃之。（西周晚期《散氏盘》10176）

今大赦女，鞭女五百，罚女三百锊。（西周晚期《𠑇匜》10285）

春秋战国时期，数词直接表达动量还是以数词在动词前面作状语的表达方式为主。如：

赵孟欲一献，子其从之。（《左传·昭公元年》）

宋殇公立，十年十一战，民不堪命。（《左传·桓公二年》）

少数的数词在动词后面作补语。如：

隶臣妾系城旦舂，去亡已奔，未论而自出，当笞五十。（《睡虎地秦墓竹简·法律答问》）

动量词产生于汉代。[①] 汉代开始出现从动词或名词虚化而来的动量词。如“反（返）”、“遍”、“过”、“下”、“通”、“匝”等。如：

佛以手抚阿难肩三反。（东汉《道行般若经》卷十）

八风四时之胜，终而复始，逆行一过，不复可数，论要毕矣。（《素问·玉版论要》）

吾久废不复省之，今欲思论一过，数日当以相与。（《三国志·吴志·赵达传》）

太子击前诵恭王之言，诵三遍而请习之。（《说苑·敬慎》）

其汤方以流水千里以外者八升，扬之万遍，取其清五升煮之。（《黄帝内经·灵枢经》）[②]

敞辞曰：“初欲言，候击敞数十下，胁痛，不耐言。”（《居延汉简》123.58）

九月甲申，莽立载行视，亲举筑三下。（《汉书·王莽传》）

从者击亭卒数下，亭长闭门，收其诸生人客，皆厌毒痛。（《风俗通义》第七）

晨时鼓一通。（《敦煌汉简》2262）

春秋治渠各一通，出块粪三百畚。（《汉晋西陲木简汇编》）

孟尝君将西入秦，宾客谏之百通，则不听也。（《说苑·正谏》）

彼异道人即遥远远绕佛一匝，便从彼间道径去。（东汉《道行般若经》卷二）

“反（返）”，由动词“往返”义引申为动量词，表示来回的次数。“过”，由动词“经过”义引申为动量词，泛指一般动作行为过程完成的次数。“遍”，由动词“周遍”义引申为用于“诵读”义动作的次数，指长时间才得以完毕。“下”，从方位名词“底”（《说文》：“下，底也”）发展到“从上往下落”（《尔雅·释诂》：“下，落也”），再引申为动量词，表示动作短暂

---

① 对于动量词产生的时代存在不同的观点。杨伯峻、何乐士（1992）认为，动量词在先秦出现。唐钰明（1990）与殷国光、南北（2010）认为，动量词产生于两汉。刘世儒（1965）认为，动量词产生于魏晋六朝。王力（1958）认为，动量词产生于唐代。

② 据张显成（2000）研究，此处所选例子属于汉代以前的作品。

的次数。“通”，由动词“通括”义引申为动量词，表示动作的次数，相当于现代汉语“回”。“匝”，由动词“周匝”义引申为动量词，表示“围绕”义，指动作的圈数，动作的状态。上述例句中，动量词与数词组成数量短语，位于动词（及其宾语）后，作补语，数量短语表示动作行为的次数。（傅铭第，1965）

南北朝时期，动量词的使用有所发展。“过”可以用于动词前作状语，也可用于动词后作补语，能与“建”、“揩”、“咽”、“往返”、“按”、“思论”等动词搭配。在当时，动量词“过”的发展已相当成熟。如：

能养以华池，浸以醴液，清晨建齿三百过者，永不摇动。（《抱朴子》卷十五）

诵之万过，白日升天。（《冥通记》卷四）

夜有盗之者，数过提举，竟不能动。（《高僧传》卷二）

彼常愿欲共我一过交战，我亦不痴，复不是苻坚。（《宋书·索虏传》）

量词“遍”的用例在增加，语义范围在扩大。“遍”由表示“诵读”义的次数扩大到表示一般动作范围的次数。功能上，“遍”主要作补语，有时也作状语。“遍”带宾语时往往置于宾语后面。如：

佛告诸比丘：“作苏毗罗浆法者，取麦麦轻捣，却芒尘土，勿令头破，以水七遍净淘，置净器中。”（东晋《摩诃僧祇律》卷二十九）

徒诵之万遍，殊无可得也。（《抱朴子》卷八）

沙门法抚，三齐称其聪悟，常与显宗校试，抄百余人名，各读一遍，随即覆呼，法抚犹有一二舛谬，显宗了无误错。（《魏书·韩麒麟传》）

画眉千度拭，梳头百遍撩。（庾信《梦入堂内》）

量词“下”，主要用于表“打击”义和“叩击”义动作的次数，表示动作状态向下的趋向和动作进行时间的短促。它基本形成一类语义范畴。多数情况下，“下”直接用在动词后面作补语。如果有宾语，不管宾语是代词还是名词，其语序都是“动词＋宾语＋数词＋下”格式。如：

打者乃至手打一下。（东晋《摩诃僧祇律》卷九）

乃杖详背及两脚百余下，自行杖，力疲乃令奴代。（《魏书·北海王传》）

打之如皮囊，以铁锤锻其头数十下乃死。（《抱朴子》卷十一）

量词“通”，如果句子带宾语，它会出现在宾语的后面，表示“叩击”义动作的次数。如：

四面诸村始闻者挝鼓一通，次复闻者以二为节，次后闻者以三为节，各击数千槌。（《魏书·李崇传》）

传吏疑其伪，乃椎鼓数十通。（《后汉书·光武帝纪》）

该时期又产生了新的动量词“番”、“周”、“合”和“度”。“番”和名量词一样，由“轮番”发展为动量词，表示动作行为反复或重复的次数。“番”前面的数词一般为不定数。与“番”组合的数量短语多数用在动词前面作状语，少数用在动词后面作补语。如果句子有宾语，一般语序表现为“动词＋宾语＋补语”。如：

因示语攻难数十番，云：“旧此中不可复通。”（《世说新语·文学》）

初，父邵使与南阳宗少文谈《系》《象》，往复数番。（《宋书·张邵传》）

罗什与贤数番往复。（《高僧传》卷二）

于是弼自为客主数番，皆一坐所不及。（《世说新语·文学》）

量词“番”所表示的数量可小可大，不论次数多少，都可以用“番”来表示。如《诗经·小雅·车攻》孔疏：“此射夫皆已射一番。”

“周”和“遍”一样，由“周遍”义引申为动量词。“遍”表示“诵读”义动作的次数，“周”也有此用法，但它还有表示动作圈数的用法，作补语。如：

婿即向日，妻佯绕之数周，推落山下。（吴《六度集经》卷二）

臣拜纸诏，伏读一周，不觉气结于胸，而涕泣雨集也。（《三国志·吴书·陆机传》注引《江表传》）

辄于母前，伏诵三周，举家大小，豁然忘愁也。（车永《答陆士龙书》）

“合”由动词“合拢”义引申为表示交战回合的次数，作补语。如：

敬儿单马在后，冲突贼军数十合，杀数十人。（《南齐书·张敬儿传》）

其党辅国将军孙昙瓘骁勇善战，每荡一合，辄大杀伤，官军死者百余人。（《南齐书·戴僧静传》）

“度”由动词“渡过”义引申为表示渡过的回合，多数作状语，少数作补语。如：

时刘彧遣张永、沈攸之、陈显达、萧顺之等，前后数度规取彭城，势连青兖。（《魏书·尉元传》）

是时太守王朗拒策于固陵，策数度水战，不能克。（《三国志·吴书·宗室传》）

舍利于塔前放光三度，皆紫光色，众人尽见。（王劭《舍利感应记别录》）

动量词到南北朝时期发展成为一种语法范畴。该时期的“动词＋宾语＋数词＋量词”语序，一直使用至今，但必须以宾语是代词为条件。

唐代，动量词发展很快。《祖堂集》中有“匝”、“回”、“下”、“转”、“度”、“遍”、“声”、“顿”、“步”、“场”等十多个动量词。

一方面，原来的动量词语义范围在扩大。如“下”，已不再受“叩击”这类向下的趋向语义范围的限制，进而扩展到一般动作行为等语义范围，表示动作行为瞬间的动量关系。（刘世儒，1965）如：

才与摩道，便失声龄齿两三下，悔与摩道。（《祖堂集》卷六）

沩山把一枝木吹两三下。（《祖堂集》卷十四）

后来，“下”的语义又扩展到心理、语言等语义范围，表示心理思想、言语活动瞬间的动量关系。

“回”、“度”、“次”这三个动量词，在南北朝萌芽，到唐代得到发展。“回”由动词“回转”引申为名量词和动量词。作动量词时，先表示动作往返的次数，再扩大到一般动作行为的次数、人和事物具有周期性变化的次数。“度”作动量的用法和“回”相同，都由表示动作渡过的次数，扩大到一般动作行为的次数、人和事物具有周期性变化的次数。但在功能方面，二者有所差异。“度”，多数作状语，极个别作补语。“回”，则作状语和作补语的几率同等。“次”

由名词“位次”义引申为动量词，表示一般动作行为的次数。① 如：

君近雁来处，几回断君肠。(鲍溶《秋思三首》)
相阅征途上，生涯尽几回?(杜甫《龙门》)
一章三遍读，一句十回吟。(白居易《寄元九初谪江陵》)
自识君来三度别，这回白尽老髭须。(元稹《过东都别乐天二首》)
天台画得千回看，湖目芳来百度游。(皮日休《夏景冲澹偶然作二首》)
三次论诤退，其志亦刚强。(张籍《祭退之》)

另一方面，新的动量词不断产生。“遭”由动词“周遭”义引申为动量词，多称量表示动作环绕的次数。如：

华膏隔仙罗，虚绕千万遭。(孟郊《寒地百姓吟》)
既是当直，与寡人领将三百将士，何不巡营一遭。(《敦煌变文集·汉将王陵变》)

“场”由“场所”义名词引申为动量词，由空间发展到时间，表示在一定场所动作行为的次数，用于“宴饮”和一般行为义的语义范围。如：

昔年常接五陵狂，洪饮花间数十场。(李中《泉》)
床下酒瓶虽不满，犹应醉得两三场。(白居易《十二月二十三日作兼呈晦叔》)

“巡”由表“巡回”义动词引申为动量词，表示动作巡回的次数。如：

执手上堂相对坐，索饭同餐酒数巡。(《敦煌变文集·捉季布传文》)
解且宅中无季布，且愿从容酒一巡。(《敦煌变文集·捉季布传文》)

宋代以后，动量词的发展更趋于完备，分工更趋于明确，词项也更趋于专业化。凡动作行为量的表达都需要动量词。又一些新的动量词产生，如“会”、“趟”、“直”。“会”由动词引申为动量词，表示动作的次数。如：

俺正是闻风而至，你则待和桂花仙打一会官司。(吴昌龄《张天师》第三折)
下场头少不得落一会草。(李文蔚《燕青博鱼》第四折)

“趟”由动词引申为动量词，表示“行走”义动作的次数。“直”由“直走”义动作引申为表示动作行为延续的段数。如：

沿地云游数十遭，到处闲行百余趟。(《西游记》第二十二回)
恰才行了一直，又蚤歇了一会。(无名氏《盆儿鬼》第三折)
武松走了一直，酒力发作，焦热起来。(《水浒传》第四十三回)

从动量词的产生和发展来看，表示行为单位的量词比表示事物单位的量词出现的时间要晚。汉代以前，行为的称数多以在动词前面加数目的方式来表示，汉代以后，表示行为单位的量词出现。表示行为的量词大多由动词转化而来，少数从名量词转化而来，也有极个别通过借用产生动量词的情况。具体情况如下：

---

① 动量词“回”和“次”在南北朝萌芽。如“试作两三回，踶场方就好”(晋《西曲歌·江陵乐》)，“刘道朔坐犯七次偷，依法测立，首尾二日而款”(沈仲由《全陈文》卷十七)。

(1)从表示动作行为的动词发展成为表示其行为次数的动量词。如前所述，“遭”，首先由行为“周遭”发展成为表示环绕或转动的次数，接着又发展成为表一般动作行为的次数。“遍”，最初从动作行为“周遍”发展成为表示其动作行为的次数（多指读书完毕），接着发展成为表一般动作行为的次数。

(2)从表示事物的量词发展为表示行为的量词。“番”最初用作表示轮番事物的名量词，后来发展为表示动作时间长久的动量词；“场”最初用作表示场所的名量词，后来发展为在此场所动作行为的次数，即由空间名词发展为表示时间的动量词；“顿”和“阵”从名量词发展为动量词。动量词刚产生的初期，表示行为的动量词和表示事物的名量词的位置还不是很好区分，而近代汉语中，表示行为的动量词和表示事物的名量词有其不同之处：表示行为的动量词一般在动词的后面，而表示事物的名量词一般在名词的前面。现代汉语也还基本遵循近代汉语这一规则。近代汉语用例如：

十五丁出一番兵，计得一万六千兵。（元孝友《上孝静帝表》。名量词）

不知明早添多少，日暮闲来数一番。（杨万里《绝句》。动量词）

如乳母聒噪一场，如单超、徐璜也作怪一场。（《朱子语类》卷一百三十五。名量词）

床下酒瓶虽不满，犹应醉得两三场。（白居易《十二月二十三日作兼呈晦叔》。动量词）

决战一阵，蕃军大败。（《敦煌变文集·张义潮变文》。动量词）

理在气中，如一个明珠在水里。（《朱子语类》卷四。名量词）

(3)通过借用而产生的动量词，产生的途径有两个：

一是借用名词表示动量。这在汉代以后开始萌芽，南北朝以后得到发展。如：

文襄使季舒殴帝三拳，奋衣而出。（《魏书·孝静纪》）

兴祖家饷糜，中下药，食两口便觉，回乞狱子，食者皆大利。（《南齐书·王奂传》）

四面诸村始闻者挝鼓一通，次复闻者以二为节，次后闻者以三为节，各击数千槌。（《魏书·李崇传》）

二是借用动词表示动量，即动词复用，出现于近代。有“动词一动词”、“动词＋了一动词”、“动词＋得一动词”、“动词＋两＋动词”、“动词＋他（俺、你）一（两）＋动词”、“动词＋了＋动词”等形式。如：

计氏笑了一笑。（《醒世姻缘传》第二回）

将帖掀一掀，递到晁大舍手内。（《醒世姻缘传》第四回）

妈妈，你尝一尝你儿子带来的惠泉酒。（《红楼梦》第十六回）

动量表示法的演变经历了三个阶段，即“数词＋动词”结构发展到“动词＋数词”结构，再到“动词（＋宾语）＋动量词”结构。先秦“数词＋动词”结构是主流。当数词和动词组合时，百分之九十以上的数词在动词前面，只有极少数的数词在动词后面。“动词＋数词”结构在先秦处于萌芽。到了汉代，此结构开始多起来，当然还是以“数词＋动词”结构为主。魏晋南北朝时期，开始出现动量短语用在动词前面和后面的情况。刘世儒（1965）指出，魏晋南北朝有“过”、“番”、“遍”、“回”、“通”、“阵”等动量词。这些词可以与数词构成数量短语，位于动词前作状语和动词后作补语。但以动词后作补语的情况为主。

到了近代，新产生的动量词“会”、“趟”、“直”、“顿”等多出现在动词之后。“动词＋动量短语”结构发展成为常式。

关于“动词＋动量短语”格式的产生，太田辰夫（1958）指出，古代汉语表示一段时间的计量成分既可以位于动词前，又可以位于动词后，所以当动量词产生后，由于是对表示一段时间的计量成分的类推，数量短语也可以位于动词之后，形成“动＋数＋量”式。殷国光也有类似的看法，认为这一类格式是受先秦名量词格式“动词＋名词＋名量短语”的类推。如：

孔子游于匡，卫人围之数匝，而弦歌不惙。(《庄子·秋水》)

小乐正立于西阶东，乃歌鹿鸣三终。(《仪礼·大射礼》)

降，出，御妇车，而婿授绥，御轮三周，先俟于门外。(《礼记·昏义》)

如前所述，上例中的“匝”、“终”、“周”均为名量词，有与数词一起补充说明动作的结果的作用。其句式为“动词＋名词＋（数词＋名量)”。动量词就是在这一句式中孕育并产生。

到了汉代，“动词＋动量短语”的格式并没有变，但在类推的作用下，其中的数词和量词所表达的语义范畴却已扩大了，即在补充说明动作结果的基础上，又拓展出新的计量动作反复次数的语义范畴。如：

敞辞曰：初欲言，候击敞数十下，胁痛，不耐言。(《居延汉简》)

该例中的“数十下”的语义已不再是补充说明动作“击”的结果，而是计量动作“击”反复的次数。句子形式未变，而表达的语义范畴却在扩大。以此为契机，动量词应运而生。

动量词的产生过程可图示为：先秦：“动词＋名词＋（数词＋名量)”→汉代：“动词＋名词＋（数词＋动量)”。

唐钰明（1990）认为，因为位移，从而使“数＋动”格式发展为“动＋数”格式。又加上动量词出现，因而产生“动词＋动量短语”格式。

关于“动词＋动量短语”格式的产生，需要做进一步的研究。

【思考题】

1. 在上古汉语里，事物数量的表达有哪几种方式？
2. 序数词“第”是怎么产生和发展的？分数是怎么产生和发展的？
3. 名量词和动量词出现于什么时代？请举例说明。
4. 动量词产生的方式在历史上有哪些？

【本章参考文献】

傅铭第．关于动量词“匝”和“周”．中国语文，1965（1）．

郭锡良．从单位名词到量词//汉语史论集（增订本）．北京：商务印书馆，2005.

李讷，石毓智．句子中心动词及其宾语之后谓词性成分的变迁与量词语法化的动因．语言研究，1998（1）．

刘世儒．汉语动量词的起源．中国语文，1959（6）．

刘世儒．魏晋南北朝量词研究．北京：中华书局，1965.

唐钰明．古汉语动量表示法探源．古汉语研究，1990（1）．

殷国光，南北．上古汉语动量范畴的表达//量与复数的研究：中国境内语言的跨时空考察．北京：商务印书馆，2010.

张显成．先秦两汉医学用语研究．成都：巴蜀书社，2000.

张显成．马王堆医书中的新兴量词．湖南省博物馆馆刊，2005（2）．

张赪．类型学视野的汉语名量词演变史．北京：北京大学出版社，2012.

［法］贝罗贝．上古、中古汉语量词的历史发展//语言学论丛（第二十一辑）．北京：商务印书馆，1998.

第三章

代词的发展

代词在汉语历史发展中发生了很大变化。上古，人称代词单复数同形，只有第一人称和第二人称两类人称代词系统出现，没有第三人称代词系统出现。至近代，出现了第三人称代词“他”，并形成第三人称代词系统；出现了复数词缀“们”，产生了单复数分立、包括式与排除式对立的情况。上古，指示代词有两类：一类是纯然指示事物的“斯”、“是”、“此”等，另一类是兼任第三人称代词用法的“彼”、“其”、“之”。至近代，文言指示代词逐渐被新的指示代词替代，并由上古专用和兼用两类指示代词发展为一类专门的指示代词，即指示代词由兼用走向专用。上古，疑问代词用作询问，问人、事物和处所；至近代，口语中原有的疑问代词逐渐被新的疑问代词取代，并由询问发展出虚指和任指，由指人、事物、处所又发展出指时间、数量和情状方式的用法。

第一节 人称代词的发展

一、人称代词在上古文献中的分布

在上古，人称代词只有第一人称代词和第二人称代词，没有专门的第三人称代词，第三人称用法由指示代词兼任。①

上古，第一人称代词有“我”、“余（予）”②、“朕”、“吾”、“台”、“卬”六个。王力（1958）从语音上，把它们分作两个系统：

---

① 王力（1958）认为，上古人称代词有三类：第一人称代词、第二人称代词和第三人称代词。其中，第三人称代词有“其”、“之”、“厥”。

② “余”、“予”为一词，“予”为后起字。

ŋ系　　吾 ŋa　　我 ŋa　　卬 ŋaŋ
d系　　余，予 dĭa　　台 dĭə　　朕 d'ĭəm

同一系统中的人称代词或有同源的关系。

“我”、“余”、“朕”已见于甲骨卜辞。“我”作主语、定语、宾语，“余”主要作主语和宾语，少数作定语。“朕”主要作定语，少数作主语，偶尔作宾语。如：

A. 甲辰卜，宾贞：“我收人?”B. 贞：“我勿收人?”（《甲骨文合集》9811。收：征召。）

癸酉卜，争贞：“王勿逆邛方，下上弗若，不我其受祐。”（《甲骨文合集》6201）

丙辰卜，争贞：“沚聀启，王从，帝若，受我祐。”（《甲骨文合集》7440 正）

沚聀告曰：“土方征于我东鄙。”（《甲骨文合集》6057 正）

□□卜，王贞：“余征。”（《甲骨文合集》7617）

王占曰：“吉。帝其受余祐。”（《甲骨文合集》7440 反）

羌甲求余。（《甲骨文合集》1803）

戊辰卜，王贞：“妇鼠娩余子。”（《甲骨文合集》14115）

丙子卜，贞：“朕臣商（赏）。”（《屯南》2672）

戊寅卜，朕出今夕。（《甲骨文合集》22478）

王占曰：“祖乙弗若朕，不其……”（《甲骨文合集》1360 反）

上面用例中，“我”主要表复数，也表单数。“余”和“朕”表单数。

“吾”、“台”、“卬”、“予”始见于周代。“吾”常作主语和定语，“台”作主语和定语，“卬”作主语和宾语，“予”常作定语。如：

鸣鹤在阴，其子和之，我有好爵，吾与尔靡之。（《易经·中孚卦》）

子曰：“吾道一以贯之。”（《论语·里仁》）

非台小子敢行称乱。（《尚书·汤誓》）

涣其群，元吉。涣其丘，非台所思。（《上博简三·周易》54、55）[①]

招招舟子，人涉卬否。人涉卬否，卬须卬友。（《诗经·邶风·匏有苦叶》）

越予冲人，不卬自恤。（《尚书·大诰》）

非予罪，时惟天命。（《尚书·多士》）

上古第一人称代词均产生于不同的时代，在上古文献中有着不同的分布。“我”、“余（予）”、“吾”分布最广，最为常见。“朕”从甲骨卜辞至春秋战国，呈现逐渐衰落的趋势，至秦始皇始为天子自称。“台”只见于《尚书》和东周铜器铭文。“卬”偶见于《诗经》和《尚书》。

东周以降，第一人称代词在语法分布上也存在着差异。其中，“我”和“吾”差异尤为明显。王力（1958）指出：“‘吾’字用于主格和领格，‘我’字用于主格和宾格。”[②] 当“吾”、

---

① 此例中的“非台所思”，马王堆帛书《周易》作“匪娣所思”，今本《周易·涣卦》作“匪夷所思”。“娣”、“夷”与“台”音近而通用。《词诠》卷七：“台，人称代名词，我也。”

② 20 世纪初瑞典汉学家高本汉在《原始中国语为变格语说》中提出古汉语中存在着变格现象，认为“吾”和“汝”只用于主格和领格，“我”和“尔”只用于宾格。王力（1958）指出：“高本汉认为‘我’只用于宾格，那是没有根据的。”

“我”在主语和宾语的语境中同时出现时，往往“吾”作主语，“我”作宾语；当“吾”、“我”在主语和定语的语境同时出现时，往往“吾”作定语，“我”作主语。如：

如有用我者，吾其为东周乎？（《论语·阳货》）

今者吾丧我，汝知之乎？（《庄子·齐物论》）

我张吾三军而被吾甲兵。（《左传·桓公六年》）

我善养吾浩然之气。（《孟子·公孙丑》）

王数封我矣，吾不受也。（《吕氏春秋·异宝》）

上古，第二人称代词有“女（汝）”、“乃”、“尔”、“而”、“戎”、“若”六个。王力（1958）从语音上，把它们拟作一个系统：

n 系	汝 ȵĭa	尔 ȵĭa	若 ȵĭak	乃 nə
	而 ȵĭə	戎 ȵĭwəm		

同一系统中的人称代词或有同源关系。

“女（汝）”、“乃”、“尔”已见于甲骨卜辞。“女（汝）”常作主语和宾语，少数作定语。“乃”作定语，“尔”偶有出现，作宾语和定语。如：

女□入乎（呼）有司：“女（汝）克俘二人。”（《甲骨文合集》35362）

癸卯卜，贞：“不女（汝）得。”（《甲骨文合集》439）

贞：王曰：“侯虎，得女（汝）史劦。”（《甲骨文合集》3297 正）

己卯卜，宾贞曰：“以乃邑。”（《甲骨文合集》8986 反）

戊戌卜，㱿贞：王曰：“侯虎往，余不尔其合，以乃史归。”（《甲骨文合集》3297 正）

癸酉卜，㱿贞：“令多奠，依尔墉。”（《甲骨文合集》6943）

“若”、“戎”、“而”始见于周代，都作主语和定语。如：

王曰：“盂，若敬乃正，勿废朕命。”（西周《大盂鼎》）

矧惟若畴：圻父薄违，农父若保，宏父定辟。（《尚书·酒诰》若畴：汝之三卿。）①

戎虽小子，而式弘大。（《诗经·大雅·民劳》）

王命仲山甫：式是百辟，缵戎祖考。（《诗经·大雅·烝民》）

其害于而家，凶于而国。（《尚书·洪范》）

嗟尔朋友，予岂不知而作。（《诗经·大雅·桑柔》）

上古第二人称代词也都产生于不同的时代，在上古文献中也有着不同的分布。其中，“女（汝）”、“尔”分布最广，最为常见。“乃”、“而”次之。“若”多见于《墨子》《庄子》。“戎”只偶见于《诗经·大雅》。

上古第二人称代词在语法分布上也存在一定差异。较为明显的差异是，“而”不作宾语，“乃”通常作定语。在数范畴上第二人称代词单复数同形，大体是“汝”、“而”、“尔”以单数为主，少数表复数。

王力（1958）指出：“上古人称代词有相当整齐的系统，各词都有对应关系：‘吾’、‘余’、‘予’和‘汝’相配；‘我’和‘尔’相配；‘卬’和‘若’相配；‘台’和‘而’相配；‘朕’

① 今文《尚书》之《周书》中有 16 篇是西周时期的作品，其中包括《酒诰》篇。参见谭家健：《先秦散文艺术新探》，北京，首都师范大学出版社，1995。

和‘戎’相配。”

周代以降，“汝”、“而”、“尔”的使用范围扩大，功能差距缩小，都可以作主语、宾语和定语。“汝”除了常作主语和宾语以外，也可以作宾语。“而”除了作定语以外，也可以作主语和宾语。“尔”除了作定语和宾语以外，也可以作主语。第二人称代词发展的趋势是功能不断泛化。到魏晋南北朝时期，口语中第二人称代词统一用“汝”表达。

第三人称代词的表达方式

上古没有专门的第三人称代词，第三人称代词用法由“厥”、“其”、“之”、“彼”等指示代词兼任。“之”最早见于殷商甲骨卜辞，作宾格。如：

A. 壬戌卜，⿱宀古贞：王梦，唯之？B. 贞：王梦，不唯之？（《甲骨文合集》17411）

叀（惠）白羊用于之，又（有）大雨。（《甲骨文合集》30552）

“厥”，最早见于金文（字作乁，隶定作氒），主要作领格，偶尔作主格。如：

匡众氒（厥）臣廿夫，寇曶禾十秭。（西周《曶鼎》2838）

天乃大命文王，殪戎殷，诞受厥命。（《尚书·康诰》）

懋父令曰：宜播。⿰虘又，厥不从厥佑征。（西周《师旂鼎》2809）

“厥”主要出现在上古早期文献《诗经》的雅颂部分和《尚书》之中，春秋以后逐渐为“其”所代替。

“其”，在上古广泛使用，用于领格，不作主格和宾格。[①] 如：

颍考叔，纯孝也，爱其母，施及庄公。（《左传·隐公元年》）

在有些文献中，“其”看起来像是作主语，其实不然。“其”相当于“名词＋之”结构，在形式上仍然作领格。如：

吾见师之出而不见其入也。（《左传·僖公三十二年》）

其为人也好善。（《孟子·告子下》）

其为政也，善因祸而为福，转败而为功。（《史记·管晏列传》）

“彼”，在先秦典籍中出现，可以用于主格、宾格和领格。如：

以小易大，彼恶知之？（《孟子·梁惠王上》）

知己知彼，百战不殆。（《孙子兵法·谋攻》）

孙子曰：“今以君之下驷与彼上驷，取君上驷与彼中驷，取君中驷与彼下驷。”（《史记·孙子列传》）

在上古，“之”作宾格，“厥”主要作定语，“其”作定语，“彼”作主语、宾语和定语。

古汉语中，人称代词使用繁复。不同时代的人称代词，其使用有着很大不同，同一时期不同地域的人称代词，其使用也有差别。关于上古汉语人称代词使用繁复的原因，学界尚未达成一致的看法。我们认为，造成上古汉语人称代词繁复的原因是多方面的，时代的不同、商周语

① 东汉以后，“其”始可作主格和宾格。如，“武王梦帝予其九龄”（《论衡·感类》），“乞白服相见，其永不肯”（《南齐书·鱼复侯子响传》）。

言的差异以及地域方言的存在当是造成上古汉语人称代词繁复的主要原因。①

二、人称代词的发展

从上古汉语到近代汉语，人称代词的使用发生了很大变化。主要表现是：

第一，人称代词趋于统一。

从汉代开始，书面语中第一人称代词逐渐统一。东汉学者在注释先秦文献的时候，“余”、“朕”、“台”、“卬”等一律注释为“我”。从汉代开始，书面语中第二人称代词也逐渐统一。东汉学者在注释先秦文献的时候，“乃”、“尔”、“而”、“戎”、“若”等一律注释为“汝”。南北朝时期，出现了第二人称代词“你”。唐代，出现第三人称代词“他”。

第二，出现了专门的第三人称代词“他”，产生了第三人称代词系统。

在近代汉语第三人称代词“他”产生之前，魏晋南北朝已出现第三人称代词“渠”和“伊”。“渠”，最初见于西晋。南北朝时期，“渠”尚少见，唐代开始广为使用。“渠”可以作主语、宾语和定语。如：

女婿昨来，必是渠所窃。(《三国志·吴书·赵达传》)

渠笑我在后，我笑渠在前。相笑倘不止，东边复西边。(《寒山诗》)

太田辰夫（1958）、吕叔湘（1985）一致认为，“其”、“渠”同源。宋以后，“渠”在方言中保留下来。到了明清，“渠”在北方方言中消失。

“伊”产生于六朝，可以作主语、宾语和定语。如：

既还，王长史语刘曰：“伊讵可以形色加人不?”（《世说新语·方正》）

王僧恩轻林公，蓝田曰：“勿学汝兄，汝兄自不如伊。”（《世说新语·品藻》）

丞相让之，大将军曰：“自杀伊家人，何预卿事!”（《世说新语·汰侈》）

唐代和宋词中，人称代词“伊”依然很常见。如：

谁能共伊语，令教莫此居。（《寒山诗》）

为伊憔悴得人怜，欲与那人携素手，粉香和泪落君前，相逢恨恨总无言。（刘辰翁《浣溪沙·感别》）

“伊”原为指示词，后来演变为人称代词。②

第三，出现了表示名词、代词复数的后缀“们”，使人称代词由上古的单复数同形，发展为单复数形式分立。

第四，复数后缀“们”出现，第一人称代词复数出现排除式与包括式的对立。

下面着重讨论第一人称代词复数形式、第二人称代词“你”和“您”、第三人称代词

---

① 徐丹（2009）认为，汉语发生了类型上的转变，上古汉语有形态，代词系统有格标记或格位的痕迹，而格位表现或痕迹经常出现不对称，这种不对称性会使得人称代词的使用复杂化。她还提出古汉语第一、第二人称代词繁复与藏缅语系的语言有关联，甚至有渊源关系。

② “渠”、“伊”在现代汉语方言中仍保留着。吕叔湘（1985）指出宁波、诸暨、衢县、余姚、黄岩，都是“其”一系，永康、金华都是“渠”一系。“伊”见于吴语、闽语等地区，如上海、昆山、吴江、嘉兴、绍兴等处都用“伊”表人称代词。

“他”、反身代词“自己”的发展。

(1) 第一人称代词复数形式的发展。

A. 包括式。包括式有“自家”、“咱们”、“偺”等形式。“自家”最早见于唐代，宋以后，出现相当于第一人称代词的用法。据吕叔湘(1985)研究，“自家”曾有过三个意义：第一，跟“别人”相对，跟“自己”同义；第二，代表第一身，等于“我自家”；第三，表泛指，意思是“或你或我或任何人”。如：

夸道自家能走马，团中横过觅人看。(王建《宫词》。“团”一作园)

自家韩信的便是……想自家空学的满腹兵书战策，奈满眼儿曹，谁识英雄之辈。(《古今杂剧三十种·萧何月夜追韩信》)

《诗》上说：“思无邪”，自家口读“思无邪”，心里却胡思乱想，这不是读书。(《朱子语类辑略》卷五)

“自家”从表“或你或我”的意思很容易演变为表“你和我”的意思，与“他家”相对。如：

自家好，家门各为好事，以光祖宗。(范仲淹《范文正公集·告诸子及弟侄》)

且言此是契丹男妇媳，且教与自家劝酒，要见自家两国欢好。(赵良嗣《燕云奉使录》)

有“你和我”义的“自家”是复数。在宋代，出现了在“自家”之后加“门(们)”或“懑”的用例。如：

且自家门如今，且把这事放著一边，厮杀则个。待你败时，多与银绢；我败时，都不要一两一匹。(赵良嗣《燕云奉使录》)

今自家懑都出岳相公门下。(《挥尘录余话》)

“自家”的合音词是“咱”。“咱”出现于宋代，有三个方面的意义：第一，表示自己，通常与“我、俺、你、您”结合使用，如下面第一、二例；第二，在宋、金、元文献里“咱”有单数和复数两种用法。表单数的“咱”等于“我”，相当于“自家”的第二义，如第三、四例；第三，与“咱们”相类，相当于“自家”的第三义，如第五例。

外边闲事无心觑，直自我咱，怕你恶肠肚。(晁元礼《一斛珠·相思最苦》)

自入舍做女婿，觑俺咱似儿戏。(《刘知远诸宫调》)

咱有服制，谁人敢为做媒？(《五代史平话》)

不是你呵，我这马如何得？咱两人可以分，你要多少？(《元朝秘史》)

“咱家”、“咱门”、“咱们”在宋元出现。如：

问则甚！咱门这里拜章。(张枢密《声声慢·判道士还俗》)

咱们祖上亦是宋氏，流落在此。(周密《癸辛杂识续集·文山书为北人所重》)

咱家乾志诚，不望他家，恁地孤恩短命。(《董西厢》卷五)

“偺(喒、昝)”是“咱们”的合音。[①] 在时间上，“偺”晚于“喒”、“昝”。[②] 元代还写作

---

① 明徐渭《南词叙录》：“咱们二字合呼为喒。”

② “偺”也可以用于单数，如“你不听这个，偺唱个好的”(《儿女英雄传》第三回)。

“喒、昝”，多见于剧曲。如：

随何，喒是绾角儿弟兄，汉中王不把咱钦敬，都说他是真命。(《古今杂剧三十种·汉高皇濯足气英布》)

嫂嫂，昝坟园到那未哩？(《古今杂剧三十种·张千替杀妻》)

“咱们（门）”，元明普遍使用，清以后统一为“咱们”。现代北京话里，只有“咱们（偺们）”，河北、河南、山东、山西等地方言说“俺”，完全继续元代的传统。①

B. 排除式。第一人称代词的排除式有“俺门（俺们）”、“我懑（我们）”、“俺”等书写形式。“俺”是“我们”的合音。吕叔湘（1985）指出，“俺”初见于宋代，元代出现了“俺每（俺们）”，明清以后统一为“我们”。如：

都乘轿儿先去，俺待跨马，匆匆去也。(《张协状元》)

俺每都打死人堆上骑着马跑，方才脱的性命。(元曲选《汉高皇濯足气英布》第四折)

你每自在耍耍，我们去也。(《金瓶梅》第一回)

第一人称代词复数排除式与包括式的对立，在北宋末期的北方方言文献中已出现，到金元时期，其使用已非常普遍。如：

薄情业种，咱两个彼各当年。休休，定是前缘，今宵免得，两下里孤眠。(《董西厢》卷四)

弟兄笑道：“你发迹后，俺向鼻内呷三斗三升醶醋。”两个妯娌也道：“俺吃三斗三升盐。”(《刘知远诸宫调》)

咱西蜀家威风，俺敢将东吴家灭相。(《古今杂剧三十种·关张双赴西蜀梦》第二折)

上面用例中，“咱”包括说话人和听话人，“俺”排除听话人。

第一人称代词复数包括式与排除式的对立，只出现在北方方言文献里，如金代的两种诸宫调、《蒙古秘史》、元杂剧等。现代汉语方言中，这种对立也只出现在北方系官话中。这究竟是何原因？梅祖麟（1988）、刘一之（1988）认为，这是受阿尔泰语影响的缘故。在蒙古语族、满洲—通古斯语族中有排除式与包括式的对立。契丹语属于蒙古语族，女真语属于满洲—通古斯语族。12世纪，契丹族和女真族由于在政治、经济和文化方面与汉族接触频繁。与此同时，汉语又因受蒙古语和满语的影响，使得这种对立在北方官话中一直存在。这说明，是语言接触的影响，造成了汉语“俺”、“咱”有了外族语排除式与包括式语法范畴的形成。

（2）第二人称代词“你”和“您”的发展。

A. 第二人称代词“你”。南北朝时期，“你”字作“尔”、“爾”。“你”在南北朝后期已经出现，隋唐之际，修史的文人已经使用。（吕叔湘，1985）如：

你父打我时，竟不来救。(《北齐书·太原王绍德列传》)

武平元年，童谣曰：“狐截尾，你欲除我我除你。”(《隋书·五行》)

你能作几年可汗？(《周书·突厥列传》)

到唐代，“你”已在口语里得以使用。如：

---

① 关于“咱们”的用法，参见吕叔湘（1985），蒋绍愚、曹广顺（2005）。

童子答能曰："你不知大师言，生死事大，欲传于法，令门人等各作一偈来呈看。"（敦煌写本《六祖坛经》）

元明以后，"你"在白话作品里差不多已成为第二人称的唯一形式。

关于"你"的产生，王力（1958）认为，"你"从古音演变而来，只是字形不同。这应该是"尔"的古音在口语里的保留。吕叔湘（1985）也认为，"你"就是古代的"爾"，汉晋以来，草书里久已把"爾"写作"尔"。南北朝时，除在必须工整的场合写作"爾"外，通常都写作"尔"。后来，由于在读音方面发生了分歧，所以在"尔"旁加上"亻"，成为"你"。[①] 关于"你"的产生时间，小川环树（1953）认为，"你"在《北齐书》《周书》和《隋书》里都已出现。这是当时实际语言的记录。无疑，"你"产生于南北朝。不过，这些史书由于都是唐人编撰，因此，文字是否被篡改过，我们难以判断。吕叔湘（1985）的观点比较客观，他认为，"你"出现于南北朝后期，隋唐通行，到了修史的文人或誊写的抄胥敢于录用的程度。

B. 第二人称代词"您"。"您"最初见于南宋戏文和金人的诸宫调，或作"恁"。（吕叔湘，1985）如：

（生）看取同人劝您。（末）休要出言恁偏。（《张协状元》）

若您弟兄送他，我却宫中共您理会。（《刘知远诸宫调》）

元代文献里也出现用"您每"的情况。如：

知远向五个后生道："您每一人将一贯钱借我出注。"（《五代史平话》）

吕叔湘（1940）认为，"您"表第二人称复数的使用频繁。"您每"表第二人称复数，使用甚少。"您（恁）"在元代文献里，表示第二人称复数。如：

恁便做下那肉面山，也压不下我心头火。（《古今杂剧三十种·汉高皇濯足气英布》第三折）

"您"在产生之初并无表敬的用法。如：

李克用出马答道："咱是沙陀□□射的儿子独眼龙。黄巢反贼，您若会事之时，束手归降，两国□兵。"（《五代史平话》）

表示敬称的"您"最早作"你老"或"您纳"。"你老"或"您纳"是"你老人家"的合音。如：

你老人家别看我这七十来岁的老头子，托我们老爷的福，也还巴结着跑的动，何况是报答主儿呢！（《儿女英雄传》第三回）

亲家太太，你老往后瞧着看罢，听说着的呢！（《儿女英雄传》第十二回）

您纳贵姓，贱姓吴，请教台甫，草字资静。（《官话指南》卷一）

"您"见于清代晚期。如：

您想和他要准儿，那算是白用心了，您还不知道他那脾气吗？（《官话指南》卷一）

---

① 对于"你"的来源，太田辰夫（1958）认为它来自长安地区的方言。张涌泉（2001）认为，"尔"来自"尒"的手写体。在敦煌写本中，第二人称均作"祢"，产生于唐代前后，后改为"伱"或"你"。

您贵处是那儿？（《语言自迩集》第四章）

大人不必费事了，我替您开发了罢。（《语言自迩集》第四章）

《语言自迩集》对“您”的解释是：“称人‘您’，是有点儿尊重人的意思。”

关于表示敬称“您”的来源，王力在《中国语法理论》中认为来源于“你老”。吕叔湘（1985）进一步从音理上对此作了论证。吕叔湘（1940）认为，“您”的产生是“你”加上m尾，m尾是“‘们’或‘每’之缩音”。他说，“你老”的“老”字脱落，只剩下一个－l，－l转变为－n，演变为“您（nin）”。刘云（2009）找到了表示敬称的“您”从“你老”到“你纳”再到“您”的历史证据。如：

店主人说：“你老万安罢，这是走路的常事，等他来说给他就完了，误不了事。”（《儿女英雄传》第三回）

买的意思您纳倒不用打听。（《语言自迩集》第四章）

我早就要瞧您来着，不想叫一件旁不相干儿的事情绊住了。（《语言自迩集》第五章）

我们认为，“你老人家”省缩为“你老”，由于汉语中“你纳（n？ na）”的发音比“你老（nilao）”的发音容易，－l转变为－n，就演变为“你纳（n？ na）”。现代口语里有时说“你哪”，是“您（nin）”读上“老”字剩下的－a。

太田辰夫（1958）有另一种观点。他认为，敬称词“您”来源于“你能”、“你佇”、“佇”。“你能”和“你佇”可以看作同一个词，读［neg］或［nig］，［nig］音变为［nin］。如：

你能总得还个价儿。（《品花宝鉴》第三回）

你佇怎么这样说呢？（《正音撮要》）

今日总算“他乡遇故知”，佇也该做首诗，我们拜读拜读。（《老残游记》第十二回）

墨得了，佇写罢。（《老残游记》第十二回）

清末吴趼人在《二十年目睹之怪现状》中说：“你佇，京师土语，尊称人也。发音时唯用一佇字，你字之音，盖藏而不露者。或曰：‘你老人家’四字之转音也，理或然欤。”他也认为，表示敬称的“您”由“你佇”演变而来，“你”字隐藏即为“佇”。但他又怀疑由“你老人家”转音的结果。这一观点存在的问题是，“佇”、“能”的来历不明。

（3）第三人称代词“他”的发展。

王力（1958）、太田辰夫（1958）都认为，第三人称代词“他”始见于唐代，可以作主语、宾语和定语，可以称代人、动物和无生物。[1] 如：

曲岸深潭一山叟，驻眼看钩不移手。世人欲得知姓名，良久问他不开口。（高适《渔父歌》）

他亦知有李十郎名字。（《霍小玉传》）

玉儿不拟负他。（牛僧孺《周秦行记》）

第三人称代词“他”，来源于上古汉语的旁指代词“他”。“他”本作“它”，在上古文献中，“它”有三种写法，可以写作：它、他、佗。后来，统一写作“他”。“他”是一个旁指代

① 吕叔湘（1985）认为，第三人称“他”出现于魏晋时期。如“如彼愚人，被他打头，不知避去，乃至伤破，反谓他痴”（《百喻经》卷一）。我们认为，此例中的“他”还不是第三人称代词。

词，有“别的”的意思。可以指人，也可以指物。如：

宛其死矣，他人入室。（《诗经·魏风·山有枢》）
它山之石，可以攻玉。（《诗经·小雅·鹤鸣》）
王顾左右而言他。（《孟子·梁惠王下》）

第三人称代词“他”的产生经历了从旁指代词到别指代词（包括泛指、专指，共现），再到第三人称代词的过程。

魏晋南北朝，“他”开始泛指“别人”。如：

若此愚人，讳闻己过，见他道说，返欲打扑之。（南齐《百喻经》卷一）
年十四，学读书，一日所得，当他一旬。（《高僧传》卷六）

而后，指“别人”的“他”由泛指发展为专指。如：

长房曾与人共行，见一书生，黄巾被裘，无鞍骑马，下而叩头。长房曰：“还他马，赦汝罪。”人问其故，长房曰：“此狸也，盗社公马耳。”（《后汉书·方术列传》）
往有商人，贷他半钱，久不得偿。（南齐《百喻经》卷一）

上述例句中的“他”已用于专指。

此时，表专指的“他”可以与所指对象共现。如：

时诸离奢皆共讥嫌言：“诸比丘尼，不知惭愧，皆是贼女，外自称言，我知正法，云何度他贼女？其罪应死。”（东晋《四分律》卷二十二）
见他头陀苦行山林旷野冢间树下，修四意止及不净观，便强将来于其家中种种供养。（南齐《百喻经》卷一）

在唐代，第三人称代词“他”产生。如：

曲岸深潭一山叟，驻眼看钩不移手。世人欲得知姓名，良久问他不开口。（高适《渔父歌》）

郭锡良（1980）认为，此句中的“他”是最没有疑义的第三人称代词。

（4）反身代词“自己”的发展。

魏培泉（2000）、朱冠明（2007）指出，反身代词“自己”产生于六朝，主要作定语，其次作主语和宾语。如（引自朱冠明，2007）：

若干无数虫，观已还静心，察于外死身，内省自己躯。（西晋《佛五百弟子自说本起经》）
我今当集一国珍宝，使外无余。贪聚财故，以自己女置淫女楼上。（姚秦《大庄严论经》卷三）
其弟子便入闇中，误偷自己衣钵。（东晋《摩诃僧祇律》卷三）

以上例子中的“自己”作定语。

自己得心多种利，复能向他作法饶。彼得自益利众生，是故名为大智者。（隋《佛本行集经》卷三十二）
佛语难陀：“汝云何度人出家，不教法律，但令执作供给自己？”（东晋《摩诃僧祇律》卷十一）

以上例子中的“自己”作主语和宾语。

魏培泉（2000）认为，反身代词“自己”由“己”和代词性的“自”复合而来。“自”在上古汉语作同位语，复指先行词，强调动作行为由施事主动发出。经过发展，“自”可以独立承担主语、宾语和状语。如：

同盟灭，虽不能救，敢不矜乎？吾自惧也。（《左传·文公四年》）

夫子知度与礼矣，我实纵欲，而不能自克也。（《左传·昭公十年》）

“己”在上古汉语中能独立承担句子成分的作用，可以作主语、宾语和定语。如：

己欲立而立人，己欲达而达人。（《论语·雍也》）

昭公立，惧其杀己也。（《左传·桓公十七年》）

仁以为己任，不亦重乎？（《论语·泰伯》）

两汉，开始出现“己”和“自”组合的复合式“己自”或“自己”。如：

随人欲杀王，王子綦匿王，己自为王以当之。（《史记·伍子胥列传》）

不用，而自己勿自怨。（《太平经》）

到六朝时期，“自己”这一格式慢慢稳定下来。

反身代词“自己”产生后，它的用法与上古汉语中的“自”和“己”不完全相同。相对“自”和“己”来说，“自己”复指的范围更宽，且反身的含义更强。朱冠明（2007）认为，反身代词“自己”的产生，受了译师母语的影响，梵文佛经翻译起了推动作用。

第二节 指示代词的发展

一、指示代词在上古文献中的分布

上古，指示代词分为两类，一类是纯然指事物的指示代词，有“此”、“斯”、“是”等，另一类是兼任第三人称用法的指示代词，有“彼”、“厥”、“其”、“之”。这些指示代词可以指人和事物。

上古汉语中，近指代词有“之”、“兹”、“时”、“此”、“斯”、“是”等六个，都是齿音（“兹”精、“此”清、“斯”心、“时”和“是”禅），又“此”、“斯”、“是”是支部叠韵，读音相近，可能有同源关系。（向熹，2010）

甲骨卜辞中，近指代词有“之”、“兹”两个。[①] “之”作定语；“兹”作主语、定语和宾

① 张玉金（2001）认为：“之”是表示远指的，可以作定语、宾语、谓语。

语。如：

甲午卜，争贞："翌乙未用羌。"用，之日阴。（《甲骨文合集》456 正）

之夕允雨，辛丑启。（《甲骨文合集》3297）

甲辰卜，㱿贞："我奏丝玉，黄尹若。"贞："我奏兹玉，黄尹弗若。"（《甲骨文合集》10171 正）

王在兹，大示左？（《甲骨文合集》816 反）

其雨。大吉。兹用。（《甲骨文合集》30204。"兹用"属于用辞。）

"时"用如"是"，主要见于《尚书》《诗经》等早期文献。

帝曰："我其试哉！女于时，观厥刑于二女。"（《尚书·尧典》）

奉时辰牡，辰牡孔硕。（《诗经·秦风·驷驖》。毛传：时，是；辰，时也。）

"是"始见于西周金文，作主语。如：

肆毋有弗𩐨，是用寿考。（西周早期《毛公旅方鼎》2724）

在春秋时期的文献中，"是"可作主语、定语、宾语。如：

子善视之，是能读《三坟》《五典》《八索》《九丘》。（《左传·昭公十二年》）

是夜也，赵简子梦童子裸而转以歌。（《左传·昭公三十一年》）

其是之谓乎！（《左传·隐公元年》）

上古，"斯"和"此"可作主语、定语、宾语。如：

维此文王，小心翼翼。（《诗经·大雅·大明》）

一人举踶马，其一人从后而循之，三抚其尻而马不踶，此自以为失相。（《韩非子·说林下》）

天之生此久矣，其为毒也大矣，将使侯淫德而加之焉。（《国语·郑语》）

白圭之玷，尚可磨也；斯言之玷，不可为也。（《诗经·大雅·抑》）

先王之道，斯为美，小大由之。（《论语·学而》）

子贡曰："诗云：'如切如磋，如琢如磨。'其斯之谓与？"（《论语·学而》）

在上古，"是"和"此"是最常见的指示代词。它们的区别正如《马氏文通》卷二所说："凡指前文事理，不必历陈目前，而为心中可意者，即以'是'字指之，前文事物有形可迹，且为近而可指者，以'此'字指之。"

在上古，近指代词存在着时代与地域的差异。殷国光（2008）对"兹"、"时"、"斯"、"此"在上古文献中的分布作过调查，其调查数据列表（见表 3—1）如下：

表 3—1

	今文尚书	诗经	论语	左传	孟子	荀子	韩非子	庄子	公羊传	谷梁传	礼记·檀弓	礼记·大学
兹	46	13	1	7 (13)	1 (2)	1 (1)	0	0	0	0	0	0
时	56	22	0	(5)	(2)	0	0	1	0	0	0	0
斯	0	28	40	(2)	17	2	0	1	0	2	36	0
此	3	85	0	233	112	274	509	255	271	98	1	16

关于近指代词“兹”、“时”、“斯”、“此”在古代文献中分布的差异，古人早有论及。顾炎武《日知录》卷六“檀弓”条云：“《尔雅》曰：‘兹、斯，此也。’今考《尚书》多言‘兹’，《论语》多言‘斯’，《大学》以后之书多言‘此’。”又云：“《论语》之言‘斯’者七十，而不言‘此’，《檀弓》之言‘斯’者五十有三，而言‘此’者一而已。《大学》成于曾氏之门人，而一卷之中，言‘此’者十有九。语音轻重之间，而世代之别，从可知已。”①

“兹”、“斯”、“此”三词同源，其在语音上的差异，确如顾氏所云只在“轻重之间”；我们的考察发现，“兹”、“斯”、“此”在语音上的差异，确如顾氏所云，为“世代之别”。② 为此，我们确定，“兹”、“时”是上古汉语早期最为常用的近指代词。至《论语》近指代词改用“斯”，不再用“兹”、“时”，这一变化是历史造成的。这表明，近指代词“兹”、“时”在春秋与战国之交时就已经消亡。这一结论，从我们对《孟子》《庄子》《荀子》《韩非子》等文献的考察结果中得到验证。

近指代词“斯”，最早见于《诗经》(28 例)，散见于《风》(6 例)、《雅》(18 例)、《颂》(4 例)，是周初至春秋中叶常用的近指代词之一。但是，至《吕氏春秋》中，“斯”却仅见 1 例，而且是古代逸书的引文。那么，近指代词“斯”是否也像“兹”、“时”那样，在周秦之交就也消亡？“斯”与“此”是否也如顾氏所云亦为“世代之别”？考察上古诸书③，我们发现，这种明显的对立，仅用“世代之别”已无法解释上述文献中“斯”、“此”的对立。或许，我们只能从如下二组文献的对比中寻求答案。只要将这两组文献比较就不难看出，《论语》《礼记·檀弓》用的是“斯”，而不是“此”。探其究竟，是因为其作者是鲁地之人，用了鲁地之语，记载了鲁地之事；而《左传》《韩非子》则恰好相反，用“此”，而不用“斯”。这两组文献在近指代词“斯”、“此”上的运用告诉我们，“斯”、“此”的对立，实则是地域方言的对立。由此我们认为，上古汉语发展至战国时期，近指代词“斯”只在鲁地的方言中沿用。

至于《孟子》中“斯”、“此”混用的现象，用“地域方言”说来解释更为恰当。孟子为邹人，而邹靠近鲁国，“斯”、“此”混用，当是方言接触的结果。

《庄子》《荀子》中“斯”偶有出现，同样可以用“地域方言”说来加以解释。《庄子》一例出现在《则阳》篇，而《则阳》在《外篇》，为庄子后学所作；《荀子》二例出现在《大略》篇，而《大略》篇，据唐代的杨倞曰：“此篇盖弟子杂录荀卿之语。”日儒久保爱亦曰：“此篇间有似抄录者，不特荀卿语也。”(梁启雄，1983) 如果说《则阳》《大略》的作者是鲁地之人(或受了鲁地之语的影响)，这也未必不可能。或许这正是近指代词“斯”在《庄子》《荀子》中偶有出现的原因。

上古汉语里，远指代词始见于周代，有“其”、“彼”、“匪”、“伊”、“夫”。如：

---

① 顾炎武关于《论语》、《檀弓》中“斯”的统计数字包括近指代词和连词，与本文不同。

② 近指代词“兹”在甲骨卜辞中即已出现。今文《尚书》中，近指代词“兹”出现 46 例，《诗经》中“兹”出现 13 例（其中《雅》8 例、《颂》5 例）；今文《尚书》中，近指代词“时”出现 56 例，《诗经》中“时”出现 22 例（其中《风》1 例、《雅》6 例、《颂》15 例）。

③ 战国时期，指示代词“斯”集中出现在《论语》(40 例，成书于战国初期)、《孟子》(17 例，成书于战国中期) 以及《礼记·檀弓》(36 例，成书于周秦之交) 三部文献中。而与《论语》《孟子》《礼记》同期的《左传》(2 例)、《庄子》(1 例，《则阳》)、《荀子》(2 例，《大略》)、《韩非子》(0 例)、《礼记·大学》(0 例) 等文献中，指示代词“斯”几乎绝迹。

启之辟之，其柽其椐。(《诗经·大雅·皇矣》)

三十二年，春，王正月，公在干侯，言不能外内，又不能用其人也。(《左传·昭公三十二年》)

危而不持，颠而不扶，则将焉用彼相矣？(《论语·季氏》)

孟子曰："王子宫室、车马、衣服多与人同，而王子若彼者，其居使之然也。"(《孟子·尽心上》)

彼亦一是非，此亦一是非。(《庄子·齐物论》)

匪鹑匪鸢，翰飞戾天。(《诗经·小雅·四月》)

所谓伊人，在水一方。(《诗经·秦风·蒹葭》)

吾闻夫犬戎树惇，帅旧德而守终纯固，其有以御我矣。(《国语·周语上》)

桓公曰："夫管夷吾射寡人中钩，是以滨于死。"鲍叔对曰："夫为其君动也。君若宥而反之，夫犹是也。"(《国语·齐语》)

上述远指代词在语法分布上存在着差异。"彼"的语法分布最广，可以作主语、定语和宾语。"夫"次之，可以作主语和定语。"其"、"伊"、"匪"再次之，只作定语。

上古"尔"和"若"可以用作指示代词，二者有共同的来源。但是，"若"以近指为常，作定语和状语；"尔"以远指为常，作宾语、定语和谓语。如：

君子哉，若人！尚德哉若人！(《论语·宪问》)

为天下之长患、致黔首之大害者，若说为深。(《吕氏春秋·振乱》)

王若曰："猷，大诰尔多邦，越尔御事。"(《尚书·大诰》)

尔惟旧人，尔丕克远省，尔知宁王若勤哉！(《尚书·大诰》)

贻我来牟，帝命率育，无此疆尔界。陈常于时夏。(《诗经·周颂·思文》)

孔子在卫，有送葬者，而夫子观之，曰："善哉为丧乎！足以为法矣，小子识之。"子贡曰："夫子何善尔也。"(《礼记·檀弓上》)

宦于大夫者之为之服也，自管仲始也，有君命焉尔也。(《礼记·杂记》)

有些情况下，它们既可近指，也可远指，而有时近指和远指的区分不是很清楚，需要依语境而定。

二、指示代词的发展

从上古到近代，指示代词的发展变化也很大。其最主要的变化是：第一，无论是纯然指示事物的代词"是"、"斯"、"此"等，还是兼任第三人称代词用法的指示代词"彼"、"其"、"之"，都在口语中逐渐消失，代之而起的是新的指示代词"这"、"那"及其复音形式。第二，指示代词由兼用向专门化方向发展。在上古，指示代词有专门的指示代词和兼任两类。到近代，仅有专门的指示代词一类。

下面着重谈谈指示代词"这"、"那"、"箇（个）"、"阿堵"和"底"的发展。

(1) 这。指示代词"这"（早期又常写作"這"、"者"、"拓"、"遮"）始见于唐代，只作定语。[①] 如：

---

① 在《拾得诗》里写作"者"，在《敦煌变文集》和《祖堂集》中多写作"者"、"这（這）"。

這胡误我，這胡误我。(《旧唐书·史思明传》)

者汉大痴，好不自知。(《敦煌变文集·燕子赋》)

拓回放，后庭还来，小若不诛，大必有患。① (《敦煌变文集·李陵变文》)

遮阿师更不要见，便把拽出得。(《唐摭言》)

忽然只把这身心，自然不久抛生老。(《敦煌变文集·维摩诘经讲经文》)

一万二千甲子，这一壶流霞长春。(吕岩《秘诀歌》)

师呵曰：“这野狐情!”(《祖堂集》卷三)

到宋代，在南方文献中出现“这”作主语的用例。如：

方要做好事，又似乎有个做不好事底心从后面牵转去，这只是知不切。(《朱子语类辑略》卷二)

最切害处，是轻德行，毁名节，崇智术，尚变诈，读之使人痛心疾首。不知是甚世变到这里，可畏！可畏！这都是不祥之兆，可畏！可畏！(《朱子语类辑略》卷五)

又如人做家主，要钱使，在外面百方做计，壹钱也要将归。这是为甚如此?(《朱子语类辑略》卷六)

而北方文献一直到明代才见到。(梅祖麟，1987)②

在唐宋，由“这(者、只、遮)”构成的复音形式开始出现，有“这(者)个”、“这在(遮)底”、“这么(只没)”等。③ 如：

不省这个意，修行徒苦辛。(《拾得诗》)

欲得来生者个事，数听经来能不能?(《敦煌变文集·押座文》)

我只没去，定是菩萨识我。[《敦煌变文集·维摩诘经讲经文(五)》]

春生时，全见是生；到夏长时，也只是这底。(《朱子语类》卷六)

这也别无道理，只是渐渐捱将去，自有力。这么只是志不果。(《朱子语类》卷五十九)

僧云：“如何免得?”师云：“遮底不生死。”(《景德传灯录》卷六)

还有复音形式“此个”出现，它是受“这个”影响而产生的。(吕叔湘，1985) 如：

师有时云：“此个事得恁难道。”有僧出曰：“请师道。”(《景德传灯录》卷二十一)

此个道理，虽牛马血气之类亦然，都慈备具，只是流形不同，各随形气，后便昏了佗气。(《河南程氏遗书》)

关于“这”的来源，学术界主要有以下三种看法：

第一，吕叔湘(1985)认为，“这”源于上古的“者”。“者”在古代本有指示的作用，但由于当时在一般场合，指示代词一般用“此”，“者”很少用到。后来，因为方言消长的原因，“者”的指示作用得到发挥，并逐渐取代了“此”的指示用法。

---

① 潘允中(1982)认为“拓”是“柘”之形误，“拓”即“遮”。

② 梅祖麟认为，在《老乞大谚解》《朴通事谚解》等文献中，“这”做主语的情形几乎没有例外，在《元刊杂剧三十种》中，“这”作主语，只见于《魔合罗》《看财奴》《汗衫记》《贬夜郎》四种资料。参见梅祖麟(1986，1987)。

③ 据吕叔湘(1985)推测，“这个”、“那个”的“个”可能是个语尾，是 tịag 和 nịag 的韵尾-g 的遗留。

第二，王力（1980）认为，“者”字一向是被饰代词，之所以能够忽然调换到一个相反的位置，变为定语，是因为“这”由“之”转变而来。“之”、“者”又同属照母。由于口语和文言分化，“之”字的口语音发展到了中古，又和文言的“者”音相混淆（声调微异），于是就出现有人借“者”字来替代“之”字的情况。但仍然有许多人觉得“者”字并非本字，所以又出现将“者”写作“这”、“遮”的情况。

第三，高名凯（1948）、周法高（1963）认为，这个指示代词本应写作“適”，“这”是“適”的借字，“適”的草体楷化成“這”。[①]

上述三种看法，尚有一些问题没有得到解决。关于吕叔湘的说法以及王力提出的问题，至今尚未得到合理的解释。关于吕叔湘的说法，志村良治（1995）认为，“方言消长”的说法缺乏材料依据。而且“者”、“這”、“遮”在文献中同时使用，并不是先用“者”，后改为“这”、“遮”。关于王力的说法，志村良治提出，“这（這）”在唐代音“彦”，怎么会有舌音被借用来表示指示代词的可能？而且他还补充说，“这”来源于“之”，在时代上也不连贯。至于高名凯和周法高的看法，关键在于，“適”与“之”、“者”、“遮”、“这（這）”并不同调，“者”、“遮”、“这（這）”是平声字，“適”是入声字，所以，无论如何，平声字“这”是不会借用入声字“適”的。

总之，“这”的来源尚有待于进一步探讨。

（2）那。指示代词“那”始见于唐代，只作定语。如：

> 不是惜那汉，恐畏还到我。（王梵志《我见那汉死》）
> 这畔似那畔，那畔似这畔。（裴谞《判误书纸背》）
> 余庆得而读之曰：“必是那狗。”遂鞭之。（张鷟《朝野佥载》卷二）

到南宋，在南方文献中出现“那”作主语的用例。（梅祖麟，1987）如：

> 后生初学，且看小学之书，那是做人底样子。（《朱子语类》卷七）
> 这天理说得荡漾，似一块水银，滚来滚去，捉那不著。（《朱子语类》卷十四）

唐宋，由“那”构成的复音形式出现，有“那个”、“那般”、“那样”等。如：

> 那个鶻儿射雁落，白毛空里乱纷纷。（高崇文《雪席口占》）
> 那个是前来者一躯佛，交（教）朕如何认得。（《敦煌变文集·悉达太子修道因缘》）
> 那般人占得，便把做那般用。（《朱子语类》卷六十六）
> 缘那样人，便都入佛老去了。（《朱子全书》卷十三）

关于“那”的来源问题，学界至今看法不一。吕叔湘（1985）认为，“那”来源于上古汉语“若”和“尔”。从意义上看，自上古以来，“若”、“尔”便都有用作指示代词的用法。如：

> 夫子何善尔也？（《礼记·檀弓上》）
> 君子哉若人，尚德哉若人！（《论语·宪问》）

吕叔湘（1985）进一步认为，从语音上说，“那”由“若”发展而来更为恰当。在中古，“那”是上声，而“若”通常是入声，另有“人者切”一音，该时期“若”跟外语对音时都作

---

① 唐玄应《一切经音义》引《摩诃般若波罗蜜经》（卷十三）：“適，之尺反。”

上声，所以极有可能会变为“那”。

王力（1990）认为，指示代词“那”可能来源于疑问代词“那”。①

（3）箇（个）。指示代词“箇（个）”出现在南北朝后期。如：

真成箇镜特相宜。（庾信《庾子山集》）
之才谓坐者曰：“箇人讳底？”（《北齐书·徐之才传》）

唐宋时期，指示代词“箇”已普遍使用。如：

白发三千丈，缘愁似箇长。（李白《秋浦歌》）
箇是何措大？时来省南院。（《寒山诗》）

（4）阿堵。“阿堵”是《世说新语》中最常见的指示代词，“阿堵”相当于“这”或“这个”。据推测，这可能是当时盛行的一种口语词。如：

殷中军见佛经云：“理亦应在阿堵上。”（《世说新语·文学》）
夷甫晨起，见钱阂行，呼婢曰：“举却阿堵物！”（《世说新语·规箴》）

吕叔湘（1985）认为，“阿堵”到宋元已变为“阿底（的）”和“兀底（的）”，指代人和事物。如：

早是没外人，阿的是甚末言语那！（《古今杂剧三十种·拜月亭》第三折）
这一双鹘鸰眼，须看了可憎的千万，兀底般媚脸儿不曾见。（《董西厢》）
兀的般云低天欲黑，至近的道店十数里。（《古今杂剧三十种·拜月亭》第一折）

后来，“兀的不”出现，并成为一个固定的格式，表示反问。如：

言罢莺莺便退，兀的不羞杀人也天地！（《董西厢》）

据调查，“阿堵”见于南方文献，而“兀底（的）”见于北方文献。它们之间的关系还有待深入探讨。

（5）底。指示代词“底”见于唐宋诗词。如：

问谁姓字，在底中居，云陶靖节，白居士，邵尧夫。（沈瀛《行香子·野叟归欤》）
竹篱茅舍，底是藏春处。（无名氏《蓦山溪》）

吕叔湘（1985）认为，“阿堵”、“底”、“箇（个）”都是六朝（或唐宋）开始产生的南方口语词，在吴语里至今还有广泛的使用。如宜兴、苏州、杭州、绍兴、金华、温州等地，都管“这个”叫“葛葛”或“该葛”。前者是“箇（个）”一系，后者是“底”一系。现代湘方言里也还保存着这种用法。如益阳话中，常把“这座房子真好”说成“咯只房子蛮好”。“咯”是“这”在湘方言里的一种说法。

① 王力（1958）早先认为“那”来源于“尔”。“尔”古有“这样”、“那样”的意义，中古“尔馨、宁馨”是“尔”的方言变形，“尔、宁”古代双声。唐宋时期“尔许、宁许”等可能都来源于“尔”。

第三节
疑问代词的发展

一、疑问代词在上古文献中的分布

甲骨卜辞和西周金文中，均未出现疑问代词。疑问代词系统在东周产生。依上古音系，疑问代词声母大体可以分为三系：

第一，ʑ 系（指人）：　谁 ʑĭwəi　孰 ʑĭəuk

第二，ɣ 系（指物）：　何 ɣa　曷 ɣat　胡 ɣɑ　奚 ɣĭe

第三，o 系（指处所）：　恶（乌）ɑ　安 an　焉 ĭan

这三类疑问代词，在语音上各有区分，在用法上也各有差别。“谁”、“孰”、“畴”主要用于问人；“何”、“奚”、“曷”、“胡”、“盍”主要用于问事物；“恶（乌）”、“安”、“焉”主要用于问处所。①

“谁”始见于《诗经》；“孰”稍晚于“谁”，普遍见于战国时期文献；“畴”只见于《尚书》，这可能是一个古老的方言词。如：

> 谁谓河广？一苇杭之。谁谓宋远？跂予望之。（《诗经·卫风·河广》）
> 虎兕出于柙，龟玉毁于椟中，是谁之过与？（《论语·季氏》）
> 孟尝君怪之，曰：“此谁也？”左右曰：“乃歌夫长铗归来者也。”（《战国策·齐策四》）
> 哀公问：“弟子孰为好学？”（《论语·雍也》）
> 君虽不惠，臣敢不事君乎？孰王而可畔（叛）也？（《吕氏春秋·行论》）
> 帝曰：“畴咨若时登庸？”（《尚书·尧典》）

“谁”、“孰”、“畴”的功能各有不同。“谁”、“畴”专指人；“孰”可以指人，也可以指物。“孰”在询问事物时总是带有选择的功能，而在表示选择的范围时则通常以先行词的形式居于句首。

“何”始见于《尚书》《诗经》，在上古文献中分布最广。“何”作主语、谓语、宾语和定语时，询问事物，相当于“什么”；作状语时，询问程度、方式和原因，相当于“多么”、“怎么”、“为什么”。“何”在作状语和谓语时，可以在反诘句中询问事理，也可以用在真性问句中询问性状。如：

> 叔兮伯兮，何多日也？何其处也？必有与也。（《诗经·邶风·旄丘》）

---

① 主要依王力（1958），另依向熹（2010）增加“畴”和“盍”。

子有酒食，何不日鼓瑟？(《诗经·唐风·山有枢》)

内省不疚，夫何忧何惧？(《论语·颜渊》)

“曷”始见于《尚书》《诗经》，用于询问事物、原因、目的和时间。“胡”、“害”（“害”为“曷”的通假字）最早见于《诗经》，作宾语时，询问事物；作状语时，询问方式、情状、原因和目的；而在反诘句中出现时，询问事理。“胡”、“曷（害）”在诸子文献中的使用相对少见。如：

君子于役，不知其期，曷至哉？(《诗经·王风·君子于役》)

后子见赵孟，赵孟曰：“吾子其曷归？”对曰：“鍼惧选于寡君，是以在此，将待嗣君。”(《左传·昭公元年》)

是若不行，则汤、武在上曷益？桀纣在上曷损？(《荀子·荣辱》)

害澣害否？归宁父母。(《诗经·周南·葛覃》。“澣”，洗濯。)

不稼不穑，胡取禾三百廛兮？(《诗经·魏风·伐檀》)

姑尝本原若众害之所自生，此胡自生？此自爱人、利人生与？即必曰：“非然也。”必曰：“从恶人，贼人生。”(《墨子·兼爱下》)

“盍”是“何不”的合音，出现较晚，见于诸子文献，询问原因和目的，甚是罕见。如：

有游于子墨子之门者，子墨子曰：“盍学乎？”对曰：“吾族人无学者。”(《墨子·公孟》)

“奚”出现较晚，见于先秦诸子文献，作主语、宾语和定语，询问事物和处所。“奚”作宾语时，常常位于动词和介词前面，询问事物。“奚”做状语时，询问原因。如：

子路曰：“卫君待子而为政，子将奚先？”子曰：“必也正名乎！”(《论语·子路》)

“安”始见于《诗经》，广泛使用于诸子经典，作宾语和定语时，询问处所；作状语时，询问事理。如：

皮之不存，毛将安傅？(《左传·僖公十四年》)

“焉”始见于《诗经》，作宾语时，询问处所；作状语时，问处所，也问事理。如：

焉得谖草，言树之背。(《诗经·卫风·伯兮》)

卫公孙朝问于子贡曰：“仲尼焉学？”(《论语·子张》)

未能事人，焉能事鬼？(《论语·先进》)

“恶”见于先秦诸子文献，作宾语时，询问处所；作状语时，问处所，也问事理。如：

“天下恶乎定？”吾对曰：“定于一。”(《孟子·梁惠王上》)

居恶在？仁是也；路恶在？义是也。(《孟子·尽心上》)

不知事，恶能听言？不知情，恶能当言？(《吕氏春秋·听信》)

关于上古汉语疑问代词繁复出现的原因，学界尚无一致的看法。我们认为，这与人称代词繁复的原因一样。时代的不同，商周语言的差异，以及地域方言的存在都有可能是造成上古汉语疑问代词繁复出现的原因。

二、疑问代词的发展

疑问代词的发展主要体现在新词的产生，以及用法、语义的扩大三个方面。第一，上古文言文中的疑问代词，到近代汉语的口语中被新的疑问代词“哪”、“底”、“等”、“什么”、“争”、“怎”、“怎么”取代；第二，用法上，由上古用作询问，到近代发展出虚指和任指两种用法；第三，语义上，由上古问人、事物和处所，到近代发展出问时间、数量和情状方式等。

下面主要讨论近代汉语中新出现的疑问代词“哪”、“底”、“等”、“什么”、“争”、“怎”、“怎么”。

(1) 哪。疑问代词“哪”（早期写作“那”，宋代开始写作“哪”）产生于汉魏之际，用于询问处所和事理。① 如：

道人咒愿，诸妹那来，命令就坐，为说经法。（东汉《中本起经》卷上）

为在何许？当那求之？（吴《太子瑞应本起经》卷上）

生人作死别，恨恨那可论？（《孔雀东南飞》）

在南北朝时期的文献里，经常可以见到疑问代词“那”。“那”大多与“得”连用。如：

君王比赐书翰，及写诗笔，殊为佳手，姓名为谁？那得都无声问？（《颜氏家训·慕贤》）

若至者，那得去？（《世说新语·文学》）

唐五代，疑问代词“哪”在使用上发生了很大变化，主要体现在：

第一，出现了复音形式“阿那”、“那个”、“那里”、“阿那个”、“阿那里”等。其中，“阿那个”、“阿那里”相当于“哪个”、“哪里”。如：

若欲得似他去，死人一息不来，阿那个人直似这个？（《祖堂集》卷八）

洞山问：“阿那里去来？”对云：“到夹山。”（《祖堂集》卷七）

峰曰：“江西那里？”对曰：“石霜。”（《祖堂集》卷六）

大德言信，二信之中，是阿那个信？（《祖堂集》卷十七）

师才望见两个座主，便问：“座主从那个寺里住？”对曰：“寺即不住，住即不寺。”（《祖堂集》卷五）

大德且道那个是如来？（《祖堂集》卷四）

从阿那甘心入死门？（《敦煌掇琐》）

第二，用于反诘疑问。如：

佛之诚言，那敢不信？（《祖堂集》卷十七）

乍可阵头失却马，那堪向老更亡妻？（《敦煌变文集·王昭君变文》）

师曰：“阿那个山敢住？”对曰：“阿那个山不敢住。”（《祖堂集》卷六）

---

① 顾炎武《日知录》引《左传·宣公二年》：“牛则有皮，犀兕尚多，弃甲则那？”但汉代以前疑问代词“哪”仅此孤证。

从北宋开始，“那里”的使用趋于频繁。如：

既是喜怒哀乐未发，那里有个甚么？只可谓之“中”。(《河南程氏遗书》卷十七)
二公之学皆不正，但东坡之德行那里得似荆公？(《朱子语类辑略》卷七)

在《聊斋俚曲集》中，“那里”共70余例，超过“那”（40余例）字。

元明以后，“那”出现虚指和任指用法。如：

不拣那个衙门里，休教首者。(《元典章》卷十)
我是那辈子瞎了眼，就嫁你这个强人。(《聊斋俚曲集·墙头记》)
我只亲兄弟两个，别无那个哥哥。(《水浒传》第四十九回)

关于疑问代词“哪”的来源，学术界看法不一。吕叔湘（1985）认为，用于是非问和抉择问的“哪”都来自于代词“若”，最早出现的询问事理的“哪”可能是“若何”的合音，“若”字失去介音，“何”字失去声母。对于后来表示选择的疑问代词“哪”的来源，吕叔湘同样认为，它也是从“若”字变化而来。起初，“哪”用作“若个”，后来产生“阿那”、“那”。他举证唐代“若个”的用例，如：

若个游人不竞攀？若个娼家不来折？(卢照邻《行路难》)
戏蜂时隐见，飞蝶远追寻；承闻欲采摘，若个动君心？(《游仙窟》)

对此，王力（1990）、志村良治（1995）有不同的看法。他们指出，疑问代词“那”在上古就已出现，以《左传》中用例为证。同时，他们还赞同顾炎武的观点，认为“哪”来源于“奈何”的合音。①

（2）底。疑问代词“底”产生于六朝，相当于“何”。如：

日冥当户倚，惆怅底不忆？(《乐府诗集·子夜歌》)
徒劳无所获，养蚕持底为？(《乐府诗集·西曲歌·采桑度》)
兴盛使军人遥告敬则曰：“公儿死已尽，公持许底作？”(《南齐书·王敬则传》)

疑问代词“底”在南朝乐府里的使用十分普遍。这表明“底”作疑问代词与南方方言有关。

唐宋，疑问代词“底”多用于诗文，作宾语和定语。“底”又写作“抵”。如：

渠将底物为香饵？一度抬竿一个鱼。(杜荀鹤《钓叟》)
黄昏戌，把火寻牛是底物？(《祖堂集》卷十一)
去帆不安幅，作抵使西风？(温庭筠《西洲曲》)
买邻底用百万价？好事争为十二窝？(刘克庄《三和二首》)

（3）等。疑问代词“等”产生于六朝，相当于“何”。颜师古《匡谬正俗》卷六：“问曰：‘俗谓何物为底，底义何训？’答曰：‘此本言何等物，其后遂省，但言直云等物耳。’”按颜氏的观点，“等”是“何等”的省称，而“底”是“等”的音变。志村良治（1995）认为，“何等”习用，以至把疑问的意义附给了“等”。如：

① 顾炎武《日知录》三十二：“直言曰那，长言之曰奈何，一也。”顾氏认为疑问代词“哪”最初是“奈何”的合音，并引《左传·宣公二年》：“牛则有皮，犀兕尚多，弃甲则那？”

衡更熟视曰："死公！云等道?"(《后汉书·祢衡传》。王先谦《集解》："谓死公云何语也。")

用等称才学，往往见叹誉?(应璩《百一诗》)

(4) 什么。疑问代词"什么"自唐代开始出现。近代汉语时期，它曾有过各种书写形式。大体上，先后出现"是物"、"是勿"、"是没"，"甚"、"甚物"、"甚没"、"甚谟"，"甚摩"、"什摩"，"甚麽"、"什麽"等。"是物"、"是勿"、"是没"与"什么"可能存在语源关系。

在《神会语录》等文献中，有"是物"、"是勿"、"是没"的用例。如：

唤作是物?不唤作是物?(《神会和尚遗集》)

玄宗问黄幡绰曰："是勿儿得人怜!"对曰："自家儿得人怜。"(《太平广记》卷164引《因话录》)

远法师言："见是没?"和上言："果然不见。"(《神会语录》)

在敦煌变文等文献中，有"甚"、"甚物"、"甚没"等用例。如：

白庄曰："甚是身?甚是业?"远公曰："贫道以念经为业。"(《敦煌变文集·庐山远公话》)

若不是夜地，眼不瞎，为甚物入里许?(《太平广记》卷248引《启颜录》)

单于言："作甚没来?"管敢启："陛下，李陵兵马，前尽弓折，粮用俱无，去此绝近。大王何不收取?"(《敦煌变文集·李陵变文》)

又，在敦煌出土文献中，出现"没"、"阿没"、"阿莽"、"莽"等形式。如：

不曾触犯豹尾，缘没横罗(罹)鸟灾?[《敦煌变文集·燕子赋(一)》]

更被枷禁不休，于身有阿没好处?[《敦煌变文集·燕子赋(一)》甲卷]

更被枷禁不休，于身有阿莽好处?[《敦煌变文集·燕子赋(一)》乙戌卷]

今受困危天地窄，更向何边投莽人?(《敦煌变文集·捉季布传文》)

在《敦煌变文集·燕子赋(一)》甲卷中出现"阿没"，《敦煌变文集·燕子赋(一)》乙戌卷中出现"阿莽"。

在《祖堂集》中，有"甚摩"、"什摩"的用例。如：

问僧："甚摩处来?"对云："崔禅师处来。"(《祖堂集》卷二十)

"贵姓什摩?"对曰："姓王。"(《祖堂集》卷四)

在宋《景德传灯录》中，有"甚麽"、"什麽"的用例。如：

五峰曰："为甚麽不识?"师曰："不识不识。"(《景德传灯录》卷十三)

帝问曰："遮个是什麽神?"师对曰："护法善神。"(《景德传灯录》卷十七)

这种书写形式的变化，反映出这个疑问代词在语音上的变化。

关于疑问代词"什么"的来源，向熹(2010)认为，最初用作"是何物"，随后紧缩为"是物"，再后来又写成"是勿"、"拾没"、"什摩"、"什麽"、"什没"等形式。对于"甚"的产生，很有可能因为这些形式的尾字声母都为m，故而紧缩为"甚"。如果在"甚"的后面再加上"么"、"底"、"生"，则变成"甚么"、"甚底"、"甚生"。但是，如果将"什没"中的"什"

省去，那么就成为“没（么）”。如果再由“没（么）”音变为“莽”，那么，如果在其前面加上词头“阿”，则成为“阿没”、“阿莽”。①

显然，从“什没”演变为“没”是通过省略“什”的结果，从“没”演变到“莽”是通过音变实现，从“莽”到“阿没”、“阿莽”则是加词头“阿”而来。我们认为，向熹关于“什么”来源的演变理据是成立的，但是至于他认为最初的形式是“是何物”的观点，目前因缺少可靠的材料还难以下定论。

志村良治（1995）认为，“什么”的语音演变是从 śimuət（是物）开始，然后发展为 śimət（是没）。中间经过 śima（且没）、śi ma（甚没）、śimma（什摩），最后到 śimmo（什麽）。用图显示则为：

是物（勿）＞是没 ＞ 且没 ＞ 甚没 ＞ 什摩 ＞ 什麽

śimuət ＞śimət ＞ śima ＞ śi ma ＞śimma＞ śimmo

就其演变的时间和语音演变的实际，志村良治又用图作如下表示：

8 世纪前半＞8 世纪中叶＞8 世纪后半 ＞ 9 世纪 ＞ 10 世纪中叶 ＞ 10 世纪后半

有介音 i＞无介音＞舒声化（受后一音节声母影响，前一音节带上 m 韵尾）②

蒋绍愚（2005）认为，“是物”最先来源于“何等”、“何等物”，经历了由“何等物”发展到“等”、“等物”，“等”、“等物”再发展到“底”、“底物”的过程。如：

所谓尸解者，何等也？（《论衡》卷七）

用等称才学，往往见叹誉？（三国应璩《百一诗》）

“等”是“何等”的省略和缩写。“等”、“底”在唐代某些方言中同音。颜师古《匡谬正俗》卷六：“底”音“丁儿反”（ti）；“等”，“本音都在反，又转音丁儿反”。“是”为禅母，但古音与“底”相通。如有以“是”为谐声偏旁的“题”，有与“底”同谐声偏旁的“祇”。

（5）“争”、“怎”、“怎么”。与“怎么”相当的词语，唐五代有多种写法。在《神会语录》（792 年写本）中，有写作“作勿生”、“作物生”、“作没”。这是这类词最早的书写形式。如：

远法师问：“作勿生见？”和上答：“见无作勿生。”（《神会语录》）

今推到无住处立知，作没？（《神会语录》）

异没时作物生？（《神会语录》石井本）

唐代《全唐诗》中出现“争”（也写作“曾”）。如：

若是有情争不哭，夜来风雨葬西施。（韩偓《哭花》）

诚知老去风情少，见此争无一句诗。（白居易《题峡中石上》）

在唐代的禅宗语录中出现“作没”、“作没生”等。如：

作没无住？（《直了性坛语》）

---

① 吕叔湘（1985）认为，复合形式“甚底”，大概是受了近代汉语语词复音化趋势的影响，并指出“甚底”在宋元时代很普通，现代只有淮扬一带的方言里还有。

② 《大乘中宗见解》：“是没”的“没”注音为 ma。敦煌汉藏对音《法华经》中“十”读为 sim。“什”本是-p 尾的入声字，晚唐韵尾弱化为-b，当后接带鼻音声母的字时，韵尾同化为-m。“甚没（sim ma）”缩约成单音节“甚（sim）”。敦煌资料中多用“甚”，表明“甚”是唐末五代西北地区常用的词语。“什（甚）摩”是五代南唐的标记，跟西北的“甚”同时并存。“什（甚）麽”在宋代开始出现。

是没是慧门？耳根是慧门。作没生开慧门？闻声耳根不动。（《大乘无生方便门》）

敦煌变文中出现“怎生”。如：

如空中鸟迹更无别，怎生得受菩提记。（《敦煌变文集·维摩诘经讲经文》）

《祖堂集》中出现“作摩”、“作摩生”。如：

师云：“忽到别处，有人问汝，作摩生举？”学云：“终不敢错举。”（《祖堂集》卷十）

师问：“作摩说大意？”庆云：“得与摩颠倒。”（《祖堂集》卷十）

是你三家村里男女、牛背上将养底儿子作摩生投这个宗门？（《祖堂集》卷三）

宋初《景德传灯录》中出现“作麽”、“作麽生”、“怎生”、“怎麽”。如：

一日师坐次，石头睹之问曰：“汝在遮里作麽？”曰：“一切不为。”（《景德传灯录》卷十三）

师乃问：“作麽生是威音王佛师？”鼓山曰：“莫无惭愧好。”（《景德传灯录》卷十七）

师曰：“到处怎生举？”曰：“据现定举。”（《景德传灯录》卷二十三）

甘行者问：“什么处来？”僧曰：“药山来。”甘曰：“来怎麽？”僧云：“教化。”（《景德传灯录》卷十三）

“怎”见于比《景德传灯录》更晚的文人作品中。如：

怎不思量，除梦里有时曾去。（宋徽宗《燕子亭·北行见杏花》）

三杯两盏淡酒，怎敌他，晚来风急。（李清照《声声慢》）

潘允中（1982）指出，扬雄《方言》的“曾、訾”，即现代汉语中的“怎”。《方言》卷十：“湘潭之原，荆之南鄙，谓何为曾，或谓之訾，若中夏言何也。”唐人作品多写作“争”，宋人多写作“怎”。

关于“怎么”的来源，学界保留两种意见。

第一，王力（1958）认为，由“争”演变到“怎”再发展到“怎么”。“争”是“怎”的前身，“怎么”是“怎”的分音。唐代以后还有“作麽生”出现，“怎生”有可能就来自“作麽生”。“作麽生”和“争”或“怎”在语音上是可以相通的。

第二，吕叔湘（1985）认为，“争”和“怎”没有历史上的联系。“怎么”源出“作勿生”，“怎”只是“作”字受了“麽”字声母影响而产生的变音，而“怎生”是“怎么生”省缩的结果。

蒋绍愚基本同意吕叔湘的观点。蒋绍愚（2005）认为，“怎生”早于“作麽”、“作麽生”。“怎”是“作”字受了“勿”、“没”声母影响而产生的变音。带词尾“生”的形式产生最早，“怎”产生最晚。“怎么”、“什么”基本上同步发展。

蒋绍愚（2005）还认为，“作摩”开始就是“作什麽”的意思，本是一个动宾词组。《祖堂集》卷十三：“师云：‘又是乱走作摩？’”《祖堂集》卷十一：“师云：‘又乱走作什摩？’”后来发展为表示询问原因或目的的疑问词。自“作摩（麽）”加词尾“生”后，就成为很明确的一个疑问词，与表示“作什麽”的“作摩”区分开来。

从上述代词的发展过程可以看出，其词形变化有两种情况：一是词形未变，如旁指代词“他”演变为第三人称仍然是“他”；二是词形古今有很大变化，如“是物（勿）”演变后成

“什么”。二者的研究方法亦各有不同。第一种情况的研究方法，通过考察该词在不同时代的文献中语法形式（分布、组合）的变化，分析由此而引起的词的意义的变化以及词的语法功能的变化，然后作出解释。第二种情况的研究方法，则首先需要根据语境、语义，确定一组写法虽不一样、但语义和语法功能相同的同义词（或组合）。如“是物”、“是勿”、“拾没”、“什摩”、“什麽”、“什没”等。其次是需要把这组字形不一的同义词（或组合）尽可能严格地按照文献时间先后的顺序进行排列。再次，需要如志村良治所说的那样，从语音方面寻其渊源。

【思考题】

1. 从上古到近代，人称代词都有哪些发展和变化？
2. 试述指示代词“这”、“那”的产生及其发展过程。
3. 试述现代汉语疑问代词“什么”和“怎么”的来源及其发展过程。

【本章参考文献】

管燮初．西周金文语法研究．北京：商务印书馆，1981.

郭锡良．汉语第三人称代词的起源和发展//汉语史论集（增补本）．北京：商务印书馆，2005.

梁启雄．荀子简释．北京：中华书局，1983.

刘一之．关于北方方言中第一人称代词复数包括式和排除式对立的产生年代//语言学论丛（第十五辑）．北京：商务印书馆，1988.

刘云：北京话敬称代词“您”考源．北京社会科学，2009（3）．

吕叔湘，江蓝生补//近代汉语指代词．上海：学林出版社，1985.

梅祖麟．关于近代汉语指代词．中国语文，1986（6）．

梅祖麟．唐、五代“这、那”不单用作主语．中国语文，1987（3）．

梅祖麟．北方方言中第一人称代词复数包括式和排除式对立的来源//语言学论丛（第十五辑）．北京：商务印书馆，1988.

魏培泉．汉魏六朝称代词研究．台北：台湾大学中国文学研究所，2000.

［日］小川环树．你と尔および日每の成立．言语研究，1953.

徐丹．关于从《战国纵横家书》看古汉语第一人称代词．东方语言学，2009（2）．

殷国光．吕氏春秋词类研究．北京：商务印书馆，2008.

张玉金．甲骨文语法学．上海：学林出版社，2001.

朱冠明．从中古佛典看“自己”的形成．中国语文，2007（5）．

第四章
动词的发展

动词的发展主要表现在动词形态的发展，而动词形态的发展则表现在动态助词“了”、“着”、“过”的出现。动态助词“了”、“着”、“过”是在近代汉语中产生的。“了”表示动作的完成，源于表示“终了”、“了结”意义的动词“了”；“着”表示动作的持续和进行，源于表示“附着”于某一处所的动词“著”；“过”表示动作行为成为过去，源于表示“动向”的动词“过”。

第一节 上古汉语动词的特点

甲骨卜辞中，动词使用广泛，主要作谓语，以单音节为主。没有词头和词尾，动作的完成、过去和进行的时间都依靠时间词来表达。

先秦，动词有不及物动词和及物动词之分。前者如“复”、“免”、“尽”、“亡”、“死”、“毙”、“退”、“来”、“起”、“兴”、“进”、“怒”、“耻”等，后者如“出”、“上”、“归”、“反”、“食”、“饭”、“惧”、“处”、“迁”等。动词的体貌，需要通过词汇形式来体现。[①] 动词的句法功能和组合关系呈现多样化趋势。

动词最基本的句法功能是作谓语，其次作定语，有时还作状语。如（引自郭锡良，2005）：

生拘石乞而问白公之死焉。（《左传·哀公十六年》）
妇人不立乘。（《礼记·曲礼上》）

在句法中，动词还可以作主语和宾语。如：

克、伐、怨、欲不行焉，可以为仁矣？（《论语·宪问》）
战不言伐，此其言伐何？（《公羊传·桓公十二年》）

---

① 古人也曾试图通过形式来区分动词和名词。如：字形上，用先后产生的有区别字义作用的区别字来区分；字音上，用四声别义的方法来区分。

动词的语法特点是，能带宾语，能受状语修饰，能加“所”和“者”转化为名词。如：

公曰：“衣食所安，弗敢专也，必以分人。”（《左传·庄公十年》）

吴子曰：“昔岁寡人闻命，今又革之，不知所从，将进受命于君。”（《左传·哀公九年》）

其乡人曰：“肉食者谋之，又何间焉？”（《左传·庄公十年》）

及吴师至，拘者道之以伐武城，克之。（《左传·哀公八年》）

动词带宾语时，可以与宾语构成多种语义关系。如：

君三泣臣矣。敢问谁之罪也？［《左传·襄公二十二年》。泣臣：对（向）臣哭泣。］

晋人惧其无礼于公也，请改盟。（《左传·文公三年》。惧其无礼于公：因其无礼于公而恐惧。）

四月秀葽，五月鸣蜩。（《诗经·豳风·七月》。秀：开花。秀葽：葽秀。鸣蜩：蜩鸣。）

若不复适楚，必死是宫也。（《左传·襄公三十一年》。死是宫：死于是宫。）

宾语可以表示动作行为的对象、原因、施事、处所等，这些语义关系没有形式标记。

在句法中动词有使动用法、意动用法和为动用法。动词的使动用法就是使宾语具有该动词所表示的动作行为，动词的意动用法是主语认为宾语具有该动词所表示的动作行为，动词的为动用法是主语把宾语当作该动词所表示的动作行为的目的。这些用法也都属于动词与宾语构成的语义关系。如：

吾见申叔，夫子所谓生死而肉骨也。（《左传·襄公二十二年》）

友风而子雨。（《荀子·赋》）

敝无存之父将室之，辞。（《左传·定公九年》）

夫人将启之。（《左传·隐公元年》。启之：为之启。）

宾语分别表示动作行为的使动者、主观对象、目的。之所以上古动宾之间有这么多的语义关系存在，主要是因为该时期的句法属于综合型句法关系，这些语义关系没有形式标记。

古汉语动词具有综合性的特征，它可以包含动作的对象、工具、结果等。如：

予发曲局，薄言归沐。（《诗经·小雅·采绿》。《说文》：“沐，濯髪也。”）

渍，取牛肉必新杀者，薄切之，必绝其理。（《礼记·内则》）

是晋、楚以秦破齐，以秦破齐，何晋楚之智而齐秦之愚！（《战国策·秦策二》）

有一些动词可以形成动、名相兼的兼类词。“刍”，既作动词指“割草”，又作名词表示“饲草”的意思。“戍”，既作动词指“戍守”，又作名词表示“戍守者”的意思。如：

禁刍牧采樵。（《左传·昭公六年》）

今有受人之牛马而为之牧之者，则必为之求牧与刍矣。（《孟子·公孙丑下》）

彼其之子，不与我戍申。（《诗经·王风·扬之水》）

城三旬而毕，乃归诸侯之戍。（《左传·定公元年》）

动词兼作名词时没有形态标志，但在句法中转指名词时有形态标志“所”和“者”。如：

谏者有刑。(《左传·桓公十三年》)
缚者曷为者也?(《晏子春秋·内篇杂下》)
冀之北土，马之所生。(《左传·昭公四年》)
人之情不能亲其所怨，不能誉其所恶。(《吕氏春秋·诬徒》)

“者”和“所”二者在句法层面所处的位置、所黏附的谓词语的范围、指称的对象等方面有所不同。

王力（1940）认为，在上古，动词有类似词头的前加成分，如“爰”、“曰”、“言”、“聿”、“有”、“其”、“言”、“于”、“薄”等。① 如：

爰居爰处，爰丧其马。(《诗经·邶风·击鼓》)
朋酒斯飨，曰杀羔羊。(《诗经·豳风·七月》)
言告师氏，言告言归。(《诗经·周南·葛覃》)
无念尔祖，聿修厥德。(《诗经·大雅·文王》)
之子于归，宜其室家。(《诗经·周南·桃夭》)

又有类似词尾的后加成分，如“思”和“止”。如：

南有乔木，不可休思。汉有游女，不可求思。(《诗经·周南·汉广》)
高山仰止，景行行止。(《诗经·小雅·车辖》)

以上诸用法表明，上古动词的句法功能和组合关系都朝多样化方向发展。

在汉语的历史发展中，动词的发展又表现为动态助词的产生。下面着重介绍汉语中最为常见的动态助词。

第二节 动态助词“了”的产生和发展

到了近代汉语，动词有了很大的发展，出现了动态助词“了”、“着”、“过”。② 王力（1958）指出：“动词形尾‘了’和‘着’的产生，是近代汉语语法史上划时代的一件大事。”③ 动态助词“了”、“着”、“过”的产生，标志着汉语时体的表达，已从词汇形式阶段过渡到语法

① 在王力主编的《古代汉语》（通论十四）中，也曾说到类似词头的前加成分。

② 近代汉语动态助词，除了“了”、“着”、“过”以外，还有“却”、“将”、“取”、“得”等。参见曹广顺（1995）。

③ 关于动词后的“着”、“了”、“过”的性质，目前还没有定论。王力（1958）把“着”、“了”、“过”称作“形尾”。他这样认为：严格来说，“着”、“了”、“过”的性质，不是构词的问题，而是构形法的问题。梅祖麟（1981）把“着”、“了”、“过”称作“词尾”，刘坚等（1992）、蒋绍愚（2005）把“着”、“了”、“过”称作“动态助词”。蒋绍愚强调，“着”、“了”、“过”类似于clitic的成分。向熹将其称为“时体助词”，还有人将其称作“体标记”。我们认为它们介乎词内成分和助词之间，既不是严格意义上的词，也不是严格意义上的词内成分。我们赞同刘、蒋之观点，称其为“动态助词”。而在引述时仍遵照各家的意见，或呼之为“形尾”，或呼之为“时体助词”等。

形式阶段。

在近代汉语和现代汉语中，助词“了”有两个作用：一是用在动词后面，表示动作行为的完成，称为“$了_1$”；二是用在句末表示事件过去曾经发生过，称为“$了_2$”。我们又称前者为动态助词，称后者为事态助词。

一、动态助词“了”的产生时代及其标志

魏晋南北朝时期，表“终了”、“了结”义的“了”是一个完成动词，用于“动词+（宾语）+完成动词”结构。如（引自王力，1958）：

亮数出军，仪常规画分部，筹度粮谷，不稽思虑，斯须便了。（《三国志·蜀书·杨仪传》）

王力（1958）提出，真正的形尾“了”字，在五代已经出现，紧贴动词，总处在宾语的前面。如：

林花谢了春红，太匆匆！（李煜《乌夜啼》）

蒋绍愚（2005）将太田辰夫（1958）、赵金铭（1979）、梅祖麟（1981）、吴福祥（1996）、曹广顺（1995）等人所提供的“动词+了+宾语”结构的15个用例逐一进行考察，结果发现，11个用例中的“了”不是动态助词，“了”是动态助词的用例仅有4个。如：

几时献了相如赋，共向嵩山采茯苓。（张乔《赠友人》）
各请万寿暂起去，见了师兄便入来。（《敦煌变文集·难陀出家缘起》）
六曹官入□□皇帝，唱喏走入，拜了起居，再拜走出。（《敦煌变文集·唐太宗入冥记》）
寻时缚了彩楼，集得千万个室女。（《敦煌变文集·悉达太子修道因缘》）

需要指出的是，“唱喏走入，拜了起居，再拜走出”中的“了”当看作动词。“起居”在唐五代有两种新义：第一，一般人的问安叫“起居”。[①] 如《敦煌变文集·目连缘起》中有：“一两日间，儿子便到，跪拜起居：‘自离左右多时，且喜阿娘万福。’”其中“跪拜起居”，言先跪拜，再问安。第二，每五日一次的群臣随宰相入见皇帝也叫“起居”。其制始于后唐明宗。可见，《唐太宗入冥记》中的“起居”是个动作，而非“拜”的受事宾语。“拜了起居”等于说是“拜罢起居”，即先跪拜完毕，后问安的意思。

其余三例中的“了”当视为动态助词。一例出自张乔《赠友人》，两例出自《敦煌变文集》，都出自晚唐五代的文献。据此，我们赞同王力先生的观点。调查中，我们发现，动态助词“了”在晚唐五代产生，但尚处于萌芽状态。“动词+了+宾语”格式是“了”虚化为动态助词的标志。

---

① 杜甫《奉送蜀州诗》：“迁转五州防御使，起居八座太夫人。”仇兆鳌注：“《后汉·岑彭传》：大长秋以朔望问太夫人起居。”又，《敦煌变文集·维摩诘经讲经文》：“童子天然悟志真，起居父母便辞陈。”

对于王力“形尾‘了’出自唐五代”的观点，有人持不同看法。① 潘允中（1982）认为，动态助词“了”产生于南北朝。他举《齐民要术·杂说》中“了”的用例为证。如：

禾秋收了，先耕荞麦地，次耕余地。（《齐民要术·杂说》）

见世人耕了，仰著土块，并待孟春。（《齐民要术·杂说》）

据柳士镇（1989）研究，《齐民要术》中的《杂说》当为唐人所作。我们认为，这样的“了”仍是“完毕”义，仍当作动词。

二、动态助词“了”的产生和发展过程

从战国到魏晋南北朝时期，汉语存在一种表完成的“动词（＋宾语）＋完成动词”句式，完成动词主要有“已”，其次有“竟”、“讫”、“毕”。这些词都是动词，表示完成。这种格式是动态助词“了”产生的句法环境。（梅祖麟，1999）如：

与之攻齐，攻齐已，魏为□国，重楚为□□□□重不在梁两矣。（马王堆汉墓简《战国纵横家书》179）

会盟已，饮。（《史记·商君列传》）

鼓琴作数曲竟，抚琴曰：“顾彦先颇复赏此不?”（《世说新语·伤逝》）

佛说此经已，结跏趺坐。（姚秦《妙法莲华经》卷九）

汉代，动词“了”有“终了”、“了结”之义。《广雅·释诂四》：“了，讫也。”“了”开始进入表完成的句式，和前面的动词构成连动关系。如：

晨起早扫，食了洗涤。（王褒《僮约》）

南北朝时期，“了”在“动词（＋宾语）＋完成动词”结构中的使用逐渐频繁，“了”做动词，表示完成。如：

益部耆旧传令送，想催驱写取了，慎不可过淹留。（王献之《益部帖》）

公留我了矣，明府不能止。（《三国志·蜀书·杨洪传》）

设能信已如梦，其说经法如幻师化了听假音，不著其声，不造解脱。（西晋《佛说大净法门经》。元本、明本、宫本“了”作“承”。）

唐代，汉语动补结构发展迅速，在动补结构中作补语的词有“却”、“将”、“取”、“得”等，它们出现在“动词＋补语＋宾语”和“动词＋补语”两类句法环境中。如：

定拟说，且休却，看看日落向西斜。（《敦煌变文集·破魔变文》）

吾早年好道，常隐居四明山，从道士学却黄老之术。（张读《宣室志·俞叟》卷七十四）

---

① 吴福祥（1998）认为，唐五代“动词＋了＋宾语”中的“了”还不是动态助词，而是补语。等到南宋“了”替换“却”的时候，“了”才虚化为动态助词，“动词＋补语＋了＋宾语”格式的出现标志着动态助词“了”正式产生。杨永龙（2001）认为，唐代“V＋了”结构中，“了”也可以做动态助词，当“V＋了”结构中的“V”是瞬间动词、状态动词、形容词、动补结构时，“了”都应该算作动态助词。还有与否定形式“未＋V”相对的“V＋了”，与“V＋了＋O”同义并用的“V＋了”中的“了”也应该是动态助词。这个问题，后文我们还会进一步讨论。

牡丹枉用三春力，开得方知不是花。（司空图《红茶花》）

嫁得梁鸿六七年，耽书爱酒日高眠。（白居易《答谢家最小偏怜女》）

壮士一见，当下擒将。（《敦煌变文集·韩擒虎话本》）

买将病鹤劳心养，移得闲花用意栽。（李中《赠朐山孙明府》）

与君略出甚深，悟取超于生死。[《敦煌变文集·维摩诘经讲经文（五）》]

殷勤润取相如肺，封禅书成动帝心。（陆龟蒙《奉和袭美谢友人惠人参》）

该时期，“了”在“动词（＋宾语）＋完成动词”结构中出现，并大量替换“已”。“了”一方面向句末作事态助词发展，另一方面在小句动词后面向动态助词演变。往动态助词方向演变的“了”，作动相补语，表示动作的完成。① 如：

半啼封裹了，知欲寄谁将？（孟浩然《闺情》）

何日桑田俱变了，不教伊水向东流。（李商隐《寄远》）

子胥解梦了，见吴王嗔之，遂从殿上褰衣而下。[《敦煌变文集·伍子胥变文（一）》]

看了却归天界，随于菩萨下生。[《敦煌变文集·八相变文（一）》]

唐五代，“了”和“却”的语义相同，都表完成。受“却”的影响，“了”也进入“动词＋了＋宾语”结构（曹广顺，1995）。

我们将“动词＋了＋宾语”中的“了”看作动态助词，如“见了师兄便入来”（《敦煌变文集·难陀出家缘起》）。因此，与之同时出现的“动词＋了”中的“了”，也当视作动态助词。如：

令朕心酸难治位，群臣见了面含羞。（《敦煌变文集·太子成道变文》）

各（搁）盏待君下次勾，见了抽身便却回。（《敦煌变文集·难陀出家缘起》）

圣君才见了，流泪两三行。（《敦煌变文集·欢喜国王缘》）

在小句中，“动词＋宾语＋了”中的“了”和“动词＋了＋宾语”结构中的“了”，二者虽然都表示动作完成，但其句法位置的不同却决定了它们性质的不同。前一结构中的“了”处在宾语的后面，是宾语将“了”与动词隔开。这表明，在小句中，“了”与动词的关系十分松散，且相对独立。“了”仍然是动词，作动相补语。后一结构中的“了”，处在受事宾语之前，紧贴在动词之后，这表明，“了”具有很强的依附性。鉴于依附性正是动态助词的重要标志，无疑，我们应将它视作动态助词。②

北宋时，动态助词“了”在北方得到广泛使用，多见于词作。南宋时，其使用范围逐渐扩

---

① 动相补语指动作行为的实现或完成。这个概念最早由吕叔湘翻译赵元任著作 *A Grammar of Spoken Chinese* 时，针对“phase complement”这个短语提出的。赵元任（1979）的观点是，有少数几个补语是表示动词中的动作的“相”而不是表示动作的结果的。丁邦新把“phase complement”译作“状态补语”。动相补语的基本语义是表示动作、状态的实现或完成，有“完成”和“完结”两个方面的意思，语义指向谓语动词。

② 石锓（2000）认为：晚唐五代，类似于事态助词的“了$_2$”已经产生。“了$_2$”是从“动词＋宾语＋了”结构中虚化而成的。如：

我亦见汝行脚人，入门便识得汝了也。（《祖堂集》卷十六）

大士梁时童子，当日一问二问三问，尽有人了也。（《祖堂集》卷十）

师曰：“与摩则大唐国内山总被闍梨占却了也。”（《祖堂集》卷六）

以上用例中的“了”都表示动作的完成，句末“也”表示语气。在宋代，“了也”合成为“了”，演变为相当于现代汉语的事态助词“了$_2$”。如：

某之说却高了，移了这位次了，所以人难晓。（《朱子语类》卷十六）

展到史籍笔记、禅宗语录、儒学语录和戏文之中。如：

春渐远，汀洲自绿，更添了几声啼鴂。（姜夔《琵琶仙》）
然非地影，乃是地形倒去遮了他光耳。（《朱子语类》卷二）
如狄仁杰只留吴太伯伍子胥庙，坏了许多庙。（《朱子语类》卷三）
我把你担伏去，略略地高声，我便杀了你。（《张协状元》第八出）

在相当长的时间里，“了”和“却”同时使用。文献中，经常可以看到两者互用的情况。直到南宋，才逐渐显示出“了”替换“却”的情形。① 显然，“了”替换“却”的完成，当在南宋以后。

南宋还出现动补结构带“了”的格式，这表明，在南宋，动态助词日趋成熟。如：

说得意思回互如此，岂不教坏了人！（《朱子语类》卷八十三）

明代，“了”的用法已经与现代汉语完全一致。

总之，动态助词“了”从表“终了”、“了结”义的动词虚化而来。这种“了”在汉代就已经出现，是不及物动词，用在连动结构中。南北朝至唐代初期，“动词＋宾语＋了”和“动词＋了”句式出现，“了”仍是动词，表完成，充当动相补语。晚唐五代，由于受“却”等词的影响，产生“动词＋了＋宾语”格式，“了”因此虚化为动态助词。“动词＋了＋宾语”格式是“了”虚化为助词的标志。宋代，“了”进一步替代“却”，出现新的“动补＋了＋宾语”结构，“了”的发展趋于成熟。

三、动态助词“了”的形成过程

关于动态助词“了”的形成过程，目前学界观点有二：

第一，移位说。以梅祖麟（1981）为代表。他指出，五代“动词＋了＋宾语”结构的前身是唐代的“动词＋宾语＋了”，“动词＋宾语＋了”结构的前身是南北朝时期的“动词＋宾语＋完成动词”。

梅祖麟认为，由“动词＋宾语＋完成动词”结构发展成为“动词＋宾语＋了”结构，是通过词汇兴替的手段实现的，换句话说，这是由“了”替代完成动词“已”、“竟”、“毕”、“讫”的结果。而由“动词＋宾语＋了”发展成为“动词＋了＋宾语”结构，则因句子结构发生变化而造成。这表明，是“了”从宾语之后移到宾语之前，最终导致“了”的虚化。

第二，扩展说。以李讷、石毓智（1997），吴福祥（1998）为代表。他们认为，“动词＋了＋宾语”格式的出现，是“动词＋了”格式扩展并带上宾语的结果。他们还认为，在唐代，用于“动词＋却＋宾语”的“却”既然是补语，那么“动词＋了＋宾语”中的“了”是作表完成的动相补语，不能看作动态助词。真正的动态助词要到宋代当“了”替代“却”，“动词＋补语＋了＋宾语”格式出现时才算产生。如：

---

① 如在南宋《灵隐大川济禅师语录》中，把洞山和尚（807—869）的诗“天晴盖却屋，乘时刈却禾”中的两例“却”都改成了“了”，变为“趁晴盖了屋，乘时刈了禾”。

恰则心头托托地，放下了日多萦系。（毛滂《惜分飞》）

从文献所反映的语言事实来看，南北朝时期，动词“了”因进入“动词＋宾语＋完成动词”的格式，而形成“动词＋宾语＋了”。“了”进入“动词＋宾语＋了”格式由词汇替代的手段完成，这是因为，“了”有着与“已”等完成动词一样的语义。至晚唐五代，“了”的虚化程度进一步加深，又有“却”的影响，因而进入“动词＋补语＋宾语”的格式，形成“动词＋了＋宾语”。在这一格式中，“了”的句法位置发生了变化，它越过宾语，紧贴动词，体现出很强的依附性，从而具备动态助词的特征。由此看来，“移位”说是符合语法演变事实的。

我们认为，探讨动态助词“了”的形成过程，当与其他动态助词联系起来考察。据曹广顺（1995）研究，与“了”同时从动词演变为动态助词的“却”等都没有经历“扩展说”这样的演变，这说明“‘了’并不需要先在‘动＋了’中形态化，然后再带上宾语”（蒋绍愚，2005）。

第三节 动态助词“着”的产生和发展

“着”本作“著”。在早期，“著”有多种读音和多种语义。其读作知母御韵，有“显著”之义；读入声知母药韵，有“穿衣”之义；读入声澄母药韵，有“附着”之义。（参见王力，1958 和《广韵》）动态助词“着”由“附着”义的“著”演变而来，并写作“著”（除引文外我们都写作“着”）。先秦，“附着”的“着”单用作动词。如：

风行而著于土，故曰其在异国乎！（《左传·庄公二十三年》）

底著滞淫，谁能兴之？（《国语·晋语四》。韦昭注：“《太玄·玄摛》：‘必著乎情。’”）

汉代，“着”用于连动结构，作谓语。如：

如必有所悬著，足有所履。（《论衡·雷虚篇》）

魏晋南北朝，在动词之后的“着”普遍增多，其“附着”义也有所虚化。在句中，“着”作补语，一般带有处所词和方位词，指示所附着的处所。① 如：

长文尚小，载著车中；文若亦小，坐著膝前。（《世说新语·德行》）

捉臭烂马肺，承著其下，取千叶莲华，盛著槛里。（北魏《杂宝藏经》卷一）

负米一斛，送著寺中。（吴《六度集经》卷四）

在“动词＋着＋处所宾语”结构中，动词可以分为两类：一类是表持续的动词，如“坐”、“盛”等，这类句子中的“着”相当于“在”；另一类是表非持续的动词，如“送”、“载”等，

---

① “着”前面的动词如果是心理动词，那么，这一类的“着”与体貌无关。如“不留心于明，贪著世间”（《大宝积经》卷九十三）。

这类句子中的“着”相当于“到”。①

唐代，在非持续动词结构中，“动词＋着”由带处所名词发展成为带普通名词。如：

逢著南州史，江边哭问君。（任翻《哭友人》）
零落多依草，芳香散著人。（纥干著《赏残花》）
无端咬著亲情客，不得红丝毯上眠。（薛涛《十离诗·犬离主》）
因知境胜终难到，问著人来悉不曾。（贯休《游金华山禅院》）

王力（1958）指出，这一类的“着”相当于“到”，演变到现代汉语，多数念重音［tʂau］，所以它不是形尾。赵元任（1979［1970］）认为，这一类的“着”表示动作的完成，是动相补语。我们认为，“着”作动态助词是由持续动词或状态动词后面的“着”发展而来的。

先看持续动词和状态动词后面的“着”产生动态助词的用法。如：

刀剑为峰崿，平地放著高如昆仑山。（卢仝《与马异结交诗》）
主簿因以函书掷贾人船头，如钉著，不可取。（《太平广记·神仙传》卷七十一）
僧曰：“全肯为什摩辜负先师？”凤池云：“守著合头，则出身无路。”（《祖堂集》卷三）
不同窒塞人紧把著事不解传得，恰似死人把玉擩玉相似。（《祖堂集》卷三）

以上例句中，“着”前面的动词是持续动词，可以分为两类：第一类是动词本身的动作可以持续，如“守”、“把”等；第二类是动作结束后状态可以持续，如“放”、“钉”等。宾语也由处所名词扩大为普通名词。“着”已经虚化，不再表示“附着”义，而表示动作行为的持续。由于句中有持续动词或动作后状态持续动词的出现，这些动词本身带有持续性，或者表示动作产生的结果带有持续性。所以，处在这些持续动词后面的“着”，也理所当然地发展成为表持续的动态助词。

动态助词“着”，与南北朝时期作补语的“着”相比，有着本质上的不同：使用范围上，动词为不带处所的持续动词，宾语为非处所名词；语义上，“附着”义虚化，表示动作行为的持续，从词汇成分变成语法成分；结构上，已与宾语没有任何关系，而是成为动词的附着成分。

当表持续的动态助词“着”发展到宋代时，其使用范围已扩大到南北通用。在南方文献中的用例如：

经历数十年，一日念之，了然胸中，这一个道理在那里放著来。（《河南程氏遗书》）
只守著一些地，做得甚事？（《朱子语类》卷九）
虽是恁地，也须低著头，随众从博学、审问、慎思、明辨、笃行底做工夫。（《朱子语类辑略》卷六）
似担百十斤担相似，须硬著筋骨担！（《朱子语类辑略》卷二）

表持续的“着”，除了用于动词之后以外，还可以用于形容词之后。当它用于形容词之后

① 有的学者把这两种状态下的“着”都视作介词。但研究表明，这种观点并不成立。单从句法上看，这两个“着”由于不是连下读，而是连上读，因此其与动词之间无疑形成一种动补关系。显然，这两个“着”与介词“在”或“到”都有所不同。

时，由于形容词本身兼有描述状态的功能，所以，“着”表达状态持续的用法会更加突显，而动态助词“着”也因此更趋于成熟。如：

而今且大著心胸，大开著门，端身正坐以观事物之来，便格它。（《朱子语类》卷十四）

须是软著心贴就它去做。（《朱子语类》卷四十五）

王力（1958）认为，宋代，开始出现动态助词“着”用于进行体的情形。如①：

如战阵厮杀，擂著鼓，只是向前去，有死无二。（《朱子语类辑略》卷二）

虽是恁地，也须低著头，随众从博学、审问、慎思、明辨、笃行底做工夫。（《朱子语类辑略》卷六）

似担百十斤担相似，须硬著筋骨担！（《朱子语类辑略》卷二）

曹广顺（1995）认为，唐五代“着”产生了进行体。② 他指出，当助词“着”所表达的持续状态是另一个动作进行的条件时，“着”的作用就变为表示动作的进行态。我们注意到，“堆着”、“下着”等，都出现在复句前一小句中，但“～着”不是后面动作的条件，而是后面动作的方式。这种方式往往是用来形容动作的状态。我们认为，这一类的“着”还是持续体，不是进行体。当然，这里牵涉到对“持续”和“进行”两个概念的区分。所谓“进行”是指主语正在进行某一动作行为的动态特征。凡主语与动作相关的部位或都需具有动态的运动，或需当前具有某种状态。在唐五代，由于这些貌似进行体的句子都出现在表方式的主从复合句里，所以我们判定它们不是进行体，而是持续体。

元代，表示进行貌的“着”得到普遍使用。如：

那王氏意不尽，看著丈夫，又做四句诗儿。（《清平山堂话本·简贴和尚》）③

睁开一对重瞳眼，觑着千金卖笑人。（《大宋宣和遗事》）

有一等人常常的做歹勾当，却来人面前说道俺做的勾当好，便如掩着那耳朵了去偷那铃的也似。（《鲁斋遗书》）

莫不是八字儿该载着一世忧，谁似我无尽头。（《窦娥冤》第一折）

父亲也，你现掌着刑名事，亲蒙圣主差。（《窦娥冤》第四折）

明代以后，“着”只专用于进行体动态助词，和“了”已有明确分工。“着”的用法与现代汉语趋于一致。④

从“了”和“着”的历史演变看，二者都是在近代汉语中产生的动态助词。“了”和“着”

---

① 王力（1958）把“见世间万事颠倒迷妄，耽嗜恋著，无一不是戏剧”（《朱子语类辑略》卷二）中“恋著”之“著”看做形尾。按：此“恋著”应该是一个同义义素词，“贪著”、“恋著”等属于心理动词，它们来源于佛教用语，“恋著”指恋慕执著诸可意之境而不舍离也。（《佛教大辞典》）

② 曹广顺（1995）认为，唐五代动态助词“着”开始用于进行体。如，“旧墓人家归葬多，堆著黄金无买处”（王建《北邙诗》），“房房下著珠帘睡，月过金阶白露多”（王建《宫词》）。

③ 蒋绍愚（2005）指出，《清平山堂话本·简贴和尚》成书年代不明，此暂入元代。

④ 赵金铭（1979）认为，晚唐五代，“着”有表完成的动态助词的用法。如，“莫为此女人损著符（府）君性命，累及天曹”（《敦煌变文集·叶净能诗》）。我们认为，这一类“着”，与赵元任（1979）所说的表“到”意义的动相补语用法相同。它用于非持续动词之后，仍然是表完成的动相补语。“着”发展到现代汉语，多数已念作重音［tʂau］。（王力，1958）

各有分工，“了”表完成，“着”表持续和进行。其演变过程基本一致：在南北朝和唐初，“了”和“着”都用于动补结构。唐代，表持续的动态助词“着”产生；晚唐五代，动态助词“了”产生。宋元时期，“了”表完成的用法在南方得到流传，“着”发展出进行体，“着”和“了”得到普遍使用。明代以后，“了”和“着”基本形成现代汉语中“了”和“着”的雏形。①

第四节 动态助词“过”的产生和发展

动态助词“过”，在现代汉语中有两层含义：一是表示动作行为的完成和结束，通常被称为“$过_1$”；二是表示过去曾经有过这样的事或这样的经历，通常被称为“$过_2$”。动态助词“过”，在虚化前是趋向动词，表示施事主语从甲处所到乙处所的趋向行为。如：

沛公引兵过而西。(《史记·高祖本纪》)

南北朝时期，动词“过”开始出现在位移动词之后，作趋向补语，表示动作行为的趋向；其后出现的名词宾语所指为经过的处所。如：

有县农行过舍边。(《搜神记》卷三)

自送过浙江，寄山阴魏家，得免。(《世说新语·任诞》)

唐五代，“过”用于非位移动词之后的情况开始出现，有“动词＋过”和“动词＋过＋宾语”两种结构。“过”不再表示位移行为的趋向，而是表示动作行为的完成和结束，其后出现的名词宾语所指也与处所无关。如：

报状拆开知足雨，赦书宣过喜无囚。(王建《赠华州郑大夫》)

每至义理深微，常不能解处，闻醉僧诵过经，心自开解。(《太平广记·纪闻》)

蒙使君报云：“本司检过。”(《入唐求法巡礼行记》卷二)

婆云：“水不妨饮，婆有一问，须先问过。”(《瑞州洞山良价禅师语录》)

以上例句中，“宣”、“诵”、“检”、“问”等动词都不需要施事作位移运动，“过”不再表示施事经历的方向，其语义也已经虚化。虚化后的“过”只表示动作的完成或结束。正是在这样的前提下，“过”由动词虚化为动态助词。

宋代，“过”开始用于动词之后，表示曾经有过某种经历或经验。② 如（引自曹广顺，1995)：

---

① 王力（1958）认为，就“了”和“着”作为情貌词尾而言，“了”比“着”产生的年代要早。同样，“了”比“着”普遍应用的年代也要早。在宋代，“了”已经是普遍使用，但“着”却还处在萌芽阶段。元代以前，又出现二者混用的情况。

② 曾经有过某种经历或经验的“过”在唐五代就有萌芽，如，“师曰：‘阇黎什么处人？’云：‘邓州人。’师曰：‘老僧行脚时曾往过来’”(《筠州洞山悟本禅师语录》)。

看文字须仔细。虽是旧曾看过，重温亦须仔细。(《朱子语类》卷十)

如射法之属，皆造过。但造得太文，军人划地不晓。(《朱子语类》卷一百二十七)

不知周公一一曾与不曾看过。(《二程集》卷十一)

盛衰阅过君应笑，宠辱年来我亦平。(苏轼《和致仕张郎中春昼》)

吞过百年栗刺逢，嚼破百千铁酸馅。(《续古尊宿语要》卷六)

草草看过《易传》一遍，后当详读。(《朱子语类》卷六十七)

在否定句中，"过"强调的是动作行为没有实现或动作行为没有结束。上例中，"不曾看过"的"过"，表示过去曾经没有过这样的经历。宋代，"过"的发展必然受到很大的限制。①

元明时期，"过"表示"曾经"和"完结"义的用法得到发展，"动词＋过＋宾语"格式普遍增多。"过"表示"曾经"义的用例，如（引自王力，1958；太田辰夫，1958）：

其捕盗官及应捕人，如本境失过贼人者，听功过相折。(《通制条格》卷二十)

从来不曾断过如此体例，乞照验。(《元典章》卷十八)

御前看过新斛样制，钦奉圣旨。(《元典章》卷二十一)

假告事故官员，既是官司说过教去了呵，俸钱都合支与，定与限次如是违了呵，依例罚者。(《元典章》卷十一)

前日已做过百日了。(《警世通言》卷十三)

当年因大闹天宫时，被老君放在八卦炉中，煅过一番。(《西游记》第四十一回)

"过"表示"完结"的用例，如（引自王力，1958；太田辰夫，1958）：

仍将已卖过盐引逐旋缴申，提点官批讫，申覆本路传申省部。(《元典章》卷二十二)

比及打络过，折耗了，不勾有。(《元典章》卷五十八)

如今拟定体例，与中书省安童为头官人每再商量过闻奏。(《通制条格》卷二)

人吃了他，可以延寿，欲请舅爷看过，上铁笼蒸熟，与舅爷暖寿哩。(《西游记》第四十三回)

待的李娇儿吃过酒，月娘就起身。(《金瓶梅词话》第十五回)

又几质物值钱者才足了年数，就假托变卖过了，不准赎取。(《警世通言》卷六)

明代，"过"的使用大量增加，其用法和现代汉语趋于一致。

动态助词"过"的虚化共经历了三个阶段：第一阶段，南北朝，"过"出现在运动动词之后，作趋向补语，表示动作行为的趋向。第二阶段，唐五代，"过"附在非位移动词后面，语义已经虚化，不再表示位移动作的趋向，而是表示动作的完成和结束，其后出现的名词宾语均为非处所宾语，"过"产生"过$_1$"的用法。第三阶段，宋代，"过"与有过去时间义的动词搭配，表示动作行为发生的过去时间，产生"过$_2$"的用法。曹广顺（1995）认为，当表完成的"过$_1$"用于表过去发生的事件的句子中时，便会有"曾经"义的出现，"过$_1$"也就因此发展为"过$_2$"。

① 在当时，既有表示完成的动态助词"却"和"了"，也有表示曾经的事态助词"来"。

【思考题】

1. 试述动态助词“了”的发展过程。
2. 试述动态助词“着”的发展过程。
3. 试述动态助词“过”的发展过程。
4. 谈谈动态助词“了”、“着”、“过”的来源。

【本章参考文献】

曹广顺．近代汉语助词研究．北京：语文出版社，1995.

曹广顺．试论汉语动态助词的形成过程．东方语言学报（法国）．又载汉语史研究集刊（第一辑），1999.

郭锡良．先秦汉语名词、动词、形容词的发展//汉语史论集（增订本）．北京：商务印书馆，2005.

蒋绍愚．先秦汉语的动宾关系和及物性．中国语言学集刊，2013，7（2）．

蒋绍愚．从《左传》中的“P（V/A）＋之”看先秦汉语的述宾关系．历史语言学研究（第八辑），2014.

李讷，石毓智．论汉语体标记诞生的机制．中国语文，1997（2）．

柳士镇．从语言角度看《齐民要术》卷前“杂说”非贾氏所作．中国语文，1989（2）．

梅祖麟．现代汉语完成貌句式和词尾的来源．语言研究，1981（1）．

梅祖麟．先秦两汉的一种完成貌句式．中国语文，1999（4）．

石锓．浅淡助词“了”语法化过程中的几个问题．汉语史研究集刊（第二辑），1998.

吴福祥．敦煌变文语法研究．长沙：岳麓书社，1996.

吴福祥．重谈“动＋了＋宾”格式的来源和完成体助词“了”的产生．中国语文，1998（6）．

杨荣祥．论“词类活用”与上古汉语“综合性动词”之关系．历史语言学研究（第六辑），2013.

杨永龙．《朱子语类》完成体研究．开封：河南大学出版社，2001.

赵金铭．敦煌变文中所见的“了”和“着”．中国语文，1979（1）．

第五章
形容词的发展

形容词的发展主要表现为词缀和结构助词的产生。上古，形容词词缀产生，有“如”、“若”、“然”、“尔”等。近代，结构助词产生，有“底”和“地”。“底”用于区别属性，“地”用于描写情态。在元代，结构助词“的”替代“底”。

第一节
形容词在上古文献中的分布

在甲骨卜辞中，形容词主要作定语，也作状语和谓语。先秦，形容词的体貌特征主要依靠词汇形式来体现。其类型主要是：性质形容词，表现为抽象意义单音性质形容词和双音形容词；状态形容词产生，表现为叠音状态形容词（如“汤汤”、“萧萧”）、双声叠韵状态形容词（如“栗烈”、“犹豫”）、单音节状态形容词（如“涟”、“眇”）、带“如”和“然”等词缀的复音状态形容词（如“昭然”、“纯如”）。形容词句法功能和组合关系多样化。（郭锡良，2005）

形容词除了大量作定语以外，作状语和谓语也成为主要用法。在句法中，形容词还可以作主语和宾语。如：

礼之用，和为贵。（《论语·学而》）
天之苍苍，其正色也。（《庄子·逍遥游》）
臣闻小之能敌大也。（《左传·桓公六年》）
今楚国虽小，绝长续短，犹以数千里，岂特百里哉？（《战国策·楚策四》）

形容词能受副词修饰。如：

莫敖必败，举趾高，心不固矣。（《左传·桓公十三年》）
既富矣，又何加焉？（《论语·子路》）
王乃待天下之攻函谷，不亦远乎？（《战国策·燕策二》）

形容词能带介宾结构。如：

子贡贤于仲尼。(《论语・子张》)

天下之水，莫大于海。(《庄子・秋水》)

在句法中，形容词可以用作动词，带宾语。形容词前面可以用助动词。如：

老吾老以及人之老，幼吾幼以及人之幼。(《孟子・梁惠王上》)

可贵可贱也，可富可贫也。(《荀子・仲尼》)

昔诸侯朝正于王，王宴乐之。(《左传・文公四年》。乐：感到快乐。)

形容词谓语带宾语时，表示动作行为的目的、对象、原因、施事，这些语义关系没有形式标记。

在句法中，形容词有使动用法和意动用法。形容词的使动用法就是使宾语具有该形容词所表示的性质或状态，形容词的意动用法是主语认为宾语具有该形容词所表示的性质或状态。如：

抑王兴甲兵，危士臣，构怨于诸侯，然后快于心与?(《孟子・梁惠王上》)

务其人，非贫而富之，寡而众之。(《吕氏春秋・孝行》)

孔子登东山而小鲁，登泰山而小天下。(《孟子・尽心上》)

人主自智而愚人，自巧而拙人。(《吕氏春秋・知度》)

形容词的使动用法和意动用法带宾语时，分别表示动作行为性质或状态所涉及的使动者和主观对象，这些语义关系没有形式标记。

王力（1958）认为，在上古，形容词似乎有类似词头的前加成分，如“其”、“有”等。① 如：

北风其凉，雨雪其雱。(《诗经・邶风・北风》)

静女其姝，俟我于城隅。(《诗经・邶风・静女》)

有弥济盈，有鷕雉鸣。(《诗经・邶风・匏有苦叶》)

先秦，形容词词缀产生，有“如”、“若”、“尔”、“然”、“而”和“耳”，相当于“……的样子”。王力（1958）认为，它们都是同一个词的变形②：

如 ȵĭɑ	尔 ȵĭa	然 ȵĭan
若 ȵĭɑk	而 ȵĭə	耳 ȵĭə

词缀“然”，从《诗经》起，在汉语中一直得以使用。起初，“然”只作单音形容词词缀。③ 如：

终风且霾，惠然肯来。(《诗经・邶风・终风》)

斐然成章，不知所以裁之。(《论语・公冶长》)

---

① 形容词之前的“有”和名词之前的“有”不一样。王力（1958）说，“有”是否为形容词词头，没有把握。姚振武（2015）认为，形容词前面的“有”仍然是实词。

② 向熹（2010）认为，这些词在语音上有双声关系，可能是同一个词在不同方言里的变体。

③ 王力（1958）认为，词尾“然”从“这样”义指示性形容词演变而来。如：“其然，岂其然乎。”(《论语・宪问》。皇疏：“然，如此也。”)

天油然作云，沛然下雨，则苗浡然兴之矣。(《孟子·梁惠王上》)

战国时期，“然”还可以用于叠音形容词词缀。如：

宋人有闵其苗之不长而揠之者，芒芒然归。(《孟子·公孙丑上》)
子贡蹴蹴然立不安。(《庄子·天运》)

后来，单音形容词带叠音词缀的用法出现，最早见于楚辞。① 如：

穆眇眇之无垠兮，莽芒芒之无仪。(《九章·悲回风》)
滂洋洋而四施兮，蓊湛湛而弗止。(《高唐赋》)

词缀“如”、“若”、“尔”在上古较为常见。如：

桑之未落，其叶沃若。(《诗经·卫风·氓》)
夫子莞尔而笑。(《论语·阳货》)
子之燕居，申申如也，夭夭如也。(《论语·述而》)
孔子三月无君，则皇皇如也。(《孟子·滕文公下》)

词缀“而”使用最少。如：

未几见兮，突而弁兮。(《诗经·齐风·甫田》)

在上古，形容词之后通常有结构助词“之”出现。“之”的出现，使得形容词与名词相互关联。“之”在形容词和名词之间起修饰作用，相当于现代汉语的“的”。② 如：

齐景公有马千乘驷，死之日，民无德而称焉。(《论语·季氏》)
无惛惛之事者，无赫赫之功。(《荀子·劝学》)

后来，在口语中，形容词后结构助词“者”和“底”兴起，结构助词“之”趋于衰落。(袁毓林，1997)

第二节 结构助词“底”、“地”、“的”的产生和发展

近代，形容词发展迅速，主要体现在以下两方面。

(1) 形容词词缀逐渐规范。

在唐代和宋代，形容词词缀逐渐规范。在当时文人的注释里，这一点尤为突出。“突而”改作“突然”，“惄如”改作“惄然”，“沃若”改作“沃然”，“卓尔”改作“卓然”，“忽焉”改作“忽然”，“恂恂如”改作“恂恂然”，“圉圉焉”改作“圉圉然”。如：

---

① 王力（1958）说，叠音词尾最初用作叠音形容词。如“呦呦鹿鸣，食野之苹”(《诗·小雅·鹿鸣》)。

② 王力（1958）把形容词和名词之间的“之”称作介词，而一般语法著作中却把它叫结构助词。

突而弁兮。(《诗经·齐风·甫田》)

孔疏：突然已加冠弁为成人兮。

惄如调饥。(《诗经·周南·汝坟》)

孔疏：惄然如朝饥之思食也。

其叶沃若。(《诗经·卫风·氓》)

孔疏：其叶则沃沃然盛。

(2) 新的结构助词产生。[①]

在现代汉语中，结构助词“的”在以下六种格式中出现[②]：

①名(代)词+的+名词(我的书)　②名(代)词+的(我的)

③形容词+的+名词(新的书)　④形容词+的(新的)

⑤动词+的+名词(买的书)　⑥动词+的(买的)

①③⑤格式中的“的”，在上古汉语都用结构助词“之”。而②④⑥格式中的“的”，在上古却还没有相应的结构助词出现。

汉代前后，“者”出现在“动词+者+名词”格式中。如：

于是平原君乃斩笑躄者美人头。(《史记·平原君虞卿列传》)

后卓故部曲收所烧者灰，并以一棺棺之，葬于郿。(《三国志·魏书·董卓传》。裴注引《汉末英雄记》)

时净饭王为于太子，造三时殿……拟冬坐者殿一向暖，拟夏坐者殿一向凉，拟于春秋二时坐者，其殿调适，温和处平，不寒不热。(隋《佛本行集经》卷十二)

南北朝，“许”开始出现在“名(代)词+许”格式中，“许”填补②格式中“的”的空缺。如：

此诸宫殿，玉女营从，尽是我许。(姚秦《出曜经》卷二十四)

此象谁许，欲将何处?(隋《佛本行集经》卷十三)

“许”还同时出现在“名(代)词+许+名词”格式中，进入①格式。如：

彼等谁最在前出者，即取上衣自恣著已，随意而去，亦不专求自许本衣。(隋《起世因本经》)

我等亦为此朋友故，亦复各为自许物，来此林内，求彼淫女。(隋《佛本行集经》卷三十九)

唐代，“者”又出现在“名(代)词+者”格式中，并因此而进入②格式。如：

麦地占他家，竹园皆我者。(《寒山诗》)

有庾道敏者，善相手板，休佑以己手板托言他人者。(段成式《酉阳杂俎》)

---

① 王力(1958)把“底”、“地”、“的”看作形容词词尾，向熹(2010)把它称为结构助词，现代一般语法书也都把它称作结构助词。

② 基于对结构助词系统性的考虑，我们把名词或动词之后的结构助词也放在这里讨论。

季和将发，就食，谓三娘子曰："适会某自有烧饼，请撤去主人者，留待他客。"即取己者食之。(《幻异志》)

"者"还出现在"形＋者"和"动＋者"格式中，并因此进入④和⑥格式。如：

衣破无人缝，小者肚露地。(王梵志《夫妇拟百年》)
隔冰见兵士尸，立者、坐者，莹彻可数。(段成式《酉阳杂俎》)

近代汉语中，结构助词"底"、"地"替代"之"、"许"和"者"。现代汉语普通话中，用在定语和中心语之间的结构助词"的"，用在状语和谓语之间的结构助词"地"，都跟近代汉语的"底"、"地"、"的"的使用有密切的关系。下面，我们探讨结构助词"底"、"地"、"的"的产生和发展。

一、结构助词"底"的产生和发展

"的"的最早表达形式是"底"。结构助词"底"产生于晚唐五代的禅宗语录和佛经文献中，多见于"形容词＋底＋名词"、"动词＋底＋名词"格式。如：

师曰："不错底事作麽生?"云："共长老过水。"(《筠州洞山悟本禅师语录》)
只是丑陋底人。(《抚州曹山元证禅师语录》)
云何常在底人?(《抚州曹山元证禅师语录》)

《敦煌变文校注》中，结构助词"底"共出现14例，其中，"名词＋底"出现三例，如：

弟（第）一旦道上头底，弟（第）二更道东头底，弟（第）三更道西头底。(《不知名变文》)

"动＋底"两例，如：

莫将浮贿施为，非是菩萨行藏，此是俗门作底。(《维摩诘经讲经文》)
其医人忽尔抬头，见此中官，更言曰："阿姨道底是那。"(《维摩诘经讲经文》)

"形容词＋底＋名词"一例，如：

到家各自省差殊，相劝直论好底事。(《无常经讲经文》)

"动词＋底＋名词"八例，如：

惟愿如来慈念力，为说前生修底因。(《金刚丑女因缘》)
我等摆头嫌底事，他家心愿不忙惊。(《妙法莲华经讲经文》)
已满今生发底愿，并无魔难及诸灾。(《维摩诘经讲经文》)

《祖堂集》中，"底"大量使用，出现在五类格式中，有："动词（短语）＋底"、"动词（短语）＋底＋名词"、"名词/代词（短语）＋底"、"形容词（短语）＋底"、"形容词（短语）＋底＋名词"。其中"动词（短语）＋底"和"动词（短语）＋底＋名词"两种格式最常见，其次是"形容词（短语）＋底"格式和"名词/代词（短语）＋底"格式，"形容词（短语）＋底＋名词"格式极为少见，而"名词（短语）＋底＋名词"尚未出现。如：

问："大悟底人为什摩却迷?"师云："破镜不重照，落花难上枝。"(卷八)

洞山云："就师乞眼精。"师曰："汝底与阿谁去也?"(卷五)

师曰："将虚底来。"对曰："虚底不可得。"(卷三)

源云："忽遇不净底作摩生?"师曰："不审。"(卷十八)

夜来还有悟底摩？乞个消息。(卷十一)

洞山云："将谓有气力底是。"(卷六)

昨来到和尚处问佛法，轻忽底后生来东石头上坐。(卷四)

宋代，在语录和宋词中，结构助词"底"的使用频率有所提高，功能也更为完备。"形容词＋底＋名词"结构在唐代少见，而在宋代却发展迅速。如：

臣括答云："但没便宜底文字，便总道'错误'即休，怎生使得!"(沈括《乙卯入国奏请》)

而今学者就故纸上理会，也解说得去，只是都无那快活和乐底意思，便是和这佛家底也不曾见得。(《朱子语类》卷六十二)

僧曰："不敢错举。"师曰："真实底事作麽生举?"(《景德传灯录》卷二十一)

看他恁麽发愤，也是个猛利底汉。(《佛果圜悟禅师碧岩录》)

"名词＋底＋名词"结构随之产生。如：

循性者，马则为马之性，又不做牛底性；牛则为牛之性，又不为马底性。(《河南程氏遗书》)

若颜子底一个气象，吾曹亦心知之，欲学圣人，且须学颜子。(《河南程氏遗书》)

伏羲自是伏羲易，文王自是文王易，孔子因文王底说，又却出入乎其间也。(《朱子语类》卷一)

宋代，"底"偶尔写作"的"。①

本国也如有些小的公事，也且休恐恶模样。(沈括《乙卯入国奏请》)

元代中叶，结构助词"底"通常被写作"的"。

总的来说，"底"产生于唐代。进入宋代，"底"字结构开始完备。元代中叶，结构助词"底"开始由"的"所替代。

关于结构助词"底"的来源，学术界存在四种观点：

(1) 二源说。章太炎认为，"底"源于"之"和"者"。章太炎在《新方言》中指出："今人言底言的，凡有二义：在语中者，的即之字，在语末者，若有所指，如云冷的，热的，的即者字。"

(2)"者"字说。吕叔湘(1943)认为，"底"来自"者"，"者"字很早就有兼并"之"字的趋势。如：

有先天地生者物邪？物物者非物。(《庄子·知北游》)

---

① 蒋绍愚、曹广顺(2005)认为，《元代白话碑集录》中"一二二三年盩厔重阳万寿宫圣旨碑"里的"好的歹的，丘神仙你就便理"，是"底"被写作"的"较早的可靠例证。

项王怒，将诛定殷者将吏。(《史记·陈丞相世家》)

地善，则居地上者人民好善，此其相使明效也。(《太平经》卷四十)

公既去，而执拂者临轩，指吏曰："问去者处士第几？住何处？"公具以答。(唐杜光庭《虬髯客传》)

小者太子承王宝位，主其天下。(《敦煌变文集·悉达太子修道因缘》)

在唐代，"名词＋者"、"动词＋者"、"形容词＋者"格式出现。如：

麦地占他家，竹园皆我者。(《寒山诗》)

衣破无人缝，小者肚露地。(王梵志《夫妇拟百年》)

隔冰见兵士尸，立者、坐者，莹彻可数。(段成式《酉阳杂俎》)

后来，书面语中虽有"之"和"者"，但口语里却只有"者"。书面上，"者"写作"底"。

(3)"之"字说。王力认为，"底"是从"之"变来的。"之"的上古音是 tiə，后来在文言中的演变是 ȶĭə→ tɕĭə→tɕi→tʂʅ；在白话中的演变过程是 ȶĭə→ti，"底"正是由白话中的"之"音演变而来。王力对章太炎和吕叔湘的观点持怀疑态度，其理由是：其一，"者"字上古属鱼部［a］，在中古属麻韵上声，难以变成"底"音［ti］；其二，"冷的水"中的"的"和"冷的"中的"的"，是同一性质，说有两个来源，缺乏说服力；其三，人称代词后面的"底（的）"，只有"你的"、"谁的"，并没有"汝者"、"谁者"。梅祖麟（1988）也从语音上论证了"底"源于"之"的观点。但是，从用法上来看，"底"源于"之"的观点却还有待论证。

(4)指示代词"底"字说。冯春田（2000）认为："A者M"和"A底M"都是"A者"和"A底"后面出现名词而形成。"M"不出现时，"A者"和"A底"都能成立。"A之M"是在A和M之间插进"之"而形成，"A之"在结构上不能成立。从唐五代之前的实际用例来看，"A者M"的A基本上用作动词。同样，唐五代，"A底M"的A也基本用作动词。他指出，"底"取代"者"不是语音变化的结果，而是词汇替换所造成的。他还提出，结构助词"底"来源于代词"底"。石毓智、李讷（1998）进一步阐述了冯春田的"底"字说。他们认为，由"数＋量＋名"结构的建立而带来的类推力量，要求在修饰语和中心语之间必须有一个语法标记。但是，由于此时从上古汉语沿用下来的"之"功能已经萎缩，所以造成修饰语和中心语之间多为零标记①局面的出现。"底"的指示代词用法由于与所要求的结构助词功能正好相似，因而成为这个语法标记。

关于"底"的来源，除章太炎的"二源说"之外，主要还存在有四种说法：吕叔湘的"者"字说；王力的"之"字说；冯春田的"底"字说；江蓝生（1999）的方位词"底"字说。② 相对而言，吕叔湘的"者"字说略占上峰。它直接回应了王力对于"者"字说的两重质疑：第一，语音上，正如蒋冀骋（1998）所说，唐代前后，"者"存在两读，用做别事词，音止野切；用做语辞，音董五切。那么，以此推断，"底"替代"者"，极有可能是口语出现两读所造成的。第二，"你的"、"谁的"，在唐五代的确可说成"我者"、"谁者"。

---

① 如《世说新语》中"床头捉刀人"、"乃受炙人"、"我是李府君亲"、"王敬人是超悟人"等，都是名词和修饰语直接组合。

② 江蓝生（1999）认为，结构助词"底"源于方位词"底"。

最近，蒋绍愚（2005）对上面关于“底”来源于某单一词的观点提出反对意见。他主张，应从语法结构的演变来看“底”的产生。“底”的产生，主要不是替代“之”和“者”，而是用于新出现的“动词＋底＋名词”和“动词＋底”两类格式。“底”的出现应该是新结构产生的结果。

二、结构助词“地”的产生和发展

吕叔湘（1943）认为，结构助词“地”最早出现在《世说新语》里。如：

刘作色而起曰：“使君如馨地，宁可斗战求胜？”桓甚有恨容。(《世说新语·方正》)

但汪维辉（1996）和冯春田（2000）提出不同观点。他们认为，这个“地”不是助词，其可靠性应受到怀疑。①

唐代，结构助词“地”产生，用于副词、形容词（短语）之后，作状语和谓语。如：

即今与摩驰求底，尔还识渠摩？活泼泼地，只是无根株。(《临济惠照禅师语录》)
如君气力波澜地，留取阴何沈范名。(李群玉《寄张祜》)
忽地晴天作雨天，全无暑气似秋间。(杜荀鹤《春日登楼遇雨》)
春晴阶下立，私地弄花枝。(王建《贻小尼师》)
当时天子是闲游，今日行人特地愁。(罗隐《汴河》)

晚唐五代，结构助词“地”的用例增加。如：

京口谈玄已有名，吾山特地涉途程。(《祖堂集》卷五)
如来本自大慈悲，闻语惨地敛双眉。(《敦煌变文集·大目乾连冥间救母变文》)
徐行恰好骋威仪，蓦地维摩染病羸。(《敦煌变文集·维摩诘经讲经文》)
私地诏一宰相，交觅薄落儿郎。(《敦煌变文集·金刚丑女因缘》)

《祖堂集》和语录中出现“XX地”、“XYY地”、“XXYY地”等重言格式，用作谓语。如：

后明安曰：“直是不出门，亦是草漫漫地。”(《筠州洞山悟本禅师语录》)
因举曹山云：“佛既说一言五百害心生，如何是此言？”师云：“冷侵侵地。”(《祖堂集》卷十一)
“如何是水牯牛？”曹山云：“朦朦膧膧地。”(《祖堂集》卷十六)

宋金时期，“XX地”格式用例增多。如：

尔若实有个见处。试捻来看共尔商量。莫空不识好恶矻矻地聚头说闲葛藤。(《景德传灯录》卷十九)
任孜孜求告不回头，诮满眼汪汪地泪。(晁元礼《步蟾宫》)

---

① 汪维辉（1996）认为，此句的标点是“使君，如馨地宁可斗战求胜”，指“使君，这样的场合怎么能以斗战求胜”。冯春田（2000）认为，“如馨地”的“地”为“境况”、“状态”义。

一向不察气禀之害，只昏昏地去，又不得。(《朱子语类》卷四)

日间悠悠地过，无工夫，不长进，夜间便减了一分气。(《朱子语类》卷五十八)

人死后浑如悠悠地逝水，厌厌地不断东流。(《董西厢》卷八)

“地”与指示代词或疑问代词组合成“恁地”、“恁么地”、“如何地”、“怎地”、“怎生地”。如：

发出，有个路脉曲折，随物恁地去。(《朱子语类》卷五十九)

宰我见圣人之行，闻圣人之言，却尚有这般疑，是怎生地?(《朱子语类》卷三十三)

元代中叶，“的”开始替代“地”。如：

他每无体例不便的勾当，续续的整治行者。(《元典章》)

明清时期，“的”字普遍替代“地”，“地”有时混用为“的”。现代汉语口语中，“地”和“的”的混用仍然存在。

关于“底”、“地”之别，吕叔湘（1943）通过考察唐宋时期“底”、“地”的使用情况①，得出了如下结论：第一，在“名词＋底＋名词”、“名词＋底”、“动词＋底＋名词”、“动词＋底”等格式中用“底”，在“状语＋地＋谓词”格式中用“地”；第二，在“形容词＋底/地＋名词”、“形容词＋底/地”格式中，有“底”也有“地”。“底”和“地”存在一定的差别。用“地”的大多是重言（XX 或 XYY），或双声、叠韵，“地”的作用是描写情态②；用“底”的大多不具备这种形式，“底”的功能是区别属性，如“真实底事”、“好底”。③

在谓词性结构中，“底”、“地”的使用情况多因时代而异。唐代只用“地”，不用“底”；五代时“底”、“地”并用④，在有的作品中，出现“底”多于“地”的情况⑤。南宋以后，绝大多数写作“地”，只有个别写作“底”⑥（蒋绍愚 2005）。

关于结构助词“地”的来源，学术界同样有不同意见。吕叔湘（1943）认为，“地”字来历不明。王力（1958）认为，“地”与“底”同源，也来源于“之”。从唐宋“底”和“地”的使用看，二者的用法存在比较大的区别，“地”源于“之”的证据并不充分。

太田辰夫（1958）认为，结构助词“地”是由表示处所的名词“地”演变而来的，即经历“暗的地方”→“在暗的地方”→“暗暗地”的演变过程。后来孙锡信（1992）、吴福祥（1996）、冯春田（2000）对太田的观点进行了进一步的申说。目前，虽然主张结构助词“地”来源于处所名词的学者占多数，但是因为还存在材料不足等多种因素，所以，还是难以成为定论。

---

① 如：“我底学问”（《象山先生集》），“和尚底”（《景德传灯录》），“真实底事”（《景德传灯录》），“好底”（《景德传灯录》），“一丸疗万病底药”（《景德传灯录》），“适来碾损老僧脚底”（《景德传灯录》），“吒呀地哮吼一声”（《景德传灯录》）。

② 描写情态的，如，“任孜孜求告不回头，诮满眼汪汪地泪”（晁元礼《步蟾宫》）。

③ 关于“底”和“地”二者的区分，曹广顺（1995）也认为，“底”用于表示性质和种类的形容词后缀，“地”表示状态形容词和副词的后缀，“地”多由联绵词，特别是叠音词充当，作状语。

④ 用“底”的如“颜色变异，呵呵底笑”、“堂堂底坐”；“树下坐，忽底睡着”、“和尚蓦底失声便唾”。

⑤ 《祖堂集》中，“底”（18 例）多于“地”（8 例）。

⑥ 《朱子语类》中，绝大多数用“地”，极少数用“底”。

三、结构助词“的”的产生和发展

在宋代的话本及口语文献中，有个别地方用“的”字。如[①]：

本国也如有些小的公事，也且休恐恶模样。（沈括《乙卯入国奏请》）

元代，结构助词“底”通常被写成“的”。如：

唐宋以来，累朝代，孔夫子封赠的名儿与来。（《元代白话碑集录·一三零八年曲阜加封孔子圣旨致祭碑》）

大都里有的南北两崇国寺……（《元代白话碑集录·一三五四年大都崇国寺圣旨碑》）

孔夫子是春秋世儒道的宗师，要扶持这三纲五常。（《秦并六国平话》卷上）

帝认的是爱弟张飞。（《三国志平话》卷下）

高俅低低的奏曰：“陛下，天色明也。”（《新刊大宋宣和遗事》）

元代，“的”字结构已相当复杂，出现了多个“的”字结构的套叠形式。如：

我前时已有圣旨文字与你来，教天下应有底出家人都管著者。好的歹的，丘神仙你就便理，合只你识者。（《元代白话碑集录·一二二三年盩厔重阳万寿宫圣旨碑》）

重的交粗杖子、轻的交细杖子打的体例，自前行了三十余年也。（《元典章·刑部》）

廉访司官人每、监察每问的招了的，无体例要肚皮来的避罪在逃的部官、管民官、管军官、运司官、医官、管匠官等一十五个人。（《元典章·刑部》）

在当时北方文献里，也出现了多数用“的”、极少数用“底”的情况。并且，“的”字替代“地”字的情况开始出现。如：

后头到夏、商、周三代，这教人的法度渐渐的完备了。（《鲁斋遗书·直说大学要略》）

这伴当，你过的草忒粗，头口每怎生吃的？好生细细的过者。（《原本老乞大》）

明代，“的”字全面替代“底”字的局面已经形成，替代“地”字的用例也在逐渐增加。如：

军官不知受守御之道，因此富贵身家都亡了的也有，止亡了身的也有。（《皇明诏令·戒谕武臣勅》）

这吴氏年纪二十五六，是八月十五生的。（《金瓶梅》第一回）

你院里叫上六个吹打的，等我领着送了去。（《金瓶梅》第四十五回）

小人称说是梁山泊宋公明的，不想那厮多有污秽的言语，小人不敢尽说。（《水浒传》第六十回）

晁盖道：“他的寨在那里？”（《水浒传》第六十回）

---

① 宋代的话本中最早出现“的”，如“原来这春归去是东风断送的”（南宋《碾玉观音》）。但由于它经过元人的改写，所以并不可靠。宋代的语录《朱子语类》中也出现了一例，如“如何都唤做外面入来的”（卷一百二十一）。有个本子写作“得”，这应该是误抄。当时“的”字已不读入声，读［ti］，后来“的”字变为轻声，又读［tə］。

李俊见朴刀搠将来，拿定棹牌，一个背抛筋斗，扑通的翻下水去了。(《水浒传》第六十一回)

与近代汉语相比，现代汉语中“的”和“地”发生了变化，状语后面的“地”变成“的”。比较下面两例：

哥哥，待我慢慢地寻思咱。(《窦娥冤》第一折)

走几步儿，不知不觉的就楞磕磕的站住一会儿。(老舍《二马》)

当然，这种变化的出现，并不排除是个别作家因不遵守古人行文规则而造成的。但可以肯定的是，“五四”以前，对于古人的行文规则，人们基本能够遵循。如：状语后面用“地”，不用“的”；名词后面用“的”，不用“地”。但“五四”以后，人们已不再拘泥于此等规则，行文时，出现了一些在名词后面加“地”构成副词结构的情况。如“科学地”、“理性地”、“决定性地”，等等。

从功能上看，位于名词前连接定语的“的”，其前身是“之”，而后是“底”；名词之后“的”的前身，先是“许”、“者”，后是“底”；描写情态时用“地”。而从元代开始，“的”替代了“底”和“地”。“的”何以能替代“底”和“地”？吕叔湘（1943）认为，“的”字现在说轻声，做结构助词的“底”、“地”也都是轻声，二字的本义仍为上声和去声，生活中需要能替代读轻声的“底”、“地”的字，以资区别。据调查，入声字“的”在宋元时期已经脱落韵尾辅音，只剩下一个与轻声相似的短促而升降不显的音可以借用。“底”和“地”写成“的”，都已是变轻声以后的事。“地”字变轻声当在“底”字变轻声之后。在《京本通俗小说》等作品和元人剧曲里，我们发现，尽管“的”替代“底”字的情况可见一斑，但“地”字的使用却仍在继续。①

【思考题】

1. 结构助词“底”和“地”分别产生在什么时代？它们最初的分工情况如何？
2. 结构助词“的”在什么时代出现？它有一个怎样的形成过程？

【本章参考文献】

曹广顺．近代汉语助词．北京：语文出版社，1995.

冯春田．近代汉语语法研究．济南：山东教育出版社，2000.

郭锡良．先秦汉语名词、动词、形容词的发展//汉语史论集（增订本）．北京：商务印书馆，2005.

江蓝生．处所词的领格用法与结构助词“底”的由来．中国语文，1999（2）．

蒋冀骋．二十世纪的近代汉语研究//刘坚，主编．二十世纪中国语言学．北京：北京大学出版社，1998.

蒋绍愚．从《左传》中的“P（V/A）十之”看先秦汉语的述宾关系．历史语言研究（第八辑），2014.

吕叔湘．论“底”、“地”之辨及“底”字的由来//汉语语法论文集．北京：商务印书

① 关于结构助词“的”的演变又可参见石毓智、李讷（1998）。

馆，1980.

梅祖麟．词尾“底”、“的”的来源//梅祖麟语言学论文集．北京：商务印书馆，2000.

石毓智，李讷．汉语发展史上结构助词的兴替：论“的”的语法化历程．中国社会科学，1998（6）．

汪维辉．《世说新语》“如馨地”再论．古汉语研究，1996（3）．

吴福祥．敦煌变文语法研究．长沙：岳麓书社，1996.

袁毓林．“者”的语法功能及其历史演变．中国社会科学，1997（3）．

第六章
系词的产生及其发展

汉语判断句的发展表现在系词“是”的产生和发展。上古没有系词，而是由名词谓语直接联系主语构成判断，句末一般有“也”。到了近代，发展出在名词谓语之前用系词“是”联系主语构成判断的用法。

第一节
关于系词的界定

系词的界定，主要是指系词命名和系词范围的界定。柳宗元在《复杜温夫书》中把与系词功能相当的词称为“决词”。马建忠在《马氏文通》中把“凡以表决断口气”，“参于起、表之间”的词叫“断词”。黎锦熙在《新著国语文法》中把系词称为“同动词”，认为系词用来“说明主语，和叙述主语动作的动词有同一功能”。杨树达在《高等国文法》中称系词为“不完全内动词”，认为“不完全内动词有是义非义等字，凡此等动词之下必有补足语以说明主语”。王力在《中国文法中的系词》一文中，则第一次把判断词称作“系词”，后来在《汉语史稿》中，王力进一步把系词定义为“在判断句中把名词谓语联系于主语的词”。在以上这些命名中，“系词”的使用最为广泛。我们认为，系词是指在判断句中把说明主语的名词谓语联系于主语的词。①

关于系词的范围，主要存在两种不同的观点。第一种观点认为，汉语中的系词只有一个“是”，以王力、刘世儒和孙锡信等为代表。王力（1937）早年认为汉语系词有“是”、“非”、“为”、“乃”等，但后来他（1958）认为汉语真正的系词只有一个“是”字。② 第二种观点认为，汉语中有多个判断词，以马建忠、周法高、潘允中、洪诚、杨伯峻、何乐士为代表。马建忠在《马氏文通》中指出：“凡以表决断口气，概以‘是’‘非’‘为’‘即’‘乃’诸字参于起、

---

① 世界语言中也存在系词，英语用 be，名为连系动词，指没有多少独立意义，其主要功能是连系小句结构其他成分的动词。

② 王力（1958）认为，“为”是动词，“维”、“伊”、“繄”是虚词，“乃”、“即”、“非”是副词。

表之间，故诸字名‘断词’。——断词，一曰决词。”马氏之“断词”除指系词外，还泛指一切表示判断语气的词（如“也”）和短语。周法高在《中国古代语法·造句编》中认为，系词包括“维（惟）”、“伊”、“繄”、“即”、“乃”、“为”、“是”、“匪”、“非”。杨伯峻、何乐士在《古汉语语法及其发展》中认为，古汉语里的系词有“维（惟）”、“为”、“是”等。在春秋以前多用“维（惟）”，春秋以后多用“为”。汉魏以后，“是”作系词的用法逐渐增多。潘允中在《汉语语法史概要》中也认为，在纯系词“是”产生以前，“乃”、“惟”初步满足了这个功能上的需要，姑且称之为准系词。洪诚（1957）认为，上古汉语系词除了“是”以外，还有“为”，“为”的前身是“惟”。后来，王力从用法和翻译两个方面，对“惟”、“为”是系词的观点进行了反驳。他认为“惟”是一个纯粹的虚词，不是系词，是一个类似词头的东西。同时，他指出，“为”字本身不是一个系词，而是一个动词，和“惟”、“是”的性质都不同。

第二节
上古汉语判断句的分布

在现代汉语判断句中，一般用系词“是”来作述语，例如“朱熹是宋朝人”。不用系词“是”的判断句虽然也有，例如“鲁迅绍兴人”，但显然这种句子的文言色彩太浓，在语体、语境、语义等几方面都存在某些限制。

古代汉语判断句与现代汉语相比，有很大的不同。古代汉语判断句以不用系词为基本形式。判断句大体经历了由句末用“也”到句中用系词“是”的发展过程。[①]

从甲骨卜辞、西周金文到《尚书》《诗经》中，有在判断句中用“隹（惟、维）”字的用例，这看起来很像是系词。如：

乙丑卜，亘贞：“隹（惟）父辛。”（《甲骨文合集》444）
价人维藩，大师维垣。（《诗经·大雅·板》）
予惟小子，若涉渊水，予惟往求朕攸济。（《尚书·大诰》）
厥土惟白壤，厥赋惟上上，错。（《尚书·禹贡》）

“惟”在句中并非必不可少。王力（1958）认为，“惟”不是系词，而是纯粹的虚词，是类似于词头的词。

先秦典籍中，出现“者”、“也”形式的判断句，这类判断句反映了上古汉语判断句的主流。这种判断句的句式有以下四种。

（1）主语＋者，谓语＋也。如：

南冥者，天池也。（《庄子·逍遥游》）
廉颇者，赵之良将也。（《史记·廉颇蔺相如列传》）

① 孙良明（1994）认为，汉语判断句的发展经历了“零形式”到“准系词”再到“系词”三个阶段。

（2）主语，谓语＋也。如：

晋，吾仇敌也。(《左传·昭公五年》)
死生，命也。(《庄子·大宗师》)

（3）主语＋者，谓语。如：

虎者，戾虫；人者，甘饵。(《战国策·秦策》)
兵者，凶器。(《史记·酷吏列传》)

（4）主语，谓语。如：

夫鲁，齐晋之唇。(《左传·哀公八年》)
农，天下之本。(《史记·孝文本纪》)

这一类句式中，在名词谓语后面一般总要加上语气词“也”，同时还得靠着这个“也”字来煞句，如上面第一、二类格式。主语后面可以加“者”字，也可以不加“者”字。有了“者”字之后，句末可以不用“也”字，如第三类格式。但有时“者”、“也”可以都不用，当然，这是一种特殊情况，如第四类格式。

古汉语名词谓语句有多种表达功能，最基本的功能是表判断。此外，名词谓语句还有其他引申的功能。主要表现是：其一，表示类属，如下文第1、2例；其二，表示对主语所代表的人或事物的描写，如第3、4例；其三，表示比况，如第5、6例；其四，表示某种原因或条件，如第7、8例；其五，表示证明或列举，如第9、10例。例句如下：

晋，吾仇敌也。(《左传·昭公五年》)
兵者，凶器也。(《韩非子·存韩》)
昔者鬼侯、鄂侯、文王，纣之三公也。(《战国策·赵策》)
此必介子推也。(《吕氏春秋·介立》)
君子之德，风；小人之德，草。(《论语·颜渊》)
君者，舟也；庶人者，水也。(《荀子·王制》)
夫战，勇气也。(《左传·庄公十年》)
百乘，显使也。(《战国策·齐策》)
政事：冉有、季路；文学：子游、子夏。(《论语·先进》)
厥赋惟上上，错，厥田惟中中。(《尚书·禹贡》)

在表示原因或条件的判断句中，表面上看，“战”与“勇气”、“百乘”与“显使”于逻辑上并不构成判断。但是，由于主语和谓语间的语义关系已十分明朗。这一类判断句，只要译成现代汉语就会发现，它是可以揭示主语同谓语之间的语义关系的。而且其语言的表达与现代汉语的表达习惯也是相符的。如“夫战，勇气也”可以译作“作战凭借的是勇气”，“百乘，显使也”可以译作“带有百辆车的使节，一定是声势显赫的使节”。

先秦，有时在句首或句末出现“是”字，这看起来像是系词。如：

知之为知之，不知为不知，是知也。(《论语·为政》)
贫与贱，是人之所恶也。(《论语·里仁》)
谷与鱼鳖不可胜食，材木不可胜用，是使民养生丧死无憾也。(《孟子·梁惠王上》)
臣闻七十里为政于天下者，汤是也。(《孟子·梁惠王下》)
如此，汤武之功是也。(《管子·宙合》)

则子西、易牙、竖刁之徒是也。(《墨子·所染》)

这一类的“是”都是指示代词。句首的“是”复指上文所提示的对象，在句中作主语，它的谓语通常是说话人要确认的对象或事实。句末的“是”是复指前面的成分，在句中作谓语，对主语起确认的作用，可以用“亦”、“皆”、“诚”、“乃”等副词修饰。如：

滔滔者天下皆是也。(《论语·微子》)

若山丘室庙者皆是也。(《墨子·大取》)

还有，下列句子中的“是”字，看起来也很像系词。如：

陈臻问曰：“前日之不受是，则今日之受非也；今日之受是，则前日之不受非也；夫子必居一于此矣。”孟子曰：“皆是也。”(《孟子·公孙丑下》)

己诚是也，人诚非也。(《荀子·荣辱》)

这一类“是”都是形容词，在句中作谓语，起确认的作用。有的用“诚”、“皆”、“果”、“实”等副词修饰，以“非”字句为否定式。

先秦，在判断句中也出现“为”字，看起来，这个“为”字也很像是系词。如：

余为伯儵。余，而祖也。(《左传·宣公三年》)

子为谁？为仲由。(《论语·微子》)

敢请，女为谁氏？(《仪礼·士昏礼》)

这一类“为”，有的学者看作系词，而王力（1958）却不这么认为。他认为“为”的本义是“做”，在许多语言里，“做”的意义都容易引申为多种意义，甚至引申为近似“是”的意义；“也”字煞句的判断句和“为”字一般不共现，而系词“是”却可以和“也”普遍共现，因为“为”用在叙述句里，它代替了判断句；用在判断句中的“为”只是偶尔出现，并且只在主语和名词谓语指称同一事物的时候出现。如《孟子》中的“尔为尔，我为我”，“为”是必不可少的。但如果说“滕为小国”则不恰当。只有在特殊的环境中，“为”才有引申为近似系词“是”的功能。但是，尽管如此，“为”并不是系词。自古至今，系词不能用于描写句，如，不能说“民是贵，君是轻”，只能说“民为贵，君为轻”(《孟子》)。可见，“为”并不是真正意义的系词。真正的系词只有一个，那就是在汉代出现的“是”字。

第三节
系词的产生及其发展

一、系词“是”产生的时代

关于系词“是”产生的时代，学界曾出现过很大的分歧，总体来说，以下三点最具有代表性：

(1) 周朝说，以朱声琦为代表。朱声琦（1986）认为系词在《诗经》《左传》等文献中已经使用。如：

公若泣而哀之，曰："杀是，是杀余也。"（《左传·昭公二十五年》）
曰："是鲁孔丘与?"曰："是也"。（《论语·微子》）

朱声琦认为，系词除了"是"以外，还有"维"、"惟"、"唯"。如：

匪其止共，维王之邛。（《诗经·小雅·巧言》）

(2) 战国说，以裘锡圭、唐钰明为代表。裘锡圭（1979）和唐钰明（1991）从战国出土文献出发，提出系词"是"产生于战国时期。如：

韩是魏之县也。（《战国策·魏策三》）
人毋（无）故鬼攻之不已，是是刺鬼。（《睡虎地秦简·日书甲种》27背壹）

依据裘锡圭（1979）和唐钰明（1991）的观点，第二例中，前一个"是"为代词，后一个"是"为系词。但是，梁冬青（2002）提出，战国时期，"是是"句只出现在占卜的三种简帛文献中，第二个"是"作副词，均为强调、肯定之意，应解作"寔"。[①] 王引之《经传释词》云："是，犹寔也，又通'实'。"殷国光认为，上面第二例中第二个"是"视为"寔"较为妥当。

潘允中（1982）认为，战国时期产生了系词。不仅如此，他还把"乃"、"惟"看作系词。他指出，在纯系词"是"产生以前，"乃"、"惟"初步适应了判断功能上的需要，姑且称之为准系词。但是王力（1958）反对把"乃"、"惟"看作系词。

(3) 汉代说，以王力、太田辰夫、郭锡良为代表。王力（1937）早先认为，系词"是"始于魏晋南北朝，后来他（1958）修正了自己的这一观点，认为汉语系词产生于西汉末年或东汉初期。太田辰夫（1958）的研究也表明，判断词"是"产生于汉代。郭锡良（2005）则指出，就系词"是"来说，在西汉时期可以确定的用例已不止三两个，也不止见于一两种典籍。如：

此是家人言耳。（《史记·儒林列传》）
何以知其是陈君也?（《谷梁传·桓公六年》）

我们赞成汉代说。系词只有一个"是"，而"是"产生于汉代。郭锡良（1997）指出，把先秦文献中的"是"看作系词有多方面的原因，或是分析方法上存在问题，或以今译古，或利用古注作为论据，或沿用互文等训诂方法，或利用现代汉语语法规则作为依据，或引用材料有误，或处理材料不当，等等。

二、系词"是"的产生及其发展

先秦，话题后面往往用代词"是"来进行复指，然后加上说明语。这里所说的话题，既可

① 关于"是是"的用例见梁冬青（2002）。如：

是是竹彗，人主有死者。（马王堆《天文气象杂占》）
是是蒿彗，兵起，军饑（饥）。（马王堆《天文气象杂占》）
是是苦彗，天下兵起，若在外归。（马王堆《天文气象杂占》）

以是一个或一个以上的名词，也可以是一个或一个以上的句子形式。如：

富与贵，是人之所欲也。(《论语・里仁》)
闻义不能徙，不善不能改，是吾忧也。(《论语・述而》)
既欲其生，又欲其死，是惑也。(《论语・颜渊》)

"是"经常处在主语和谓语的中间，由此极有可能产生出系词的性质。

西汉，系词"是"产生。[①] 如(引自郭锡良，2005)：

此是家人言耳。(《史记・儒林列传》)[②]
客人不知其是商君也。(《史记・商君列传》)
此是螳螂也。(《韩诗外传》)
有国者选众而任贤，学者博览而就善，何必是周公、孔子，故曰法之而已。(《盐铁论・中韩篇》)

东汉，系词"是"的使用更加广泛，《论衡》和东汉译经中时有出现。如：

余是所嫁妇人之父也。(《论衡・死伪》)
其谓賨之者，皆是星也。(《论衡・说日》)
离是六事便随世间也。(《佛说大安般守意经》卷上)
其法不是弊魔及魔天之所灭，亦不是天中天弟子所灭。(《阿閦佛国经》卷下)

不过，在东汉，系词"是"大多还需要"也"字的帮助。

从东汉至南北朝，系词判断句在口语里已全面代替上古的判断句。此时，"是"字判断句已经发展成熟。具体来说，其成熟有三大标志：

(1) 系词"是"摆脱了语气词"也"，成为必不可少的系词。如：

何谓是我作非我作断。(吴《维摩诘经》卷上)
豫章太守顾劭是雍之子。(《世说新语・雅量》)
佛是外国之神，非天子诸华所可宜奉。(《高僧传・佛图澄传》)
问今是何世，乃不知有汉，无论魏晋。(《桃花源记》)

(2) 系词"是"可以被副词修饰。如：

吾真是佛，世不虚传。(东汉《中本起经》卷下)
今日若能见杀，乃是本怀。(《世说新语・贤媛》)
今我所怀胎，必是摩诃萨。(东汉《修行本起经》卷上)
其城中无有异人，皆是菩萨。(东汉《道行般若经》卷九)
般若波罗蜜即是本无。(《道行般若经》卷五)
意无处处，意无形形，意本是形法。(《道行般若经》卷一)

(3) "不是"代替了上古的"非"。如：

若以弹指间，念此诸想之事，皆为精进行，为奉佛教。不是愚痴食人施也。(东汉

---

① 王力(1958)认为系词"是"出现于公元前后。

② 在战国出土文献中有一些"是"是否用作系词，还有不同的理解。《战国策》《史记》中有经后人改动的地方，《谷梁传》的作者年代待考，所以还要对"是"字进行慎重分析。

《禅行法想经》)

其法不是憋魔及魔天之所灭，亦不是天中天弟子所灭。(东汉《阿閦佛国经》卷下)

彼即与世物杂，为不是大祐人者。(东汉《法镜经》)

又复不是提婆跋提夫人所生。(元魏《贤愚经》卷九)

我实不是负累汝等，请自改厉。(元魏《贤愚经》卷十一)

虽古人所述，不是过也。(《三国志·魏书·王基传》)

由此，系词"是"在口语中取代了不用系词"是"的旧形式。

随着"是"的发展，系词"是"最终成为判断句的必要成分，而与此同时，判断句本身也得到了很好的发展。简而言之，这种发展表现为结构形式的复杂化和表意功能的多样化。但具体来说，则表现为如下几个方面①：

(1) 系词结构可以接受副词的修饰。系词"是"产生以后，不但可以受否定副词"不"、"非"等修饰，还可受其他多种副词修饰。表示类同的副词有"亦"、"亦复"等，表示时间的副词有"常"、"本"等，表示顺承的副词有"即"、"则"、"乃"、"便"等，表示语气的副词有"正"、"定"、"真"、"实"、"纯"、"审"、"似"、"必"等，表示推测和反诘的副词有"将无"、"得无"、"岂"等，表示范围的副词有"皆"、"悉"、"尽"、"唯"等。

得无是白净王子悉达者乎?(东汉《中本起经》卷上)

算术亦是六艺要事。(《颜氏家训·音辞》)

汝可将我往至其所，当试听之，审是佛不?(元魏《贤愚经》卷六)

若有女人闻是药王菩萨本事品能受持者，尽是女身后不复受。(姚秦《妙法莲华经》卷六)

(2) 系词结构可以接受助动词的修饰。"是"接受助动词"应"和"当"的修饰。

汝等出去，不应是中住。(东晋《摩诃僧祇律》卷七)

然每至佳句，辄云："应是我辈语。"(《世说新语·文学》)

今此梵行，必应是好胜于余人。(隋《佛本行集经》卷三十六)

我等国师未审今者为当是此瞿昙沙门。(《佛本行集经》卷四十四)

(3) 系词"是"后面的表语日趋复杂化。在刚出现的"是"字判断句中，只出现名词作表语的用法，但晋以后，又产生了动词和形容词作表语的用法。从结构形式看，由名词、动词或形容词作表语的结构有偏正词组，可以组合成动宾词组、主谓词组和句子。

又夷俗长跽，法与华异，翘左跂右，全是蹲踞。(《南齐书·顾欢传》)

此必是惜障泥。(《世说新语·术解》)

会稽人士以嘲吴人云："吴中高士，便是求死不得。"(《世说新语·栖逸》引梁孝标注)

造万物主者有弟子，言："我亦能造万物，实是愚痴，自谓有智。"(萧齐《百喻经》卷三)

此是护塔神渥婆仙使之然。(《洛阳伽蓝记》卷五)

楚之曰："必是觇贼截之以为验耳，贼将至矣。"(《魏书·司马楚之传》)

---

① 在两晋以后的佛经中出现"有……是……"格式，这是存在句内的"是"字判断结构。如，"有一尊者名曰所守是梵志种也"(西晋《生经》)，"惟有一金乃是阎浮檀那紫金"(南北朝《观佛三昧海经》)。

（4）有强调功能。如：

一切众魔皆是吾养。（吴《维摩诘经》卷上）
智者通达诸入皆是虚妄无所有。（姚秦《持世经》卷三）
凡所有相皆是虚妄，无所有相即是真实。（元魏《金刚般若波罗蜜经》）

（5）用于承认或否认某一事实，有时用于追究原因。该用法在南北朝产生，到近代汉语里使用更加广泛。如：

吾无所忧，直是清虚日来，滓秽日去耳。（《世说新语·言语》）
若有众生能见佛身及思维者，皆是如来威神之力。（姚秦《思益梵天所问经》卷一）
自是君身有仙骨，世人那得知其故。（杜甫《送孔巢父谢病归游江东兼呈李白》）
子孙这身在此，祖宗之气便在此，他是有个血脉贯通。（《朱子语类》卷三）
我不是不会，只是未谙。（明《高僧传》卷七）
昨夜晚，是有这般一个人挑着个红羊皮匣子过去了。（《水浒传》第五十六回）
雏是雏，倒飞了好些了。（《红楼梦》第一百零八回）

三、系词“是”的来源

关于系词“是”的来源，目前存在不同的意见。[①] 第一种观点认为，系词“是”来源于指示代词“是”，第二种观点认为，系词“是”来源于表“正确”义的形容词“是”。

主张第一种观点的人有王力（1937，1958），Li& Thompson（1977），潘允中（1982），杨伯峻、何乐士（1992），冯胜利（2003）等。王力（1937，1958）认为，“是”是由指示代词发展而来的系词。在先秦时代，主语后面往往用代词“是”来进行复指，然后加上判断语。“是”字由于经常处在主语和谓语之间，所以逐渐产生出系词的性质。其演变模式为：

主语，名词谓语＋也＞主语，是＋名词谓语＋也＞主语＋是＋名词谓语

但是，在汉语史中，对于“滕，是小国也”这样的句子，总是缺乏有力的语言材料来证明句中的“是”是指示代词。我们调查到的可靠用例只有“龟者，是天下之宝也”（《史记·龟策列传》）这样极个别的句子。即使贸然承认句中的“是”是指示代词，也仅是孤证。同时，早期用“是”复指时，主语往往会很复杂，句中通常需要有停顿。如，“及陷乎罪然后从而刑之，是罔民也”（《孟子·滕文公上》），“嫂溺不援，是豺狼也”（《孟子·离娄上》。赵岐注：“是为豺狼之心也”）。早期用“是”来表判断时，主语多为代词，没必要再用“是”来复指。

主张第二种观点的人有洪成玉（1980）、Sian L. Yen（1986）、冯春田（1992）等。洪成玉（1980）认为，形容词“是”与系词“是”皆可独立作谓语，皆可受副词的修饰，并且否定形式皆可用“非是”。冯春田（1992）在对先秦材料进行分析后提出，判断句中的“是”字从形容词发展而来。他还认为，形容词“是”（“正确”义）引申为对述说对象作“实在”、“真实”性的肯定、认同。[②] 正是这样，“是”在语义上才具备了向系词发展的基础。在洪和冯看来，

① 郭锡良（2005）提出，系词“是”源于表复指的指示代词“是”，而又受了同形的形容词“是”的影响。
② 如，“所谓神者，何神也？百神皆是”（《论衡·感虚》），“因以其女妻高祖，吕后是已”（《论衡·骨相》）。

《论衡》中，“A，是B也”格式和“A，B也”格式并存。“A，是B也”是在“A，B也”格式上加上表示肯定的“是”而形成的。① 对于他们的这一观点，我们认为存在以下两个方面的问题：其一，他们认为“A，B是也”格式在一定情况下可以转化为“A，是B也”。但事实上很难有这样演变而来的判断句出现。也就是说，形容词“是”之后是不带宾语的，包括名词宾语，而系词“是”之后却必须要求带名词宾语。显然，这是两个不可调和的矛盾。其二，“A，是B也”格式中的“是”仍然处于向完全系词性过渡的状态，所以“A，B是也”格式到底有没有转化为“A，是B也”，仍然无法确定。

总而言之，关于系词“是”的来源，还有待进一步研究。②

【思考题】

1. 试述先秦判断句的基本形式和表达功能。
2. 为什么说先秦时期的“是”、“为”不是系词?
3. 简述系词“是”的产生时代及其用法的发展。

【本章参考文献】

冯春田．从王充《论衡》看关系词“是”的问题//程湘清，主编．两汉汉语研究．济南：山东教育出版社，1992.

冯胜利．古汉语判断句中的系词．王维辉，译．古汉语研究，2003（1）．

郭锡良．关于系词“是”产生时代和来源论争的几点认识//汉语史论集（增订本）．北京：商务印书馆，2005.

洪成玉．判断词“是”的来源：与王力先生商榷．河北师范学院学报，1980（1）．

梁冬青．出土文献“是是”句新解．中国语文，2002（2）．

裘锡圭．谈谈古文字资料对古汉语研究的重要性．中国语文，1979（6）．

孙良明．古代汉语语法变化研究．北京：语文出版社，1994.

唐钰明．上古判断句的变换考察．中国语文，1991（5）．

唐钰明．中古“是”字判断句述要．中国语文，1992（5）．

王力．中国文法中的系词．清华学报，1937（1）．

朱声琦．判断句“是”作判断词始于何时．山西师范大学学报，1986（3）．

Sian L. Yen. 汉语系词“是”的来源（The origin of the copula “shi” in Chinese）．中国语言学报（Journal of Chinese Linguistics），1986（2）．

---

① “A，是B也”格式，如“余是所嫁妇人父也”（《论衡·死伪》）；“A，B也”格式，如“余，褒之二君也”（《论衡·异虚》）。

② 殷国光认为，用作指示代词的“是”和用作形容词的“是”同形。在指示代词“是”的“A，是B也”句式中，由于具有语义基础的形容词“是”进入到了指示代词“是”的句法位置，从而导致系词“是”的产生。而在世界语言中，系词的来源既有可能来源于指示代词，也有可能来源于形容词或副词。

第七章
语序的发展

总体上说，汉语的基本语序古今一致。但随着时间的推移，有一些地方出现变化和发展。归纳起来，其变化和发展主要表现在：第一，一些在特殊的语法条件下位于动词或介词之前的宾语，移到了动词或介词之后；第二，引介处所、工具、一般对象、比较对象等介宾结构，从述谓中心语之后移到述谓中心语之前；第三，数量短语从名词中心语之后移到名词中心语之前。

第一节 宾语与动词、介词语序的发展

汉语是一种非形态语言。词类缺乏形态的变化，语序是构成语法的重要手段。总体而言，从古到今，汉语基本保持语序一致，属于 SVO 型语言。[①] 其具体表现是：主语在谓语前，宾语在谓语后，状语和定语在中心语前，补语在谓语后。但是也有一些成分的位置古今各异。如：上古时期，疑问句、否定句以及以“是”、“之”等助词作标记的句子，其宾语可以位于动词或介词之前；表处所、工具、一般对象、比较对象的介宾结构位于述谓中心语之后，等等。后来，它们的语序都发生了变化。

上古，宾语的位置基本上位于谓语之后。[②] 但已有部分宾语位于动词或介词之前的现象，具体表现在以下三个方面。

（1）疑问句中，疑问代词作宾语（包括动词宾语和介词宾语），宾语位于动词或介词之前。如：

吾谁欺，欺天乎？（《论语·子罕》）

吾何以观之哉？（《论语·八佾》）

---

① 关于上古汉语中主谓宾基本语序问题，学界存在一些不同意见。俞敏（1989）等学者认为，上古汉语是 SOV 语序，后来发展成为 SVO 语序。而 Timothy Light（1979）认为，汉语是典型的 SVO 语言。

② 甲骨卜辞中，总体上看，宾语位于谓语后面。

曰："奚冠？"曰："冠素。"(《孟子·滕文公上》)
秦客何言？(《吕氏春秋·应言》)
许子奚为不自织？(《孟子·滕文公上》)
吾谁与为邻？(《庄子·山木》)

上例中，"吾谁欺"和"欺天乎"两个疑问句虽然在同一个语境下，但其结构却截然不同。前者由于充当宾语的"谁"是疑问代词，因而位于述谓中心语之前。而后者充当宾语的"天"是名词，因而在述谓中心语之后。所以，疑问代词充当宾语是其位于述谓中心语之前的重要条件。在上古汉语中，这种情况很少有例外。

如果述谓中心语前有情态动词，疑问代词一般置于情态动词之前。如：

臣实不才，又谁敢怨？(《左传·成公三年》)
公谁欲相？(《吕氏春秋·贵公》)

(2) 否定句中，代词作宾语，宾语位于述谓中心语之前。如：

谓他人父，亦莫我顾。(《诗经·王风·葛藟》)
朕不敢有后，无我怨。(《尚书·多士》)
居则曰："不吾知也。"(《论语·先进》)
不患人之不己知，患不知人也。(《论语·学而》)
今郑人贪赖其田，而不我与。我若求之，其与我乎？(《左传·昭公十二年》)
偻句不余欺也。(《左传·昭公二十五年》)
大道之行也，与三代之英，丘未之逮也，而有志焉。(《礼记·礼运》)

在这一类句子中，否定词可以是副词，如"不"、"未"、"毋(无)"等，也可以是否定性无定代词"莫"。

述谓中心语前有情态动词或副词时，代词宾语一般位于情态动词或副词之前。[①] 如：

天下大国之君，莫之能御。(《国语·齐语》)
君自蔽，则莫之敢禁。(《吕氏春秋·勿躬》)
自古及今，未之尝闻。(贾谊《论积贮疏》)

否定句中，代词宾语位于述谓中心语之前的要求还不是十分严格，有一部分代词宾语仍然可以不前置。[②] 如：

九合诸侯，一匡天下，诸侯莫违我。(《管子·封禅》)
西伯将何之？无欺我也。(《吕氏春秋·贵因》。无：通毋)
不知我者，谓我何求。(《诗经·王风·黍离》)
祭肉不出三日，出三日，不食之矣。(《论语·乡党》)
天下不知之，则傀然独立天地之间而不畏，是上勇也。(《荀子·性恶》)

---

① 有极少数代词宾语位于情态动词或副词之后。如，"天下莫敢之危"(《吕氏春秋·分职》)，"非子莫能吾救"(《战国策·中山策》)。

② 关于否定句中这一部分位于述谓中心语之后的代词宾语，王力(1958)认为也有可能是上古时代词宾语开始从动词之前向动词之后发展而形成的。

物莫不若是。(《庄子·人间世》)

(3) 用“是”、“之”等助词作标记[1]，宾语位于述谓中心语之前。如：

秉国之均，四方是维。(《诗经·小雅·节南山》)
燕婉之求，得此戚施。(《诗经·邶风·燕燕》)
君亡之不恤，而群臣是忧。(《左传·僖公十五年》)
吾以子为异之问，曾由与求之问。(《论语·先进》)
大热在上，民清是走。(《吕氏春秋·功名》。清：清凉之处)
且罪非我之由，为戮何害？(《国语·鲁语下》)

当标记是“之”的时候，代词宾语可以前置于介词之前。如：

至于庄、宣，皆我之自立。(《左传·襄公二十五年》)
昔吾先君，固周室之不成子也。故滨于东海之陂，鼋鼍鱼鳖之与处，而蛙黾之与同渚。(《国语·越语下》)
我周之东迁，晋、郑是依；子颓之乱，又郑之繇定。(《国语·周语中》。繇：由)

上例中，“我之自立”就是“自我立”，“鼋鼍鱼鳖之与处，而蛙黾之与同渚”就是“与鼋鼍鱼鳖处，与蛙黾同渚”，“又郑之繇定”就是“又繇郑定”。

带有语法标记的宾语前置句，产生于西周后半期。起初，其语法标记并不固定，除“是”和“之”以外，还有“斯”、“来”、“焉”等。如：

朋酒斯飨，曰杀羔羊。(《诗经·豳风·七月》)
征伐玁狁，蛮荆来威。(《诗经·小雅·采芑》)
我周之东迁，晋郑焉依。(《左传·隐公六年》)

从东周的铜器铭文以及《鲁颂》《商颂》等文献看，春秋初年，“宾语+是+谓语”是通行的、规范的句式。春秋中期以后，“宾语+之+谓语”句式发展迅速，无论是在使用的频率上，还是在句子形式的复杂程度上都明显占有上风。至迟到战国中期，“宾语+是+谓语”句式消亡，而“宾语+之+谓语”句式却仍然活跃在当时的书面语中。

除了上面所举的三种情况，还有少数人称代词和指示代词，不受上述语法条件的限制，也无需借助于语法标记，直接出现在动词之前，充当宾语。如：

民献有十夫，予翼。(《尚书·大诰》)
惟我事不贰适，惟尔王家我适。(《尚书·多士》)
赫赫师尹，民具尔瞻。(《诗经·小雅·节南山》)
昭王南征而不复，寡人是问。(《左传·僖公四年》)
维彼忍心，是顾是复。(《诗经·大雅·桑柔》)

这种现象都出现在《尚书》《诗经》《左传》等较早的文献中。王力（1958）认为：“在原始时代的汉语里，可能的情况是这样：代词作为宾语的时候，正常的位置本来就在动词的前面（像法语一样）。”

① 王力（1958）把“是”、“之”看作复指代词。

到了东汉，上古汉语中那些在特殊的语法条件下位于动词前的宾语开始移到动词后面。孙良明（1994）指出，东汉学者在对先秦典籍作注释时，往往将原文中位于动词前的宾语后置。如（引自孙良明，1994）：

伊谁云憎？（《诗经·小雅·正月》。郑玄笺："是憎恶谁乎？"）

乡人长于伯兄一岁，则谁敬。（《孟子·告子上》。赵岐章句："季子曰敬谁也。"）

以上句式为位于动词前的疑问代词宾语后置。

既不我嘉，不能旋反。（《诗经·鄘风·载驰》。郑笺："言许人尽不善我，欲归唁兄。"）

既见君子，不我遐弃。（《诗经·周南·汝坟》。郑笺："已反得见之，知其不远弃我。"①）

三岁贯女，莫我肯顾。（《诗经·魏风·硕鼠》。郑笺："我事女三岁矣，曾无教令恩德来眷顾我。"）

以上句式是否定句中位于动词前的代词宾语后置。

四方之维，天子是毗。（《诗经·小雅·雨无正》。郑笺："维制四方，上辅天子。"）

无非无仪，唯酒食是议。（《诗经·小雅·斯干》。郑笺："妇人之事，唯议酒食尔。"）

燕婉之求，得此戚施。（《诗经·邶风·新台》。郑笺："其心本求燕婉之人。"）

以上为借助"是"、"之"等标记的位于动词前的宾语后置。

尧不姚告，二女何亲？（《楚辞·天问》。王逸注："姚，舜姓也。言尧不告舜父母而妻之，如今告之则不听，尧女当何所亲附乎？"）

诸侯方祀，祭山川，祭五祀，岁遍。（《礼记·曲礼下》。郑玄注："方祀者，各祭其方之官而已。"）

以上句式是位于动词前的一般名词宾语后置。

可是东汉学者在注释先秦典籍时，为什么会出现将原来在动词前的宾语移到动词后的情况呢？据考证，在当时的口语中，由于先秦典籍中常用的宾语位于动词之前的句式已经不复存在，人们已经很难读懂这种先秦常用的宾语前置的句子。为了满足当时读者的要求，学者们只好将这些宾语前置的句子，注释成符合当时口语习惯的句子。正是这个缘故，致使注释中出现动词前的宾语后置的情况。

考察东汉学者的注释发现，疑问句代词宾语后置的例句尚属少数，而否定句代词宾语却已一律后置。这表明，在东汉时期，疑问句代词宾语后置的过程才刚刚开始，而否定句代词宾语后置的过程则已经完成。②

南北朝时期，疑问代词宾语后置在口语中已基本完成。如：

又问云："汝天上识谁？"（《古小说钩沉》引《珠林》五十二）

---

① 此句孔颖达正义："不我遐弃犹云不遐弃我，古之人语多倒，《诗》之所类众矣。"

② 其实，否定句代词宾语后置的过程在先秦就已经开始了，先秦文献中，否定句代词宾语或位于动词之前，或出现在动词之后，正是这一历史过程的反映。

我今此梦，非为小缘，当以问谁？（刘宋《过去现在因果经》卷一）
我有父，亦有兄，公卿欲从谁也？（《魏书·王绍传》）
问曰："人从何生？"答曰："人从谷而生。"（萧齐《百喻经》卷一）

在南北朝以后的口语文献中，很难再看到先秦典籍中那种宾语位于动词之前的句子。

从有文献可考的殷商时代开始，汉语的基本语序就是"主语—述谓中心语（动词）—宾语"。少数位于动词之前的宾语之所以在汉语的历史发展中移至动词之后，总而言之，是受汉语基本语序影响（或叫"语法类推"）的结果。这也是汉语逐渐走向规范化的重要标志。

第二节 介宾结构与述谓中心语语序的发展[①]

介宾结构与述谓中心语语序的发展主要体现在介宾结构位置的变化。介宾结构位置的变化具体是指，引介某种语义角色的介宾结构，在上古时期，本来位于述谓中心语之后，而到了中古或近代，随着新的介词的出现，其却移到了述谓中心语之前。介宾结构中，位置发生变化的主要有引介处所、工具、对象等结构。

一、处所介宾结构位置的变化

在甲骨卜辞中，引介处所（包括位移的起点、终点、经由场所、方向等）的介宾结构，总的说来，其位置既可以处于述谓中心语之前，也可以处于述谓中心语之后。主要的介词有"于"[②]、"在"、"自"、"从"等。如（引自张玉金，2001）：

贞：燎于咸次。贞：勿燎于咸次。（《甲骨文合集》1385）
王于宗门逆羌。（《甲骨文合集》32035）
己亥卜，争贞：在始田，㞢（有）正雨。（《甲骨文合集》10136）
辛酉卜，尹贞：王步自商，亡（无）灾。（《甲骨文合集》24228）
贞：王自余入。（《甲骨文合集》3458）
辛卯贞：从斬涉。（《甲骨文合集》32903）

此外，卜辞中还出现两个引介处所的介词搭配使用的情况，如"自……于……"，表示从某地位移到另一地。如：

乙丑，贞：王步自辔于裴。（《甲骨文合集》33147）

---

① 本节参考张赪（2002）。
② "于"和"於"在先秦时用法上存在一些区分，为了便于表述，我们都统一书写作"于"。

自瀼至于膏，亡（无）灾。(《甲骨文合集》28188)

西周至春秋战国，由介词“于”、“乎”、“在”等引介处所（包括位移的起点、终点等）的介词结构，位置逐渐往述谓中心语之后发展。而由“自”、“从”等引介位移起点和经由场所的介词结构，位置往述谓中心语之前发展。如：

郑伯克段于鄢。(《左传·隐公元年》)

郑伯将王自圉门入，虢叔自北门入。(《左传·庄公二十一年》)

晋灵公不君，厚敛以彫墙，从台上弹人，而观其辟丸也。(《左传·宣公二年》)

八佾舞于庭，是可忍也，孰不可忍也？(《论语·八佾》)

河内凶，则移其民于河东，移其粟于河内。(《孟子·梁惠王上》)

水出于山而走于海。(《吕氏春秋·审己》)

楚人生乎楚，长乎楚。(《吕氏春秋·用众》)

禹往见之，则耕在野。(《吕氏春秋·长利》)

公子夷吾自屈奔梁。(《吕氏春秋·上德》)

两汉时期，由“于”、“在”引介处所的介宾结构开始前移，移至述谓中心语之前。如：

从官在山下闻若有言“万岁”云，问上，上不言；问下，下不言。(《史记·孝武本纪》)

赵衰、咎犯乃于桑下谋行，齐女侍者在桑上闻之，以告其主。(《史记·晋世家》。“于桑下谋行”，《左传·僖公二十三年》作“将行，谋于桑下”。)

褒于道病死，上闵惜之。(《汉书·王褒传》)

宰相不亲小事，非所当于道路问也。(《汉书·魏相传》)

魏晋南北朝，引介动作发生、经过处所的介宾结构前移的现象已相当普遍。如：

太傅时年七八岁，著青布绔，在兄膝边坐。(《世说新语·德行》)

旧闻桓子野善吹笛，而不相识。遇桓于岸上过，王在船中。客有识之者，云：“是桓子野。”(《世说新语·任诞》)

唐五代至宋，传统的引介处所的介词“于”出现的频率减少，而“从”、“在”等介词出现的频率却日渐增多。引介动作发生处所的介宾结构原则上都处在述谓中心语之前。[①] 一些新的引介处所的介词，如“向”、“就”等，也相继出现。如：

日从海傍没，水向天边流。(李白《赠崔郎中宗之时谪官金陵》)

所在迮狭，就后山上起小屋，请和尚去上头安下。(《祖堂集》卷四)

元明时期，处所介宾结构和动词的宾语一般不会同时出现在述谓中心语之后。这一规则在现代汉语中仍然得到遵循。

---

① 表示瞬间动作完成或状态持续的处所介宾结构仍处在述谓中心语之后。如：

隋大业初，汴州刺史，卒于汝南郡守。(《北齐书·段荣传》)

临江卧黄沙，二子死在边。(刘言史《苦妇词》)

已矣可奈何，冻死向孤村。(陆游《风云昼晦夜遂大雪》)

二、工具介宾结构位置的变化

上古时期，引介工具的介词以“以”为主。引介工具的“以”字结构，既可以位于述谓中心语之前，也可以位于述谓中心语之后。如：

醒，以戈逐子犯。(《左传·僖公二十四年》)
许子以釜甑爨、以铁耕乎？(《孟子·公孙丑下》)
臣以神遇而不以目视，官知止而神欲行。(《庄子·养生主》)
小人信以刀自伤，州人女以小人告。(《包山楚简》144)
百工为方以矩，为圆以规。(《墨子·法仪》)
嫂溺，援之以手者，权也。(《孟子·离娄上》)
越人熏之以艾。(《吕氏春秋·贵生》)

上古文献中，引介工具的“以”字结构主要位于述谓中心语之前。① 六朝以后，出现新的引介工具介词“将”和“把”。如：

奴以斧斫我背，将帽塞口。(颜之推《还冤志》)
只应待相见，还将笑解眉。(王台卿《南浦别佳人》)
我今乃可将臭肉身于此泥上作大桥梁。(隋《佛本行集经》卷二)
轻将玉杖敲花片，旋把金鞭约柳丝。(张祜《公子行》)
众人不测，遂把物撑之。(《祖堂集》卷四)

到了宋代，新的引介工具介词“拿”产生。如：

覃拿小舟与其妻董同载去。(《宋史·郑覃传》)
他见前后没人，便拿言语来调戏我。(《金瓶梅》第二回)
后来听得里面女儿们拿他取笑。(《红楼梦》第二回)

新的引介工具的“将”、“把”、“拿”字结构，都只出现在述谓中心语之前。在口语中，介词“以”逐渐被介词“将”、“把”、“拿”替代。自此，引介工具的介宾结构固定在了述谓中心语之前。②

三、非比较对象介宾结构位置的变化

上古时期，用于引介非比较对象的介词主要有“于”、“乎”、“为”、“与”、“从”等。引介非比较对象的介宾结构，其位置依介词而定。“于”引介对象多位于述谓中心语之后；“乎”引

① 何乐士(2008)考察《左传》介词“以”引介“对象、工具或方法”共计344例。其中，位于述谓中心语之前计239例，位于述谓中心语之后计105例。殷国光(2008)考察《吕氏春秋》介词“以”引介工具共计468例。其中，位于述谓中心语之前计411例，位于述谓中心语之后计57例。

② 王力(1958)将“拿”视为动词。

介对象位于述谓中心语之后；“与”、“由”、“从”等引介对象位于述谓中心语之前。如：

癸卯卜：祷雨于兮。（《甲骨文合集》32344）
虢仲谮其大夫詹父于王。（《左传·桓公十年》）
太宰问于子贡曰：“夫子圣者与？何其多能也？”（《论语·子罕》）
或问乎曾西曰：“吾子与子路孰贤？”（《孟子·公孙丑上》）
晋侯使士蒍为二公子筑蒲与屈，不慎，置薪焉。（《左传·僖公五年》）
与太子期而将往，不当者三，齐王固已怒矣。（《吕氏春秋·至忠》）
常从王媪、武负贳酒，醉卧，武负、王媪见其上常有龙，怪之。（《史记·高祖本纪》）

“于”引介的介宾结构出现在述谓中心语之前，主要用于突显或强调对象，多见于判断句和疑问句。如：

于上甲祷雨。（《甲骨文合集》32344）
子鲜在，何益？多而能亡，于我何为？（《左传·襄公二十六年》）
于禽兽又何难焉？（《孟子·离娄下》）
不义而富且贵，于我如浮云。（《论语·述而》）
二人者，事业不同，其于亡羊，均也。（《庄子·骈拇》）

魏晋南北朝以后，新的引介对象的介词“向”、“就”、“对”产生。如：

后有人向庾道此，庾曰：可谓以小人之虑，度君子之心。（《世说新语·雅量》）
书有称“严寒”者，必对之流涕，不省取记。（《颜氏家训·风操》）
王仆龄若饥，自当就谢仁祖索食，不须陶胡奴米。（《世说新语·方正》）

由这些介词组成的介宾结构都只出现在述谓中心语之前。也正是介词“向”、“就”、“对”的出现，致使引介对象的“于”、“乎”的使用频率急剧下降。这表明，介词“于”、“乎”在口语中逐渐被新的介词替代，导致引介对象的介宾结构的位置固定在了述谓中心语之前。

四、比较对象介宾结构位置的变化①

汉语比较句包括差比句和平比句，这两种句式存在有比较对象的介宾结构。上古时期，引介差比对象的介词为“于”，其介宾结构位于述谓中心语之后。差比句中的述谓中心语由形容词充当。如：

子为恭也，仲尼岂贤于子乎？（《论语·子张》）
君富于季氏，而大于鲁国。（《左传·定公九年》）
德之流行，速于置邮而传命。（《孟子·公孙丑上》）

引介平比对象的介词为“于”和“与”。其语序有两种：“动词＋于＋宾语”和“与＋宾语＋动词”。当介词为“于”时，介宾结构位于述谓中心语之后。如：

---

① 本节内容参考蒋绍愚、曹广顺（2005）和谢仁友（2003）。

叔孙氏惧祸之滥而自同于季氏。(《左传·昭公二十七年》)

为晋正卿以主诸侯，而侪于隶人。(《左传·昭公元年》)

赵名晋卿，实专晋权，奉邑侔于诸侯。(《史记·赵世家》)

当介词为“与”时，介宾结构位于述谓中心语之前。如：

我诸戎饮食衣服不与华同。(《左传·襄公十四年》)

平比句的述谓中心语有“同”、“异”、“侪”、“侔”等状态动词。引介平比对象的介词以“于”为主。上古时期，引介比较对象的介词结构总体上位于述谓中心语之后。

魏晋南北朝时期，产生新的引介平比对象的介词“如”、“似”。介词“如”、“似”的出现，使平比句发生了两个变化：一是平比对象移到了述谓中心语之前；二是述谓中心语的词语开始由形容词充当。如：

而名称若干，德如山高峻。(西晋《普曜经》卷二)

颜貌充满，如月盛明。(西晋《正法华经》卷九)

治马中水方：取盐著两鼻中，各如鸡子黄许大。(《齐民要术》卷六)

叶如鸡苏，茎大似箸，可长四五尺。(《齐民要术》卷十)

树高大似白杨，在山中。(《齐民要术》卷十)

唐宋时期，差比句发生变化，产生了引介差比对象的新介词“过”、“如”、“似”、“比”。其中，前面三个词相当于“于”，其介宾结构仍然位于述谓中心语之后。如：

天年高过二疏傅，人数多于四皓图。(白居易《胡吉郑刘卢张等六贤》)

贫于扬子两三倍，老过荣公六七年。(白居易《送刘五司马赴任硖州兼寄崔使君》)

平沙莽莽黄入天，轮台九月风夜吼。一川碎石大如斗，随风满地石乱走。(岑参《走马川行奉送出师西征》)

岁晚客天涯，短发苍华，今年衰似去年些。(刘克庄《浪淘沙》)

试著春衫羞自看，窄似年时一半。(赵长卿《清平乐》)

相对于“过”、“如”、“似”来说，“比”则有所不同。由“比”引介的差比对象位于述谓中心语之前。如：

年方伯玉早，恨比四愁多。(刘禹锡《答柳子厚》)

这回比旧时煞长进。(《二程集》)

(蔡)京信其说，遂毁拆重造，比前苟简逼仄之甚，无忌惮如此。(《朱子语类》卷一百一十二)

相思不比相逢好，此别朱颜应老。(晏几道《秋蕊香·歌彻郎君秋草》)

到了元代，由“比”引介对象的差比句日渐成熟。如：

他和我近，我和他亲，你比他疏。(郑廷玉《楚昭王疏者下船》第三折)

花依旧，人比黄花瘦。问花不语，花替人愁。(张养浩《对菊自叹》)

新产生的引介差比对象的“比”字结构、引介平比对象的“如”字结构，都只出现在述谓中心语之前。随着引介比较对象的“于”字结构在口语中的日趋衰落，比较对象的介宾结构也逐渐完成了从述谓中心语之后前移的过程。这一过程相当漫长，自魏晋南北朝开始，至宋元时期才得以完成。

综上所述，汉语介宾结构语序的变化，总体趋势是前移，即由述谓中心语之后的位置移向述谓中心语之前。在汉语的历史发展中，介宾结构成规模的前移自汉代始，至唐宋这一过程已基本完成。探究这种语序变化的原因，当与述补结构的产生和发展有着直接的关联。正如王力(1980)所言："使成式(按，即述补结构)产生于汉代，逐渐扩展于南北朝，普遍应用于唐代。"述补结构产生与发展的时期与介宾结构语序发生变化的时期正相吻合。我们认为，由于汉语述谓中心语之后的句法空位有限①，因此补语与介宾结构在述谓中心语之后的位置上无法相容，补语(包括结果、可能、趋向、程度等各种类型的补语)的产生和发展迫使介宾结构向述谓中心语之前移动。而符合这一趋势的新介词亦随之应运而生，使汉语介宾结构语序的变化得以实现。②

第三节 数量短语与名词语序的发展③

汉语数量短语与名词的语序，古今发生了很大变化。④

甲骨卜辞中，数量短语修饰名词时，只有"名+数量"语序，即名词中心语在前，数量短语在后。如：

> 祖丁燎鬯三卣。(《甲骨文合集》27301)
> 易贝二朋。(《甲骨文合集》40073)
> 马五十丙。(《甲骨文合集》11459)

西周至春秋战国，"名+数量"语序仍然得以沿用。如：

> 伻来瑟殷，乃命宁予；以秬鬯二卣。(《尚书·洛诰》)
> 齐景公有马千驷，死之日，民无德而称焉。(《论语·季氏》)
> 有能捕告，赐黄金二十斤。(《墨子·号令》)
> 十三年，晋侯弑，于翼东门葬，以车一乘。(《国语·周语下》)
> 郑子阳令官遗之粟数十秉。(《吕氏春秋·观世》)

此外，出现了极少数的"数量+名"结构。如：

---

① 殷国光(2009)在考察《庄子》动词配价时指出，汉语动词之后只有2个句法空位，原则上是宾语、补语各占其一。现代汉语仍然遵循这一规则。

② 也有旧介词的用法发生了变化，以适应汉语介宾结构前移的趋势，如"在"。

③ 本节参考吴福祥、冯胜利、黄正德(2006)和姚振武(2008)。

④ 在早期的文献中，还偶尔见到其他类型名词修饰语在后的情况，如《诗经》中的"中谷"(毛传："中谷，谷中也。")、"中林"、"树杞"、"树桑"之类，这当是远古汉语语序的遗留。

公命事，晦（贿）贤百晦（亩）粥（粮）。（西周《贤簋》5318）
饮粥，朝一溢米，夕一溢米。（《仪礼·既夕礼》）
盛，然后当一农之耕，分诸天下，不能人得一升粟。（《墨子·鲁问》）
今有国，非直七尺躯也。（《战国策·赵策三》）

句中的单位词大多为度量衡单位词。考察这一时期的文献发现，借用单位词基本出现在这一语序中。如：

一箪食，一瓢饮。（《论语·雍也》）
今之为仁者，犹以一杯水救一车薪之火也。（《孟子·告子上》）
生丈夫，二壶酒，一犬；生女子，二壶酒，一豚。（《国语·越语上》）
杀一牛，取一豆肉。（《韩非子·外储说右上》）

"数量＋名"结构中，数词为"一"时可以省略。如：

我既卖（赎）女（汝）五夫效父，用匹马束丝。（西周《曶鼎》2838）
在孤之侧者，觞酒、豆肉、箪食，未尝敢不分也。（《国语·吴语》）
卒岁，以正月大课之，最，赐田啬夫壶酉（酒）束脯。（《睡虎地秦简·秦律十八种·厩苑律》13）

总之，西周至春秋战国，数量短语修饰名词的基本语序是"名＋数量"。"数量＋名"结构尚处于萌芽状态。

到了汉代，随着量词的发展，"数量＋名"结构的使用开始增多，且兼有计量与描写两种功能。如：

得一枚印□之□。（《居延汉简甲乙编》53.9A）
乌孙多马，其富人至有四五千匹马。（《史记·大宛列传》）
安邑千树枣；燕、秦千树栗；蜀、汉、江陵千树橘；淮北、常山以南，河济之间千树萩。（《史记·货殖列传》）
一船之载当中国数十两车。（《史记·淮南王列传》）
令县官销半两钱，更铸三株钱，文如其重。（《史记·平淮书》）
长卿未死时，为一卷书，曰有使者来求书，奏之。（《史记·司马相如列传》）
长庚，广如一匹布著天。（《汉书·天文志》）
出一篇书，曰："读是则为帝者师。"（《论衡·纪妖篇》）

在相同语境下，"名＋数量"和"数量＋名"两种语序可以互为通用。如：

今佐丁盗粟一斗，直（值）三钱，柳下季为鲁君治之，论完丁为倡奏鲁君。君曰：盗一钱到廿钱罚金一两。今佐丁盗一斗粟，直（值）三钱，完为倡，不已征虖（乎）？（《张家山汉简·奏谳书》175—177）

可以说"粟一斗"，也可以说"一斗粟"。

魏晋南北朝至唐代，随着量词的迅速发展，"数量＋名"结构使用普遍，并成为数量短语修饰名词的基本语序。如：

若不作栅，假有千车茭，掷与十口羊，亦不得饱。（《齐民要术》卷六）

五升斋，用十枚栗。(《齐民要术》卷八)

靖曰："可更觅数个刀子，合置一处，令女自择。"(《古小说钩沉·冥祥记》)

顾谓其子曰："我棺中可著百张纸，笔两枚，吾欲讼显于地下。"(《魏书·昭成子孙列传》)

汝等各奉吾一只箭，折之地下。(《魏书·吐谷浑传》)

复为九万诸比丘众，作七条衣，人与一领。(北魏《贤愚经》卷十三)

得彼乞女两枚小钱。(北魏《杂宝藏经》卷四)

自去十月来，霖雨数度，相公帖七个寺，各令七僧念经乞晴。(《入唐求法巡礼行记》卷一)

四个老人何处去，一声仙鹤过溪来。(贯休《过商山》)

不学白云岩下客，一条寒衲是生涯。(《寒山诗》)

自尔不复食，岁时或进三四颗枣。(《广异记》)

千古长如白练飞，一条界破青山色。(《唐摭言》卷二)

复问曰："有一本虞永兴手写《尚书》，此犹在否?"(《因话录》卷四)

"名＋数量"结构仍在沿用，用于计量。如：

日南郡贡象牙二根、犀角四根、沈香二十斤、金薄黄屑四石。(《通典·食货典》)

唯有饼师每至食时，躬持糊饼十枚，以饷斋飡。(《祖堂集》卷五)

屏风十二扇，画障五三张。(《游仙窟》)

西凉国进炭百条，各长尺余。(《开元天宝遗事》卷上)

帝取桃竹白羽箭一枝，以赐射匮。(《隋书·西突厥列传》)

绿石枕一枚、藤裘杖一、绢扇一栖……(《敦煌契约文书》伯3410)

空中有一神人，送龙腿一只，可重三十余斤。(《敦煌变文集·叶净能诗》)

那么，"数量＋名"结构究竟是怎么产生并成为数量短语修饰名词的基本语序的呢？关于这一问题，目前学界主要存在两种观点：第一，位移说。以刘世儒（1965）、贝罗贝（1998）为代表，认为"数＋量＋名"结构是由数量短语向名词前移动而产生的。第二，类推说。以太田辰夫（1958），吴福祥、冯胜利、黄正德（2006）为代表。太田（1958）认为，先秦，包含单位词的数量结构本来就有"数词＋单位词＋名词"和"名词＋数词＋单位词"两种句法分布，特别是表容量单位的名词，用于名词之前的情况相当普遍。正是在此结构的类推下，"数＋量＋名"结构产生。

【思考题】

1. 举例说明汉语的语序古今所发生的变化。
2. 举例说明汉语中宾语与动词、介词语序古今所发生的变化。
3. 举例说明汉语中介宾结构与述谓中心语语序古今所发生的变化。
4. 举例说明汉语中数量短语和名词中心语语序古今所发生的变化。

【本章参考文献】

管燮初．殷墟甲骨刻辞的语法研究．北京：中国科学院，1953.

何乐士．左传虚词研究．北京：商务印书馆，1989.

孙良明．古代汉语语法变化研究．北京：语文出版社，1994.

吴福祥，冯胜利，黄正德．汉语“数＋量＋名”格式的来源．中国语文，2006（5）．

谢仁友．汉语比较句的历时考察．北京大学博士学位论文，2003.

姚振武．汉语“数＋量＋名”格式的来源．中国语文，2008（5）．

殷国光．吕氏春秋词类研究．北京：华夏出版社，2008.

殷国光．《庄子》动词配价研究．北京：商务印书馆，2009.

俞敏．俞敏语言学论文集．哈尔滨：黑龙江人民出版社，1989.

张延俊．也论汉语“数·量·名”形式的产生．古汉语研究，2002（2）．

张玉金．甲骨文语法学．上海：学林出版社，2001.

张赪．汉语介词词组词序的历史演变．北京：北京语言文化大学出版社，2002.

Timothy Light. Word Order and Word Order Change in Mandarin Chinese. Journal of Chinese Linguistics，1979（2）．

第八章

动补结构的产生及其发展

动补结构有动结式、动趋式和带“得”的动补结构等。动结式和动趋式都产生于六朝，源于连动式；带“得”的动补结构产生于唐五代，结构助词“得”是由“获得”义动词“得”发展为“达成”义，再由“达成”义进一步虚化而成的。动补结构的产生和发展使得汉语的表达更趋精确。

第一节 动结式的产生和发展

一、动结式的界定和产生时代

王力最早把汉语表示结果的动补结构称为“使成式”。王力（1958）提出：“使成式（causative form）是一种仂语的结构方式。从形式上说，是外动词带着形容词（‘修好’、‘弄坏’），或者是外动词带着内动词（‘打死’、‘救活’）；从意义上说，是把行为及其结果在一个动词性仂语中表现出来。这种行为能使受事者得到某种结果，所以叫做使成式。”在王力看来，使成式的前一动词应该是外动词，像“饿死”和“站累”中“饿”和“站”不能算作使成式。太田辰夫（1958）则提出不同观点，说：“复合动词之中，有行为和它的结果同时表现的。这个复合动词前面的词是动词，后面的词是自动词或形容词。例如‘打倒’、‘推倒’、‘拉倒’等，后面的‘倒’是自动词；‘写好’、‘学好’、‘办好’等，后面的‘好’是形容词。它们的区别有时未必明确，但现在把前者称为使成复合动词，把后者称为结果复合动词。”梅祖麟（1991）针对动补结构的定义强调说：“动补结构是由两个成分组成的复合动词，前一个成分是他动词，后一个成分是自动词或形容词；动补结构出现于主动句，施事者＋动补结构＋受事者；动补结构的意义是在上列句型中，施事者用他动词所表示的动作使受事者得到自动词或形容词所表示的结果；唐代以后第二条限制可以取消。”以此观之，王力和梅祖麟把动补结构看成是词组的层面，而太田辰夫把它当成是词的层面。目前，将其视为一种结构已成为学界的共识。

由于动补结构中补语的作用在于说明动作的结果，因而其被称为“结果补语”，简称“动结式”。动补结构，有的还称为“述补结构”。

动结式，从形式上看，包含下面四种类型：第一，及物动词＋不及物动词，如“打破”；第二，及物动词＋形容词，如“写错”；第三，不及物动词＋不及物动词，如“饿死”；第四，不及物动词＋形容词，如“站累”。

关于动结式产生的时代，学界有以下几种说法：

（1）先秦说。周迟明（1958）认为，使动性复式动词已有三千年历史。先有合用式，然后才有分用式。合用式是由词法上的关系发展而来的，大概起于商代；分用式是由句法上的关系发展而成的，大概起于先秦。合用式使动性复式动词如“翦灭”（《左传·成公二年》）、“挠乱”（《左传·成公十三年》）、“望见”（《左传·定公三年》）、“缢杀”（《公羊传·僖公元年》）、“壅遏”（《谷梁传·成公五年》）、“开通”（《礼记·月令》）、“刺杀”（《战国策·韩策》）、“焚灭”（《战国策·宋策》）、“坐定”（《战国策·燕策》），分用式使动性复式动词如“城射之殪”（《左传·昭公二十一年》）。

姚振武（2015）研究发现，动结式产生于西周。

（2）汉代说。王力（1958）认为，汉代使成式已经产生。从形式上说，在汉代，既有及物动词带不及物动词的使成式，如下文的前两例，又有及物动词带形容词的使成式，如下文的后两例。如：

> 楚骑追汉王，汉王急，推堕孝惠鲁元车下，滕公常下收载之。（《史记·项羽本纪》）
> 隓山之隓者，从山，憜省声，隓，读若相推落之堕。（《说文解字》）
> 群儒既以不能辩明封禅事，又牵拘于诗书古文而不敢骋。（《史记·孝武帝本纪》）
> 汉氏减轻田租，三十而税一，常有更赋，罢癃咸出。（《汉书·王莽传》）

（3）六朝说。志村良治（1984）认为，使成复合动词出现于中古初期，一部分在中古初期使成复合动词化，大多数从唐代开始成为普遍现象。梅祖麟（1991）、蒋绍愚（1999）也倾向于魏晋六朝时期产生动补结构的观点。

（4）唐代说。太田辰夫（1958）认为，唐代，既可作不及物动词用又可作及物动词用的动词，已经逐步固定为不及物动词，因此断定，使成复合动词是在唐代产生的。

二、关于判断动结式产生的标准

在对动结式产生时代的判定上，学者们各持已见。之所以如此，原因在于，不管是对同样的材料的分析，还是对动结式的概念的确定，还是对动结式产生标准的确定，都没有取得一致的看法。

（1）单纯的语义标准及其局限。持“先秦说”的学者认为，从语义上理解，“扑灭”（《尚书·盘庚》）中的“灭”是表示行为动词“扑”的结果，“灭”作补语。而王力（1958）认为，先秦没有产生动补结构，只有由两个动词并列而成的结构。他说：“我们讨论使成式，首先应该撇开那些似是而非的情况。”他指出像“挠乱”（《左传·成公十三年》）、“助长”（《孟子·公孙丑上》)、“拉杀”(《史记·郑世家》)等都不应看作是使成式。“挠乱”是用同义的词素构成的双音词(《诗经·秦风·小戎》中有“乱我心曲”),“助长”是省略兼位名词的递系式(同段话语中有“予助苗长”、“助之长”,“助长”是省略式),“拉杀”是两个动词并列的结构(拉而杀之),按行为的先后排在一起。这一类结构还有像“擄灭”(《史记·燕昭公世家》)、“攻出”(《史记·卫康叔世家》)、“囚杀”(《史记·卫康叔世家》)、“伐取”(《史记·鲁周公世家》)等都不是使成式。如果要单纯用语义判定动结式的产生,其局限在于缺乏历史观。正如王力(1958)所说,对于动补结构的研究,不能孤立地看待某种语法现象,而应该用历史的眼光看问题。

(2)判断动结式产生的基本原则。如果单纯地以语义为标准来对动结式作出判断,那就一定会把两个动词并列的结构也当作动补结构来对待。虽然,有很多动结式是由动词并列式发展而来的,但是,与动词并列结构相比,动结式还是有其不同之处。动结式的判断,有两个标准:

第一,功能关系上,如果 V_2 是及物动词,或者是用作使动的不及物动词和形容词,当它和宾语构成述宾关系(包括述语和使动宾语的关系)时,这个结构一定是并列式。而当 V_2 不及物动词化或虚化,或不及物动词不再用作使动,和宾语不能构成述宾关系时,这个结构便是结果补语。

“拉杀”(《史记》)是“拉而杀之”的意思,“杀”是及物动词。“推堕”(《史记》)是“推而使之堕”,“堕”是不及物动词用作使动,和宾语构成述宾关系。这一类结构都是并列式。“笑杀”(《玉台新咏》)是“笑死”的意思,“杀”是不及物动词。“截断”(《世说新语》)中“断”不再用作使动用法,和宾语不构成述宾关系。这一类结构都是动结式。

第二,在语义重心上,在并列式中,当两个动词或是并用或是相承时,语义的重心通常会落在后一动词上。而在动结式中,由于动词和补语结合紧密,所以,语义重心通常落在前一动词上。

以上两个标准中,第一个是主要标准,第二个是辅助标准。动结式是由并列动词演变而来的,但由并列动词产生出动结式又经历了一个逐步语法化的过程。①

(3)判断动结式产生的形式标志。判断是不是动补结构,应该寻找一个可以用以检验的形式标志。太田辰夫(1958)、梅祖麟(1991)提出,在汉代,“杀”是及物动词,“死”是不及物动词,二者构成两种不同的格式:“动词+杀+受事”和“动词+死”。如:

沛公至军,立诛杀曹无伤。(《史记·项羽本纪》)

解父以任侠,孝文时诛死。(《史记·游侠列传》)

上例中,因为“杀”处在“动词+杀+宾语”的结构中,能带宾语,所以这只是“动词+之+而+杀+之”的动词并列。同样,“死”由于处在“动词+死”的结构中,虽然不能带宾语,但仍可视作“动词+而+死”的动词并列现象。到了南北朝,上例中,由于在用“杀”之处改用“死”,用“死”之处改用“杀”,出现了“动词+死”后面带有宾语的情况,“死”因而作补语。如果不及物动词在动词后面出现,势必可以突出动作行为的结果。“杀”因位置的改变而成为不及物动词,“死”因位置的改变而成为及物动词,二者构成两种不同的格式:“动

① 参见蒋绍愚(1999)的研究成果。

词＋杀”和“动词＋死＋受事”。如：

即便以觜啄雌鸽杀。（萧齐《百喻经》卷四）

律师，律师，扑死佛子耶。（郑綮《太平广记・开天传言记》卷九十二）①

太田辰夫、梅祖麟在对动结式作出判断时，都强调形式标准。但是对于这一个形式标准，也有人提出不同的看法，认为这对动结式的判断的实际意义极为有限。②

在对动结式的产生作出判断时，应该考虑到多方面的因素，如使动用法的衰微，及物动词向不及物动词的演变，动补之间插入宾语结构的出现，补语“得”、“却”、“取”的出现，动结式否定形式的产生，等等。

三、动结式的产生和发展

动结式包括由“$V_{t1}+V_{t2}$（＋O）”连动式发展而来的动结式（称为“黏合型”）和由兼语式发展而来的动结式（称为“隔开型”）两种。二者都产生于六朝时期，分别有着不同的产生途径。

（1）黏合型动结式。所谓“黏合型”动结式，指名词性成分不插在动补结构之间而形成的“动词＋结果补语（＋名词）”句式。此类结果补语是在动词连用过程中逐步演变而来的一种成分。先秦出现动词连用句式。如：

若火之燎于原，不可向迩，其犹可扑灭？（《尚书・盘庚上》）

挠乱我同盟，倾覆我国家。（《左传・成公十三年》）

例句中，“扑灭”是动词连用，“灭”是及物动词，“挠乱”是动词连用。“乱”通常单用，如《诗经・秦风・小戎》中有“乱我心曲”之句。

动词后面接动词或形容词的情况，在《左传》中还很少见，直到《史记》和《论衡》等文献中才大量出现。如：

魏侈之孙曰魏桓子，与韩康子、赵襄子共伐灭知伯，分其地。（《史记・魏世家》）

伐郑，郑射伤桓王，桓王去归。（《史记・周本纪》）

群儒既已不能辩明封禅事，又牵拘于诗书古文而不敢骋。（《史记・封禅书》）

久销乃见作留，成迟故能割断。（《论衡》卷十四）

在先秦，多用“袭虞，灭之”（《左传・僖公六年》）、“秦伯诱而杀之”（《左传・僖公二十四年》）、“射而中之”（《左传・成公十六年》）。到汉代，两个动词连接在一起的句式急速增加。并且，连接在一起的动词之间形成了一定的语法关系，后面的动词往往会对前面的动作行为作出一些必要的说明。如上例中的“灭”、“伤”、“明”、“断”，是对前文中“伐”、“射”、“辩”、“割”所造成的结果作出的必要说明。这种结构是一种新兴的语言形式，其特点就是能精确地表达出动作行为所造成的结果。仅凭语义看，这种结构好像已经是结果补语，但其实不然。首

---

① 本内容参考了太田辰夫（1958）、志村良治（1984）、梅祖麟（1991）的成果。

② 如李平（1990）、吴福祥（1999）、魏培泉（2000）等人提出异议。

先，后面的动词还是及物动词，就算是不及物动词，也只是使动用法。众所周知，该时期使动用法还很常见。其次，这个时候的“动词＋动词（形容词）”结构并不稳定，可以颠倒词序，多动共宾和两动两宾的现象还很常见。显然这种“动词＋动词（形容词）”结构仍然属于两个动词并列使用的形式。只要两个动词能经常有序地连用，并形成一定的因果关系，就必然能为结果补语的产生奠定基础。

南北朝时期，动结式产生，包括带宾语和不带宾语两种类型。带宾语的结果补语如：

祐恶其言，遂掘断墓后，以坏其势。（《世说新语·术解》）
正月地释，驱羊踏破地皮。（《齐民要术》卷三）
西域使人献“火浣布”袈裟，于是刊灭此论，而天下笑之。（《搜神记》卷十三）
因击破九真贼都阳等，降之。（《后汉书·光武帝纪》）

不带宾语的结果补语如：

小人有如此，始不即知，蚤已毁坏。（《世说新语·规箴》）
人皆如此，便可结绳而治，但恐狐狸、貉啖尽。（《世说新语·品藻》）
曲一斤，烧令黄，捶破，著瓮底。（《齐民要术》卷八）
一切富贵皆为衰灭之所摧碎。（元魏《杂宝藏经》卷七）

这一类动结式中，第二个动词，在功能上或不再及物动词化，或不再用作使动，和宾语也不能构成述宾关系，而仅表示动作行为的完成。语义上，和前一动词结合紧密，语义重心落在了前一动词上，从而构成结果补语。

在汉代，也出现同样的情形。为什么把汉代的看作并列动词，而把魏晋南北朝的看作动补结构呢？据梅祖麟（1991）、蒋绍愚（1999）的研究，这是因为，在魏晋南北朝时期，它除了具备以上两个方面的基本原则以外，还在以下几方面发生了变化：

第一，使动用法衰微。上古用作使动的第二个不及物动词不再用作使动。它们和宾语已不再发生直接的动宾关系，而和前一动词关系紧密，以求表达动作行为的结果，这是动结式形成的一条途径。在汉代，“V_t+V_i”结构由两个并列动词作谓语，带有被动意义。如“宫室毁坏”（《史记·宋微子世家》）指“宫室被毁而坏”。同时还出现“社稷坏，宗庙毁”（《史记·春申君列传》）这种动词单用的结构。到了南北朝，由于有一些及物动词的不及物化，造成“V_t+V_i”结构不一定有被动意义而出现动结式。如“山即破坏”（《贤愚经》卷九）。“V_t+V_i+O”结构在汉代时也是并列动词，V_i是动词用作使动，并能带宾语。如“毁坏其三正”（《史记·周本纪》）指“毁其三正而其三正坏”。同时还出现“坏城郭，决通堤防”（《史记·秦始皇本纪》）这种动词单用带宾语的结构。到了南北朝，“V_t+V_i+O”中的V_i不再作使动，V_i和宾语不发生直接的关系，“V_t+V_i+O”中的“V_t+V_i”由并列动词带宾语发展为整个动结式带宾语。如“破坏善根”（《贤愚经》卷十）。

第二，“杀”由及物动词变为不及物动词，语义发生变化。如：

下马吹横笛，愁杀行客儿。（梁元帝《折杨柳》）
羞言赵飞燕，笑杀秦罗敷。（沈约《少年新婚为之咏》）
时人谓看杀卫玠。（《世说新语·容止》）

“杀”，在汉代还是及物动词，表示“被杀害”。而在上例中，“杀”已能跟心理和感官动词结合，作不及物动词，并产生出跟“射杀”不同的语义，表示出程度极限的意义。显然，这是一种抽象化的语义。这表明，“杀”的语义已经虚化，不再与宾语发生联系。“V杀”由动词并列变成动补结构。

第三，出现动词后面紧接“得”、“却”、“取”等补语的情形。如：

值祥私起，空斫得被。(《世说新语·德行》)
家住金陵县前，嫁得长安少年。(庾信《怨歌行》)
欲知画能巧，唤取真来映。(王训《美人自看画》)
若唾地者，诸人蹋却。(南齐《百喻经》卷三)
猕猴即时拾却蜂虫，极令净洁。(《法苑珠林》卷五十八)

从例句看“得”、“却”、“取”等词和句中前面的动词关系紧密，表示动作行为的完成，虚化成为补语。

第四，出现动结式的否定式。如：

若不用心，求不得者，当俱诛灭汝等族党。(元魏《贤愚经》卷三)
楼高望不见，尽日栏杆头。(江淹《西洲曲》)
翡翠群飞飞不息，愿在云间长比翼。(沈约《春白纻》)

这种动结式的否定式最先表现为主谓结构，“求不得”的早期形式是“求之不得”，发展到南北朝时期，通过重新分析后才演变为“求不得”。这是一种新的语法形式。这种新出现的语法形式，其否定式通常要比肯定式晚。据调查，动结式的否定式出现于齐梁间。依此类推，动结式的产生应该早于齐梁。①

唐五代，动结式发展趋于成熟，表现为：使用普遍，作补语的词汇增加很快，多数是动词，少数是形容词。如“住”、“散”、“开”、“动”、“及”、“就”、“觉”、“累”、“落”、“送”、“损”、“退”、“脱”、“止”、“著”、“转”、“坠”、“尽”等，仍然包括带宾语和不带宾语两类。如：

其时善庆亦其堂内起来，高声便唤，止住经题。(《敦煌变文集·庐山远公话》)
惠日照摧心上恶，慈风吹散国中灾。(《敦煌变文集·中兴殿应圣节讲经文》)
帝以两手拨开幞头角。(《祖堂集》卷二十)
打动关南鼓，尽唱德山歌。(《祖堂集》卷十九)
今朝死活由神断，鸟入网中难走脱。(《敦煌变文集·张淮深变文》)
我一生来被他带累，汝更要之奚为？(《祖堂集》卷十九)
九鸟射尽，唯有一头。(《祖堂集》卷二)

该时期，动结式否定式的使用更为普遍。一般的动结式都产生了否定式，仅《祖堂集》中就出现否定式四十多例。如：

对云：“某甲道不尽。”(《祖堂集》卷九)
更有一般底，锥又锥不动，召又召不应。(《祖堂集》卷四)
师云：“凌霜结不成。”(《祖堂集》卷九)

---

① 以上内容参见蒋绍愚（1999）。

曹山云："尽眼看不见。"(《祖堂集》卷八)

师闻举云："德山老汉一条脊梁骨拗不折。"(《祖堂集》卷七)

宋代以后，动结式得到进一步发展，具体表现为：

第一，出现了及物动词与形容词组合的述补结构。如：

恁地，将久自然解透彻。(《朱子语类》卷一百四)

霎时把那银子搬齐，放在当院一张八仙桌儿上。(《儿女英雄传》第十五回)

一句话把先生问急了。(《儿女英雄传》第十八回)

第二，语义上出现施事者的行为结果，不再是使别的事物或人发生某种情况，而是使自己身上出现某种情况。如：

多应这厮走入村中树林里去了，这里不怕他走脱。(《水浒传》第四十二回)

寻到厨房，见有酒有肉，两个都吃饱了。(《水浒传》第六回)

这厮那里吃醉了，来这里讨野火么！(《水浒传》第二十九回)

才刚带着人到后楼上找缎子，找了这半日，也并没有见昨日太太说的那样的，想是太太记错了。(《红楼梦》第三回)

谁知后来一年一月的竟常常的如此，把这个样儿看惯，也都不理论了。(《红楼梦》第二十七回)

第三，有的结果补语出现与被动式或处置式结合使用的情形。如：

若把这些子道理只管守定在这里，则相似山林苦行一般，便都无事可做了。(《朱子语类》卷一百一十七)

虽曰州郡富厚，被人炒多了，也供当不去。(《朱子语类》卷一百九)

这妇人见王婆去了，倒把椅儿扯开一边坐着。(《金瓶梅》第四回)

谁想四个人，倒都被武松搠杀在飞云浦了。(《水浒传》第二十一回)

当时吓杀崔宁夫妻两个，被他看破。(《警世通言》卷八)

到现代白话文里，及物动词和不及物动词以及形容词组合的动补结构最有优势，如"推翻"、"打倒"、"扩大"、"长大"等。又因为结果补语不能被"不"字或"得"字隔开，所以述补结构必然演变为复音词。

(2) 隔开型动结式。所谓"隔开型动结式"，指的是名词性成分插在动补结构之间，形成的"动词＋名词（短语）＋结果补语"句式。隔开型动结式产生于六朝。如：

道真食豚尽，了不谢。(《世说新语·任诞》)

雄鸽不信，瞋恚而言："非汝独食何由减少？"即便以嘴啄雌鸽杀。(萧齐《百喻经》卷四)

由卿口衔致使堕水，今当打汝前两齿折。(北魏《贤愚经》卷十一)

鬼语云："勿为骂我，当打汝口破。"(《古小说钩沉·幽明录》)

夫人伺王不在时，遣人伐其树倒。(《法显传》)

更与一瓨诣池取水，犹见其影，复打瓨破。(姚秦《大庄严论经》卷十五)

太子之手执于剑已，一下斫七多罗树断。(隋《佛本行集经》卷十三)

在该类句式中，“碎”、“折”、“破”、“杀”、“尽”等动词已明显表现出只能是自动词的这一特征。其中，“杀”就是“死”的意思。宾语后面的动词表示动作行为的结果或完成，有时也表达动作行为的某种状态。

唐代，隔开型动结式仍然还很活跃。在唐诗和其他文献中，这样的用例并不少见。如：

朝日满园霜，牛冲篱落坏。（王建《荒园》）

竹洞何年有？公初斫竹开。（韩愈《竹洞》）

若不打瓢破，终当费酒材。（韦应物《重寄》）

急为打船开，恶许傍人见。（《相和歌辞·江南曲》）

山鬼吹灯灭，厨人语夜阑。（杜甫《移居公安山馆》）

借问因何生？秋风吹子落。（白居易《有木》）

只见饿夫来取饱，未闻浆逐渴人死。（《祖堂集》卷四）

列士抱石而行，遂即打其齿落。（《敦煌变文集·伍子胥变文》）

而宋代以后，这种隔开型动结式逐渐减少，乃至衰亡。现代汉语中，已基本只用黏合型动结式。

四、关于动结式的来源

说到动结式的来源，应牵涉到黏合型结果补语和隔开型结果补语两种句式。黏合型结果补语来源于连动式“V_1+V_2+O”结构的重新分析。在这种结构中，V_2 的意义和功能发生变化，又有及物动词不及物化等多种因素的作用，造成结果补语的产生。本来，V_2 是一个单用的词。先秦时期，该动词因用在他动词之后，而构成“V_1+V_2+O”结构。西汉以后，V_1 的使用范围不断扩大。到南北朝时期，V_2 不及物化，表示的不再是与 V_1 并列的动作，而是 V_1 这个动作行为的完成。正因为如此，V_2 也就不再与宾语发生语法关系，而只与 V_1 发生语法关系。自此，“V_1+V_2+O”结构不再是并列式，而是动结式。如“打杀他”，先秦两汉时期，它指“打而杀他”。到六朝时期，语义重心由原在两个动词之上转移到前一动词之上，“打杀他”变成了“打死他”的意思。总之，这是表层结构不变、由动词并列式重新分析之后形成的一种句式，简称为动结式。用图表示其演变，则为：

$$[V_{t1}+V_{t2}+O]>[(V_{t1}+V_{i2})+O]$$

隔开型结果补语的来源，目前的观点还不一致。王力（1958）认为，隔开式之所以产生，是因为在使成式发展的前一阶段，动词和补语的关系还不是很密切，故在二者之间插入一个宾语，以使关系更为密切。太田辰夫（1958）、蒋绍愚（2005）则认为，隔开型结果补语来源于递系结构。①

① 太田辰夫（1958）、蒋绍愚（2005）认为，上古汉语中有“城射之殪”（《左传·昭公二十一年》）这种连动结构，然后有“止子路宿”（《论语·微子》）这样的不同主语的连动式，再有“当打汝口破”（《幽明录》）这样的隔开的使成式。蒋绍愚认为，从历史来源看，说它们是一种递系结构（兼语式）是对的，因为这就是重新分析。这一类分用的动结式正是由表使役的递系结构经过重新分析而产生。

第二节
动趋式的产生和发展

一、动趋式的产生时间和标准[①]

关于动趋式（动词＋趋向补语）产生的时间，已经有前人作过研究，但观点并没有得到统一。归纳起来，主要有下面四种观点：

（1）先秦说。潘允中（1982）认为，先秦出现动趋补语。如：

鸡栖于埘，日之夕矣，羊牛下来。（《诗经·王风·君子于役》）
宋及楚平，宋成公如楚。还，入于郑。（《左传·熹公二十四年》）

（2）汉代说。何乐士（1984）、向熹（2010）认为，汉代出现动趋式。

（3）南北朝说。孙锡信（1992）认为，动趋式产生于南北朝。他认为，因为南北朝出现了趋向动词和前面的动词非同一主语的用法，所以，趋向补语也一定在这个时期产生。

（4）南北朝和唐代说。梁银峰等（2009）从结构生成的角度，认为动趋式产生于南北朝和唐代。

持先秦说和汉代说的学者在观点上有相同之处。如：对于"燕飞来"（《汉书·五行志》）中的"来"和"夜出去"（《史记·陈丞相世家》）中的"去"，他们一致认为，在语义上，二者分别表示动作行为"飞"和"出"的方向，"来"和"去"作趋向补语。但持南北朝说的孙锡信（1992）认为上面这一类的用法仍然是两个动词并列。他强调，趋向动词和一般动词都是共施事主语，是两个动作的承接。严格来讲，先秦说和汉代说仅凭语义作标准来判断动趋式的产生，是不够全面的。我们认为，在动趋式产生时间的判断上，既要重视趋向动词语义的变化，又要重视句法结构的发展，应该把语义和句法的变化结合起来。此外，还要考虑该时期与趋向动词有关的一些因素。在汉代，有的趋向动词和一般动词还是共主语，趋向动词表示的是主语的位移。而有的虽然不是共主语，但其使动用法并没有消失。魏晋南北朝，使动用法消失，趋向动词虚化，开始出现趋向补语。唐代趋向补语正式形成。

动趋式是补语的一种，判断动趋式的产生和动结式的产生一样，也有其基本的原则。第一，语义上，并列式中，由于前面动词和趋向动词是相承关系，所以语义重心通常落在后面的趋向动词之上。而动趋式中，由于前面动词和后面趋向动词结合紧密，所以语义重心通常落在前面动词之上。第二，功能上，如果趋向动词不带宾语而用作施事或当事的位移，或者是带了宾语但用作使动时，趋向动词通常是谓语；而当趋向动词带宾语不用作使动，而用作动作的方向或结果时，趋向动词通常是补语。

---

① 关于趋向动词的产生时间，王力、太田辰夫、蒋绍愚都没有明确论述，他们或许把它看作是动结式的一类。

判断是不是动趋式，有一个可以用来检验的形式标志，即趋向动词是否带有宾语。本来，趋向动词是不及物动词，施事者和当事者都应处在句首，受事处在一般动词和趋向动词之间。如：

木门仓琅根，燕飞来，啄皇孙。(《汉书·五行志》)

王使人疾持其头来。(《史记·范雎传》)

这一类句式中，由于施事者和当事者均处在趋向动词之前，并且趋向动词不能带宾语，显然，这种结构不是动趋式，而是并列式。但如果施事者和当事者可以出现在趋向动词之后，或者受事移到趋向动词后面，那么，这样的趋向动词就虚化作补语。这是因为施事（当事）和受事在趋向动词后面的出现，突出了动作行为的方向或结果。如：

飞来双白鹤，奋翼远凌烟。(《相和歌辞·飞来双白鹤》)

其超出万物，亦已灵矣。(《文心雕龙·序志》)

判断是不是动趋式，还有一个可以用来检验的语义标准，即在“一般动词＋（D）＋趋向动词”格式中，趋向动词前面是否出现“执持”义动词。本来趋向动词是用来表施事的趋向位移。如：

于是汉王发使使韩信、彭越。至，皆引兵来。(《汉书·高帝纪》)

黄帝上骑龙，群臣后宫从上七十余人，龙乃上去。(《论衡》卷七)

这一类句式中的一般动词是位移动词和“执持”义动词，趋向动词也是表施事或当事的趋向位移，显然和一般动词的方向一致。但当非“执持”义动词出现时，趋向动词便可看作补语。如：

日沉月上且斗鸡，醉来莫问天高低。(《杂曲歌辞·轻薄行》)

这一类的结构中，一般动词扩大了语义使用范围，和趋向动词关系密切。以此为条件，趋向动词不再表位移，而是表动作的结果。

在对动趋式进行判断时，还应该有历史的观点。具体来说，在对动趋式的产生作出判断时，应该同时考虑到以下因素：第一，使动用法的衰微；第二，“去”字语义的发展；第三，“动词＋将（＋宾语）＋趋向动词”格式的产生。

二、动趋式的产生和发展

据调查，趋向动词连用的句子最早见于《诗经》。如：

鸡栖于埘，日之夕矣，牛羊下来。(《诗经·王风·君子于役》)

春秋战国时期，出现了单音趋向动词与另一动词连用的趋向连动结构，构成“一般动词＋趋向动词”格式，趋向动词表示施事者或当事者的位移。如：

后缗方娠，逃出自窦。(《左传·哀公元年》)

郤至将登，金奏作于下，惊而走出。(《左传·成公十二年》)

虫流出于户，上盖以杨门之扇，三月不葬。(《吕氏春秋·知接》)

这一结构是典型的连动式。有时，在趋向动词前面有用连词“而”的情况。如：

牛缺出而去。(《吕氏春秋·必己》)
再拜稽首，请身而出，遂走而出。(《晏子春秋·内篇谏上》)

早期，在“一般动词＋（而）＋趋向动词”格式中，“一般动词”往往是位移动词。

两汉时期，趋向连动结构出现两个方面的变化：

（1）趋向动词带有对象宾语。如：

怀王竟听郑袖，复释去张仪。(《史记·屈原贾生列传》)
乃作通天台，置祠具其下，将招来神仙之属。(《史记·孝武本纪》)

这一类趋向动词，表动作的结果，本来是可以看作补语的，但由于使动用法仍然存在，所以还是只能看作是一种使动用法。

（2）趋向动词的施事或当事可以出现在一般动词和趋向动词之间。如：

王使人疾持其头来。(《史记·范雎传》)
取书来，比至日中何事乎？(《论衡》卷十三)
三月，召临江王来。(《史记·孝文本纪》)

这一类趋向动词与一般动词隔开，二者结构松散，趋向动词难以虚化。

该时期还出现双音趋向动词的情况。如：

楚围汉王荥阳急，汉王遁出去，而使周苛守荥阳城。(《史记·张丞相列传》)①
涿郡铁官铸铁，铁销皆飞上去。(《汉书·五行志》)

两个趋向动词并用在一般动词之后，作多项并列谓语动词，表示施事或当事的空间位移。

以上这些新出现的语言形式，有的还能表达动作行为所造成的方向或结果。仅凭语义看，个别趋向动词似乎已经就是趋向补语，但其实并非如此。两汉时期，使动用法还很常见，即使出现“动词＋趋向动词＋受事宾语”结构，也还只能算是两个动词并列使用。鉴于趋向动词经常和一般动词连用，在语义上，两个动作之间形成一定的因果关系。因此，我们可以认定，这些语义和句法上的变化，是动趋式产生的基础。

南北朝时期，趋向动补结构产生。如：

欲求芝草，入名山，必以三月、九月，此山开出神药之月也。(《抱朴子·仙药》)
头面礼足，奉上璎珞。(姚秦《妙法莲华经》卷七)
顾所将两骑，令下马扶上之。(《三国志·魏志·阎温传》注引《魏略·勇侠传》)
从如意珠王踊出金色微妙光明，其光化为百宝色鸟。(《观无量寿佛经》)

这一类格式，在功能上，或趋向动词带宾语，或趋向动词不再用作使动，和宾语不能构成述宾关系，而表示动作行为的方向；在语义上，趋向动词和前一动词关系紧密，语义重心落在前一动词上，构成了趋向补语。南北朝时期趋向补语还不多见，趋向结构主要出现两个方面的

① 早在上古，就出现同向的趋向动词“出”和“去”连用，这是趋向动词的组合形式。不同向的“出来”到近代才产生。

变化：

(1) 施事（或当事）从主语位置移到趋向动词之后，作宾语。如：

飞来双白鹤，奋翼远凌烟。(《相和歌辞·飞来双白鹤》)

汉代，施事只能在主语的位置，如“燕飞来”（《汉书·五行志》)，属于连动式。到南北朝，施事可以移到趋向动词之后作宾语，进而导致趋向动词和前面动词紧密结合，致使趋向动词虚化，不再表施事的位移，而是表示动作的方向。

(2) 受事从趋向动词之前移到趋向动词之后，作宾语。如：

狗便呀欲死，牛复吐出舌。(《魏书·崔辩传》)

汉代，受事在趋向动词之前，如“取书来”（《论衡》卷十三)，属于连动式。到南北朝，受事可以出现在趋向动词之后，用作宾语，导致趋向动词和前面动词紧密结合，致使趋向动词虚化，表动作的方向。

除以上两个基本的变化以外，还出现一些与趋向结构有关的变化。

(1) 使动用法衰落。

汉代，趋向动词用作使动，如“招来神仙之属”(《史记·孝武本纪》)，即“招而使神仙之属来”。南北朝，趋向动词不再用作使动，这种意义的表达需在前面加上“使”或“令”字。不再说“欲去羊”或“欲去之”，而是说“欲使羊去”（《世说新语·雅量》)；不再说“我去汝”，而是说“我使汝去”(《杂宝藏经》卷一)；不再说“驱而出之去之”，而是说“驱令出去”(《杂宝藏经》卷一)。显然趋向动词不再用作使动。由此断定，“驱令出去”中的趋向动词应该是补语。

下面这一用例更能说明动趋式产生的原因。如：

时捕鱼人，网得一大鱼，五百人挽，不能使出，复唤牧牛之众，合有千人，并力挽出，得一大鱼，身有百头。(北魏《贤愚经》卷十)

此例中，“出”单用时，不用“不能出之”，而用“不能使出”；和动词连用时，不用“挽之而出之”，而用“并力挽出”。由此看来，“出”的使动用法已经消失。“挽出”已不能理解为连动结构，而应理解为动补结构。诸如“挽出”这样的趋向补语，最初来源于具有时间顺序的连动结构。一旦使动用法消失，趋向动词就发展成为补语。

(2)“去”字语义发生变化。

先秦到西汉，“去”作“离开”义，如“释去张仪”(《史记·屈原贾生列传》)，即“释放张仪而使之离开”。东汉，因“往至”、“去至”、“往到”、“去到”等双音形式的类推，“去”发展为“前往”义。“离开”义指起点，“前往”义指终点。“去”在产生“前往”义以后，它在句中的关系也发生了相应的变化。如：

今日还家去，念母劳家里。(《孔雀东南飞》)

这一类的“去”出现在带终点处所的句子里，“去”因此失去了句法上的独立性，虚化作补语。“去”由“离开”义发展为“前往”义，是它在带终点处所的句子中产生趋向补语最关键的一步。

(3)“动词＋将＋趋向动词”格式出现。如：

有二人乘黄马，从兵二人，但言捉将去。(《古小说钩沉·幽明录》)
行至赤亭山下，值雷雨日暮，忽然有人扶超腋径曳将去，入荒泽中。(《还冤志》)
体有不安，窥窗倚户，若生女者，辄持将去。(《颜氏家训·治家》)

这一类的“将”，其语义和前面的动词相似，构成连动式。趋向动词趋于虚化，作补语。(曹广顺，1995) 如第一例中，“捉将”构成连动之后，“来”由主要的谓语位置被排斥到次要的非谓语位置。“来”句法地位下降，导致其语义的虚化，作补语。“去”也是如此。

唐代，一般动词从“执持”义动词发展为非“执持”义动词。如：

梦中醉卧巫山云，觉来泪滴湘江水。(《鼓吹曲辞·有所思》)
醒来还爱浮萍草，漂寄官河不属人。(刘商《醉后》)

唐五代，作补语的单音趋向动词有所增加。如：

大王闻说喜徘徊，卷上珠帘御帐开。(《敦煌变文集·金刚丑女因缘》)
其僧竖起五指，师云：“苦杀人，洎错放过者个汉。”(《祖堂集》卷五)
后因一日辞次，罗山于师身上脱下纳衣，披向绳床坐云：“若要去，取得纳衣，放汝去。”(《祖堂集》卷十二)

作补语的复合趋向动词得到迅速发展，有“过来”、“起来”、“出去”、“过去”、“上来”、“下来”等。如：

还缘知道贡明主，多少龙神送过来。(《敦煌变文集·长兴四年中兴殿应圣节讲经文》)
自起拨开，见一星火，夹起来云：“这个不是火是什摩?”(《祖堂集》卷十二)
师曰：“汝是恶人。”僧曰：“何必!”师便打出去。(《祖堂集》卷十一)
遂有一童子，过在街坊，不听打鼓，即放过去。(《敦煌变文集·前汉刘家太子传》)
祖师一跳下来，抚背曰：“善哉，善哉！有手执干戈。”(《祖堂集》卷三)

唐五代，动趋式的发展趋于成熟。

第三节
带“得”动补结构的产生和发展

一、带“得”动补结构的产生

春秋战国，连动式“动词＋得”产生，“得”表“获得”义。如：

孟孙猎得麑，使秦西巴持之归。(《韩非子·说林上》)

魏晋南北朝，动词“得”用在非“取得”义的动词之后，表“达成”义，作补语，表示动作行为的实现或完成。如：

值祥私起，空斫得被。(《世说新语·德行》)
锄得十遍，便得“八米”也。(《齐民要术》卷一)

唐五代，作补语的“得”使用范围扩大，可以出现在否定形式“动词（＋宾语）＋不得”中。如：

其时捉获不得，遂遣太使占之。(《敦煌变文集·前汉刘家太子传》)
父王劝谏太子不得，无计思量。(《敦煌变文集·八相变》)

这一类形式多用于已然的语言环境中，表示已经发生的某种动作行为没有达到预期的结果。

唐五代，作补语的“得”也有用于未然语境中的情形。“得”表示动作行为有完成或实现的可能。如：

臣能止得吴军，不须寸兵尺剑。(《敦煌变文集·伍子胥变文》)
若与摩透过得祖佛，此人却体得祖佛意，方与向上人同。(《祖堂集》卷八)
若不能任摩得，纵令诵得十二《围陁经》，只成增上慢，却是谤佛，不是修行。(《祖堂集》卷十四)
师却请和尚代语，霜云：“无人识得渠。”(《祖堂集》卷九)

这一类的“得”，有的用在假设句中，句首有表示假设或让步的连词“若”、“设使”、“纵令”等；有的用在有情态助动词的句子中，动词前面出现助动词“能”、“解”、“会”等。助词“得”从这一类“得”发展而来。

表可能义的“得”也出现否定形式。如：

师云：“我则说不得，别有人说得。”(《祖堂集》卷十八)
晓夜受苦，无有休期，求生不得，求死不得。(《敦煌变文集·庐山远公话》)
师云：“佛弟子唱如来梵不得摩?”(《祖堂集》卷十八)

唐五代，带“得”的动补结构产生。[①]“得”字后面带补语，“得”字进一步虚化为结构助词。近代该结构中的补语有结果补语、可能补语、趋向补语、状态补语和程度补语。

带“得”的动补结构的产生，经历了三个阶段：第一阶段，“得”用于连动式，作谓语动词，表示“获得”义。第二阶段，“得”用于动补结构作补语，“得”前面动词为非“取得”义动词，“得”表“达成”义，用于未然的语境。第三阶段，“得”之后带补语，“得”进一步虚化为结构助词。

---

① 对于带“得”动补结构的产生存在两种意见：一种意见认为，南北朝时期，带“得”的动补结构已经产生（潘允中，1982）；另一种意见认为，唐代，这种带“得”的动补结构才开始产生（王力，1958）。

二、带“得”动补结构的发展

（1）带“得”的结果补语结构。带“得”的结果补语结构产生于晚唐五代，“得”用来引出结果补语。补语表示动作行为的实现或完成，作补语的成分一般为单音动词，少数为单音形容词。“得”后面有带宾语和不带宾语两种情况。如：

未过得一两日念得彻，和尚又教上别经。（《祖堂集》卷六）
千力勋来就，三乘会得全。（《敦煌变文集·维摩诘经讲经文》）
十三学得琵琶成，名属教坊第一部。（白居易《琵琶行》）
不经两三日中间，后妻设得计成。（《敦煌变文集·舜子变》）

唐五代，带“得”的结果补语结构并不多见。原因是，所带宾语可以前移到主语的位置。一旦宾语前移，就会成为不带“得”的动补结构。如：

两瓶箬下新开得，一曲霓裳初教成。（白居易《湖上招客送春泛舟》）

宋元，带“得”的结果补语结构仍然存在，分带宾语和不带宾语两种情形。不过，此时在补语后通常会出现语气词“了”，以强调结果的完成或实现。谓语仍以单音动词和形容词为主。有的“得”写作“的”。如：

今说得多了，都是好笑，不成模样。（《朱子语类》卷一百一十七）
说得此事成了，我把五两银子谢你。（《清平山堂话本·错认尸》）
那刘官人一来有了几分酒，二来怪他开得门迟了。（《京本通俗小说·错斩崔宁》）
你昨日城里来的晚了，您两个孩儿偷出小豆，客人处换梨儿吃。（《元典章·刑部》）
打落的我匈了，你则是赍发我去者。（《元曲选·李行甫》）

明清，带“得”的结果补语结构走向衰退。现代汉语中，“得”已不再有带表动作结果的补语的功能。

（2）带“得”的趋向补语结构。带“得”的趋向补语结构出现在唐五代。“得”后面带趋向动词补语，补语用单音节词，分带宾语和不带宾语两种情况。如：

远江吟得出，方下郡斋东。（李咸用《登楼值雨二首》）
师云：“莫从天台采得来不?”（《祖堂集》卷七）

你也大错，我若之处买得你来，即便将旧契券，即卖得你。况是掳得你来，交我如何卖你。（《敦煌变文集·庐山远公话》。蒋礼鸿校：“之处”就是“诸处”。）

投子云：“还将得剑来不?”对云：“将得来。”（《祖堂集》卷十二）

宋代以后，带“得”的趋向补语使用广泛。复合趋向补语产生，出现“起来”、“回来”、“出来”、“出去”等。如：

是南边自有一老人星，南极高时，解浮得起来。（《朱子语类》卷二十三）
有这质，所以做得物事出来。（《朱子语类》卷一）
诚复，只是就去路寻得旧迹回来。（《朱子语类》卷九十四）

雪窦引在颂中，用比德山再入相见，依旧被他跳得出去。(《碧岩录》卷一)

明代，复合趋向补语进一步发展，又出现了“过来”、“下来”、“进来”、“过去”、“进去”等。如：

听得说是个女将，指望一合便捉得过来。(《水浒传》第四十八回)
师父哄我戴了，就如生根的一般，莫想拿得下来。(《西游记》第二十五回)
因此拼着死，趸得进来。(《金瓶梅》第五十四回)
只见山凹里一弯红草坡，他一头钻得进去。(《西游记》第三十二回)

在明代的剧本或小说中，凡出现趋向动词作谓语并带处所宾语的地方，都会有“来”字作补语。如：

那童子出得门来，高叫道：“甚么人在此搔扰?”(《西游记》第一回)
两个挽了胳膊，出得茶坊来。(《水浒传》第三回)
入得门来，便把毡笠儿除将下来。(《金瓶梅》第二回)

清代，带“得”的趋向补语结构已经很是少见。据调查，在《红楼梦》和《儿女英雄传》里，已经没有这种结构出现。

(3) 带“得”的可能补语结构。带“得”的动补结构，在已然的语境中通常表结果或趋向，在未然或假设语境中则通常表可能。表可能的带“得”补语结构出现在唐五代，“得”的后面带单音行为动词和趋向动词，表示动作行为的可能，仅有不带宾语的情况出现。如：

若使火云烧得动，始应农器满人间。(来鹄《题庐山双剑峰》)
师曰：“见即见，若不见，纵说得出亦不得见。”(《祖堂集》卷三)
若有人弹得破，莫来。(《祖堂集》卷七)

宋元，谓语和补语出现双音节词，并产生了带宾语的用例。元代出现“得”写作“的”的情况。如：

此秀才展拓得开，下梢可望。(《朱子语类》卷一百一十四)
上下相咻以勿生事，不要十分分明理会事，且恁鹘突。才理会得分明，便做官不得。(《朱子语类》卷一百八)
天生的一表非俗，匹配得你过。(《元曲选·鸳鸯被》)
打得我赢，便将去；若输与我，我不还钱。(《新编五代史平话》)
牛璘也，你怎生瞒的过贫道?(《全元曲·瘸李岳诗酒玩江亭》第二折)

宾语可以出现在补语的前面，也可以出现在补语的后面，但以出现在补语之前的情况居多。

明清，表可能的复合趋向补语有所增加。如：

西门庆道：“你每试估估价值。”伯爵道：“这个有甚行款，我每怎么估得出来。”(《金瓶梅》第三十一回)
若不依允小人之时，林冲便挣扎得回来，誓不与娘子相聚。(《水浒传》第七回)
李瓶儿道：“也得我吃得下去是。”(《金瓶梅》第六十二回)
那里哄的过他?他才是认得出来呢。(《红楼梦》第三十二回)

在现代汉语中，该类结构出现了一定的地域差异。在北方方言里，宾语都用在补语之后。而在南方的许多方言里，宾语多用在补语之前。

“得”不带宾语的可能补语结构的否定式是“V不C”。如：

野火烧不尽，春风吹又生。(白居易《赋得古原草送别》)

更有一般底，锥又锥不动，召又召不应，此人作麽生委得虚之与实？(《祖堂集》卷十六)

该类结构由结果补语结构的否定式转化而来。当“V不C”用于未然语境时，就由表结果未达成而转为表不可能。

表可能的“得”带宾语的补语结构的否定式如：

留春不住登城望，惜夜相将秉烛游。(白居易《城上夜宴》)

天明了，其鬼使来太安寺里，讨主不见。(《祖堂集》卷十四)

国初下江南，一年攻城不下，是时江洲亦城守三年。(《朱子语类》卷一百二十七)

唐五代以后，该类结构以“动词＋宾语＋不＋可能补语”式为主。到清代，“动词＋不＋可能补语＋宾语”式代替了“动词＋宾语＋不＋可能补语”式。

(4) 带“得”的状态补语结构。带“得”的状态补语结构始见于唐五代，出现有宾语和无宾语两种结构。当“得”后面有名词时，一般是主谓结构作状态补语。如：

已应春得细，颇觉寄来迟。(杜甫《佐还山后寄三首》)

二将当时夜半越对，唬得皇帝洽背汗流。(《敦煌变文集·汉将王陵变》)

千约万束不取语，恼得老人肠肚烂。(《敦煌变文集·齖𪘏新妇文》)

男女病来声喘喘，父娘啼得泪汪汪。(《敦煌变文集·故圆鉴大师二十四孝押座文》)

宋代，发展出由状态动词和形容词作谓语的情形。补语往多样化发展，可以是形容词重叠式，也可以是主谓、述宾、偏正、并列等多种短语，还可以是谓词性代词。如：

他那里把盏儿斟，直吃的醉醺醺。(脉望馆钞校本《古今杂剧·杀狗劝夫》第一折)

作文字须是靠实，说得有条理乃好，不可架空细巧。(《朱子语类》卷八)

雪窦颂得极巧，不伤锋犯手。(《碧岩录》卷一)

问蜚卿：“《近思录》看得如何？”曰：“所疑甚多。”(《朱子语类》卷五)

这一类状态补语，表示某种动作行为的状态。它的语义可以指向受事，也可以指向谓语。元明时期，有一些“得”写作“的”。① 带“得”的状态补语更加丰富。如：

谁着你旦暮朝夕，尝吃的来醺醺醉。(《全元曲·虎头牌》第三折)

那一个村庄家生得舜目尧眉。(《元刊杂剧三十种·诸葛亮博望烧屯》第一折)

在与“把”字句或“被”字句相搭配的句式中，“得”后面出现表停顿的“来”。如：

二歌不合尽说与，开口道不毂十句，把张君瑞送得来腌受苦。(《董西厢》卷一)

薄情的妈妈，被你刁镫得人来，实志地咱。(《董西厢》卷五)

---

① 南宋出现个别“得”字写作“的”的用法。如：“它那里把盏儿斟，直吃的醉醺醺。”(《古今杂剧·杀狗劝夫》)

在带“得”的状态补语后面出现了语气词“了”。如：

当日武松欢喜饮酒。吃得大醉了，便叫人扶去房中安歇，不在话下。（《水浒传》第二十八回）

近代汉语里，带宾语的“得”字状态补语结构中，宾语与谓语、补语之间的关系尤其复杂。根据它们语义关系不同的特点，可以分为三类：

第一类，谓语一般是不及物的感受类动词或形容词，宾语在语义上既是谓语的施事或当事，又是补语的施事或当事，与补语构成陈述关系。如：

二将当时夜半越对，唬得皇帝洽背汗流。（《敦煌变文集·汉将王陵变》）
吓得貂蝉连忙跪下。（《三国志平话》卷上）

第二类，谓语为及物的行为动词，宾语在语义上既是谓语的受事，又是补语的施事或当事，与补语构成陈述关系。如：

日日吵的亚爹耳朵聋，两三日饭也不吃一口。（《张协状元》第三十二出）
拷的我魂飞魄散，打的我肉烂皮穿。（《小孙屠》第十一出）

第三类，谓语为及物的行为动词，宾语与补语之间没有语义关系，补语一般为形容词。如：

如今沈侍读、李馆使来说得事理分白，显是你两个有隐底事节，不闻达朝廷。（《乙卯入国奏请》）
某年十五六时，读《中庸》“人一己百，人十己千”一章，因见吕与叔解得此段痛快，读之未尝不竦然警厉奋发。（《朱子语类》卷四）

第一、二两类产生于唐五代，现代汉语里仍在使用，第三类产生于宋代，现代汉语里已不再使用。

带“得”的状态补语否定式出现在宋代。如：

只是见得不完全，见得不的确。（《朱子语类》卷九）

明清时，带“得”的状态补语结构更加成熟。

（5）带“得”的程度补语结构。带“得”的程度补语结构产生于元明时期。[①] 如：

雨大的紧，前路又没去处。（《元曲选·临江驿潇湘秋夜雨》）
他输了的猪头也不肯买，恨的他当不得。（《朴通事谚解》）
咱醉的要不的，倒是哥早早来家的便宜些。（《金瓶梅》第一回）
汉子又两番三次，无人处在根前无礼，心里也气得没入脚处，只得交他两口子搬离了家门。（《金瓶梅》第八十一回）

带“得”的程度补语，用词不多，但使用频率高，在使用上往往受到方言和习惯用法的约束。如“当不得”常见于《朴通事谚解》和《水浒传》，“要不得”常见于《水浒传》和《金瓶

---

① 宋代出现个别带“得”的程度补语，如：“只是气旋转得紧，如急风然，至上面极高处转得愈紧。”（《朱子语类》卷二）

梅》，“了不得”、“没入脚处”常见于《金瓶梅》，“紧”、“慌”、“很”、“了不得”常见于《红楼梦》和《儿女英雄传》。如：

不知甚么疮，从几时出来，从前日个出来，痒的当不得。(《朴通事谚解》)
不想他第七个房里生了个儿子，喜欢得了不得。(《金瓶梅》第三十四回)
李逵道：“我也困倦得要不得。”(《水浒传》第四十三回)
好几处都有，都称赞的了不得，还和我们寻呢！(《红楼梦》第八回)
只见丰儿带了刘姥姥、板儿进来，说：“大奶奶倒忙的紧。”(《红楼梦》第四十回)
围着庄园的这片地原是我家的老圈地，当日多的很呢。(《儿女英雄传》第三十回)
我真没这么大工夫合你说话，不说罢，我又憋的慌。(《儿女英雄传》第十七回)

三、结构助词“得”的来源

带“得”的动补结构的产生，与“得”虚化为助词有关。关于结构助词“得”的来源，目前主要有两种不同的观点：

王力（1958）认为，词尾“得”字来自动词“得”字。状态补语的“得”和可能补语的“得”的来源相同，“得”由原来的“获得”义转化为“达成”义，由“达成”义再进一步虚化为动词的词尾。

祝敏彻（1960）、岳俊发（1984）认为，古汉语中有两个“得”：一是表“获得”义的“得”；二是表“可能”义的“得”。前者在结果补语中虚化为结构助词，后者在可能补语中虚化为结构助词。①

关于结构助词“得”的来源还有待进一步探讨。

【思考题】

1. 动结式是怎么形成的？
2. 对于动结式产生的年代，你作何判断？并请陈述理由。
3. 试述带“得”的动补结构形成及其发展。
4. 试述动趋式的产生及其发展。

【本章参考文献】

曹广顺．近代汉语助词研究．北京：语文出版社，1995.
何乐士．《史记》语法特点研究//两汉汉语研究．济南：山东教育出版社，1984.
蒋绍愚．汉语动结式产生的时代//国学研究（第六卷）．北京：北京大学出版社，1999.

① 杨平（1990）、蒋绍愚（2005）和吴福祥（2002）等人支持王力的观点。关于“得”的来源还有另外三种意见。第一，杨建国（1959）认为，结构助词“得”直接由“获得”义的“得”发展而来。第二，赵长才（2002）认为，带“得”的述补结构很可能有两个来源，一是直接源于“达成、达到”义“得”的虚化；二是源于“致使”义“得”的进一步虚化。第三，刘承慧（2002）认为，表结果的“得”字述补结构由“获得”义的“得”和“受得”义的“得”合并而来。

梁银峰．汉语动补结构的产生与演变．上海：学林出版社，2006.

梁银峰．汉语趋向动词的语法化．上海：学林出版社，2007.

梁银峰，吴福祥，贝罗贝．汉语趋向补语结构的产生与演变//历史语言学研究（第二辑）．北京：商务印书馆，2009.

刘承慧．汉语动补结构历史发展．台北：瀚芦图书出版有限公司，2002.

吕叔湘．与动词后“得”与“不”有关之词序问题//汉语语法论文集（增订本）．北京：商务印书馆，1982.

梅祖麟．从汉代的“动、杀”、“动、死”来看动补结构的发展：兼论中古时期起词的施受关系的中立化//语言学论丛（第十六辑）．北京：商务印书馆，1991.

潘允中．汉语动补结构的发展．中国语文，1980（1）．

孙锡信．汉语历史语法要略．上海：复旦大学出版社，1992.

魏培泉．说中古汉语的使成结构//历史语言研究所集刊．第七十一本第四分，2000.

吴福祥．试论现代汉语动补结构的来源//汉语现状与历史的研究：首届汉语语言学国际研讨会论文集，1999.

吴福祥．汉语能性述补结构“V得/不C”的语法化．中国语文，2002（1）．

杨建国．补语式发展试探//语法论集（第三集）．北京：中华书局，1959.

杨平．带“得”的述补结构的产生和发展．古汉语研究，1990（1）．

赵长才．结构助词“得”的来源与“V得C”述补结构的形成．中国语文，2002（2）．

第九章 处置式的产生及其发展

处置式是一种重要句式，它经历了一个漫长的历史变化过程，具有多元化的特性。处置式主要有“以”字句、“将”字句和“把”字句。“以”字句和“将/把”字句具有不同的发展过程，“以”字句直接从工具式发展出广义处置式，“将/把”字句则是从连动式发展出广义处置式和狭义处置式后，又发展出致使义处置式。

第一节 处置式的类型

20世纪50年代，王力（1958）最早提出了“处置式”这一术语，他强调：“中国语里有一种特殊形式，就是用助动词‘把’（或‘将’）字，把目的语提到叙述语的前面”；“‘把’字所介绍者乃是一种‘作’的行为，是一种施行（execution），一种处置。在中文里，我们把它称为‘处置式’”。在现代汉语普通话中，处置式通常用“把”字来引介被处置的对象，所以又被称为“把”字句。关于处置词“将/把”的性质，多年来，一直有不同的观点存在。黎锦熙（1924）将它看作介词，王力（1944）把它看作助动词，赵元任、杨联陞（1947）则管它叫“前及物词”（pre-transitive）。目前，一部分人把它看作介词。鉴于处置词“将/把”比介词更为虚化，所以，我们称之为“处置标记”（disposal marker）。

类型上，汉语处置式有广义处置式、狭义处置式和致使义处置式。

（1）广义处置式。

广义处置式是一个由双及物动词谓语构成的句式，有着独特的句法特征。其一，句子带有两个宾语，谓语动词为双及物动词。其二，在语义上，有处置（给）和处置（到）两个小类。① 如：

---

① 梅祖麟（1990）把处置（作）看作处置式，刘子瑜（2002）、蒋绍愚（2008）提出了不同的意见，他们认为处置（作）并没有起引出动作受事的作用，所以不能说是处置式。这里对处置（作）暂不作讨论。

万章曰："尧以天下与舜，有诸?"孟子曰："否，天子不能以天下与人。"(《孟子·万章上》)

复以弟子一人投河中。(《史记·滑稽列传》)

处置（给）的动词是"给予"义，谓语动词后面的宾语为与事名词，表达受事由主体甲处移到主体乙处；处置（到）的动词是"放到"义，谓语动词后面的宾语为处所名词，表达受事在动作的作用下位移到某一处所之内。广义处置式的谓语动词必须带宾语，但却不能带补语，它的处置性很弱。[①]

（2）狭义处置式。

狭义处置式是一个由单及物动词谓语构成的句式，谓语动词只涉及一个宾语，表达受事在动作的作用下受到某种处置。如：

把君诗一吟，万里见君心。(崔涂《秋夕送友人归吴》)

在这一狭义处置式用例中，"把诗吟"，指施事者把受事"诗"以"吟"的方式进行处置。鉴于在这个狭义处置式中有一个述谓动词"吟"，既可单独使用，又可带上补语，可见这一用例的处置性必定很强。或者可以说，凡是类似于这样的处置式，一定都是非常典型的处置式。

（3）致使义处置式。

致使义处置式是一个由不及物动词或形容词作谓语，由谓语动词的当事或施事作"将/把"的宾语的句式。这种处置式在语义上和由使役动词构成的兼语式相近，具有致使义。如：

学道修行力未充，莫将此身险中行。(《祖堂集》卷七)

"将此身险中行"指主语让施事"此身"实施"行"的动作，处置词"将"带施事"此身"来执行谓语动词这一动作，具有致使义。

汉语史中，处置式有"以"字句、"将"字句和"把"字句等句式。[②] 下面，就这三种句式分别予以介绍。

（1）"以"字句。"以"字句出现在上古时期，有处置（给）广义处置式，汉代出现处置（到）广义处置式。如：

齐侯以许让公。(《左传·隐公十一年》)

隐为桓立，故以桓母之丧告于诸侯。(《公羊传·隐公元年》)

有顷，曰："巫妪何久也？弟子趣之！"复以弟子一人投河中。(《史记·滑稽列传》)

（2）"将"字句。"将"字句出现于六朝至隋代，有处置（给）和处置（到）两种广义处置式。如：

我今可将此女与彼沙门。(东晋《增壹阿含经》卷四十一)

---

① "以"字广义处置式从工具式发展而来，但它和工具式却又有所不同。虽然二者都是状中结构，但是功能各不相同。工具式表动作的工具，广义处置式表对受事的处置。

② 据目前的研究，还有"持"、"取"、"捉"、"拿"等处置式。魏晋南北朝有"持"广义处置式，如，"复自破骨持髓与之"（《道行般若经》卷九），"持手著阿难肩上"（《道行般若经》卷十）。又有"取"广义处置式和狭义处置式，如，"取父王闭在牢狱"（《增壹阿含经》卷四十七），"念汝取母害"（《出曜经》卷四）。唐代有"捉"狭义处置式，如，"却捉主人欺"（《敦煌变文集·燕子赋》）。明清时有"拿"处置式，如，"李逵拿殷天锡提起来"（《水浒传》五十二回）。

灵家在城中，瓒将灵母弟置城上，诱呼灵。(《三国志·魏书·徐晃传》裴注)

汝今何故？忽将我子，掷弃旷野，犹如摆木。(隋《佛本行集经》卷十九)

唐五代开始，“将”用于狭义处置式。(王力，1958)① 如：

言讫焚香度过，启告虔心，遂将其笔望空便掷，是时其笔空中讫(屹)然而住。(《敦煌变文集·庐山远公话》)

数数频将业剪除，时时好抱(把)心调伏。(《敦煌变文集·无常经讲经文》)

若不要贱奴之时，但将贱奴诸处卖却。(《敦煌变文集·庐山远公话》)

唐五代开始，“将”又用于致使义处置式。如：

学道修行力未充，莫将此身险中行。(《祖堂集》卷七)

(3)“把”字句。“把”字句出现在唐代，有处置(给)和处置(到)两种广义处置式。如：

若将明月为俦侣，应把清风遗子孙。(方干《李侍御上虞别业》)

把舜子头发，悬在中庭树地。(《敦煌变文集·舜子变》)

唐代开始，“把”可以用于狭义处置式。(王力，1958)动词后面可以带结果补语、趋向补语、体标记、数量短语、状态补语和可能补语等。如：

图把一春皆占断，固留三月始教开。(秦韬玉《牡丹》)

汝向忙闹时，把他堂印将去，又何辞焉？(唐韦绚《刘宾客嘉话录》)

师把西堂鼻孔拽著。(《祖堂集》卷四)

“把”也可以用于致使义处置式。如：

如斯数满长无倦，能把因缘更转精。(《敦煌变文集·妙法莲华经讲经文》)

休教烦恼久缠萦，休把贪嗔起战争。(《敦煌变文集·维摩诘经讲经文》)

第二节 处置式的产生及其发展

将上面几种处置式进行归纳，可以分为两类：一类是“以”字处置式；一类是“将/把”字处置式。这两类处置式的产生过程各有不同：“以”字处置式是从连动式到工具式，工具式再发展为广义处置式的过程；“将/把”字处置式是从连动式(宾语$_1$≠宾语$_2$)发展为广义处置

① 魏培泉(1997)，曹广顺、遇笑容(2000)认为，“将”字狭义处置式在六朝时期已经有了个别的用例。如，“丁常言：‘将我儿杀之，都不复念’”(《三国志·魏书》，裴注引《魏略》)，“天下宁有是邪！遂将后杀之”(《三国志·魏书》，裴注引《曹瞒传》)。

式，又从连动式（宾语$_1$＝宾语$_2$）发展为狭义处置式的过程。在上古汉语中，“以”字句是最为常见的处置式结构。而在近代汉语里，“将”字句和“把”字句才是最为常见的处置式。

一、“以”字句的产生和发展

在甲骨卜辞里，“以”作动词，通常有“提携”、“携带”之义，用在连动式中，宾语$_1$与宾语$_2$不同指。如：

丁未卜，争贞：勿令𬨭以众伐邛。（《甲骨文合集》26）

“以众”，即“带领众人”，与后面的动词“伐”构成连动结构。宾语$_1$为“众”，宾语$_2$为“邛”。二者所指对象不同，因而宾语$_1$与宾语$_2$不同指。

到西周金文里，“以”产生出“用”或“拿”的意思。如（引自郭锡良，1998）：

女（汝）以我车宕伐猃狁于高陶。（《不其簋》4328）

此例中的“以”仍然是动词，带有动作意义。工具介词的“以”正是从这种有动作意义的动词“以”虚化而成的。

春秋战国时期，“以”主要用作介词，具有很多的语法作用和语法意义。它可以引介动作赖以进行的工具，也可以引介动作行为进行的方式、手段和前提等，亦即广义的工具。如：

醒，以戈逐子犯。（《左传·僖公二十三年》）

先秦时期，“以＋宾语”结构可以用在谓语动词的前面或后面，既可以表示动作的工具，又可以表示动作的受事。该时期，“以”所带的宾语在语义上会有工具和受事两种可能的分析。如：

夫子教我以正，夫子未出于正也。（《孟子·离娄章句上》）

此例中，“以”引介的宾语“正”，既可以看作是“教”的受事，又可以看作是“教”的工具和手段。“以”引介受事的用法正是在引介工具这一用法上扩展而来的。换句话说，在由“以”字引介工具的句子中，当动词后面带有与事宾语时，“以”引介的工具将有可能会被当作受事的情况来对待。一旦“以”字把受事（给）提至谓语动词之前，“以＋宾语”就成为广义处置式。如：

尧以天下与舜，有诸？（《孟子·万章上》）

因以文绣千匹，好女百人，遗义渠君。（《战国策·秦策二》）

西汉时期，在“以”字引介工具的句子中，谓语动词后面带有处所宾语，且“以”引介受事（到），产生出“以”广义处置式的又一小类——处置（到）。如：

复以弟子一人投河中。（《史记·滑稽列传》）

稍益近之，高渐离乃以铅置筑中，复进得近，举筑朴秦皇帝，不中。（《史记·刺客列传》）

这种处置式中的动词，通常带有处所词或表示处所的名词，句子的语义表示客体在某种动作的作用下位移到某一处所或方位之内。动词多为行为动词，处置性弱，动词后面带有处所宾语。汉代，“以”字结构的语法作用和结构形式具有两个明显的特点（参见曹广顺、龙国富，2005)：

（1）“以”字的提宾作用突显。汉代以前，受事（到）宾语多在双宾语谓语动词之后。汉代以后，“以”字把受事（到）提到谓语动词之前，突显出“以”字的提宾功能。比较下面的例子，可以突显“以”字的提宾功能。如：

复投一弟子河中。(《史记·滑稽列传》)

复以弟子一人投河中。(《史记·滑稽列传》)

“投一弟子河中”与“以弟子一人投河中”相比，语义关系不变。本来，受事处在动词之后作宾语。到了汉代，由于“以”字出现了引介受事这种新的用法，受事也从动词之后提到了动词之前。受事的前置突出了受事宾语的作用。

（2）方所宾语产生。假如只有“以”把受事从动词的后面引介到动词的前面，而没有方所宾语的变化，那么，“以”字结构就会产生出工具式或处置（到）式两种理解，如下文例句中的“以石投水”。该时期，由于方所名词后面产生了方位词，造成了方所短语作宾语的情况出现。如“投河中”的“河中”就是方所宾语。有时在有的方所短语前面出现介词，这样，使得“以”字在这类句子中表工具的功能消失，表处置（到）的功能突显。下面的例子与“以弟子一人投河中”(《史记·滑稽列传》)相对比，能够看出它们的不同。如：

若以石投水，奚若？(《吕氏春秋·精喻》)

以上两个特征的突显，促使“以”字句在汉代以后发展成为处置（到）类广义处置式。

在广义处置（到）产生之后，处置（给）也产生了两个明显的变化：

（1）“以”的提宾作用更加突显。在先秦，受事（给）宾语多用在动词之后，“以”把受事引介到动词前面的现象还不够明显。汉代以后，“以”把受事（给）引介到谓语动词前面的现象已经很突出，“以”字的提宾作用更加突显。

（2）动词复合词化。在受事（到）句式发生变化之前，受事（给）的动词是单音节词。可是在受事（到）句式发生变化以后，受事（给）句式中的动词也发生了变化。这种变化就是动词的复合词化。由此，动词由单音节词变为双音节词。在以下用例中，前两个用例还只有单音节动词“赐”、“与”出现，而在后两个用例中，却有了动词复合词“授与”、“施与”的出现。如：

公赐之食，食舍肉。(《左传·隐公元年》)

出于五鹿，乞食于野人，野人与之块。(《左传·僖公二十三年》)

其儿遥见明经比丘，欲从抱下，得下便取之求其食，比丘即以蜜饼授与之。(东汉《阿阇世王经》)

菩萨以饮食所有施与人，作是祠祀而脱于三界，有识祠，不自念有求故。(东汉《文殊师利问菩萨署经》)

以上分析告诉我们，“以”字广义处置式经历了一个从连动式到工具式再到广义处置式的演变过程。

西汉时期，“以”字句的变化主要表现在处置（到）句式的产生和处置意义的增强。东汉时期，随着处置（到）句式的发展，“以”字句有了一些新的变化，具体表现在：处置（给）宾语提前和动词复合词化的现象更加突出；方所名词后面产生了方位词，形成方所短语作宾语的现象。魏晋南北朝，处置（到）句式在使用频率上提高很快。魏晋南北朝，在中土文献中，处置式以“以”字句居多，“将”字句极为少见。但在汉译佛经文献里，“以”字句在逐渐减少，而“将”字句却在逐渐增多。到隋唐时期，“以”字句中的处置（给）功能已趋于衰退，处置（到）功能也不再发展。

二、“将/把”字句的产生和发展

“将/把”字句有广义处置和狭义处置两种功能，介绍“将/把”字句的产生和发展，就是介绍“将/把”字句广义处置式和狭义处置式的产生和发展。

先秦，“将”作动词，有“率领”、“携带”义。从春秋战国开始，“将”仍然作动词，表示“拿”、“带领”义，出现在两类不同的连动式中。如：

以故燕举并，使昌国君将而击之。（《战国策·齐策》）
我敕左右，将此人以称称之。（后秦《长阿含经》卷七）
汝将此人安徐杀之。（《长阿含经》卷七）

第一例代表的是两个宾语不同指的连动式，是“将”字广义处置式产生必须具备的句法环境。第二例代表的是两个宾语同指的连动式，是“将”字狭义处置式产生不可或缺的句法环境。处置介词“将”正是从这种有实在动作意义的“将”虚化而来。

先秦，“把”作动词，表示“拿”的意思。春秋战国，“把”出现在两个宾语不同指的连动式中，仍作动词，有“拿”的意思。“把”的广义处置式正是从这种句法环境中逐渐虚化的。[①] 如：

禹亲把天之瑞令，以征有苗。（《墨子·非攻》）
把其叚（假）以亡，得及自出，当为盗不当？（《睡虎地秦简·法律答问》131）

到两晋和南北朝时期，“将”开始从两个宾语不同指连动式中虚化，分别虚化为工具介词和广义处置介词。作广义处置介词的“将”发展出处置（给）和处置（到）的用法。如：

我今所问现世之报，乃将生死来相答。（东晋《增壹阿含经》卷三十九。作工具介词）
我便命终即将愚人付一大臣。（东晋《摩诃僧祇律》卷三）
我今可将此女与彼沙门。（东晋《增壹阿含经》卷四十一）
是时梵达摩王即将此女内著深宫。（《增壹阿含经》卷四十一）

隋代，“将”广义处置式发展很快，广泛地替代“以”字句。如：

将此女与彼摩那婆。（隋《佛本行集经》卷三）

---

① 睡虎地 11 号墓中出现 2 例“把”带受事的用法：(1) 臧（臓）人者，甲把其衣钱匿臧（藏）乙室，即告亡，欲令乙为盗之，而实弗盗之谓殹（也）。（《睡虎地秦简·法律答问》205）(2) 将人臣甲谋遣人妾乙盗主牛，买（卖），把钱偕邦亡，出徼，得，论各可（何）殹（也）?（《睡虎地秦简·法律答问》5）例 (1) 和例 (2) 中的受事“衣钱”、“钱”，已经在施事者的控制之中，施事者已具备处置的条件。“把”具备了虚化的句法环境。

（贤者）密将七茎优钵罗华内于瓶中。（隋《佛本行集经》卷二）

从六朝至隋代，有些“把”字结构既可以理解为工具句，也可以理解为处置式。如：

时健骂婆罗豆婆遮婆罗门遥见世尊，作粗恶不善语，瞋骂呵责，把土坌佛。（刘宋《杂阿含经》卷四十二）

暂经沸汤即出，多与盐，二升暖汤合把手按之。（《齐民要术》卷九）

如人把草塞恒河，尊者我谓不为难。（《大主等大集经菩萨念佛三昧》卷四）

如，“把草塞恒河”存在两种理解：第一，理解为工具式，认为是“用草塞恒河”；第二，理解为处置（到）式，认为是“把草塞到恒河中”。“把”的工具用法和广义处置用法正是由这种句式发展而来的，但前提是“把”字必须虚化。

到唐代，“把”发展出广义处置的用法，广义处置式有处置（给）和处置（到）。如：

莫将天女施沙门，休把娇姿与菩萨。（《敦煌变文集·维摩诘经讲经文》）

每把金襕安膝上，更将银缕挂肩头。（《敦煌变文集·妙法莲华经讲经文》）

六朝和唐代，在以下这类句式中，“将/把”既可以看作连动式中的动词，又可以看作狭义处置式中的处置介词。如：

唯将角枕卧，自影啼妆久。（江总《妇病行》）

将军破了单于阵，更把兵书仔细看。（沈传师《寄大府兄侍史》）

这类句式的特点是，宾语$_1$＝宾语$_2$，宾语$_2$由“之”充当，“之”被删除。如第一例中的动词“将”和“卧”，其宾语都同指“角枕”，只不过“卧”的宾语“角枕”不出现；第二例中的动词“把”和“看”，其宾语都同指“兵书”，只不过“看”的宾语“兵书”不出现。对于“将角枕卧”，只要我们把句子重音放到“将”和“卧”之上，就可以理解为“拿着角枕而卧着”，“将”的动作是为“卧”而出现；但只要把句子的重音转移到“卧”字上时，就可以理解为“把角枕卧着”，“将”字对动作“卧”的受事“角枕”进行处置，“将”字随即虚化。同样，对于“把兵书仔细看”，可以理解为“拿着兵书来仔细看”，“把”的目的是为了“看”；但如果把句子的重音转移到“看”上，理解为“把兵书看”（不是“把电视看”），“把”就会因此对动作“看”的受事“兵书”进行处置，“把”字随即虚化。可见，尽管当时“将/把”还没有完全丧失动词的性质，但动词虚化的迹象却已相当明显。作处置的标记“将/把”和作动词的“将/把”，虽然其表层结构并没有变化，但还是通过这种连动式而虚化成为狭义处置式。

六朝时期，“将”只出现狭义处置式的萌芽，唐代才有比较典型的狭义处置式用例出现，我们赞同王力的观点，把“将/把”出现狭义处置式的时间断为唐代。以下句子中的“将/把”都可以看作狭义处置标记。如：

见酒须相忆，将诗莫浪传。（杜甫《泛江送魏十八仓曹还京因寄岑中允》）

已用当时法，谁将此义陈？（杜甫《寄李十二白二十韵》）

欲将轻骑逐，大雪满弓刀。（钱起《和张仆射塞下曲》）

欲把江山鼎足分，邢真衔册到江南。（孙元晏《吴·徐盛》）

师便把火筯放下。（《祖堂集》卷十四）

“将/把”狭义处置式在唐代诗歌中得到使用，动词大多是单音节形式，很少有修饰或限制成分出现。

在唐代，“将/把”既可以作处置标记，也可以作工具介词。如：

莫愁寒族无人荐，但愿春官把卷看。（杜荀鹤《入关因别舍弟》）
两鬓愁应白，何劳把镜看？（李频《黔中罢职将泛江东》）

处置式和工具式的区别在于：在处置式中，受事宾语放在动词前面，而动词后面不能再有受事宾语（广义处置式中的动词只接与事宾语和处所宾语，狭义处置式中的动词一般不带宾语）。如“把卷看”是狭义处置式，受事只能在“把”字之后，动词“看”之后再没有受事出现。在工具式中，动词后面可以有受事宾语，也可以把受事宾语提到句首。如“把镜看”是工具式，受事“两鬓”既可以在句首，也可以在动词之后，作“把镜看两鬓”。

自晚唐五代开始，“将/把”产生了致使义处置式。如：

断除邪见绝施为，莫把经文起违逆。（《敦煌变文集·维摩诘经讲经文》）
如斯数满长无倦，能把因缘更转精。（《敦煌变文集·妙法莲华经讲经文》）
一声大叫如雷作，把村黑丑敛变却。（《刘知远诸宫调》）
将身逃归刑州路去。（《新编五代史平话·周史平话》）

“将/把”后面的名词性成分是谓语动词的当事或施事。如“将身逃归刑州路去”指主语让“身”实施“逃归”的动作，“将”带有施事“身”，句子具有致使义。

近代汉语中，“将/把”广义处置式进一步发展，狭义处置式和致使义处置式的使用也日益普遍。相对而言，“把”字句的发展速度比“将”要快。不管是在使用范围上，还是在使用频率上，“把”字句都已超过了“将”字句。“将/把”字句在近代汉语中还出现了一些新情况。主要表现在以下七个方面。

(1)“将/把”字句应用广泛。“将”字工具语与“把”字句连用，“把”字工具语与“将”字句连用，或“将”字句与“把”字句连用。如：

小的们，且把唐僧将铁链锁在后面，待拿他三个徒弟来凑吃。（《西游记》第九十一回）

转过面前看了，便将手把武松头发揪起来。（《水浒传》第三十二回）

两个公人自去炕上睡了，把一条铁索将卢员外锁在房门背后。（《水浒传》第六十二回）

把尖刀插了，将三个人头发结做一处，提入庙里来。（《水浒传》第十回）

(2) 宾语和述谓语的关系复杂化。早期以受事作宾语的“将/把”字句到近代也仍然使用，这是这些动词的动作性强的缘故。如“把安公子上下一打量”（脂批本《石头记》）。而到了近代，汉语中的宾语和谓语又出现一些更为复杂的情况。有一些“将/把”字句中，宾语和谓语动词的施受关系是两可的，如下文例句中第一、二例；也有一些“将/把”字句，因为宾语是谓语动词的受事，所以构成动宾句，如第三、四例；还有一种情况是，宾语可以作话题用，如果将句中的“将/把”字去掉，便可构成一种受事主语句，如第五、六例。如：

宝玉便把头略低一低。（脂批本《石头记》）
将他身子拧转过来。（《儿女英雄传》第六回）
把这香铺也不在这里开了。（脂批本《石头记》）

安公子只得将银子收好。(《儿女英雄传》第十一回)

把我给大奶奶那份东西拿来。(《儿女英雄传》第二十八回)

将这两件东西当面交代明白。(《儿女英雄传》第十七回)

(3) 谓语前面带状语、后面带补语的情况更是常见，带补语的成分有结果补语、趋向补语、体标记、数量短语、状态补语和可能补语等。“将”字句如：

那虚底在里夹杂，便将实底一齐打坏了。(《朱子语类辑略》卷三)

及看不得，便将自己身上一般意思说出，把做圣人意思。(《朱子语类》卷十一)

恐将本义失了。(《朱子全书》卷十三)

横渠将屈伸说得贯通。(《朱子语类辑略》卷一)

参见毕，将打虎首尾诉说一遍。(《金瓶梅》第一回)

“把”字句，如：

若把白衣轻易脱，却成青桂偶然攀。(杜荀鹤《恩门致书远及山居因献之》)

花偎雪坞浓香，谁把金丝裁剪却。(欧阳炯《春光好》)

生死心不破，阴魔得其便，未免把虚空隔截成两处。(荒木本《大慧普觉禅师书》卷二十七)

师把西堂鼻孔拽著。(《祖堂集》卷四)

沩山把一枝木吹两三下。(《祖堂集》卷十四)

(4) “将/把”的宾语成分复杂化，已由名词性成分发展成为单句或复句成分。如：

走到后边，月娘先把乔家送帖来请说了。(《金瓶梅》第六十七回)

潘金莲将自己袖的一方银丝汗巾儿，裹着一个纱香袋儿，里面装一缕头发并些松柏儿，封的停当，要与敬济。(《金瓶梅》第八十二回)

谁管什么，每日谁把各房里姑娘丫头戴的，必要各色送些折枝的去，还有插瓶的。(《红楼梦》第五十九回)

(5) “将/把”字句中，既有两个或两个以上谓语动词连用的，也有不用谓语动词的。如：

寻常只将“知至”之“至”作“尽”字说，近来看得合作“切至”之“至”。(《朱子语类》卷十五)

今且将平日看甚书中，见得古人做甚事，那处是，那处不是，那处可疑，那处不可疑，自见得又看是如何。于平日做底事，甚么处是，举数段来，便见得所以为天理，所以为人欲。(《朱子语类》卷一百一十七)

毛太公教把他两个使的钢叉并一包赃物，扛抬了许多打碎的家伙什物，将解珍、解宝剥得赤条条地，背剪绑了，解上州里来。(《水浒传》第四十九回)

如今谁承望姑娘人大心大，不把我放在眼里，倒把外四路的什么宝姐姐凤姐姐的放在心坎儿上，倒把我三日不理四日不见的。(《红楼梦》第二十八回)

(6) 出现表示使役意义的“将/把”句。“将/把”含有使役的语法意义，宾语是动作的施事者，谓语可以是动词，也可以是形容词。如：

唱毕，把个西门庆欢喜的没入脚处，分付玳安回马家去。(《金瓶梅》第十一回)

须臾间，风狂火盛，把一座观音院处处通红。(《西游记》第十六回)

你申纯孩儿可出继与我为嗣，庶不将这后代来寂寞了。(刘兑《娇红记》第十一回)

说到“欺负”两个字上，早又把眼睛圈儿红了，转身就走。(《红楼梦》第二十三回)

(7) 在表示否定的处置式中，否定词可以放在“将/把”的后面。如：

故自家才见得如此，便一向执著，将圣贤言语便亦不信，更不去讲贯，只是我底是，其病痛只在此。(《朱子语类》卷一百二十四)①

把心猿意马紧牢拴，将繁华不挂眼。(关汉卿《望江亭》第一折)

要是那林丫头，他把我们娘儿们正眼也不瞧，那里还肯送我们东西？(《红楼梦》第六十七回)

我把你的腿不给你砸折了呢。(《红楼梦》第六十七回)

在现代汉语“把”字句中，否定词只能位于“把”字之前。近代汉语不受此限，否定词既可以用在“把/将 NP”之前，也可以用在“把/将 NP”之后。在《朱子语类辑略》中，“把/将”字句带否定词的用例共七例，用在“把/将 NP”之前的有三例，用在“把/将 NP”之后的有四例。

近代汉语中“将/把”表示处置已经专门化，表示工具由“拿”来承担，表示处置由“将/把”来承担。清代，出现了“拿”字处置式。如：

一面便坐了，拿账翻给赵姨娘看，又念与她听。(《红楼梦》第五十五回)

不知道的人，谁不拿你当作奶奶太太看？(《红楼梦》第三十九回)

也罢，拿我这个给他，算谢他的罢。(《红楼梦》第二十七回)

从以上对近代汉语处置式的描述可以看出，跟现代汉语比，近代汉语处置式存在两点不同：一是谓语可以是一个单独的动词，尤其是在早期的处置式中，这一现象尤为明显；二是否定的处置式中，否定词可以放在“把/将”结构的后面。

第三节 处置式的来源和形成机制②

沈家煊（2002）从认知语言学的角度提出，汉语处置式的语法意义是一种主观处置，它来源于说话人的情感、视角和认识。这里从历时语法化的角度介绍处置式的来源和形成机制。

---

① 在“将”之前用“不”的情况也很常见，如“近世儒者不将圣贤言语为切己之事”（《朱子语类辑略》卷一百一十四）。

② 本节吸收了太田辰夫（1958），Bennett（1981），贝罗贝（1989），梅祖麟（1990），刘子瑜（2002），吴福祥（2003），曹广顺、龙国富（2005），蒋绍愚（1997，2005，2008）等学者的研究成果。

"以"字句只有广义处置式，它来源于工具式的重新分析。而"将/把"字句既有广义处置式，又有狭义处置式和致使义处置式。其广义处置式和狭义处置式都同时来源于连动式的重新分析。

一、广义处置式的来源和形成机制

(1)"以"字句。"以"字广义处置式来源于工具式的重新分析，而工具式则是从连动式发展而来。西周时期，"以"用作动词时出现在连动式中，主要的词义是"使用"。到春秋时期，出现在连动式中的"以"字结构，由于谓语动词重点落在第二个动词身上，因此"以"也由"使用"义动词虚化为工具介词，如下文第一例；但当"以"字结构出现在动词之前时，"以"的宾语在语义角色上则具有两种可能的分析，如下文第二例。如：

君子以文会友，以友辅仁。(《论语·颜渊》)
是犹以卵投石也。(《墨子·贵义》)

"卵"与"投"的关系是："卵"可以是"投"的工具，但"投"这一动作也可以作用于"卵"，并使之受到一定的影响，即"卵"也可以是"投"的受事。这说明，"以"字句是在这种具有两种分析可能的双宾语结构中，通过工具式的重新分析而得来的。所谓重新分析（re-analysis）就是指没有改变表层表达形式的结构变化。一个可分析为"（A，B)，C"的结构，重新分析之后，可变成"A，(B，C)"结构。重新分析的作用在于，从认知的角度把这种词义虚化、功能变化的过程以结果（虚词产生）的形式表现出来并加以确认。重新分析虽不是词汇语法化的一个内部原因，但它在词汇语法化过程中却是一个重要的环节。在上文例句中，"以卵投石"具备了两可分析的条件，既可以分析为工具式，也可以分析为广义处置式。一个结构式的功能在由A到B的演变过程中，往往会出现一个AB的过渡性功能。这个过渡性功能在A功能与B功能之间会产生一种衍生的关系，这种关系的出现，必然会导致新形式出现后旧的形式不一定马上消失的情况发生。正因为如此，"以"字广义处置式在由A虚化为B的过程中，总是会出现一个A与B共存的阶段。"以"由工具介词发展成为处置介词，这正是重新分析的结果。

"以"字广义处置式来源于工具式，但如果简单地认为工具式"以"字句只要重新分析就会成为处置式"以"字句的话，就必然会犯逻辑不够严密的错误。"以"字广义处置式非常有限，其产生有严格的条件限制。那就是：宾语$_1$≠宾语$_2$。只有当宾语$_2$不是受事，而是与事或者是处所的时候，宾语$_1$才有可能是动作的受事，"以"字工具式也才有可能演变为广义处置式。

(2)"将/把"字句。"将/把"字广义处置式的来源是在连动式（宾语$_1$≠宾语$_2$）中经过词义变化、重新分析之后完成的。先秦时，"将"用在连动式（宾语$_1$≠宾语$_2$）中，有"率领"义，并由此引申为"执持"义。六朝时，"将/把"字结构具有动词和广义处置式两种可能的语义解释，表示"执持"义的动词"将"有可能开始语法化为受事标记。如：

将一大牛，肥盛有力，卖与此城中人。(西晋《生经》卷四)
譬如壮士手把轻糠散于空中。(姚秦《长阿含经》卷十九)

很明显，上例中的"将"可以分析为施事者发出的动作，"执持着一只大牛去卖与此城中人"，这一点仅凭"将"字结构和谓语之间的成分"肥盛有力"就足以做出判断。但不容忽视的是，在“卖牛”这个事件中，由于施事者的动作重心已经作用于“卖”的这个事实，并使之随着动作的实现位移到了“卖”的这一行为之上。所以，把“将”字或分析为动作行为，或理解为引介受事成分，都是顺理成章的。“把”字的情况也一样。当然，问题的关键在于，到底应该选择什么样的方式来看这个“将/把”？如果把“将/把”看作后一动作行为的一个先决行为，我们便可认定这个句子为连动式；但如果把“将/把”看作是引介后一动作行为的受事，那么，我们便可认定这样的句子是广义处置式。明显，将这类句子看作是“将/把”字句由连动式演变为广义处置式过程中的过渡阶段更为确切。毫无疑问，这样的“将/把”字句，只要能再进一步发展，就会变成典型的广义处置式。判定“将/把＋宾语$_1$＋动词＋宾语$_2$”格式是否是处置式的重要依据为：“将/把”到底是动词还是引介受事的处置介词。如果“将/把”是动词，则“将/把＋宾语$_1$＋动词＋宾语$_2$”格式是连动式；如果“将/把”是处置介词，则“将/把＋宾语$_1$＋动词＋宾语$_2$”格式是处置式。而判定“将/把”是否是处置介词的标准，则是看动词的实施是否以宾语$_1$的位移为先决条件。如果“将/把＋宾语$_1$＋动词＋宾语$_2$”格式中的动词以宾语$_1$发生位移为其实施的先决条件，即“卖”的先决条件是把“牛”带到“此城中人”面前，那么“将/把”一定是“携带”义动词，反之，“将/把”就可判断为处置介词。由此可见，“将/把”字句的广义处置式来自连动式的重新分析。图9—1是“将/把”字广义处置式的重新分析图①：

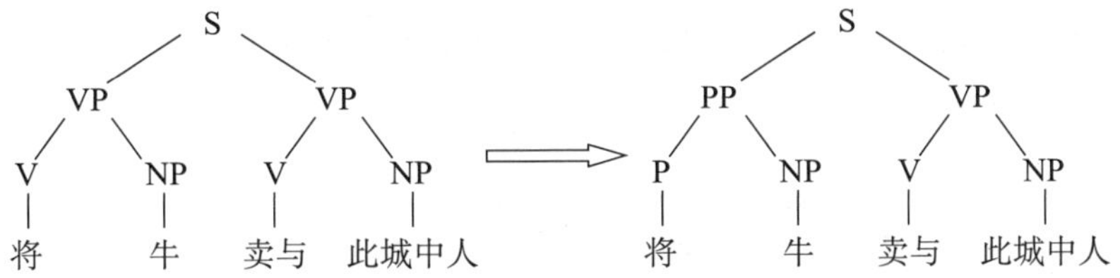

图9—1　“将/把”字广义处置式的重新分析图

“将/把”字广义处置式来源于连动式的重新分析。六朝时期，“将”字发生语法化，带工具的“将”从连动式发展为工具式，带受事（给）和受事（到）的“将”也同样从连动式发展为广义处置式。唐代，“把”字发生语法化，带工具的“把”从连动式发展为工具式，带受事（给）和受事（到）的“把”也同样从连动式发展为广义处置式。“把”字发生语法化的前提是：宾语$_1$≠宾语$_2$，动词不带受事，只带与事和处所。通过与“以”字句进行比较，“将/把”字广义处置式的特点有：提宾功能更突显，“将/把＋宾语$_1$”结构更稳固，都位于动词前面。从以上分析可以看出，“以”字广义处置式和“将/把”字广义处置式有着不同的来源。具体说来，前者来源于工具式的演变，后者来源于连动式的演变，形成机制都是重新分析。

二、狭义处置式的来源和形成机制

“将/把”字狭义处置式来源于连动式的重新分析。表示狭义处置的介词“将/把”本来也

①　此树形图表示处置式演变模式，“S”代表句子，“V”代表动词谓语，“VP”代表谓词性成分，“NP”代表名词性成分，“PP”代表介词和名词的组合成分。图9—2同。

都是动词，用在宾语$_1$＝宾语$_2$的连动式中。有的句子中，宾语$_2$由“之”来充当，如下面例句中的前四例；而多数情况下，“之”已经不出现，如下面例句中的后两例。如：

不从吾教，方更信佛浮说，寻敕傍臣，速将此人诣市杀之。(姚秦《出曜经》卷十)
船者乃将此蟾以油熬之。(陆勋《志怪》)
杜曰：“某弱年曾记得一符……就将符依法命焚之。”(冯翊《桂苑丛谈》)
上来说喻要君知，还把身心细识之。(《敦煌变文集·维摩诘经讲经文》)
明年此会知谁健？醉把茱萸仔细看。(杜甫《九日蓝田崔氏庄》)
将军破了单于阵，更把兵书仔细看。(沈传师《寄大府兄侍史》)

把上例中的“将/把”分析为“拿”义动词，“将/把”后面的动作行为的发生则以“将/把”的宾语发生位移为前提。如“将此人诣市杀之”，“此人”距离杀场还有一段距离，需要先实施携带此人到杀场的动作，然后才有“杀”这一动作的实施。可见这里的“将”还是“执持”义动词。一旦“此人”已经处在杀场上并被控制在施事者的面前，动作都集中在“杀”这一行为的实施上，并不需要一个先“执持”的动作，那么“将”就虚化成处置介词。同样，“把”也有类似的情况。这就是说，“将/把”后面的动词成为句子的述谓动词，句子动作行为的重心就必然会落到后面的这个动词上。在这种情况下，如果以不需要“将/把”的宾语发生位移作为前提，“将/把”就会失去动词的意义，从而虚化为引介受事的处置介词，“将/把＋宾语＋动词（＋之）”连动式也就被重新分析为狭义处置式。请看下面“将/把”字狭义处置式的重新分析图（图9—2）：

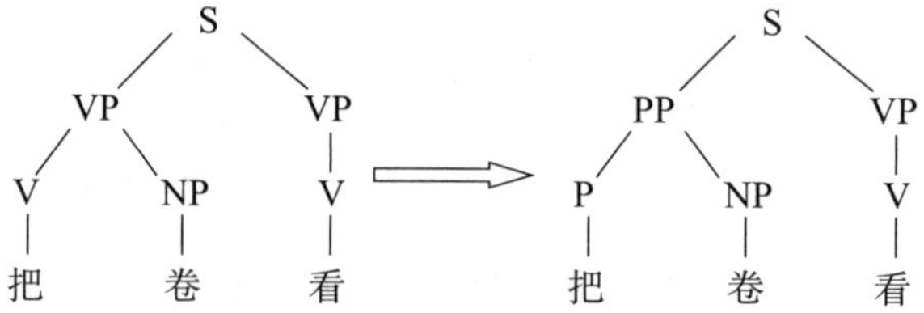

图9—2 “将/把”字狭义处置式的重新分析图

下列句子是重新分析后成为狭义处置式用法的用例。如：

莫愁寒族无人荐，但愿春官把卷看。(杜荀鹤《入关因别舍弟》)
见酒须相忆，将诗莫浪传。(杜甫《泛江送魏十八仓曹还京因寄岑中允》)
却思城外花台礼，不把庭前竹马骑。(《敦煌变文集·维摩诘经讲经文》)
念我能书数字至，将诗不必万人传。(杜甫《公安送韦二少府匡赞》)

“将/把”字狭义处置式的语法化过程和产生的条件与其广义处置式基本相同，关键得看动词的实施是否以宾语$_1$的位移为先决条件。从句法环境看，狭义处置式和广义处置式有着很大的不同：在“将/把”字广义处置式中，宾语$_1$≠宾语$_2$，出现宾语$_2$；在“将/把”字狭义处置式中，宾语$_1$＝宾语$_2$，宾语$_2$由“之”充当。“之”有时可以不出现。

从上面的分析看出，“以”字广义处置式为一类，由工具式演变而来。“将/把”字广义处置式和狭义处置式为一类，由连动式演变而来。

“将/把”字致使义处置式的来源，目前还不是很清楚，需要继续研究。[①]

【思考题】

1. “以”字广义处置式是怎么形成的？

2. “将”字狭义处置式是怎么形成的？

3. “把”字狭义处置式的来源和形成机制是什么？

【本章参考文献】

曹广顺，龙国富．再谈中古汉语处置式．中国语文，2005（4）．

曹广顺，遇笑容．中古译经中的处置式．中国语文，2000（6）．

郭锡良．介词“以”的起源和发展．古汉语研究，1998（1）．

蒋绍愚．把字句略论——兼谈功能扩展．中国语文，1997（4）．

蒋绍愚．汉语“广义处置式”的来源：兼论“语汇替换”//历史语言学研究（第一辑）．北京：商务印书馆，2008.

吕叔湘．把字用法的研究//汉语语法论文集（增订本）．北京：商务印书馆，1984.

梅祖麟．唐宋处置式的来源．中国语文，1990（3）．

魏培泉．论古代汉语中几种处置式在发展中的分与合//中国境内语言暨语言学（第四辑）．台北：“中央研究院”历史语言研究所，1997.

沈家煊．如何处置处置式：论“把”字句的主观性．中国语文，2002（5）．

吴福祥．再论处置式的来源．语言研究，2003（3）．

向熹．《水浒》中的“把”字句、“将”字句和“被”字句//语言学论丛（第二辑）．上海：新知识出版社，1958.

杨平．《朱子语类》的“将”字句和“把”字句//宋绍年，等，编．汉语史论文集．武汉：武汉出版社，2002.

赵元任，杨联陞．国语字典．北京：商务印书馆，1947.

祝敏彻．论初期处置式//语言学论丛（第一辑）．上海：新知识出版社，1957

［法］贝罗贝．早期“把”字句的几个问题．语文研究，1989（2）．

Benett，P. A. The Evolution of Passive and Disposal Sentences. Journal of Chinese Linguistics，1981（1）．

① 蒋绍愚、曹广顺《近代汉语语法史研究综述》认为，下面致使义处置式由“使动词＋宾语”的动宾句转换而成，如“把那毡帘来低簌”（《元曲选·渔樵记》曲）←“看这等凛冽寒天，低簌毡帘”（《元曲选·渔樵记》白）；下面的句式则是由带使动意义的“动补＋宾语”或“动词＋得＋宾语＋补语”的动宾句转变而来的，如“多不到半合儿把我来傒幸杀”（《元曲选·合汗衫》二，曲）←“兀的不傒幸杀我也”（《元曲选·赵氏孤儿》四，白）。“将/把”字之后的部分相当于一个施事主语句，整个格式表示一种致使义，如果将句中的“把/将”换成“使”，语义基本不变；但其致使的功能并不由“把/将”产生，而是通过句中带使动意义的动词或动结式来体现。

第十章 被动式的产生及其发展

汉语被动式形式多样。上古被动式有“于”字句、“见”字句、“为”字句、“为……所”句、“被”字句。它们分别产生于不同的历史时期，“于”字句、“见”字句、“为”字句产生于先秦，“为……所”句产生于战国，“被”字句产生于汉代。到了近代，汉代产生的“被”字句已成为汉语被动句式的基本句式，“为……所”式在书面语中沿用至今，其他句式已经消亡。近代，又产生“教”字句、“给”字句和“吃”字句等新的被动式。“被”字句和“吃”字句来源于表示“遭受”义动词的虚化，“教”字句和“给”字句分别源于表示“授予”、“给予”义动词的虚化。

第一节 被动式的界定

《马氏文通》将汉语中由外动转为受动的被动句式界定为七种：“为 N 所 V”式（“V”代表及物动词）、“为”字句、“于”字句、“见”字句和“被”字句、“可”字句［如：“晋楚之富，不可及也。”（《孟子·公孙丑下》）］和“足”字句、外动字单用［如：“谏行言听。”（《孟子·离娄下》）］。但我们认为，《马氏文通》对被动句的这种界定并不科学。

(1) 混淆了概念上的被动意义和语法上的被动句式。以动词为谓语的叙述句根据主语同谓语之间施受关系的不同，可分为主动句和被动句两类。汉语中，凡同一结构形式的句子，既可以表达主动意义，也可以表达被动意义。一般主语是受事，亦即动作的接受者的句子才是被动句。古代汉语中有两种被动句：一种是不带标记的被动句，即单纯在意义上表示被动的被动句；另一种是带有形式标记的被动句。不带标记的被动句的使用在古今汉语里都很普遍，带有标记的被动句的使用则古今之间差异很大。不带标记的被动句又称“意念上的被动句”或“广义的被动句”，例如“故不能推车而及”（《左传·成公二年》）。此类句子如果只从形式上看，与主动句没有什么区别，它们没有专门用来表示被动的标记。但是只要从意义上去理解，就会发现它们都是被动句。马氏“可”字句和“足”字句，“可”和“足”后面的动词含有不明显的被动意义。如“晋楚之富，不可及也”的意思是“晋楚之富，我们不可能企及”。还有马氏的外动字单用类句子，借用了一般主动形式表被动的意义，如“谏行言听”指劝谏被采纳，施行意见被接受。这是概念上的被动意义，而我们所讨论的被动式指的是具有结构特点的被动式，而不是概念上的被动。在马氏所界定的七种判定式中，后两种句式属于概念上的被动意义，不属于结构形式上的被动式。真正的被动式是前五种句式。

（2）缺乏历史观点。上述前五种被动式不是在同一时期产生。“于”字句出现最早，其次是“为”字句、“见”字句，再次是“为N所V”式，最后是“被”字句。

在上古汉语里，句子的结构形式上并没有被动和主动之分，甲骨卜辞里也一样。真正的被动式的出现是在西周以后。[①]

第二节 被动式的类型[②]

从结构形式看，甲骨卜辞中还没有被动式出现，西周金文中，开始出现被动式。汉语中，从上古到近代汉语，主要出现了以下几种被动式。

（1）“于”字句。[③]“于”字句是最早出现的被动式，产生于西周，基本句式是“V＋于＋施事”。[④]如：

> 叔䟭（貔）赐贝于王姒，用作宝尊彝。（西周《叔䟭方彝》5962）
> 困于葛藟。（《周易·困》）
> 忧心悄悄，愠于群小。（《诗经·邶风·柏舟》）

“于”字句不是独立的被动句式，其局限在于，它与表示处所的“于”字结构同形，或者说是它借用了表示处所的“于”字结构，至于这个“于”字句究竟是不是被动句，显然难以判别。有时，甚至有产生歧义的可能。

（2）“见”字句。春秋时期，出现“见”字句。“见”字后面接及物动词，可以用“于”引进施事者。如：

---

① 王力（1958）认为被动式产生于春秋以后，杨文铭（1982）、潘允中（1982）认为西周出现被动式，唐钰明（1989）、张玉金（2001）认为商代已经出现被动式。我们采用杨文铭和潘允中的“西周说”。

② 除下文所要讨论的被动式以外，袁宾（2005）提出汉语还有“蒙”字句的观点，并认为“蒙”字句自汉代产生，经过唐宋，一直使用到明清。它与“被”字句有分工和互补的地方，有表示顺意或如意的情感倾向。“蒙”字用来引介施事者，有的在动词前插入一个“所”字。如，“蒙佛化度，得来生天”（吴《撰集百缘经》卷六），“一切诸会蒙众菩萨光明所照，皆得安乐”（西晋《贤劫经》卷一），“诸僧蒙供养，此事没人偕”（《敦煌变文集·维摩诘经讲经文》）。但也有人认为，这种用例中的“蒙”字仍然有“承蒙”的意思。太田辰夫（1958）也把“蒙”字句看作被动式。

③ 也有人认为“于”字句不是被动句式，理由是因为它和表示处所的“于”字结构在形式上一致。如“声闻于天”。

④ 唐钰明（1989）认为，商代已经出现“于”字被动式，如，“异其左于宊”（《甲骨文合集》80847），“不若于示”（《殷墟文字乙编》8400）。

随之见伐，不量力也。量力而动，其过鲜矣。(《左传·僖公二十年》)
盆成括见杀，门人问曰："夫子何以知其将见杀?"(《孟子·尽心下》)
吾长见笑于大方之家。(《庄子·秋水》)

(3)"为"字句。春秋时期，出现"为"字句，"为＋施事＋V"和"为＋V"句式出现。"为"字句由被动标记"为"引出施事，用在动词之前。[①] 如：

不为酒困。(《论语·子罕》)
厚者为戮，薄者见疑。(《韩非子·说难》)

(4)"为N所V"式。战国后期，在"为"字句的基础上，被动式又产生了"为N所V"句式。[②]"为"字后面的施事可以出现，也可以不出现。当施事不出现时，"为N所V"句式变成"为所＋V"式。"为"字作被动标记引进施事者，"所"字虚化为词头用在及物动词之前。[③] 如：

蓬莱药可得，然常为大鲛鱼所苦，故不得至。(《史记·秦始皇本纪》)
是以兵破士北，为秦所禽灭。(《史记·冯唐列传》)
沮授为操军所执，乃大呼曰："授不降，为所执耳。"(《后汉书·袁绍传》)

(5)"被"字句。汉魏六朝之际，"被"字句产生，"被"作为被动标记出现在句式中[④]，有"被＋V"、"被＋施事＋V"、"被＋施事＋所＋V"等形式。如：

信而见疑，忠而被谤，能无怨乎?(《史记·屈原列传》)
如被火燃，即自解剑。(东晋《增壹阿含经》卷九)
(父子)常被元帝所使，每怀羞恨。(《颜氏家训·杂艺》)

(6)"吃(喫、乞)"字句。唐宋之际，"吃"字句产生，有表示被动义的用法，"吃"字带施事者。如：

---

① 除以上介绍的两种句式以外，有时还有在动词后面用"于"引进施事的句子，如"使遂失其国家，身死为僇于天下"(《墨子·法仪》)。

② 据朱庆之(1995)研究，在中古汉译佛经中出现了一种特有的"所＋V"式被动句，它是隐去了被动标记"为"而造成的。根据施事和受事的出现与否区分，"所＋V"句式主要有"受事＋施事＋所＋V"、"受事＋所＋V"、"施事＋所＋V"和"所＋V"四种形式。如，"如是等大士，华光佛所化"(姚秦《妙法莲华经》卷二)；"愿得是乘，三界第一，诸佛所叹"(《妙法莲华经》卷二)；"诸天世人，所见敬仰"(吴《撰集百缘经》卷一)；"虽复读诵众经而不通利，多所忘失"(《妙法莲华经》卷一)。

③ 除了上文介绍的句式以外，还有比较特殊的"为＋施事＋见＋V"、"为＋施事＋之所＋V"式。如"臣诚恐卒为豺狼横见噬食，故冒死欲诣阙，披肝胆，布腹心"(《后汉书·寇荣传》)；"悲仁人之尽节兮，反为小人之所贼"(《贾谊集·惜誓》)。

④ 关于被动式中"被"等字的词性，存在不同的意见。这个问题的确复杂，关系到语法化程度各阶段的标准问题。传统语法书把它当作介词，如潘允中(1982)；王力(1958)把它当作"助动词"；而有的学者则避开它们的词性不谈，如向熹(1993)。西方语言学者把世界语言放在一起，从普通语言学的角度管它叫"被动标记"(passive marker)。这类标记除了被动标记以外，还有处置标记、比较标记、焦点标记等。但是，由于很多语言与汉语不是同一类结构，不具有可比性。我们可以从历时演变的程度上对它以考察。结果发现，"被"比引介对象、施事等的介词更为虚化。对于虚化到此程度的词，根据汉语目前的语法体系，既不方便叫介词，也不方便叫词头或前缀。王力称它为"助动词"，很好地将它与介词以及词头或前缀区分开来。但与此同时，我们把传统意义上的情态动词也统称为"助动词"。鉴于这多方原因，我们姑且称之为"被动标记"。

黄羊野马捻枪拨，麋鹿从头喫箭川（穿）。（《敦煌变文集·王昭君变文》）
莺共燕，喫他拖逗。（柳永《红窗迥》）

（7）“与”字句。唐代，“与”字句产生，有“与＋施事＋V”式。[①] 如：

世间一等流，诚堪与人笑。（《寒山诗》）
自死与鸟残，如来相体始。（王梵志《自死与鸟残》）

“与”字句自唐代产生以后，一直得到使用，但却并不普遍。如：

家臣不与大夫齿，那上等人自是不肯做。（《朱子语类》卷三十一）
天子愚暗痴呆，与人穿着鼻，成个甚么朝廷！（《新编五代史平话·唐史》卷上）
姐姐也见得是，且耐心着，不要烦烦恼恼，与别人看破了，生出议论来。（《二刻拍案惊奇》卷九）

“与”字后面充当施事的成分，有生命体，也有非生命体；充当谓语的成分，有单纯动词，也有复杂结构。“与”字句的语用附加意义表示“不企望”某种情况发生，体现说话人带有消极成分的主观态度。

（8）“著”字句。唐代“著”字多用于使役句，或可作使役和被动两解。如：

旅恨共风连夜起，韶光随酒著人浓。（郑准《江南清明》）
郗公不易胜，莫著外家欺。（王维《戏题示萧氏甥》）

唐五代到宋代出现表被动的“著”字句，基本句型为“著＋V”和“著＋施事＋V”式，语义上多指不幸之事。如：

行即著网，坐即被弹。（《敦煌变文集·燕子赋》）
两鬓青青，尽著吴霜偷换。（袁去华《雨中花》）
你鼻孔因甚么著拄杖子穿却？（《五灯会元》卷十八）

元代以后，“著”字句得到一定保留，明清时期一直使用，只是使用的频率并不高。“著”字句主要出现在以北方话为基础方言的文献中。如：

俺孩儿著娘引着，他说道他爷死了。（《元刊杂剧三十种·铁拐李还魂》第一折）
我的性命险些儿不著这猢狲害了！（《西游记》第六十回）
两只手软了一软，连盆带水吊在地下，把寄姐的膝裤、高底鞋、裙子著水弄的精湿。（《醒世姻缘传》第八十回）

（9）“教（交、叫）”字句。“教”字句产生于唐五代，句型是“教＋施事＋V”式。[②] 如：

从头鞋子红编细，裙窣金丝。无事颦眉，春思翻教阿母疑。（和凝《采桑子》）
但雀儿名恼（脑）子，交（教）被老乌趁急。（《敦煌变文集·燕子赋》）
父母初逢端正貌，争忍交（教）为化作尘。（《敦煌变文集·欢喜》）

---

① 有人认为《战国策》里就有“与”字句。如“吴王夫差……无礼于宋，遂与勾践禽，死于干隧”（《战国策·秦策》）。

② 表被动的“让”到清代初期还没有出现。“让”字句的被动意义也是由使役语法意义转化而来。

“叫”字句产生于明清，初期与使役句存在语义上的关系。如：

我老娘眼里是放不下砂子的人，肯叫你在我根前弄了鬼儿去？（《金瓶梅》第十三回）
凤姐悄悄道：“放尊重着，别叫丫头们看了笑话。”（《红楼梦》第十二回）
从今咱们两个丢开手，省得鸡声鹅斗，叫别人笑。（《红楼梦》第二十一回）

（10）“给”字句。“给”字句出现于清代，句型是“给＋施事＋V”式。如：

就是天，也是给气运使唤着，定数所关，天也无从为力。（《儿女英雄传》第三回）
那些没去的也给雨水打滥了。（《百姓官话》①）
里头原是给雨打湿了的。（《百姓官话》）

第三节 被动式的产生及其发展

西周时期，“于”字句产生。春秋，出现“见”字句和“为”字句。先秦，这三类句式都表现出使用范围小、句式简单的特点。战国后期，出现“为……所”式，汉代，出现“被”字句。“被”字句是汉语史中一种非常重要的被动句式。它的出现，对现代汉语句法语义的发展有着深远的影响。近代汉语中，随着语言环境的不断改变，多种被动句式应运而生，产生了“吃”字句、“教”字句、“著”字句、“给”字句等多种被动句式。下面着重介绍这几种被动式的产生和发展过程。

一、“于”字句和“见”字句

“于”字句是汉语中最早出现的一种被动式，产生于西周时期。其基本句式为“V＋于＋施事”形式。“于”用于引出动作行为的施事者，有致使句子被动义更加明显的作用。外动词分布在“于”字的前面，被动意义由动词在具体语境中表现出来。如：

呜呼，乃沈子昧克蔑，见厌于公。（西周《沈子簋盖》4330。郭沫若释“厌”为“厌足”。）

不显不承，无射于人斯。（《诗经·周颂·清庙》。射：嫌厌。斯：无义。）
困于酒食。（《周易·困》）

春秋战国时期，“于”字句得到发展。如：

郄克伤于矢，流血及屦。（《左传·成公二年》）

① 《百姓官话》是乾隆十五年（1750）山东登州府莱阳县一个商人为通事汇纂的一种官话课本，后经福州老儒林守超于乾隆十八年（1753）校正而成，比《红楼梦》更接近口语。

御人以口给，屡憎于人。(《论语·公冶长》)
劳心者治人，劳力者治于人。(《孟子·滕文公上》)
治于人者食人，治人者食于人。(《孟子·滕文公上》)
通者常制人，穷者常制于人。(《荀子·荣辱》)
然而兵破于陈涉，地夺于刘氏，何也？(《汉书·贾山传》)

介词“于”从引进处所发展为引进施事者，介词“于”引进处所的用法使用很广，有时出现在表示被动意义的句子里。如：

孔子围于陈蔡之间。(《庄子·山木》)
百里奚举于市。(《孟子·告子下》)

此两句都表示被动意义，介词“于”都是引进处所，而不是引进施事者。由此看出，汉语被动式中最早出现的“于”字并不是被动句的专门标记。我们之所以把“于”看作被动句的标记，是因为介词“于”的有无是区分主动句与被动句的关键。如：

君子役物，小人役于物。(《荀子·修身》)
人之情宁朝人乎？宁朝于人也？(《战国策·赵策》)

有时，介词“乎”出现在被动句中引进动作的施事。其作用与“于”相当。如：

故子胥见说于阖闾，而恶乎夫差；比干生而恶于商，死而见说乎周。(《吕氏春秋·不苟》)
万尝与庄公战，获乎庄公。(《公羊传·庄公十二年》)

实际上，“于”字句并不是完备的被动式。春秋时期，“见”字句出现，这是一种具有专门被动标记的句式。

“见”字句中，不出现施事者，“见”直接出现在动词的前面，作被动标记。其基本句式是“见＋V”。“见”字句的语义多指向不幸或不愉快的事情。如：

年四十而见恶焉，其终也已。(《论语·阳货》)
百姓之不见保，为不用恩焉。(《孟子·梁惠王上》)
举世皆浊我独清，众人皆醉我独醒，是以见放。(《楚辞·渔父》)
厚者为戮，薄者见疑。(《韩非子·说难》)

“见”字句因为不出现施事者，所以并不能明确施事者究竟是谁。“于”字句中，虽然有动作行为的施事者出现，但是仍有可能被误判，如“吾再逐于鲁”(《庄子·山木》)，可能被误判为我第二次被鲁国人驱逐，其实它指的是我第二次在鲁国被驱逐，“鲁”是处所。但当“见”字句与“于”字句结合使用时，句义就会显得更为明朗。二者结合使用的情况在春秋战国时期较为多见。如：

吾长见笑于大方之家。(《庄子·秋水》)
晏子见疑于齐君。(《吕氏春秋·士节》)
先绝齐而后责地，则必见欺于张仪。(《史记·楚世家》)
臣诚恐见欺于王而负赵。(《史记·廉颇蔺相如列传》)

汉代以后，“见”字句和“于”字句逐渐被“为＋施事＋所＋V”被动式和“被”字句替代。

二、“为”字句和“为N所V”式

“为”字句于春秋末年出现，是古汉语常用被动句之一，“为”字作专门被动标记，基本格式有“为NV”。如：

止，将为三军获；不止，将取其衷。(《左传·襄公十八年》)

出则事公卿，入则事父兄，丧事不敢不勉，不为酒困，何有于我哉！(《论语·子罕》)

后世之学者，不幸不见天地之纯，古人之大体，道术将为天下裂。(《庄子·天下》)

威王勃然怒曰：“叱嗟，而母，婢也。”卒为天下笑。(《战国策·赵策》)

非一兔足为百人分也，由未定。(《吕氏春秋·慎势》)

“见”和“为”性质有别，“为”可以引进施事，而“见”不可。“为”和“于”的使用也是各有千秋。“于”在引进施事时，“于”字后面有施事出现，用于引出动作行为的施事者。“为”在引进施事时，“为”字后面的施事者则可以不出现。如：

自今无有代其君任患者，有一于此，将为戮乎？(《左传·成公二年》)

城小而固，胜之不武，弗胜为笑。(《左传·襄公十年》)

越王弗与，乃攻之，夫差为擒。(《吕氏春秋·长攻》)

战国末期，“为”字句发生了变化，出现“为＋施事＋所＋V”句式。如：

申徒狄谏而不听，负石自投于河，为鱼鳖所食。(《庄子·盗跖》)

夫直议者不为人所容，无所容则危身。(《韩非子·外储说左下》)

这一类格式在汉代发展迅速，成为当时最主要的一种被动句式。如：

蓬莱药可得，然常为大鲛鱼所苦，故不得至。(《史记·秦始皇本纪》)

先即制人，后则为人所制。(《史记·项羽本纪》)

是以兵破士北，为秦所禽灭。(《史记·冯唐列传》)

高祖击布，为流矢所中，疾甚。(《论衡》卷一)

章由是见疑，遂为凤所陷。(《汉书·王章传》)

南北朝，“为＋施事＋所＋V”句式成为文言文中被动式的基本格式。[①]

---

① 东汉以后，出现“为＋施事＋之所＋V”、“为＋施事＋见＋V”、“为＋施事＋所见＋V”、“为＋施事＋之所见＋V”、“为＋所＋V”等句式。如：

菩萨摩诃萨，若有念诵者，若持学书者，以为诸佛威神之所拥护。(东汉《道行般若经》卷四)

不好徼名于世，不为利害见将。(《论衡》卷三十)

战于顺水北，乘胜轻进．反为所败。(《后汉书·光武帝纪》)

自以本非岩穴知名之士，恐为海内人之所见凡愚，欲为一郡守，好作政教，以建立名誉。(《三国志·魏书·武帝纪》。裴注引《魏武故事》)

现世为人所见憎嫉，云何现身为人所憎？(姚秦《出曜经》卷六)

三、“被”字句

先秦，“被”作动词，有“蒙受”、“遭受”义，“被”字后面接名词。如：

下施之万民，万民被其利。(《墨子·尚贤中》)

此例中的“被其利”，“其利”是名词，“被”是“遭受”义。

“被”字句萌芽于战国末期（王力，1958）。一方面，“被”字后面仍然接名词，“被”的动词性仍然很强。如：

请命乞恩，受辱被耻。(《吴越春秋》)
今兄弟被侵，必攻者，廉也。知友被辱，随仇者，贞也。(《韩非子·五蠹》)

另一方面，“被”字后面接动词。如：

万乘之国被围于赵。(《战国策·齐策》)
国一日被攻，虽欲事秦，不可得也。(《战国策·齐策一》)

当“被”字后经常出现动词的时候，“被……”组合就有了重新分析的可能（蒋绍愚、曹广顺，2005)。当句义表被动时，“被”便可看作表示被动的标记。

西汉，“被”字句产生，出现“被+V”式。如：

信而见疑，忠而被谤，能无怨乎？(《史记·屈原列传》)

此例中，“被”和“见”对举，“被”向被动标记虚化。此时，“被”字句还没有施事者出现。“被”处在动词的前头，其作用与“见”相当。

东汉，“被”字句有了新的发展，出现“被+施事+V”格式。施事的出现，标志着“被”字句的发展已趋于成熟。如：

今月十三日，臣被尚书召。(蔡邕《被收时表》)

魏晋南北朝，受“为……所”格式类推，出现“被+施事+所+V”格式，“被”字句进一步完善。如：

父子并有琴书之艺，尤妙丹青，常被元帝所使，每怀羞恨。(《颜氏家训·杂艺》)
所债甚少，所失极多，果被众人之所怪笑。(南齐《百喻经》卷一)
纤利四楞，无量高峻被火所烧，崩颓堕地。(隋《佛本行集经》卷十六)

由此看出，“被”字句从“被V”句式发展为“被+施事+V”句式，再发展为“被+施事+所+V”句式。“被”字，由动词“遭受”义虚化为被动标记。

唐代，“被”字句开始取代“为……所”格式。在近代汉语中，“被”字句进一步发展，主要表现在：

(1) 述谓结构变得更加复杂。动词前可以带状语，动词后可以带补语，补语可以是多方面的，可以表示处所、趋向、时间、结果、状态等。如：

经日，如被人执至一处。(《酉阳杂俎》卷十三。表处所)

雀儿被禁数日。(《敦煌变文集·燕子赋》。表时间)

与摩则大唐国内山总被阇梨占却了也。(《祖堂集》卷六。表结果)

(旦)白云本是无心物。(合)又被清风引出来。(《张协状元》。表趋向)

今人被人引得七上八下,殊可笑。(《朱子语类》卷一百二十一。表状态)

“被”字句的述谓结构有连动式和固定结构两种。如:

缘久来并系当界地分,元初被南界将引数十兵众强来占夺。(《乙卯入国奏请》)

这阎婆惜被那张三小意儿百依百随,轻怜重惜,卖俏迎奸。(《水浒传》第二十一回)

十二三个赌博的一齐上,要夺那银子,被李逵指东打西,指南打北。(《水浒传》第三十八回)

在先敝寺十分好个去处,田庄又广,僧众极多,只被廊下那几个老和尚吃酒撒泼,将钱养女。(《水浒传》第六回)

(2)谓语动词带宾语的现象普遍出现。早在南北朝和隋代佛经中,就已经出现有“被”字句带宾语的用例。如:

如彼愚人,被他打头,不知避去。(南齐《百喻经》卷一)

时彼山内,多有猕猴,其数五百,被火烧毛,皆悉存地,摩灭身火。(隋《佛本行集经》卷五十七)

唐代以后,带宾语的“被”字句得到很大的发展,从宾语与句子的语义关系上看,宾语主要有以下特征:

(1)宾语是主语的一部分。句子前有间接的受事主语,动词后有直接的受事宾语,受事宾语是受事主语的一部分。如:

如人被火烧头、烧衣,救令速灭。(《敦煌变文集·金光明最胜王经》)

我一时被那厮封住了手,施展不得。(《水浒传》第四十四回)

(2)宾语为主语所领属。宾语就是受事主语,由代词或名词充当。如:

只如上座,过在什摩处,即被打之?(《祖堂集》卷四)

沙深云:“项下是和尚两度被我吃你,袋得枯骨在此。”(《大唐三藏取经诗话》)

曾点不知是如何,合下便被他绰见得这个物事。(《朱子语类辑略》卷六)

这厮夜来赤条条地睡在灵官庙里,被我们拿了这厮,带到晁保正庄上。(《水浒传》第十四回)

被我骂那老猪狗,那婆子便来打我。(《水浒传》第二十六回)

(3)宾语是动词的受事。宾语和主语之间并无直接关系,但宾语与动词之间却关系密切,二者搭配形成稳定的动宾结构,表达“被”带的施事者有可能对主语实施一种对其带来不良后果的动作行为。如:

吾自到此土,六度被人下药,我皆拈出。(《祖堂集》卷二)

汉将德胜遂被狂寇顺风放火。(《苏武李陵执别词》)

与倭国往来递送消息,致被贼人登岸,有伤生民。(《皇明诏令》)

（4）宾语是动词“做/作”的对象，表达“被”带的施事者因对主语施行了某一行为而变作宾语。如：

今早有小行者到此，被我变作驴儿，见在此中。（《大唐三藏取经诗话》）

亦未见得他无下学工夫，亦未见得他合杀是如何，只被孟子唤做狂。（《朱子语类》卷一百一十七）

（5）“被”带的施事不表达被动关系的“被”字句产生。如：

二将奏曰：“被汉将诈宣我王有敕，赚臣落马受口敕之次。”（《敦煌变文集·汉将王陵变》）

其时被诸大臣道：“大王！太子本是妖精鬼魅，请王须与弃亡。”（《敦煌变文集·八相变》）

被你思量杀我也。（《元刊杂剧三十种·衣锦还乡》第四折）

小人亲兄武大，被西门庆与嫂通奸，下毒药谋杀性命。（《水浒传》第二十六回）

此类句子的特征是，“被”带的施事和述谓语形成一种主动关系，“被”不表达被动关系。“被”字一旦被去掉，句子就会变成一般的主动句。这种句子重点表达句中“臣”、“我”、“大王”、“武大”等人的不幸。

（6）表示原因的“被”字句出现。述谓结构中，可以有动词，也可以有形容词，这个“被”字句在语义上可以表示原因。形式上，这种“被”字句与常规被动句基本相同。如：

曾子只缘鲁钝，被他不肯放过，所以做得透。（《朱子语类》卷三十九）

太史公书项籍垓下之败，实被韩信布得阵好，是以一败而竟毙。（《朱子语类》卷一百三十五）

是岁浑太师薨，被丁文雅不善御军，其将孙飞虎半万兵叛，劫掠蒲中。（《董西厢》卷二）

后人虽有好言语，只被气象卑，终不类道。（《近思录》）

被你一生在村泊，不知国法事如何。（《刘知远诸宫调》）

那时俺便要杀这两个撮鸟，却被客店里人多，恐防救了。（《水浒传》第九回）

此类用法中，只有在将“被”字后面施事自身的行为或状态放在表示原因的句法环境之中时，“被”字才有可能产生出表示原因的语法意义。表示原因是“被”字句语法意义的衍生。

（7）表示致使义的“被”字句产生。句中的谓语为不及物动词，也是“被”字后面施事的自动行为。如：

不知意之所不备处，才有缝罅，便被贼人来了。（《朱子语类》卷一百二十一）

小人自不小心，路上被雷横走了，在逃无获，情愿甘罪无辞。（《水浒传》第五十一回）

被玉楼恼了，说道：“你这媳妇子，俺每在这里掷骰儿，插嘴插舌，有你甚么说处？”（《金瓶梅》第二十三回）

此类的谓语动词指的是关系语自身的行为，由于句子带有“使让”或“致使”等语法意义，所以“被”字也产生出表示致使的语法意义，这也是“被”字句语法意义的衍生。

（8）“被”引进的施事，并不是简单的施事，可以加上其他的内容对施事进行进一步的说明。如：

近来新被两个强人：一个姓王，名江，一个姓董，名海，这两个都是绿林中草贼，先把道士道童都杀了。（《水浒传》第七十三回）

有认得的，说是西门庆家小老婆，今被这走出的小厮来旺儿改名郑旺，通奸拐盗财物在外居住。（《金瓶梅》第九十回）

（9）“被”字句和处置式结合使用。如：

被利欲将这个心包了。（《朱子语类》卷十八）

那长老昏晕在地，不能言语，被他把两个青毡包袱，提在手中，驾筋斗云，不知去向。（《西游记》第五十七回）

这句话竟被你两个把我问倒了。（《儿女英雄传》第三十三回）

（10）“被”字句语义扩大化。它由早期都指向主语不幸或不愉快的情况，扩大到或指向主语是无感情色彩的事物，或指向对主语是高兴的情况。如：

则被你称了心也么哥，煞强似占鳌头稳步瀛洲选。（元乔孟符《金钱记》第二折）

好雨呀！才西门上起火，被一场大雨，把火灭了。（《西游记》第七十回）

晁、宋二人笑道：“被你杀了四个猛虎，今日山寨里又添得两个活虎，正宜作庆。”（《水浒传》第四十四回）

（11）“被”字句表示否定的句式出现。如：

觑着莺莺，眼去眉来，被那女孩不瞅不睬。（《董西厢》卷一）

那人原是吏员出身，便瞧道有些尴尬，那里肯来？被武松不管他，拖了过来，却请去赵四郎肩下坐了。（《水浒传》第二十六回）

三个来到市梢尽头，见了几家打火小客店，正待要去投宿，却被他那里不肯相容。（《水浒传》第三十七回）

唐以后出现的这几类“被”字句用法，到清以后，出现了或不常用、或趋于消亡的情况，如带宾语的被动句、非被动关系句的表达、否定词在被动句谓语之前等用法消亡。当然，大多数用法一直沿用至今。如：复杂谓语结构的“被”字句，“被”字句和把字句的结合，语用义扩大到非不幸的用法，等等。总之，随着时间的推移，“被”字句形式日趋统一，语法表达也日趋严密。

四、“吃”字句、“教”字句和“给”字句①

唐宋以降，汉语的被动式又发生了新的变化，主要表现在又一批新的被动标记产生。如：“吃（喫、乞）”字句、“教（交、叫）”字句、“著（着）”字句、“与”字句、“给”字句、“使”

① “教”字句和“给”字句，参见蒋绍愚（2002）。

字句等。这些句式大多有相似的发展过程，这里主要介绍“吃（喫、乞）”字句、“教（交、叫）”字句和“给”字句。

(一)“吃（喫、乞)”字句

唐以前，“吃”有“食”的意思，常与可食的事物名词搭配，形成动宾关系。到唐五代，“吃”发展出与不可食的事物名词或不利的事物名词组合成为动宾关系的用法，表“遭受”或“承受”义。如：

汝且为复怨恨阿谁？解事速说情由，不说眼看吃杖。（《敦煌变文集·庐山远公话》）

某知他吃了人多少言语，正所谓唾其面使其自干者。（《三朝北盟会编·绍兴甲寅通和录》）

晚唐五代，“吃”也写作“喫”。表示“遭受”义的“吃”，发展出接动词，构成“吃＋V”格式的用法。在此情况下，只要句子在语义上具有表示被动意义的功能，就可以把它看作被动句。如：

是你下牒言我，共你到头无益。火急离我门前，少时终须吃掴。（《敦煌变文集·燕子赋》）

该时期，“吃”可以带限于具体事物的宾语。“吃”字句的发展趋于成熟。如：

黄羊野马捻枪拨，麋鹿从头喫箭川（穿）。（《敦煌变文集·王昭君变文》）

宋代以后，“吃”字句有了新的发展：宾语更加多样化，谓语更加复杂化，动词后面可带补语，也可带宾语。如：

你又营中恁般生受，我向庄中喫打骂无休。（《刘知远诸宫调》）

杨温吃那小喽罗缚将去，到这庄前。（《清平山堂话本·杨温拦路虎传》）①

那胡家吃我杀得光光的了。（明刘仲璟《遇恩录》）

如果“吃”字句用在表示致使义的句子里，衍生出表示致使义的语法意义；如果“吃”字句用在表示原因义的句子里，衍生出表示原因义的语法意义。如：

我们只去守住了村口等他，须不吃他飞了去。（《水浒传》第四十二回）

吃他忒善了，被人欺负，清河县里住不得，搬来这里。（《水浒传》第二十四回）

有的“吃”字句没有不幸或不愉快的语义指向。如：

我只说来看看，吃他大爹再三央，陪伴他坐坐儿，谁知到把我来挂住了。（《金瓶梅》第二十六回）

这桶酒吃那客人饶一瓢吃了，少了你些酒，我今饶了你众人半贯钱罢。（《水浒传》第十六回）

明代，“吃”也可写作“乞”，主要通行于江苏、浙江以及山东等地区。但在清代白话资料

① 《清平山堂话本》，明代洪楩编，“拦路虎”是杨家将故事的一个支流，文字风格像宋元作品。

中，这种状况已很难见到。

(二)“教（交、叫)”字句

最初，“教”用于给与句，有“传授（知识技能)”之义。如：

臣闻爱子，教之以义方，弗纳于邪。(《左传·隐公三年》)

战国以后，“教”字用在兼语式中，可理解为给与句，也可理解为使役句。如：

劝下乱上，教臣杀君，非贤人之行也。(《墨子·非儒》)
若教韩信反，何冤？(《史记·淮阴侯列传》)

以“教臣杀君”为例，“教臣杀君”可理解为“授意臣杀君”，也可理解为“让臣杀君”。魏晋南北朝，“教”用于使役句，由“传授”义发展为“使役”义。如：

公教人啖一口也，复何疑？(《世说新语·捷悟》)

到唐代，这种表示使役的“教”字句逐渐增多。如：

又教我诛诸元，我今杀之，为诸元报仇也。(《北齐书·高德政列传》)
但使龙城飞将在，不教胡马度阴山。(王昌龄《出塞》)

从意义上看，使役句和被动句是两种难以区分的句式，它们的不同并不在于客观事物本身，而在于人们对它的主观判断。如针对“被他打”这个句式，可能作出“使他打”的判断（太田辰夫，1958)。如：

五月贩鲜鱼，莫教人笑汝。(《寒山诗》)
见说上林无此树，只教桃柳占年芳。(白居易《石榴树》)

元明时期，表示被动的“教（交)”字句出现。如：

涂仲十小名的人，为交贼指着他的上头，五十定钞肚皮与了有。(《元典章·刑部》)

这个孙大郎好是执迷也，将亲兄弟交另住，受着饥寒，却交两个外人搬弄着，兀的又吃的醉也。(《杀狗劝夫》)[①]

要赚祝家庄人，故意教孙立捉了，使他庄上人一发信他。(《水浒传》第五十四回)

狂客被歌酒迷，好花教风雨僝。(明·朱有敦《黑旋风仗义疏财》)

明代，“叫”字用于表示使役。如：

大碗斟酒，大块切肉，叫众人吃得饱了，再取果子吃。(《水浒传》第七回)
宋江看了道：“孩儿们走得困乏，都叫买些酒吃了过去。”(《水浒传》第三十五回)

清代，“叫”字被动句产生，并且超过“教”字被动句。如：

老婆子上门来发作，他可雌着嘴笑，叫他老婆兜脸打了几个嘴巴。(《醒世姻缘传》第六十七回)

---

① 一般认为，《杀狗劝夫》是元代的剧本。参见刘坚、蒋绍愚（1995)。

你穿着又不厮称，还叫番子手当贼拿哩！（《醒世姻缘传》第六十七回）

从今咱们两个丢开手，省得鸡声鹅斗，叫别人笑。（《红楼梦》第二十一回）

我才倒茶来，叫雪滑倒了，失手砸了钟子。（《红楼梦》第八回）

汉语使役动词兼作被动式标记的情形，应该说是汉语中的一种典型的语言现象。在现代汉语的北方方言中，这一现象仍然存在。此外，“著”、“使”、“给”、“让”等被动式，也和“教”字句一样，具有使役兼被动的用法。

（三）“给”字句

“给”最初用作“给予”义动词，志村良治（1984）认为，“给”字句最早出现于宋元。如：

左右蒙圣旨，将皇后尸首埋。给皇后腕上带着琼瑶宝钏，咸皆埋了。（《全相平话武王伐纣书》）①

此例中的“给”，究竟是动词“给予”义，还是介词“把”，意思还很不明朗。蒋绍愚（2002）倾向于把这个“给”当“把”字看。

在元代《五代史平话》中，有两个“归”字表“给予”义的用例。如（引自志村良治，1984；蒋绍愚，2002）：

您也不是个买剑人，咱这剑也不卖归您。（《周史平话》卷上）

您且在此闲耍几时，却讨个生活归您做。（《周史平话》卷上）

在明代的《老乞大谚解》和《朴通事谚解》中，有“馈”字表“给予”义的用例。“馈”在如下两个结构中曾出现：一是一般的主谓宾结构，二是“主语＋馈＋间接宾语＋直接宾语＋动词”结构。如：

这的五分银子，贴六个钱馈我。（《老乞大谚解》）

我这低银子都不要，你则馈我一样的好银子。（《老乞大谚解》）

你来，休爱惜那饭，一日三顿家馈他饱饭喫。（《朴通事谚解》）

每日洗刷刨的干干净净地，等一会儿馈些草喫。（《朴通事谚解》）

半夜里却拌馈他料喫。（《朴通事谚解》）

太田辰夫（1958）认为，“归”和“馈”都是“给”的前身。在《红楼梦》里，表“给予”的“给”大量使用。和“馈”一样，“给”也出现在两种结构中。其中，“给”字有用于“主语＋给＋间接宾语＋直接宾语＋动词”结构的。如：

不知是那一个没调教的，只图讨你的好儿，不管别人的死活，给了你一口酒吃，葬送的我挨了两天骂！（《红楼梦》第八回）

给你口药酒儿喝，叫你糊里糊涂的死了，就完了事了。（《儿女英雄传》第五回）

---

① 《全相平话武王伐纣书》，或称《吕望兴周》，为上、中、下三卷，即宋代说话人的旧蓝本，经元代说话人补充修订，在至治年间（1321—1323）由建安虞氏刊刻而成。

在“给”表“给予”义的“给”字句中，后面的直接宾语有时可以不出现。如：

宝玉未必吃了，拿来给我孙子吃去罢。(《红楼梦》第八回)

昨儿我想拿起来，白放着可惜了儿的，何不给他们姐妹们戴去。(《红楼梦》第七回)

这种结构不能直接发展为被动用法，而是发展为使动用法（蒋绍愚，2002）。这一类的“给”应该理解为“使令”义，含有使某人做某事或允许某人做某事的意思。“给我孙子吃”也就是让我孙子吃，“给他就枕上吃”也就是让他靠在枕上吃。“给”表使动在明代还没有出现，直到清代才出现。这一用法的产生具有非常重要的意义，是“给”字产生被动用法最关键的一步。因为从“给予”义发展到“使令”义，在结构上造成了“给”后面的直接宾语前移，后面只剩下间接宾语，这样，也就造成了间接宾语成为“给”后面动词的施事者。随着“给”后面动词的范围不断扩大，宾语的动作行为已不需要经过“给予”这一环节。下面句子中的“给”已不作“给予”义，而是作“使令”义。如：

明儿有人去，就顺路给那边舅奶奶带了去。(《红楼梦》第二十七回)

不信，瞧我这袖子，也给弄了那么一块。(《儿女英雄传》第三十八回)

赶天亮就有才好，千万别给老太太、太太知道。(《红楼梦》第五十二回)

我不像你这等怕死贪生，甘心卑污苟贱，给那恶僧支使。(《儿女英雄传》第七回)

这一类的“给”一般都理解为“使令”义，但是后四例也可以看作“被动”义。也就是说，这样的“给”字句，既可以当使役句看待，也可以当被动句看待。当然，这两种句式是有区别的。以如下两种情况为基本前提，使役句通常可以当被动句看待：一是“给”后面的动词为及物动词，二是句子的主语不明显。

清乾隆年间，“给”字发展出被动用法。如（引自蒋绍愚，2002）：

就是天，也是给气运使唤着，定数所关，天也无从为力。(《儿女英雄传》第三回)

那些没丢的，也给海水打滥了。(《百姓官话》)

寡剩的几担豆子没丢吊，也给海水打滥上霉了。(《百姓官话》)

里头原是给雨水打湿了的。(《百姓官话》)

赶他们到了银号，就这么一骂，把拦柜上的一个伙计也揪出来给他打了，把拦柜上的搁着的算盘也给摔了。(北京官话本《官话指南》)

从以上用例看，“给”使役句发展为被动句，受两方面变化的影响：一是“给”字后面的施事或当事已经从生命体发展为无生命体，二是可用于完成貌句式中。

到现代老舍等人的作品中，表被动的“给”字句已被广泛使用。

综上所述，“给”字句的演变，经历了由表给予的“给”发展为表使役的“给”，再发展为表被动的“给”字句的过程。表被动的“给”字句产生于清代。(蒋绍愚，2002)

“五四”以后，在西洋语法的影响下，汉语被动式的使用范围进一步扩大。现代汉语中的被动句，形式上已趋向统一，语义上已趋向成熟。这表明，汉语语法结构是朝日趋完善的方向发展的。

第四节 被动式的来源和形成机制[1]

本节主要讨论“被”字句和“教”字句的来源和形成机制。一是通过讨论“被”字句中“被”从“遭受”义演变为被动义的过程，来探寻“被”字句以及与之相似的句式的来源和形成机制；二是讨论“教”字中“教”字从“授予”义演变为被动义的过程，来探寻“教”字句的来源和形成机制。

一、“被”字句的来源和形成机制（附“吃”字句来源）

一般认为，“被”字句来源于“遭受”义动词“被”的虚化。起初，“被”字之后带名词，如“光被四表”（《尚书・尧典》）。随后，“被”字之后接动词，如“忠而被谤”（《史记・屈原贾生列传》）。“被”字后连接动词，为“被”演变为被动式创造了句法环境，“被”因此有了分析为被动标记的可能。只要句子有了表示被动的语法意义，这一类句式中的“被”就应该看作被动标记。请看下面“被”字句的重新分析图（见图10—1）：

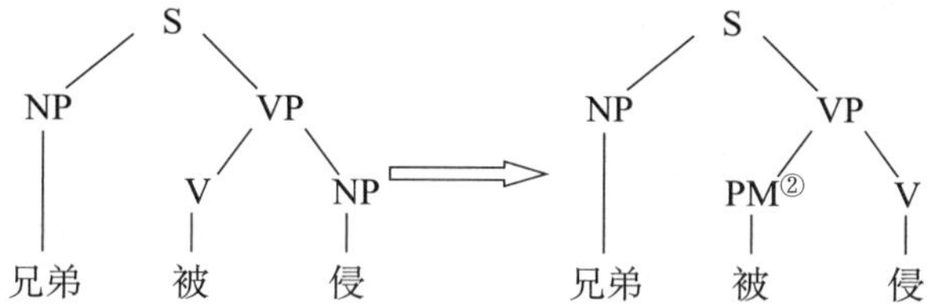

图10—1 “被”字句的重新分析图

从上图看，“被”字后面如果是名词，那么，“被＋N”句式就只能是一般句式，不可能变为被动句。但如果“被”字后面接动词，那么，“被＋V”句式就有可能变为被动句。但这也仅仅是一种可能，因为“被”也还有可能是动词。只有在“被”和后面的动词及句子构成一种被动语义关系的情况下，“被”才有可能虚化为被动标记，表达一种被动意义。重新分析的作用，就是从认知的角度把这种词义虚化和功能变化的过程以结果（虚词产生）的形式表达出来并加以确认。

由此可见，“被”字句产生的机制是重新分析，产生的条件是“被”字和动词带有表被动的语法意义。

---

① 本节主要参考了王力（1958）、太田辰夫（1958）、江蓝生（1989）、蒋绍愚（2005）、P. A. Bennett（1981）和Zhang Hongming（1994）等学者的成果。

② “PM”是“passive marker”两个单词的首字母，指“被动标记”的意思。

关于这种“被”字带施事者的句式产生的原因，目前的研究尚无定论。[①]

被动句式的来源实际就是被动标记的来源。要想弄清“吃”字句的来源，首先必须弄清被动标记“吃”的来源。调查发现，“吃”字句中“吃”的来源和“被”字句中“被”的来源相似。江蓝生（1989）认为，表示被动的“吃”来源于动词“蒙受”、“遭受”义。“吃”本义为“食”。唐代，“喫（吃）”用在名词前，可以理解为“蒙受”或“遭受”义。作宾语的名词，先有“棒”、“杖”、“草”等，后有“艰辛”、“官司”等，如“至乎喫山草”（贾谊《新书・耳痺》）。如果“吃”后面出现动词，那么，“吃”字的性质就有可能被重新分析。“喫掴”有可能是“挨打”的意思，也有可能是“被打”的意思；“吃箭川（穿）”有可能是“挨箭射穿”的意思，也有可能是“被箭射穿”的意思。“吃”字所在的结构式一旦具有被动的语法意义，“吃”就会虚化为被动标记。可见，“吃”虚化为被动标记的过程也是由“遭受”义虚化为表示被动的一个过程。“吃”字句表示原因义和致使义的用法，同样来源于“吃”字的“遭受”义。[②]

二、“教”字句的来源及其形成机制

“教”字句的来源与“被”字句不同，它在句法和语义方面都比“被”字句复杂，目前的研究尚没有取得一致的观点。[③] 我们认为，“教”字句来源于给与句，由给与句发展到使役句，再由使役句发展为被动句。“教”字最初用在给与句中，有“传授（知识）技能”之义。在给与句向使役句发展的过程中，曾出现过过渡阶段的用例。有的句子中“教”字可以带兼语结构，既可以理解为给与句，也可以理解为使役句。如：

劝下乱上，教臣杀君，非贤人之行也。（《墨子・非儒》）

“教臣杀君”可以理解为“授予臣杀君的意图”，也可以理解为“让臣杀君”。在兼语句中，当施事由动作行为转变为使令的时候，给与句发展为使役句。

由使役句发展到被动句，需要句意表被动，还需要满足以下三个条件：

（1）使役句和被动句的表层形式相同。

（2）谓语动词是及物动词。

（3）句子主语位置为受事。

依此判断，当受事是话题时，“教”字句应该是隐含施事主语的使役句；当受事是主语时，

---

① 王力（1958）、魏培泉（1994）认为，这种句式来自“被众口之谮”（《韩非子》）这类句子。贝罗贝（Alain Peyraube，1989）认为，这是由后一宾语是“之”的连动式中删除“之”而成的。只是这两种观点在汉语史上都很难得到语言事实的支持，它们的用例非常有限。太田辰夫（1958）和 Bennett（1981）则认为，这是由“亮子被苏峻害”这类带施事的动宾句通过重新分析而来的。

② “著”字句最初也来源于动词“著”的“遭受”义的虚化。到近代汉语后期，部分带施事的“著”字句来源于同形的使役句的转化。

③ 太田辰夫（1958）认为，“教”由使动发展成为被动，在意义上很难区分，主要是人的主观判断所造成的。蒋绍愚（2005）认为，当“教”在句法和语义上具备下面两个条件时，它就由使役动词发展为表示被动的语法意义：第一，“教”前面不出现名词，或者说不清是什么使得谁发出某一动作；第二，“教”后面的动词或动词组是及物的，并且表示某一情况已经实现。江蓝生（1999）提出，使役句转化为被动句应符合三个条件：第一，主语为受事；第二，使役动词后的情况是已经实现的；第三，谓语动词是及物的。

"教"字句应该是受事作主语的被动句。以"军书羽檄教谁录"（徐夤《咏笔》）为例，当"军书羽檄"是话题时，它是使役句，应该是"军书羽檄，（我）使谁录"。而当"军书羽檄"是受事主语时，它是被动句，则应该是"军书羽檄被谁录"。晚唐五代，在具有被动意义的句子中，由于施事者由有生命的人或生物扩展为无生命的事物，"教"由使役句发展为被动句。如：

以前虽被愁将去，向后须教醉领来。（皮日休《奉酬鲁望惜春见寄》。"醉"，一本作"酒"）

随着句式的变化，"教"字的语义经历了从"传授"义到"使役"义，再到"被动"的变化过程。可见，"教"来源于"传授"义动词。

"教"从动词演变为被动标记，是语法化的结果。所谓"语法化"（grammaticalization），指的是语法范畴和语法成分产生和形成的过程。典型的语法化现象是指语言中意义实在的词语或结构式变成无实在意义、仅表语法功能的语法成分，或者是一个不太虚的语法成分变成更虚的语法成分。（Hopper and Traugott，2003）"教"从表示"传授"义的一般动词发展为"使令"义动词，又由"使令"义动词发展为被动标记，是一个语法化过程。"教"的语法化原理是，句式演变造成了它的词义和功能的变化。其表现为：第一步，从给与句演变为使役句。即先从"甲＋教＋乙＋V"式（甲和乙都指代施事或当事）给与句发展为"（甲）＋教＋乙＋V"式使役句，使役句与给与句的表层结构相同，只是使役句中的"甲"不出现，给与句通过重新分析转化为使役句。随着句式的变化，"教"字的语义从"传授"义发展为"使令"义。第二步，从使役句演变为被动句。即从"（甲）＋教＋乙＋V"式使役句发展为"受事＋教＋乙＋V"式被动句，使役句与被动句表层结构也相同，只是使役句中不出现的"甲"位置变成了受事。在具有被动意义的句子中，使役句通过重新分析转化为被动句。"教"字句从被动用法的产生到成熟，都离不开功能的扩展。所谓"功能扩展"，就是如果甲型句有A功能，乙型句有B功能，在语法演变中甲型句由原来的A功能扩展到B功能。"教"字句中，"教"后面的施事者原来只限于有生命的人或生物。"被"字句中，"被"后面的施事者则没有这个限制。在类推的作用下，"教"字句也发展出了施事者为无生命事物的用法。"教"后面的施事者由有生命的生物扩展到无生命的事物这种情况，就是功能扩展的表现。而且，这种功能的扩展是通过类推来实现。①

那么，"教"字句形成的机制是重新分析、类推和功能扩展。（蒋绍愚，2002）

此外，"给"字句的来源和形成机制，与"教"字句有类似之处。相比之下，它比"教"字句的来源和形成机制更为复杂，需要我们进一步探讨。②

---

① 关于"教"字句的来源和形成机制，采用了蒋绍愚（2002）的成果。

② 关于"给"字句的来源，主要有三种观点。第一，"吃"字说。潘允中（1982）认为，"给"字句是因为"吃"与"给"音近，由"吃"转化为"给"。但江蓝生（1989）指出，"吃"音居乙切，是"语难"义，即"口吃"中的"吃"，与"喫"义无关。袁宾等（2001）认为，"给"字句从理论上讲，有可能不经过"致使"义而直接由"给予"义转变为"被动"义。第二，"畀"字说。太田辰夫（1958）认为，吴语中表给予和被动的"拨"来源于古汉语的"畀"，则由"畀"分化出"俾"，既可表示使役，也可表示被动。桥本万太郎（1987）推测，"给予"这个意思很容易引申为"给予对方让有机会做什么"和"容让"等义，进而役使给予义发展为被动义。第三，类推说。蒋绍愚（2002）认为，"给"字句的语义演变是从"给与"到"使役"再到"被动"。其中每一步发展都经过了句式演变基础上的重新分析，进而推动"给"语义一步一步虚化，这就是一个语法化的过程。蒋还认为，是从使役句发展到被动句的"教"字句推动了"给"字句的产生。

【思考题】

1. 简述上古汉语被动句式的发展。
2. “被”字句的演变情况怎样？它是怎么形成的？
3. “教”字句的演变情况怎样？它是怎么形成的？

【本章参考文献】

江蓝生．被动关系词“吃”的来源初探．中国语文，1989（5）．

江蓝生．汉语使役与被动兼用探源．In Honor of Mei Tsu-Lin：Studies on Chinese Historical Syntax and Morphology，1999.

蒋绍愚．“给”字句、“教”字句表被动的来源：兼谈语法化、类推和功能扩展//语言学论丛（第二十六辑）．北京：商务印书馆，2002.

吕叔湘．被字句、把字句动词带宾语．中国语文，1965（4）；《汉语语法论文集》（增订本）．北京：商务印书馆，1984.

唐钰明．汉魏六朝被动式略论．中国语文，1987（3）．

唐钰明．论上古汉语被动式的起源．学术研究，1989（5）．

王力．汉语被动式的发展．语言学论丛（第一辑），1957.

魏培泉．古汉语被动式的发展与演变机制．中国境内语言暨语言学，1994.

杨五铭．西周金文被动式简论．古文字研究（第7辑），1982.

袁宾．“蒙”字句．语言科学，2005（6）．

袁宾等．二十世纪的近代汉语研究（上册）．太原：书海出版社，2001.

张玉金．甲骨文语法学．上海：学林出版社，2001.

朱庆之．汉译佛典中的“所V”式被动句及其来源．古汉语研究，1995（1）．

［日］桥本万太郎．汉语被动式的历史、区域发展．中国语文，1987（1）．

Alain Peyraube. History of the Passive Constructions in Chinese until the Century. JCL，1989（2）．

Bennett，P. A. The Evolution of the Passive and Disposal Sentences. Journal of Chinese Linguistics，1981（1）．

Hopper P. J. and Traugott E. C. Grammaticalization（Second edition）．Cambridge：Cambridge University Press，2003.

Zhang Hongming. The Grammaticalization of “Bei” in Chinese. Language and Linguistics，1994（2）．

第十一章 语气词的产生及其发展

语气词产生于西周，其发展主要表现在：第一，上古语气词系统到近代被新语气词系统替代。上古汉语中的语气词都没能得到保留，新的语气词相继产生。如表达叙述的语气词，上古用“也”和“矣”，而近代则用“了”和“哩”；表达疑问的语气词，上古用“乎”、“与（欤）”和“耶（邪）”，而近代则用“麼”、“那”、“吗”和“呢”。第二，语气词的使用逐渐趋于规范和统一。

第一节 上古汉语语气词系统

汉语语气词是指用在句子末尾表示全句语气的虚词。《马氏文通》认为，语气词是“华文所独”。汉语语气词所表示的语气虽然与印欧语语气的语言近似，但语法结构却并不一样。印欧语语气是由动词形态变化来表示的，而汉语语气则是由句末虚词和句子来表示的。正因为如此，我们把语气词归入句法进行研究。早在西汉时期，毛亨在对《诗经》作注的时候，已经识别出语气词。《诗经·周南·汉广》中有云：“汉有游女，不可求思。”此处的“思”，毛传以为：“思，辞也。”《说文解字》中，也有把“矣”、“只”等语气词释作“语已辞”或“辞也”的说法。王力（1958）认为，西周以前，汉语可能没有语气词，春秋以后，才有语气词产生。[①] 研究发现，西周文献中，始见语气词“哉”、“矣”、“也”、“兮”、“而”、“与”等，多表达感叹语气。[②] 虽然这些语气词数量并不多，使用频率并不高，但却发挥着应有的作用。语气词在上古汉语中的运用，一般来说，叙述语气用“也”和“矣”；疑问语气用“乎”、“与（欤）”和

① 据张玉金（2001）调查，甲骨卜辞中有语气词“抑”和“执”，表示疑问语气，相当于“呢”。如，“庚戌卜：今日狩，不其擒抑”；“辛酉卜，贞：有至今日执？亡抑”。

② 据管燮初（1981）调查，西周金文中有语气词“才”，用于感叹句。如“王曰：师訇，哀才!”（《师訇簋》）

“耶（邪）”等；感叹语气用“哉”等。[①] 陈述句和疑问句两种句式中，语气词的使用表现尤为突出。

上古，用于陈述语气的语气词主要有“也”和“矣”。二者在使用中存在着明显的分工：“也”表示一种状况，“矣”表示一种过程。前者的着眼点不在时间，后者的着眼点在时间。凡没有发生的事用“也”，已经完成或过去的事用“矣”。（王力，1958）如：

吾闻其语矣，未见其人也。（《论语·季氏》）
由也，升堂矣，未入于室也。（《论语·先进》）

“也”用于判断句，表达肯定（包括判断、确认、解释等）的语气。“矣”用于叙述句，表达说话人把已经发生的事情当作新的情况告诉别人。如：

王曰：“骋而左右，何也？”曰：“召军吏也。”（《左传·成公十六年》）
皆乘矣，左右执兵而下矣。（《左传·成公十六年》）

凡用来说明事情发生的可能性，解释事情发生的原因，对事情发生的合理性进行推理，都属于判断句的范围，一律用“也”。如：

夫子之文章，可得而闻也。（《论语·公冶长》）
孔子主我，卫卿可得也。（《孟子·万章上》）
非富天下也，为匹夫匹妇复仇也。（《孟子·万章上》）

在上古，凡说明事情在某种条件下表示已然和状态，表示事情必然发生的结果，或引出结论，都属于叙述句的范围，用“矣”。如：

赵孟将死矣。（《左传·昭公元年》）
诺，吾将仕矣。（《论语·阳货》）
子闻之曰：“可以为‘文’矣。”（《论语·宪问》）
风之积也不厚，则其负大翼也无力，故九万里风斯在下矣。（《庄子·逍遥游》）

“也”除了在句末用来煞尾以外，还可以用在句中表示停顿。“矣”也有这种用法。如：

子谓子贡曰：“女与回也，孰愈？”（《论语·公冶长》）
恶不仁者，其为仁矣，不使不仁者加乎其身。（《论语·里仁》）

叙述句语气词除了“也”和“矣”以外，还有“焉”和“耳”。语气词“焉”兼作直接宾语和间接宾语的作用。如：

制，岩邑也，虢叔死焉。（《左传·隐公元年》）
众恶之，必察焉。（《论语·卫灵公》）

“死焉”之“焉”，作间接宾语，相当于“于是”，表处所；“察焉”之“焉”，作直接宾语，相当于“之”。可是，为什么后一种情况不用“于是”和“之”，而用“焉”呢？这是因为

---

① 汉语一直存在语气词是单功能还是多功能的争议性问题。郭锡良（1988）认为，语气词的作用是单功能的。吕叔湘（1956）认为，语气词和语气不一一相配。胡明扬（1991）认为，同一书写形式的语气词具有语音、语气意义的差异。殷国光（2008）通过考察《吕氏春秋》语气词提出，语气词表达语气的作用并非单功能的，只是每个语气词总是以表达一种语气为主而已。

“焉”作语气词，表示一句话的结束。（王力，1989）

“焉”还有作纯语气词的用法。如：

击之，必大捷焉。（《左传·僖公三十二年》）
楚之灭蔡也，灵王迁许、胡、沈、道、房、申于荆焉。（《左传·昭公十三年》）

“耳”表示限制，相当于“而已”、“罢了”。如：

直不百步耳，是亦走也。（《孟子·梁惠王上》）
始吾以为天下一人耳，不知复有夫人也。（《庄子·天地》）

上古，疑问语气词主要是“乎”、“与（欤）”、“耶（邪）”。“乎”用于是非问、反诘问和选择问，表示纯粹疑问语气的用法。如：

管仲俭乎？（《论语·八佾》）
吾恐齐之攻我也，可救乎？（《墨子·鲁问》）
有朋自远方来，不亦乐乎？（《论语· 学而》）
敬叔父乎，敬弟乎？（《孟子·告子上》）

“与（欤）”用在是非问和选择问中，表示要求证实的疑问语气的用法。如：

子谓冉有曰：“女弗能救与？”对曰：“不能。”（《论语·八佾》）
长沮曰：“是鲁孔丘与？”子路曰：“是也。”（《论语·微子》）
今言王若易然，则文王不足法与？（《孟子·公孙丑上》）
不知论之不及与，知之弗若与？（《庄子·秋水》）

“耶（邪）”使用广泛，并有多种功能，或用于要求证实疑问的语气，或用于表达纯粹疑问的语气，或用于反诘的语气，或用于选择的语气。如：

国既已治矣，天下之道尽此已邪？（《墨子·尚同下》）
然则子无师邪？（《庄子·田子方》）
叟何人邪？（《庄子·在宥》）
庸讵知吾所谓知之非不知邪？（《庄子·齐物论》）
孙子所言非邪，先生所言是邪？（《庄子·达生》）
知不足邪，意知而力不能行邪？（《庄子·盗跖》）

在《论语》和《孟子》中，出现了一些只用“与（欤）”而不用“耶（邪）”的情况。相反，在《墨子》《庄子》和《荀子》中，则出现了只用“邪”而不用“与”的句子。语音上“与（欤）”和“耶（邪）”上古都属于鱼部，语音相近，或许存在着同源关系，或是一个词在不同方言的变体。

从总体上看，上古汉语语气词已经形成一个完备的语气词体系，能表达陈述、疑问和感叹等多种语气，为汉语语气词的发展奠定了坚实的基础。

第二节 中古、近代语气词的发展[1]

到魏晋南北朝，语气词进入新陈代谢阶段。这一阶段，一些旧的语气词衰弱，一些新的语气词产生。表示语气的功能有新的发展，在陈述句中产生了表事态的语气词“来”，表示尝试的语气词“看”；在疑问句中产生了表示疑问的语气词“那”、“不”等。具体来说，魏晋南北朝语气词及其功能主要表现为：

语气词有表达催促、限止和感叹、肯定和强调、假设、事态的出现、疑问、尝试等七种功能。表示催促的语气词有“来”；表示限止和感叹的语气词有“耳”、“矣”、“哉”；表示肯定和强调的语气词有“也”、“者”、“已”；表示假设的语气词有“者”、“时”；表示事态产生的语气词有“矣”、“来”；表示疑问的语气词有“耶”、“乎”、“不”、“尔”；表示尝试的语气词有“看”。

到了近代，语气词的使用出现了很大的变化。新的语气词系统几乎代替了上古汉语的语气词系统。一方面，文言文语气词已经定型。随着系词“是”的出现，“也”表判断的用法相应地减少，“也”的使用范围也受到了极大的限制。近代口语中，出现了大量用“了”取代叙述句末“矣”的句子。“矣”的应用范围随着“了”的出现也逐渐消失。“乎”在近代被“无”取代，后来“无”又被“麽”取代，而后“麽”又被“吗”取代。另一方面，一批新的语气词相继产生。在口语文献中，出现表事态的语气词“了”，表示疑问的语气词“麽”、“哩”、“那”、“呢”、“吗”，出现表示假设的语气词“者”、“时”[2]、“後”，表示申辩或夸张的语气词“在”[3]，表示祈使的语气词“波”[4]，表示反诘或感叹的语气词“呀”、“啊”，等等。这些新的语气词，后来有的发展成为现代汉语常用的语气词，如“了”、“啊”、“吗”、“呢”等；有的没有发展到现代汉语，如“者”、“时”、“波”、“则个”等。语气词发展的总趋势是语气词在使用中的不断规范和统一。这里重点介绍“了”、“啊”、“吗”、“呢”等语气词的产生和发展。

一、语气词“了”的产生和发展

六朝，动词“了”进入“动（+宾）+完成动词”格式，表示动作的完成。如：

---

① 本节内容参考蒋绍愚、曹广顺（2005）。

② “时”作语气词出现在唐五代，表假设语气。如“若也相公欢喜之时，所得钱物，一一阿郎领取”（《敦煌变文集·庐山远公话》），“时”从表时间条件句中虚化并演变为语气词。

③ “在”作语气词，产生于唐代，表确信无疑的语气。如“晚风犹冷在，夜火且留看”（《白居易诗》）。

④ “波”作语气词，产生于元代，表祈使语气。如“你又不吃饭也，睡波”（元刊《调风月》第二折），“你向树阴中权且歇波”（元刊《小张屠》第二折）。

公留我了矣，明府不能止。(《三国志·蜀书·杨洪传》)

益部耆旧传令送，想催驱写取了，慎不可过淹留。(王献之《益部帖》)

唐代，“了$_2$”① 在“动（+宾）+完成动词”格式中，替换了“已、讫、毕、竟”，用于句末，加强了表达事态的作用，初步具备成句功能。如：

又闻大唐天子，为新罗王子赐王位，差使拟遣新罗，排比其船，兼赐禄了。(圆仁《入唐求法巡礼行记》)

崔子玉□□与皇帝答问头，此时只用六字便答了。(《敦煌变文集·唐太宗入冥记》)

师问：“适来有一个僧未得吃饭，汝供养得摩?”对曰：“供养了。”(《祖堂集》卷四)

这一类“了”，还不能看作助词，仍带有较明显的动词性。再如：

国师云：“这个是马师底，仁者作摩生?”师云：“早个呈似和尚了也。”(《祖堂集》卷四)

此类句式中“了”还不是语气词，句子的语气仍由语气词“也”表达。但是，“了”出现在句末，使得其动词性日趋减弱。

唐五代，在“动词+却+宾语”的推动下，出现“动词+了+宾语”格式，动态助词“却”、“了”由此产生。晚唐五代，出现一种新的句式“动词+却+宾语+了”。如：

雪峰放却垸水了，云：“水月在什摩处?”(《祖堂集》卷二)

该格式由“动词（+宾语）+了”与“动词+却+宾语”两种格式组成，它的产生推动了“了$_2$”的虚化过程。

宋代，表事态的语气词“了”产生。它有两方面的句法表现：

(1)“动词+却+宾语+了”格式普遍使用。如：

师上堂次，展坐具礼拜了。起来拈师一只靸鞋，以衫袖拂却尘了。(《景德传灯录》卷七)

居士夺却拂子了，却自竖起拳。(《景德传灯录》卷八)

体尔屋里老爷老娘，噇却饭了，只管说梦，便道我会佛法了也。(《景德传灯录》卷十九)

这一类格式组成的句子，既可表示动作的完成或结束，又可表示事态的实现。如果将它与唐五代的“动词+宾语+了”相比，显然有所不同。这种不同主要体现在，它在动词之后出现了像“却”这样的补语。宋代，“却”已经虚化为动态助词（刘坚等，1992)。正是因为有补语的出现，这一类格式中的“了”才有作语气词的功能。

(2)“动词+了$_1$+宾词+了$_2$”句式出现。如：

不是语言有病时，便是移了这步位了。(《朱子语类》卷十六)

四爻损其疾，只是损了那不好了，便自好。(《朱子语类》卷七十二)

今见看诗，不从头看一过，云，且等我看了一个了，却看那个，几时得再看?(《朱子语类》卷八十)

① 为了和动态助词“了$_1$”相区别，我们把表事态的语气词“了”称为“了$_2$”，有的学者称之为“事态助词”。

该时期，“动词＋却＋宾语”被“动词＋了＋宾语”替代的情况更为普遍，并因此带动了“动词＋了$_1$＋宾语＋了$_2$”代替“动词＋却＋宾语＋了”。“动词＋了$_1$＋宾语＋了$_2$”格式的出现，标志着“了$_2$”的演变趋于成熟。

关于语气词“了”的来源，太田辰夫（1958）指出，“了”由表完了的动态助词发展出语气词。王力（1958）也认为，语气词“了”是从动态助词“了”虚化而来。刘勋宁（1985）则认为，“了$_2$”是“了也”的合音。我们认为，语气词“了”的来源很复杂，还需要做更深入的探讨。

二、语气词“啊”的产生和发展

语气词“啊”的早期，有“後”、“好”、“呵”、“阿”等形式。早在晚唐五代，语气词“後”和“好”出现。张相《诗词曲语辞汇释》云：“後，犹呵，或啊也。”“後”表间歇语气和假设语气。如：

更待今宵开霁後，九衢车马未妨行。（韩偓《元夜即席》）
若能晓了骊珠後，只这骊珠在我身。（《祖堂集》卷四）
把酒问春因底意？为谁来後为谁归？（王周《问春》）

“後”原用于表前后之“後”，词义虚化后，起语气间歇作用。随后，“後”又引申出表假设的语气。

“好”用于句末表祈使和感叹语气，主要见于禅家语录。如：

未尝一念暂返神光，流浪生死，劫尽不息。惭愧，大须努力好！（《祖堂集》卷七）
和尚莫涂污人好！（《明觉禅师语录》）
学云：“争奈学人不识何？”师云：“不识？识取好！”（《祖堂集》卷十三）

宋代，“呵”出现，吸收“後”和“好”的功能，兼有表祈使、疑问、推测、假设等用法。如：

试听呵，寒食近也，且住为佳。（辛弃疾《玉蝴蝶·追别杜叔高》）
白发来呵，朱颜去也，一曲狂歌落酒边。（刘辰翁《沁园春·和槐城见寿》）
怪我无书，有书还倩谁呵？（陈允平《满路花》）

元代，“阿”出现，表呼唤和感叹语气。如：

阿！早是俺两口儿背井离乡。（关汉卿《拜月亭》第二折）
罢、罢、罢，好苦恼阿，好苦恼阿！（无名氏《刘弘嫁婢》）

明清时期，语气词“啊”出现，吸收“呵”和“阿”的功能，表示呼唤、感叹和反诘等语气。如：

三藏见他意思，实有好心，真个像沙门中的人物，便叫：“徒弟啊，你姓甚么？”（《西游记》第十四回）

他才欠身迎着道：“哥哥，好大风啊！你从哪里走来？”（《西游记》第二十一回）

我的袁郎啊！（李渔《奈何天》第二十三出）
你和晴雯姐姐好不是啊？（《红楼梦》第一百零九回）
两位姐姐，看得高兴啊，也等我每看看。（洪昇《长生殿》）

太田辰夫（1958）认为，语气词“啊”的演变是单一的。唐五代，语气词用“後”和“好”。宋代语气词有“呵”，吸收“後”和“好”的功能。元代，语气词“阿”出现。至明清，“啊”出现，替代了“呵”和“阿”。语音上，宋代，“呵”属歌韵晓母，元代，“阿”属歌韵影母。由“呵”演变为“阿”，表明“呵”的声母已趋于弱化，并因此而慢慢消失。这表明，“阿”由读 ha 的音发展成为读 a 的音。

三、语气词“吗”的产生和发展

（1）“吗”的形音变化。语气词“吗”先后出现“无”、“磨”、“摩”、“麽”、“嘛”、“末”等书写形式。

在中唐以后的诗歌中，“无”作疑问语气词的情况出现。[①] 如：

草树云山如锦绣，秦川得及此间无？（李白《上皇西巡南京歌十首》）
幕下郎官安隐无？从来不奉一行书。（杜甫《投简梓州幕府兼韦十郎官》）
不知疏野性，解爱凤池无？（白居易《答裴相公乞鹤》）

否定词“无”读 u[②]；而语气词“无”仍保留重唇音，主要元音仍然是 a。[③]

敦煌文献中，“无”写作“磨”和“摩”。如：

将他物己用，思量得也磨？（《王梵志诗·偷盗须无命》）
且把毛面檀作个座，便为宣扬得也摩？（《敦煌变文集·妙法莲华经讲经文》）
善惠便道：“逢著儿，儿布施；逢著女，女布施；逢妻，妻布施，得罪磨？”（《敦煌变文集·不知名变文》）

宋代，“无”写作“麽”。[④] 如：

不可拈放汝手里得麽？（《五灯会元》卷六）
师曰：“汝道巨岳还乏寸土麽？”曰：“四海参寻，当为何事？”（《五灯会元》卷十三）

晚唐五代，“无”作语气词时写作“磨”和“摩”，这与否定词“无”在形音方面构成矛

---

① 南北朝，用于句尾的否定词“无”出现，谓语多为“有”。

② 上古，“无”属明母鱼部，音 * mjag（李方桂，1980），在《广韵》中属微母虞韵，音 mju。在北方话中，上古时“无”音 * mj-，中古时“无”变成微母。按从重唇音变为轻唇音的规则，否定词“无”再变为零声母，主要元音从 a 变成了 u。

③ 《全唐诗》中，语气词“无”和表否定的“无”都押鱼虞韵，直到宋代仍然如此，看不出分化的痕迹。对这种现象，王力（1980）解释说：“可能是读文言音来凑韵。”

④ “麽”在后世刊刻的中晚唐诗中已有用例，如“众中遗却金钗子，拾得从他要赎麽”（王建《宫词》），“不知陶靖节，还动此心麽”（李中《听蝉寄朐山孙明府》）。（王力，1980）但是在当时的其他资料中却没有这种形式，太田辰夫（1958）认为，这里的“麽”可能是经后人改写。

盾。显然，后来由“磨”、“摩”和“麽”替代语气词“无”，正是解决这一矛盾的最佳方式。[①]不过，“麽”有文白异读的情况：在口语中，“麽”仍读 ma，但在书面语中，“麽”却读作 mo。

金元，“无”写作“嘛”和“末”。如：

东风惊落满庭花，玉人不见朱扉亚。孩儿，莫不是俺无分共伊嘛？(《董西厢》卷一)

哥哥，你有此心，莫不错寻思了末？(关汉卿《拜月亭》第一折)

因为“麽”有文白异读的矛盾，所以又产生出“麻”为声符的“嘛”。“末”读歌戈韵。[②]

清代，“无”写作“吗”。如：

因又向香菱道：“你既来了，也不拜拜街坊去吗？”(《红楼梦》第四十八回)

宝玉笑道：“这也罢了，偏又模样儿也一样，这也是有的事吗？”(《红楼梦》第五十六回)

清代，语气词统一用“吗”，且“吗”的书写形式递相更迭。在口语中，“吗”的实际音值并没有多大改变，书写形式的更迭只是为了更准确地反映其实际语音。

(2)“吗”的历时演变。东汉至魏晋南北朝，“无”出现在反复问句中，用作第一种“有＋名词＋无”格式。如：

“宁有所中伤死者无？”须菩提言：“无。”(东汉《道行般若经》卷一)

若供养佛，乃有从彼来生是间者无？(东汉《道行般若经》卷五)

世间羸瘦，有剧我者无？(北魏《贤愚经》卷一)

这一类格式中，述谓中心语为“有”，和“无”正好相对。“无”称代否定的部分，相当于“无 NP”。“无”的实义更为明显。但是，“无”之后的宾语省略，为“无”的虚化创造了条件。

唐代，“无”的句法范围扩大到一般的动词谓语，出现在是非问句中，用作第二种“动词(＋宾语)＋无”格式。[③] 如：

学书弟子何人在，点检犹存谏草无？(綦毋潜《经陆补阙隐居》)

知尔素多山水兴，此回归去更来无？(刘商《送刘寰北归》)

这一类格式中，述谓中心语为“存”、“归去”等一般动词，“无”的语义泛化，不表称代，表疑问语气。句子的疑问程度较少，但主观判断性增强。王力(1958)认为，唐代，“无”出现在以一般动词为谓语的句子中，成为一个疑问语气词。太田辰夫(1958)认为，“无”在用于疑问的场合时，出现在以“有”为述语的句子中，但是这个阶段还不能说是疑问助词。只有

---

① “磨”、“摩”在《广韵》中，“麽”在《集韵》中都属明母戈韵，音 mua，后来变为 ma，借来作语气词时应该都读 ma。这三个词在歌戈韵中，从 a 演变为 o、uo、ə。(王力，1989)

② “末”本是入声字，《广韵》属明母末韵，音 muat，但《切韵指掌图》以“末”配戈麻，《中原音韵》“末”入歌戈韵。这表明，“末”的入声韵尾在元代消失，所以“末”不读家麻韵而读歌戈韵。

③ 关于唐五代句尾“无”的性质，存在几种不同的看法。王力(1958)、太田辰夫(1958)和蒋绍愚(2005)等认为，唐代“无”出现在以一般动词为谓语的句子中，成为一个疑问语气词。伍华(1987)认为，句尾的“不”、句尾的“不/否/无/摩”都是语气词。孙锡信(1999)认为，“无”虽带疑问语气，但还不能看作纯粹的疑问语气词。只有当“无”演变为“麽”以后，才真正成为语气词。吴福祥(1997)把“麽”的产生与反复问句“VP-neg”式的分化联系起来加以考察，认为用于反复问句中的“无”是否定词，用于非反复问句中的“无”是语气词。

等到它能在一般的句子中使用，才能说它开始成为助词。①

晚唐五代，“无”的句法范围进一步扩大到小句，谓语前面有助动词或副词，表示情态或语气。“无”出现在推测问句中，用作第三种“助动词（副词）＋述谓结构＋无”格式。如：

晚来天欲雪，能饮一杯无？（白居易《问刘十九》）
老去还能痛饮无，春来曾作闲游否？（白居易《兼呈微之》）

这一类句子中，虽然疑问程度已不是很强，但说话人的主观性却是更强。其结果是，“无”的语法化程度明显加深。

从以上句法的变化看出，当“无”出现在第一种格式时，专用于对“有”进行否定的句子；当“无”出现在第二种格式时，范围扩大到“有”以外的动词，“无”因而开始虚化；当“无”出现在第三种格式时，范围扩大到“助动词/副词＋述谓结构”构成的小句形式，“无”因而进一步虚化。可见，“无”的语义是随着句法功能和表意功能的不断扩展而逐渐泛化，最终完成其语法化的过程。可以看到，“无”的语法化过程就是语义泛化、组合能力增强和句法功能扩展的过程。②

晚唐五代，“摩”替代“无”，作疑问语气词，用于是非问、测度问和反诘问中。

是非问：

师问僧：“你还有父母摩？”对云：“有。”（《祖堂集》卷七）
六祖见僧，竖起拂子云：“还见摩？”对云：“见。”（《祖堂集》卷二）

测度问：

诸人且道是什摩教，莫是贝多之教摩？（《祖堂集》卷十）
僧云：“莫是西边去摩？”婆云：“不是。”（《祖堂集》卷十八）

反诘问：

山代云：“只到这里岂是提得起摩？”（《祖堂集》卷六）
长庆云：“适来岂是违于因中所愿摩？”（《祖堂集》卷十）

宋元到明代，“麽”（包括“嘛”和“末”）替代“摩”，出现以下三个方面的变化：

第一，表示测度语气的使用范围受到限制。如：

更道本国贪财，莫不相应麽？（《三朝北盟会编·燕云奉使录》）
你莫还倚仗他麽？（《元朝秘史》卷五）

第二，用于陈述句中表示停顿语气的“麽”出现。如：

若是真麽，回与我句实成的话。（乔梦符《太平乐府·新水令》卷七）
低低说与当直底，轿儿抬转，喝声靠里，看俺麽，裸而归。（向滈《摊破丑奴儿》）

表示停顿语气的“麽”，当是从句尾表疑问的“麽”演化而来。

① 如今，在广西、广东南部地区以及客家大部分地区，都有用“无”作为疑问语气词的情况。如，粤语“佢藜冇”（他来吗?），客家话“你食猪肉无”（你吃猪肉吗?“无”的字形为“冇”或“无”）。

② 所谓语义泛化，是指某一词汇形式具体实在的词汇意义越来越少，组合能力越来越强，适用范围越来越大。“无”的语义泛化是在“VP无”框架内逐步实现的。

第三，“麽”用于反诘问句的使用频率逐渐提高，用法更为丰富。如：

自言：“莫非貂蝉麽？”允曰：“然。”（《三国志平话》）

小人闻得京中有个沈经历，上本要杀严嵩父子，莫非官人就是他麽？（元《勘皮靴单证二郎神》）

王力（1958）认为，清代，“吗”出现，并逐渐取代“麽”。① 如：

这里是林姑娘的屋子吗？（《红楼梦》第八十二回）

语气词“吗”由“无”语义泛化而来。先由“摩”替代“无”，再由“麽”替代“摩”，最后由“吗”替代“麽”。

王力（1958）和太田辰夫（1958）认为，“吗”来源于疑问句末的“无”。② 目前，多数学者对这一观点表示赞同。

四、语气词“呢”的产生和发展③

现代汉语中，语气词“呢”的适用范围很广，有六种功能，可分为两类：一类用于疑问句，有承前问（记作“功能1”），特指问（记作“功能2”），选择问（记作“功能3”）的功能；另一类用于叙述句，句末有指明事实而略带夸张（记作“功能4”）和表示不变和持续（记作“功能5”）的功能，句中有提请听话人注意、标记话题（记作“功能6”）的功能。（吕叔湘，1980；江蓝生，1986）

从语气词“呢”的发展历程看，其用法主要归于两类：第一类，用于疑问句，表疑问、反问、选择问等语气；第二类，用于陈述句，在句末表感叹或夸张，在句中表提示或标记话题。“呢”的这些功能都体现在语气词“聻”以及语气词“那”和“哩”身上。“呢”可能是一个多功能语气词，直接来源可能是“聻”或更早的“尔”，间接来源可能是“那（哪）”和“哩”。

（1）呢（聻）。“呢”最初写作“聻”。晚唐五代，“聻”（也写作“咻”、“你”、“尼”）开始用作疑问语气词，主要用于承前问和特指问。

承前问（功能1）：

峰曰：“莫是当阳道摩？”士曰：“背后底聻？”（《庞居士语录》卷一百二十）

师问黄蘖：“笠子太小生。”黄蘖云：“虽然小，三千大千世界总在里许。”师云：“王老师你？”黄蘖无对。（《祖堂集》卷十六）

师问：“云岩作什摩？”对曰：“担水。”师曰：“那个尼？”对曰：“在。”（《祖堂集》

---

① 孙锡信（1999）通过对明中叶《石点头》和清初《百姓官话》的调查，发现语气词“吗”已出现。如：

若一嫁去，又变出些甚么事故，岂不与今日一般吗？（《石点头·卢梦仙江上寻妻》）

你为何这般光景，莫非与那个学生合气吗？（《石点头·王立本天涯求父》）

老爷说：“难道不依你们吗？”（《百姓官话·十一丁里》）

如今就去，好吗？（《百姓官话·二十六丁表》）

《百姓官话》成书于乾隆十八年（1753）；《石点头》，明代拟话本小说，成书于明崇祯年间，即17世纪中叶。

② 关于疑问句末的“无”，裘锡圭（1988）认为，应当来源于西周铜器铭文：“正乃讯厉曰‘汝田贾否?’”

③ 本内容主要参考了王力（1959），太田辰夫（1958），江蓝生（1986），蒋绍愚、曹广顺（2005）等人的成果。

卷四）

特指问（功能 2）：

问："罕如何假？"师云："不希夷。"僧曰："作何你？"师曰："不申哂。"（《祖堂集》卷八）

仰山便去香岩处，贺喜一切后便问："前头则有如是次第了也，然虽如此，不息众疑。作摩生疑聻？将谓予造，师兄已是发明了也。"（《祖堂集》卷十九）

只今起者便是心，心用明时更何你？不居方，无处觅，运用无踪复无迹。（《祖堂集》卷十四）

宋代，承前问和特指问进一步发展，出现用于叙述句末指明事实而略带夸张（功能 4）和用于句中提请听话人注意、标记话题（功能 6）两种新的功能。

用于非疑问句尾，指明事实而略带夸张（功能 4）：

隐山向佗道："也好聻！今朝起来懒惓，只依佗所说，举似大众。"（《续古尊宿语要》卷二）

佛果举似五祖，祖云："好也聻！"（《虚堂和尚语录》）

僧问赵州："如何是赵州？"州云："东门西门南门北门。"僧云："不问这个。"州云："尔问赵州聻！"（《大慧普觉禅师语录》）

用于句中，提请听话人注意（功能 6）：

"第一说到行不到，第二行到说不到，第三聻，"卓主杖，"人贫智短，马瘦毛长。"（《虚堂和尚语录》）

"聻"用于句中停顿处，有标明话题、提请听话人注意的功能。这种用法由疑问用法发展而来。

元明时期，"聻"走向衰亡，只偶尔在禅宗语录中出现。如：

虽然如是，毕竟在什么处聻？（《中国禅宗大全·高峰和尚禅要》）

"呢"最早出现在宋元明时期的话本小说或元曲宾白中。如：

问道："担子呢？"应道："撺在河里。""匾担呢？""撺在河里。"（《警世通言·万秀娘仇报山亭儿》）

张千，你来了，你拏的人呢？（《元曲选·勘头巾》第三折）

"呢"取代"聻"以后，承前问、特指问和叙述句末指明事实而略带夸张的三种用法继续得到使用。相对而言，承前问用法最突出，其次是特指问，其他用法少见。"呢"在明末产生选择问（功能 3）用法。如：

选择问（功能 3）：

"倘若有两个人来，一个叫'应二哥'，一个叫'应大哥'，我还是应'应二哥'，还是应'应大哥'呢？"（《金瓶梅》第一回）

清代，"呢"迅速发展，各种用法都已完备。如：

说着又问："袭人姐姐呢？"晴雯向里间坑上努嘴。(《红楼梦》第八回。功能 1)

宝姐姐在家里作什么呢？(《红楼梦》第七回。功能 2)

那有个在云端里住的理呢？(《儿女英雄传》第八回。功能 2)

跌了灯值钱呢？是跌了人值钱？(《红楼梦》第四十五回。功能 3)

就是老太太问，有我呢。(《红楼梦》第八回。功能 4)

该叫我妹妹才是呢。(《儿女英雄传》第十二回。功能 4)

凤姐道："我这里陪客呢，晚上再来回。"(《红楼梦》第六回。功能 5)

咱们还有许多事没作呢。(《儿女英雄传》第十一回。功能 5)

求亲靠友去呢，就让人家肯罢，谁家也不能存许多现的。(《儿女英雄传》第三回。功能 6)

一则呢，是十三妹姑娘的委派；再我们头领也有话在头里。(《儿女英雄传》第十一回。功能 6)

从"呢"的演变看出，晚唐以来，"呢"最常见的用法是表示承前问（功能 1）和特指问（功能 2)。用于句中的提请听话人注意的用法（功能 6）萌芽于宋，成熟于清。功能 1 和功能 2 两类，尤其是功能 1 是在设问的语境中衍生而来的。而选择问（功能 3）明末清初才出现，和"聻"没有关系；指明事实而略带夸张的功能（功能 4）在宋代出现，但到元明时期曾中断，到清代出现"呢"时才得到发展，这不排除吸收其他用法的可能。又"聻"没有表不变和持续的功能（功能 5)。从此类推 1、2、6 三项功能是由"聻"演变而来。至于 3、4、5 三种功能，由于它们与"聻"无关，所以我们推测，极有可能与"那"、"哩"有关。[①]

关于"呢"的来源，杨树达在《词诠》中指出：《公羊传》的"尔"即今语"呢"字。王力（1958）认为，"呢"源于"尔"的观点，在语音上是说得通的，但中间有一千多年的空白，历史的联系无从建立。[②] 后来，江蓝生（1986)、曹广顺（1986)、孙锡信（1999）等对"呢"的来源作了进一步考证，认为"呢"来源于"聻"，而"聻"又来源于语气词"尔"。如：

三月癸酉，大雨震电。何以书？记异也。何异尔？不时也。(《公羊传·隐公九年》)

公薨，何以不书葬？隐之也。何隐尔？弑也。(《公羊传·隐公十一年》)

六朝文献中，语气词"尔"用例增多。[③] 如（引自江蓝生，1986)：

以逼势，不知卒云何尔？(《全晋文·王羲之》卷二十二)

今以意求，恐是不复疏之。何知尔？寻初降数旬中已得闲静。(津逮秘书本《周氏冥通记》)

刘道真年十六，在门前弄尘，垂鼻涕至胸。洛下年少乘车从门过，曰："年少甚塠堁。"刘便随车问："为恶为善尔？"(《古小说钩沉·裴子语林》)

---

① 虽然在宋代，"聻"产生了功能 6，但元明时期，该功能的用例却一直很少，到了清代，该功能的用例突然增加。据推测，这不排除对"哩"的吸收。

② 王力（1989）后来又提出，"呢"的最初来源是"那"，另一个来源是"哩"。

③ 龙国富（2004）研究发现，译经中"尔"有作肯定语气和疑问语气词的用法。如：

善哉如此事，汝今应分别。汝今何故尔？行于痴道路。(姚秦《大庄严论经》卷十)

汝未皆得当还集诸功德，如惭备经七地中说。施多少可尔？戒中有五戒一日戒十戒，少多亦可知。(姚秦《大智度论》卷二十八)

石崇与潘岳同刑东市，崇曰："天下杀英雄，君复何为尔？"（《殷芸小说》）

这一类"尔"用于特指问和选择问。用于特指问的"尔"与唐代以后用于特指问的"聻"、"呢"一脉相承。特指问的"聻"很有可能由六朝以前的"尔"演变而来。

（2）那。疑问语气词"那"（宋代以后也写作"哪"）产生于六朝，用于是非问、反诘问和感叹句，表示疑问、反诘和感叹语气。

是非问：

疲倦向之久，甫问君极那？（魏程晓《嘲热客》）

世尊知而告此摩诃罗比丘曰："汝实斫此树那？"（姚秦《鼻奈耶经》卷四）

例句中的"那"，出现在有疑而问的句子，相当于"吗"。它与用于承前问的"呢"不同。这与"呢"的源流没有关系。

反诘问：

公是韩伯休那？乃不二价乎！（《后汉书·韩康传》）

若尔前佛说大品，岂不能说经转教那？（隋吉藏《金刚般若疏》）

这一类是"那"的常见用法，用于反问时，表感叹，相当于"（难道）……吗"。如"公是韩伯休那"指"您难道是韩伯休吗"，这种"那"和表特指的"呢"也不同。这与"呢"的源流也没有关系。

指明事实而略带夸张和感叹（功能4）：

太子至许，遗妃书曰："……陈舞复传语云：不孝那！天与汝酒饮，不肯饮，中有恶物邪？"（《晋书·愍怀太子传》）

度乃自下舫取书并钵，开书视之，字无人识者。度大笑曰："使我还那！"取钵掷云中，还接之，云："我不见此钵四千年矣。"（《高僧传》卷十）

休仁由来自营府国兴生文书，二月中，史承祖赍文书呈之，忽语承祖云："我得成许那！何烦将来。"（《宋书·始安王休仁传》）

这种"那"，主要表感叹且略带夸张，与"呢"的功能4基本一致。

唐五代，在佛教文献和禅宗语录里，"那"继续用于是非问、反诘问和感叹问句。是非问、反诘问：

设根无漏法智相应，此根缘欲界系那？（敦煌写本《阿毗达磨大毗婆沙论》卷十五）

师云："岂是有纹彩那？作摩？"僧云："古人还传也无？"（《祖堂集》卷十一）

此类用例中，"那"一般都用在问句末尾，表示疑问语气。在《祖堂集》里，"那"还出现在其后边连上一个小分句"作摩"的情况。这种连用有助于加强"那"的疑问语气。

指明事实而略带夸张和感叹（功能4）：

得宝弘农野，弘农得宝那！潭里船车闹，扬州铜器多。（陆龟蒙《得宝歌》）

其医人忽尔抬头，见此中官，更言曰："阿姨道底是那！"（《敦煌变文集·维摩诘经讲经文》）

一人云："斋去日晚。"一人云："近那！动步便到。"师云："有一人不动步便到作摩生？"（《祖堂集》卷五）

宋元明时期，“那”除了继续用在是非问、反诘问和感叹句中以外，随着功能的不断扩展，还出现用于与“呢”一样的承前问、特指问和选择问句中的情况，相当于“呢”，多见于佛经文献和禅宗语录，用得最多的要数特指问和选择问。

承前问（功能 1）：

师问僧什麽处来。曰：“江西。”师曰：“学得底那？”曰：“拈不出。”（《景德传灯录》卷十九）

曰：“此人意作麽生？”师曰：“此人不落意。”曰：“不落意此人那？”师曰：“高山顶上无可与道者啖啄。”（《景德传灯录》卷十七）①

前一例指“学得怎么样呢”，后一例指“此人不说出自己的想法，这是为什么呢?”，“那”与“呢”功能相同。

特指问（功能 2）：

举德山问维那：“有几人新到那?”云：“八人。”（《云门匡真禅师广录》卷中）
僧复问：“如何是本身卢舍那?”云：“古佛过去久矣。”（《明觉禅师语录》卷三）
婆婆，你为什么烦恼啼哭那?（《元曲选·窦娥冤》第一折）

选择问（功能 3）：

比及相逢奈何时下窘，你寻思闷那不闷?（《董西厢》卷一）
去年您和省官人每商量来的勾当，行了来那不曾?（《元典章》卷六）
你两姨弟兄是亲两姨那? 是房亲两姨?（《老乞大谚解》）
且看姐夫是你绝户，还是我绝户那?（《元曲选·儿女团圆》第二折）
客人，你要南京的那? 杭州的那? 苏州的那?（《老乞大谚解》）

“那”用于选择问的用法开始于金元时期，当在正反选择问句中出现时，“那”处于前小句末；当在可选项选择问句中出现时，“那”不受限制，可以出现在前一小句之后，也可以出现在后一小句之后，还可以同时出现在每个小句之后。表承前问的“那”在宋代甚是少见，指明事实而略带夸张，感叹、特指问及选择问三种用法却甚是丰富。②

清代，以山东及江淮方言写的《金瓶梅词话》、以下江话写的《儒林外史》、以河南方言写的《歧路灯》、以北京口语写的《红楼梦》和《儿女英雄传》，都没有看到“那”的同类用法。但这个时期，“呢”却正处于兴旺阶段。

综上观之，“那”是一个多功能语气词。其表现是：第一，用于是非问和反诘问的“那”，与“呢”无关；第二，用于承前问、特指问、选择问的“那”，与“呢”的承前问（功能 1）、特指问（功能 2）、选择问（功能 3）相近或相似；第三，用于感叹句的“那”，与用于感叹带夸张（功能 4）的“呢”接近。

清代以前，“呢”未见选择问，但“那”用于选择问的功能却很常见。这与“呢”在清代出现选择问的情况正好吻合。据此，“呢”选择问的产生可能是对“那”吸收的结果。又，

① 此例中的“那”在《祖堂集》中写作“聻”。如：

云：“此人意作摩生?”云：“此人不落意。”云：“不落意此人聻?”师云：“高山顶上无可与道者啖啄。”（《祖堂集》卷二）

② 在明代《训世平话》、南方官话《水浒传》和江淮方言《西游记》中，没有出现“那”作疑问语气的用例。

"呢"的特指问（功能2）和感叹带夸张（功能4），在清代以前一直很少见，而"那"的特指问和感叹问却很丰富。到清代，"呢"这两项用法的使用忽然频繁，而"那"用于特指问和感叹问的句子却不再出现，有可能是"呢"吸收了"那"这两项用法的缘故。"呢"和"那"在多项功能上的相同或相近以及语音的近似，有可能是这种吸收的基础（蒋绍愚、曹广顺，2005）。

（3）哩。"哩"，最初在唐五代写作"裹"，后来也写作"里"、"俚"，宋代以后通常写作"哩"（除引文之外，行文中都用"哩"）。

唐五代，在佛经文献和笔记小说中，"哩"用于叙述句，有下面两种作用：

指明事实而略带夸张（功能4）：

郎亦一遍到此来裹。（《太平广记·嘉话录》卷一百五十）

庚午辛未之间，有童谣曰："花开来里，花谢来里。"（《太平广记·玉堂闲话》卷一百四十）

幸有光严童子里，不交（教）伊去唱将来。（《敦煌变文集·维摩诘经讲经文》）

表示持续和不变（功能5）：

李缪公（程）贞元中试"日五色赋"及第……闻浩虚舟应弘辞复试此题，颇虑浩赋逾己……及睹浩破题……喜曰："李程在裹。"（《唐摭言》）

宋代，"哩"的这两类功能的用例都有所增加，但没有新的用法产生。

指明事实而略带夸张（功能4）：

颖云："此项待别有咨闻，这里别有照证里。"（《乙卯入国奏请》）

不怕与人尤滞，只怕被人调戏，因甚没个阿鹊地，没工夫说里。（《稼轩词补遗》）

如今檄书将次到来，乘宣亦须见俚。（《三朝北盟会编·茅斋自叙》）

表示持续和不变（功能5）：

丧乃我丧，未丧乃我未丧，我自做着天里。（《二程语录》卷七十二）

江与友遽趋出，一环曰："未晓里，且缓步徐行。"（《夷坚志》卷八）

此外，偶尔能见到个别用于疑问句的例子，但其功能还是表持续和不变，不表疑问。如：

看如今怎奈何刘麟去哩。（《三朝北盟会编·绍兴甲寅通和录》）

上了灯儿，知是睡哩，坐哩。（《宋六十名家词·惜香乐府》）

元明时期，"哩"或写作"俚"。除了原有的指明事实而略带夸张的用法以外，据太田辰夫（1958）研究，表持续和不变的"哩"，具有三个方面的特点：

第一，能与时间词"如今"、"现"、"正"以及表持续的助词"着"相呼应。如：

俺如今掌管着眼前的祸福俚，你西番每怕也那不怕？（《朱元璋文集》）

在后花园中亭子上，正在那里吃酒哩。（《燕青博鱼》卷三）

第二，能与"还"、"未"、"未曾"相配合。如：

俺说来，未收拾里。（《元典章》卷二十二）

你三位还不知俚，我们不是他来时，性命只在咫尺休了。（《水浒传》第十八回）

小生扬州人氏，姓李名斌，字唐斌，别号玉壶生，今年方才二十八岁，未曾娶妻哩。(《玉壶春》卷二)

第三，用于特指问句、选择问句和是非问句中，不表疑问，而表持续和不变。如：

你吃什么哩？……我吃烧饼哩。(《元刊杂剧三十种·来生债》第一折)
嫂嫂，喒坟园到那未哩？(《元刊杂剧三十种·替杀妻》第一折)
桂姐问道："哥儿睡哩？"(《金瓶梅词话》第五十八回)

"哩"出现用于是非疑问和反诘问句的用法。如：

这也不消说的，只是咱前日酒席之中，已把小子许下他了，如今终不成改了口哩？(《金瓶梅词话》第五十五回)
仙子，可再有何人思凡哩？(《张天师》)
你父亲立与我的文书上，写着的甚么哩？(《东堂老》)

这一类用于是非疑问和反诘问的"哩"，其功能与"呢"的同类用法无关。

清代，北京话中的"哩"被"呢"代替。如在《红楼梦》和《儿女英雄传》中，"哩"基本由"呢"取代。

可见，"哩"的主要功能是用在叙述句中，指明事实而略带夸张（功能4），或表示持续和不变（功能5），分别与清代以后北京话中"呢"的功能4和功能5相同。"呢"在清代以前没有功能5的用法，而在清代却忽然出现。这与"哩"比，情况正好相反。我们可以认为，"呢"功能5的出现有可能是吸收"哩"的结果。"呢"功能4于宋代出现，清代以前用例一直很少，到清代却突然增多。而"哩"则正好在之前常见而在清代淡出。因此，我们同样可以认定，清代"呢"功能4的发展与对"哩"功能4的吸收有关。吸收的基础是，"呢"可能本来就有此功能，明代以后，随着大量南方人的入京，导致此功能的强化。

关于"哩"的来源，学界认为，来源于"裏"。而关于"裏"的来源，学界则未形成一致看法。

吕叔湘（1941）认为"裏"源于"在裏"，他说（2002［1941］：58）："此一语助词，当以'在裏'为最完具之形式，唐人多单言'在'，以'在'概'裏'；宋人多单言'裏'，以'裏'概'在'，'裏'字俗出多简作'里'。本义既湮，遂更着'口'。"

太田辰夫（1958）认为，"在裏"出现的时代比"裏"晚，难以证实"裏"是"在裏"的省略。他认为，"裏"本来是表处所的词，一方面变为句末助词"哩"，另一方面作为体词构成"在裏（里）"等，再进一步虚化为"在裏（里）"、"在这裏（里）"等。"裏"从处所词虚化为语气词，这个语法化的过程虽然目前还没有得到论证，但从实词语法化为语气词的类似现象是存在的。

总体上看，现代汉语语气词"呢"有两个方面的功能：第一，用在疑问句中表疑问；第二，用在叙述句中表感叹、持续和提示。其主体上来源于疑问语气词"聻"或更早的"尔"。其中，还包括部分地吸收语气词"那（哪）"和语气词"哩"的功能。具体来说，清代以后北京话中的"呢"有多项表意功能，其中功能1（用于承前问句）在唐五代以降"聻"最为常见，并由此衍生出功能6（标记话题，提醒听话人注意）；功能2（用于特指问句）起源最早，可追溯到《公羊传》中的"尔"；功能3（用于选择问句）在清代突然出现，而"那"的功能3在元明时期最为常见，因此，“呢”功能3可能是吸收“那”的用法的结果；功能4（指明事实而略带夸张）、功能5（表持续和不变）的“聻”在宋代或已有萌芽，只是用例一直很少。之所以“呢”能够重新活跃，可能与“那”、“哩”有关，其中，“呢”的功能4是吸收“那”的用法，功能5是吸收“哩”的用法。总之，“呢”可能是一个有多种来源的语气词。其主要用法来源于“聻”以至于“尔”，部分用法来源于“那”和“哩”。

【思考题】

1. 简述上古语气词“也”和“矣”的使用情况。
2. 简述近代汉语语气词“吗”的产生和发展。
3. 简述近代汉语语气词“呢”的产生和发展。

【本章参考文献】

管燮初．西周金文语法研究．北京：商务印书馆，1981.

郭锡良．先秦语气词新探．古汉语研究，1988（1）.

胡明扬．胡明扬语言学论文选．北京：中国人民大学出版社，1991.

江蓝生．疑问语气词“呢”的来源．语文研究，1986.

刘坚，江蓝生，白维国，曹广顺．近代汉语虚词研究．北京：语文出版社，1992.

刘勋宁．现代汉语句尾“了”的来源．方言，1985（2）.

龙国富．姚秦译经助词研究．长沙：湖南师范大学出版社，2004.

吕叔湘．释《景德传灯录》中在、著二助词//汉语语法论文集．沈阳：辽宁教育出版社，2002.

吕叔湘．现代汉语八百词．北京：商务印书馆，1980.

裘锡圭．关于殷墟卜辞命辞中是否问句的考察．中国语文，1988（1）.

孙锡信．近代汉语语气词．北京：语文出版社，1999.

吴福祥．从“VP-neg”式反复问句的分化谈语气词“麽”的产生．中国语文，1997（1）.

伍华．论《祖堂集》中以“不、否、无、摩”收尾的问句．中山大学学报，1987（4）.

殷国光．《吕氏春秋》词类研究．北京：商务印书馆，2008.

张玉金．甲骨文语法学．上海：学林出版社，2001.

第十二章
汉语语法发展的趋势

汉语语法的发展主要表现在词法和句法两个方面。词法的发展表现在：新的虚词不断产生，虚词的应用不断规范，结构助词和词缀的使用日益广泛。句法的发展表现在：句法手段多样化，单句和复句结构复杂化，句法表达严密化。汉语语法发展的基本趋势是词法的应用趋向规范化、句法的表达趋向严密化。

第一节 词法的发展[①]

在汉语言的发展史上，汉语语法发展的基本趋势是词法的应用逐渐规范化和句法的表达逐渐严密化。词是语言表达的基本组织结构，词法在语言组织中起着重要的作用。汉语词法的发展表现在许多方面，这里主要谈三个方面：新的虚词不断产生；虚词的应用不断规范；助词和词缀的使用日益广泛。

一、新的虚词不断产生[②]

汉语词汇的发展是实词不断虚化，新的虚词不断产生。新虚词的产生，体现在单音虚词和复音虚词的产生两个方面。

① 关于词法的发展可以参考解惠全（1987）、沈家煊（1994）、吴福祥（2004）。

② 据张谊生（2000）的说法，下列表征都可看作"语法化"：（1）实词向虚词的转化，如名词、动词、形容词向副词的转化。（2）虚词的进一步变化，如副词内部由略虚的副词向更虚的副词虚化，或副词向更虚的词类（如语气词、连词）转变。

（一）单音虚词的产生

（1）实词虚化。汉语单音虚词的产生有两种方式，即直接虚化和间接虚化。直接虚化也叫实词虚化。所谓实词虚化，是指某个实词，或因句法位置、组合功能的变化而造成词义的演变，或因词义的变化而引起句法位置、组合功能的改变，失去原有的实质意义，而只具有某种语法意义的变化过程。① 如，名词、动词、形容词向副词的虚化等。“实词虚化”的说法自古就有。元代周伯琦《六书正伪》中曾有“今之虚字，皆古之实字”之说；马建忠《马氏文通》中，曾把汉语的词分成虚、实两类，而且提出“实字之类五，虚字之类四”的看法。虚字包括介字、连字、助字和叹字。实词虚化，本质上是语法和语义上的一种演变方式，具体是指词在性质方面发生的一种变化。

副词、介词、连词、动态助词、结构助词、语气词等大多是由实词虚化而来的。

“都”，在先秦，作动词，表示“聚集”义。东汉至魏晋南北朝，“都”作副词，充当状语，表示对动作行为的强调或全体的总括。如：

儒不能都晓古今，欲各别说其经；经事义类，乃以不知为贵也。（《论衡·谢短》）

诸优婆塞、优婆夷四辈，普集诸异学婆罗门、尼揵等，不可计，都悉来会。（东汉《修行本起经》卷上）

“顶”，本来是名词，指人的头部或事物的最上部，宋代虚化为表示最高程度的副词（太田辰夫，1958）。如：

叔重问星图，曰：“星图甚多，只是难得似。圆图说得顶好。天弯，纸却平。方图又却两头放小不得。”（《朱子语类》卷二）

“以”，甲骨文作和，原作动词，表示“携带”、“率领”义。如：

丁未卜，争贞：勿令𢀛以众伐𢀛。（《甲骨文合集》26）

西周，“以”虚化为引介工具和依据的介词（郭锡良，1998）。如：

虢仲以王南征，伐南淮尸（夷）。（《虢仲盨》4435）

女（汝）以我车宕伐猃允（狁）于高陶。（《不其簋》4328）

“及”和“与”，原为动词，先秦时，虚化为介词。“及”，本义“追上”（《说文》：“及，逮也”），先引申为“到达”义，再引申为“偕同”义。“与”，本义“党与”（《说文》：“与，党与也”），先引申为“参与”义，再引申为“偕同”、“伴随”义。如：

昔育恐育鞫，及尔颠覆。（《诗经·邶风·谷风》）

桓公知天下诸侯多与己也。（《国语·齐语》）

“及”和“与”所带的偕同对象通常是动作行为的参与者。通常，该参与者出现在连动式之前。先秦时，“及”和“与”全部虚化为伴随介词。如：

① 刘坚等（1995）把实词虚化叫“语法化”。

德音莫违，及尔同死。(《诗经·邶风·谷风》)
王使为工尹，又与子家谋弑穆王。(《左传·文公十年》)

“共”本来指“共同”义（《说文》：“共，同也”），先引申为“到达”义，再引申为“偕同”义。“将”，作动词，指“率领”、“携带”义（《说文》：“将，帅也”）。如：

昔吾尝共人读书，言及王莽形状。(《颜氏家训·勉学》)
楚子使道朔将巴客以聘于邓。(《左传·桓公九年》)

魏晋南北朝时期，“共”和“将”都由伴随义动词虚化为介词，表示伴随的功能。如：

妇无直信，后于中间共他交往。(萧齐《百喻经》卷一)
愿与浊泥会，思将垢石并。(颜之推《古意》)

“和”，在唐代由动词“伴和”义虚化而成为伴随介词；“同”，在唐代由动词“偕同”义虚化而成为伴随介词；“跟”，在明代由动词“跟从”义虚化为伴随介词。如：

烟和魂共远，春与人同老。(韩偓《幽独》)
梅熟许同朱老吃，松高拟对阮生论。(杜甫《绝句四首》)
是时曹操自跟皇甫嵩讨张梁，大战于曲阳。(《三国演义》第二回)

对于实词虚化出现的年代，由于研究者的出发点不同，往往存在不同的意见。以“在”字为例，有人提出，甲骨卜辞和《诗经》中，“在”有虚化为介词的用法。如（引自向熹，2010）：

癸亥卜，在向，贞：王旬亡畎？(《甲骨文全集》36537)
鱼在在藻，有颁其首，王在在镐，岂乐饮酒。(《诗经·小雅·鱼藻》)
子在齐闻韶，三月不知肉味。(《论语·述而》)

古书中，有“在”和“于”连用的情况。如：

在于桀纣则天下乱，在于汤武则天下治。(《墨子·非命上》)
本在于上，末在于下，要在于主，详在于臣。(《庄子·天道》)

王力（1958）则提出，《小雅·鱼藻》中“鱼在在藻”和“王在在镐”都应该在前一个“在”字足句。

对于动词“在”虚化的年代，仅从语义上判断是不容易得出结论的。就拿现代汉语中的“在”来说，究竟哪个是动词，哪个是介词，至今尚有争论。其他实词的虚化更是如此。实词虽然发生虚化，但并不是说就没有意义的保留。在实词的虚化完成以后，实词原有的意义并不会完全消亡，原有意义的滞留在所难免，有的实词还出现与虚词并驾齐驱的情形。以“把”为例，虽然虚化，但仍然存在动词与介词并存的现象。

（2）虚词的转化。虚词的转化，具体是指单音虚词的间接虚化。所谓虚词的转化，是指一些语义比较实的虚词转化为意义更加抽象的虚词。如，介词可以进一步转化为连词。上文谈到由实词虚化而来的伴随介词“与”和“及”，所引的介宾结构和主语都处于谓语动词同侧，它们所引的宾语和主语，同是谓语动词所表示的动作行为的发出者。既然如此，那么，只要条件允许，“与”和“及”就很有可能转化为并列连词。先秦时，伴随介词“与”和“及”可以进一步转化成并列连词。[1] 如：

今我战，又胜荆与郑。(《国语·晋语》)
七月亨葵及菽。(《诗经·豳风·七月》)

跟“与”和“及”一样，“共”和“将”也由伴随介词进一步转化成为并列连词。如：

寒笳将夜鹊，相乱晚声哀。(阮卓《关山月》)
体要与微辞偕通，正言共精义并用。(《文心雕龙·微胜》)

在唐代，“和”由伴随介词进一步转化为并列连词。如：

感君澄醴酒，不遣渭和泾。(元稹《饮致用神》)
引水忽惊冰满涧，向田空见石和云。(卢纶《早春归》)

在宋代，“同”由伴随介词转化成为并列连词；在清代晚期，“跟”由伴随介词开始向并列连词转化。如：

蚕共茧，花同蒂，甚人生要见，底多离别。(吕渭老《贺新郎》)
俺们的胭脂花粉，跟身上穿的小衣裳，都是自己钱买。(《老残游记》第十三回)
现在尚秋已到，只等石农跟纯客两个，一到就可行礼了。(《孽海花》第十一回)

连词“因”，并不是由实词直接虚化，而是由实词虚化成为介词，再由介词发展而来。“因”在先秦时有“因依”、“因就”等义，用作动词。如：

殷因于夏礼，所损益可知也。(《论语·为政》)

在汉代，“因”虚化为“由于”义，作介词。如：

因此怒，遣人追杀王姊道中。(《史记·张耳陈余列传》)

在宋代，“因”由介词发展成为连词。[2] 如（引自王力，1989）：

只因袁天纲写下了这两句谶了，直到大唐第一十八个的皇帝，唤做僖宗皇帝。(《五代史平话·梁史平话》)

一般地，处在状语或补语位置的词汇最容易引发虚化。如上文所举的副词、介词等。这是因为，出现在状语或补语位置上的词汇，具有表示范围、程度、时间、工具、方式、原因、对象和结果等语法范畴的功能。(解惠全，1987）这些词汇，只要词义进一步虚化，就极有可能转化为单纯表示各种语法意义的语言单位。前面所述的“都”字，本来是“聚集”义动词，单独作谓语。如：

帝盘庚之时，殷已都河北。(《史记·殷本纪》)

后来，“都”出现在动词前面，发展为“总共”义，修饰谓语，作副词。如：

---

① 大西克也（1998）认为，并列连词“与”、“及”在出土文献中的分布不同，秦晋文献以“及”为主，偶尔用“与”；楚文献用“与”，不用“及”。这种分布的对立，通常隐含着上古汉语中地域方言的差异。

② 王力（1989）认为，判断连词的标准是“因”字后面要有句子形式或谓语形式。如果后面只带一个名词或名词性词组，就只算是介词，不是连词。

顷撰其遗文，都为一集。（曹丕《与吴质书》）

“都”在状语的位置上走向虚化。这说明，实词的虚化，必须以其脱离述谓中心语的语法位置为条件。

虽然实词虚化的研究是一种历时研究，但却与共时研究密不可分。语言共时平面的变异，其实就是历时演变不同阶段、不同层次的反映。在研究方法上，如果历时线索不明朗，那么，我们就应该通过共时分析来构拟历时演变的过程。接着再借用历史材料，对其进行验证或修正。在现代汉语里的副词“都”，既可以作范围副词，又可以表强调。如（引自吕叔湘，1988）：

大伙儿都同意。

我一点都不知道你会来。

我们不妨假设，“都”的演变过程是从“聚集”义动词发展到范围副词，再由范围副词发展到强调语气副词。通过调查，我们发现，西汉，“聚集”义动词出现。东汉至南北朝，表范围的副词出现，宋代，表强调的用法产生。如：

故天不复使圣人语，会不能悉都除其病。（《太平经》卷九十一）

所谓“诚”字，连那“尽性”都包在里面。（《朱子语类》卷六十四）

（二）复音虚词的产生

随着汉语语法的进一步发展，汉语双音节的发展也成为一种趋势。许多单音虚词发展成为复音虚词。而与此同时，短语也发展成为复音虚词。复音虚词的产生，可以分为单音虚词的复音化和短语凝固虚化两类。

1. 单音虚词的复音化

第一，由两个同义或近义的单音节虚词并列复合而发展成为复音虚词。如“互相”（也有“相互”）作为副词，由副词“互”和“相”同义并列而成。上古，“相”有“互相”、“交相”之义，作副词，如第一例。三国时期，“互”也有“互相”、“交相”之义，单独使用，作副词，如第二例。如：

邻国相望，鸡犬之声相闻。（《老子》）

所见不同，互有得失。（何晏《论语集解序》）

“相”与“互”同义并列，发展成为表示动作行为具有交互性质的副词“互相”（“相互”）。“互相”（“相互”）用于表示交相性的副词。（唐贤清，2006）如：

令仆治务所寄，不共求体当，而互相推委，纠之是也。（梁沈约《宋书·徐湛之传》）

彼云物地事不云贡，此云令贡赋不云物地事，地事、贡赋当相互皆有也。（唐贾公彦《周礼注疏》）

“假使”、“假令”、“假若”、“如果”和“假如”均为连词，均由同义并列的单音节连词复合而成复音连词。先秦时，“假”、“如”、“果”、“使”、“令”、“若”都有作连词的用法。如：

如可赎兮，人百其身。(《诗经·秦风·黄鸟》)

假有贤于子方者，君又何以加之?(《新序·杂事》)

果遇，必败。(《左传·宣公十二年》。杨伯峻注："若遇敌，必失败。")

使死者无知，则已矣；若其有知，吾何面目以见员也?(《国语·吴语》)

晏子曰："幸矣章遇君也！令章遇桀、纣者，章死久矣。"于是公遂废酒。(《晏子春秋·谏上四》)

若我往，晋必患我，谁为之贰。(《国语·鲁语下》)

春秋战国以后，"假"、"使"、"令"、"若"同义连用，发展为复音连词"假使"、"假令"和"假若"。如：

假令晏子而在，余虽为之执鞭，所忻慕焉。(《史记·管晏列传》)

假使臣得同行于箕子，可以有补于所贤之主，是臣之大荣也。(《史记·范雎列传》)

假若上之所为而民亦为之，向其化也，又何诛焉?(晋袁宏《后汉纪·桓帝纪下》)

唐宋时期，"假"和"如"、"如"和"果"成为复音连词"假如"和"如果"。如：

假如贤者至，阁下乃一见之，愚者至，不得见焉。(韩愈《与凤翔邢尚书书》)

如果能晓得此理，如何不与大家知?(《朱子语类》卷四)

第二，由两个单音节虚词叠用而发展成为复音虚词。副词"稍稍"由两个单音副词"稍"叠用而来。"稍"，本义"渐进"，先秦时，虚化成为表示时间的"逐渐"或表示程度轻微的副词。[①] 如：

吴泄庸如蔡纳聘，而稍纳师。师毕入，众知之。(《左传·哀公二年》)

其后人有上书告勃欲反，下廷尉，逮捕勃，治之。勃恐，不知置辞，吏稍侵辱之。(《汉书·周勃传》)

汉代，"稍"叠用为"稍稍"，成为表示时间"逐渐"的复音副词。如：

秦之攻韩魏也，则不然。无有名山大川之限，稍稍蚕食之，传之国都而止矣。(《战国策·赵策二》)

唐代，"稍稍"发展成为表示程度的复音副词。如：

区区甘累趼，稍稍息劳筋。(杜甫《赠王二十四侍御契四十韵》)

副词"渐渐"由两个单音副词"渐"叠用而成。渐，通"𨐨"，表"渐进"之义。到汉代，虚化成为表示时间"逐渐"的副词。如：

是时赵王惧主父偃一出废齐，恐其渐疏骨肉，乃上书言偃受金及轻重之短。(《史记·齐悼惠王世家》)

天子业出兵诛宛，宛小国而不能下，则大夏之属渐轻汉。(《汉书·李广列传》)

魏晋南北朝，"渐"叠用作表示时间"逐渐"的复音副词。如：

---

① 《说文·禾部》："稍，出物有渐也。"段玉裁《说文解字注》："渐，依许当作𨐨，渐行而𨐨废矣……凡古言稍稍者，皆渐进之谓。"

渐渐诱进说法轮，剔其须发作道人。（北魏《老君十六变词》）

若火灭已，渐渐就冷。（东晋《中阿含经》卷十六）

副词“偏偏”由两个单音副词“偏”叠用而来。“偏”，有“偏差”义。汉代，从发现偏差的人的角度讲，“偏”表示与认定预想的结果相反，由此“偏”虚化成为表示出乎意料或者与预想相反的副词；从实行人的角度讲，“偏”指示行为人态度的坚决，由此，“偏”虚化成为表示限止的副词。如：

偏守新城，存民苦矣。（《史记·张仪列传》）

是邪，非邪？立而望之，偏何姗姗其来迟！（《汉书·外戚传》）

随后，“偏”叠用成为“偏偏”，成为表示与客观要求相反，或与主观愿望相反的副词，同时，“偏偏”还有表示范围的功能。如：

太后偏偏自要吞，倘有一些差失处，说不得，严刑立斩郦词林。（《再生缘》第二十一回）

他看见许多同学都取了，榜上偏偏独没有他自己的名儿。（汪敬熙《一个勤学的学生》）

副词“刚刚”在现代汉语中表示很近的过去。“刚”，最初是形容词，表示坚硬、坚强。在“刚”用作副词后，产生表情态“硬要”、“到底”、“偏偏”等意思。唐代，“刚”发展出表示强调指定范围的“只”、“仅”和过去短时间等义。如：

世间刚有东流水，一送恩波更不回。（温庭筠《题西平王旧赐屏风》）

刚被太阳收拾去，又教明月送将来。（谢枋得《花影》）

到了近代，“刚”叠用作“刚刚”，成为表示时间的复音副词。如：

便是黄花女儿，刚刚扯的一把，也不消这等使性，平空地推了我一交，我肯干罢！（关汉卿《窦娥冤》第一折）

刚刚着地，顺手儿又抱起来。（《水浒传》第一百零四回）

第三，由单音节虚词加后缀而成为复音虚词。在上古，“然”由形容词后缀发展为副词后缀，具有很强的能产性。“忽”可以单独用作表“忽然”义的副词，如第一例。汉魏两晋时期，由“忽”和“然”组合而成的具有“偶然”义的副词“忽然”产生，如第二例。

凉风忽至，草木成实。（《列子·汤问》）

忽然为人兮，何足控抟；化为异物兮，又何足患。（贾谊《鵩鸟赋》）

“尔”作副词后缀，具有很强的能产性。上古，“尔”由形容词后缀发展为副词后缀，“卒”可以单独用作表“忽然”义的副词，如第一例。南北朝，表短暂的副词“卒尔”产生，如第二例。

李广军极简易，然虏卒犯之，无以禁也。（《史记·李广列传》）

难陀比丘尼先不语，卒尔便入。（东晋《摩诃僧祇律》卷三十八）

自汉以降，“复”和“自”经常作为后缀出现在单音节副词或连词的后面，使其成为复音副词或复音连词。（太田辰夫，1991；龙国富，2010）如：

叙情既毕，便深自陈结，丞相亦厚相酬纳。(《世说新语·言语》)

乃至举一手，或复小低头，以此供养像，渐见无量佛。(姚秦《妙法莲华经》卷一)

近代，复音副词“极是”由副词“极”和后缀“是”组合而成，“是”本是判断动词，虚化以后，与“极”组合而成为复音词。如：

适来辞和尚僧去涅槃堂里，两人对座迁化，极是异也。(《祖堂集》卷六)

唐五代副词“煞”和“好”都可以见到带词缀“生”的用例。如：

整肃威仪，指挥徒众，毗邻城里人皆见，尽道神通大瞰(煞)生。(《敦煌变文集·维摩诘经讲经文》)

好生供养观音，还要虔恭礼拜。(《敦煌变文集·妙法莲华经讲经文》)

“好生”指“好好地”，强调动作的情状和方式。

第四，先由一个单音实词虚化为虚词，再由该虚词和别的词组合而成为复音实词，再由复音实词发展成为复音虚词。“没有”在明代虚化成为否定副词。其来源是：先由具有“埋没”义的动词“没”发展成为“无”义，再由“无”义的实词虚化成为否定副词。在宋代，“没”出现否定副词的用法。如：

没瞒过我，实是你灾。(《张协状元》第二十出)

音书断，没成虚假。(《张协状元》第三十三出)

在宋代，副词“没”后面可以接动词。如果“没”后面接的是表示存在的动词“有”，就会组合成为新的动词“没有”。由于“没”变成了“没有”，所以，紧随其后的宾语也会由名词性宾语发展为动词性宾语。到明代，动词“没有”已虚化成为否定副词。(太田辰夫，1958；杨荣祥，1999)如：

俺等了一早起，没有吃饭哩。(《元曲选·东堂老》第一折)

迎儿道：“我并没看见，只怕娘错数了。”(《金瓶梅词话》第八回)

2. 短语凝固虚化

表示反诘的副词“不成”，由否定词“不”与“成”组合而成，原有“不成功”之义，尔后由“不成功”演变成为“不行”。如：

子曰：“君子成人之美，不成人之恶。”(《论语·颜渊》)

唐代，“不成”通常出现在谓语之前，与动词形成一定的修饰关系，语义为“未能”、“未曾”。如：

汩汩避群盗，悠悠经十年，不成向南国，复作游西川。(杜甫《自阆州领妻子却赴蜀山行》)

宋代，“不成”在谓语之前虚化，成为表示反诘语气的副词。(杨永龙，2000)如：

今观儒臣自有一般气象，武臣自有一般气象，贵戚自有一般气象，不成生来便是如此！(《二程语录》卷十一)

误了海棠时候，不成直待花残！（陈允平《清平乐·凤城春浅》）

副词“其实”，最初被认定为短语，指“它的果实”的意思。后来，由于“实”被引申为“实际情况”，所以，“实”在谓语之前时被认定为是副词。如：

北方非畏昭奚恤也，其实畏王之甲兵也，犹百兽之畏虎。（《新序·杂事》）

士卒虽众，其实难用。（《三国志·荀彧列传》）

唐代，“其”的代词意义逐渐弱化，因而做主语的功能也随之丧失。后来，“其实”发展成为表示评注的副词。（朱冠明，2002）如：

帝畏余人怪，还以他语解之，曰：“其实抚宁荒余，弥成不易。”（《北史·尔硃荣传》）

不知谁与名孤屿，其实中川是一双。（唐张又新《孤屿》）

副词“元来”，原为时间名词性短语，指“自元初以来”的意思，虚化以后，成为指以前并不知道的情况。如：

却是偶然行未到，元来有路上寥天。（唐方干《题赠李校书》）

忽然猛省，谓这个物事，元来只是恁地。（《朱子语类》卷二十七）

在上古，代词“所”通常与介词“以”连用在一起，和前面体词以及后面的谓词合在一起，构成一个名词性短语，用作主语和宾语。如：

此心之所以合于王者，何也？（《孟子·梁惠王上》）

敢问其所以异。（《孟子·公孙丑上》）

汉末魏晋，“所以”凝固成表示结果的连词。（汪维辉，2002）① 如：

人能守一，一亦守人，所以白刃无所措其锐，百害无所容其凶，居败能成，在危独安也。（葛洪《抱朴子·内篇》）

韩起不欲令郑求他人，子大叔拜以答之，所以晋、郑终善。（杜预《左传注》）

复音虚词“因而”由两个不同层次的词凝固而成。在上古，介词“因”与连词“而”并非连用，其完整的结构是“因此而”。后来，由于宾语“此”通常被省略，所以“因”和“而”直接相连。“而”，原为表示“于是”义的连词。如：

大人之忠俭者，从而与之；泰侈者因而毙之。（《左传·襄公三十年》）

汉代以后，由于“而”进一步虚化为后缀，“因而”也理所当然地成为复音虚词，用于表示结果。如：

秦召春平君，因而留之。（《史记·赵世家》）

在上古，复音连词“虽然”由表示让步的连词“虽”与指示代词“然”连用。“虽然”，原指“虽是这样”的意思。后来，由于“然”原有的意义衰落，进而虚化成为后缀。南北朝以后，“虽然”虚化为复音连词。如：

虽然我当随所知说，汝等当一心行不放逸法。（姚秦《十诵律》卷十一）

① 而王力（1958）认为，“所以”在唐代完全变为连词，特征是后面可以有主语。

明主虽然弃，丹心亦未休。（岑参《题虢州西楼》）

现代汉语中，副词“好不”用在某些双音形容词前面，表示程度深。早在唐五代，“好不”的结构是“好，不＋动词”，用于否定。（袁宾，1984，1987）如：

者汉大痴，好不自知，恰见宽纵，苟徒（图）过时。（《敦煌变文校注·燕子赋》）

元明时期，口语中，随着“不”意义的逐渐虚化，“好不”也失去了原有的否定作用。“不”依附于“好”，“好不”因此而凝固成为一个语言单位，其作用由用于否定的副词发展成为用于肯定的副词。如：

你思量，那猴子好不溜撒，把那宝贝一口吸在肚里。（《西游记》第三十一回）

口里乱嚷道：“有妖怪，有妖怪！把我戳了一枪去了！嘴上好不疼呀！”（《西游记》第三十二回）

连词“以及”，最初作为一个跨层结构出现，“以”作介词，“及”作动词。如：

今恩足以及禽兽，而功不至于百姓者，独何与？（《孟子·梁惠王上》）

在“以及”出现之前，常有“以”带前置宾语结构出现，这种介宾结构具有表示动词“及”的动作凭借的作用。有时，前置宾语可以是句子，句中的动词可以支配“及”之后的宾语。并且，“以及”的前面还通常伴有停顿。如：

老吾老，以及人之老，幼吾幼，以及人之幼，天下可运于掌。（《孟子·梁惠王上》）

对于“老吾老，以及人之老”，可以有两种理解。一种理解，尊敬自己的老人，而推及尊敬别人的老人。前后为并列关系。另一种理解，既然要尊敬自己的老人，就要尊敬别人的老人。前后互为条件。显然，后一种理解中，“以”和“及”的关系更加紧密。

随着句子的语义重心转移到“以及”前面和后面的词语之上，“以及”不再处于中心词的位置，也就会丧失其原来动词的含义，仅起连接前后中心语的作用，“以及”由一个跨层结构语法化为一个连词。（田范芬，2004）如：

公妾以及士妾为其父母。（《仪礼·丧服》）

桓公许诺行之，管仲又请赏于国以及诸侯。（《管子·大匡》）

二、虚词的应用不断规范

汉语虚词的形成和发展过程，既是不太规范的虚词不断淘汰、规范的虚词相继产生的过程，也是虚词用法从不太规范和不太专业逐步向规范和专业发展的过程。最终，虚词的应用必然走向规范化。

（1）虚词应用规范化，可以在不太规范的虚词朝规范的虚词演变与调整中得到体现。

先秦，介词“于”有八到九种用法，后来，“于”专用于表处所和时间，其他用法一概被其他专业介词替代。如表工具的“于”被“把”、“将”、“用”、“拿”取代，表起始处所的“于”被“从”、“自”替代，表终点处所的“于”被“到”替代，表对象的“于”被“对”、“向”、“给”替代，表原因的“于”被“由于”替代，表依据和方式的“于”被“依照”替代，表比较的“于”被“比”替代。介词“以”也是如此，先有十二种左右用法，既做介词又做连词，之后，“以”专表工具，其他的用法不断被其他专业介词或专业连词取代。如表时间的“以”被“在”、“于”取代，表伴随的“以”被“与”、“同”取代，表目的的“以”被“为了”取代，表凭借的“以”被“凭”、“依据”取代，表并列的“以”被“和”取代，表假设的“以”被“如果”取代，表承接的“以”被“而”、“则”取代，表转折的“以”被“却”取代，表原因的“以”被“因为”、“由于”取代，表结果的“以”被“因此”取代。介词的这个使用发展变化的过程，就是由不太专业和不太规范向专业和规范发展的过程。

表示总括的范围副词，在上古到南北朝时期，有“皆”、“悉”、“咸”、“佥”、“俱”、“并”、“尽”、“全”、“普”、“都”等，到宋元以后，基本上都统一为“都”。这表明，总括副词的应用已趋于规范。唐五代，新出现了一个助词小类——动态助词。这一类表示动作状态、完成等情貌的动态助词，有“却”、“了”、“着”、“过”、“将”、“得”、“取”等。它们的产生使汉语的表达更为精密和简明，这是汉语语法进步的体现。宋代以后，表示完成体用“了”，表示非完成体用“着”，表示过去时体用“过”，这样，汉语体助词的应用更加规范化。

唐宋，用于是非问、测度问、反诘问的疑问语气词有“无”、“磨”、“摩”、“麽”、“嘛”、“末”等，到清代，一律被“吗”取代。唐宋至元明时期，“聻”、“哸”、“你”、“尼”用于承前问和特指问，同时还有用作指明事实而略带夸张的用法，“那”用于是非问、反诘问和感叹问，同时还有承前问、特指问和选择问的用法，“哩”在陈述句中有用于指明事实而略带夸张，同时还有表持续和不变的用法。清代，“呢”取代“聻”、“哸”、“你”、“尼”，并吸收“那”和“哩”的功能。这一类的虚词的变化，促使疑问语气词的应用趋于规范和统一。

（2）虚词应用规范化，可以从虚词的用法上得到体现。

不难发现，意义相同或相近的实词在虚化时，往往会呈现出平行发展的态势。这实质上反映出实词虚化的一般规律。但是，由于平行发展往往会导致几个语义、语法功能相同或相近的虚词同时并存的情况发生，所以，在自身调整的过程中，虚词的应用逐步走向规范化，如“始”、“方”、“才”三词。在上古，“始”既有强调时间短，表“刚刚”义的情况，又有强调时间长，表“才”义的情况。如：

> 今始入秦，即安其乐，此所谓“助桀为虐”。（《史记·留侯世家》）
>
> 昔贾大夫恶，娶妻而美，三年不言不笑。御以如皋，射雉，获之，其妻始笑而言。（《左传·昭公二十八年》）

在上古，“方”也有强调时间长，表“才”义的用法。如：

> 弓矢斯张，干戈戚扬，爰方起行。（《诗经·大雅·公刘》）

汉代以后，“才”出现与上古的“始”一样的用法，可以用于强调时间的短暂，也可以用于强调时间的漫长。如：

> 秦皇帝计其功德，度其后嗣，世世无穷。然身死才数月耳，天下四面而攻之，宗庙灭绝矣。（班固《汉书·贾山传》）
>
> 惟正月才生魄。（晋夏侯湛《昆弟诰》）

后来，“才”逐渐取代“方”和“始”，稳定地获得强调时间漫长和短暂两种功能。现代汉语中，“才”表事情发生或早或晚的功能由此形成。在“始”、“方”、“才”三个虚词竞相使用的情况下，虚词“才”的用法逐渐向规范化发展。

在上古，“还”、“却”、“复”、“返”都作动词，有“返回”的意思。① 其中，“返回”还含有“运行轨迹的重复”这一义素。“复”是最先虚化为表重复的时间副词。如：

晋侯复假道于虞以伐虢。（《左传·僖公五年》）

南北朝，“复”字用法不变，“还”虚化为副词，有表继续、转折、重复、程度等用法。如：

既耕亦已种，时还读我书。（陶潜《读〈山海经〉》）

穷武极诈，士民不附，卒隶之徒，还为敌仇。（《汉书·刑法志》）

涕零心断绝，将去复还诀。（鲍照《代东门行》）

忧喜更相接，乐极还自悲。（傅云《明月篇》）

唐五代，“却”用作副词，有表继续不变、时间早晚、转折、重复、反诘等多种功能。此时“还”、“却”、“复”三个副词出现一定的分工：表继续不变和转折以“却”字为主；表疑问语气以“还”字为主；表重复以“复”字为主；“返”仍然当动词使用。“却”、“还”的用例如：

何当共剪西窗烛，却话巴山夜雨时。（李商隐《夜雨寄北》）

逢人渐觉乡音异，却恨莺声似故山。（司空图《漫书五首》）

师曰：“闻说长安甚大闹，汝还知也无？”（《祖堂集》卷四）

到现代汉语中，“还”的各类用法不但得到保留，而且还出现了新的用法，如表持续不变、重复、范围扩大和范围限止、程度等。“还”是“还”、“却”、“复”“返”四个词中用法最多的一个。“却”只保留了表转折的用法，其他的用法基本消失。“复”因为文言色彩过浓而被淘汰。“返”只作为词素出现在词汇或固定短语中。

“还”、“却”、“复”、“返”这四个词，虽然最初都是表示“返回”义的动词，但在发展过程中，由于原来同义的副词后来出现了分化，导致其总的方向朝着规范化的方向发展。虚词用法向规范化方向发展的规律符合语言的经济性原则。

三、助词和词缀的使用日益广泛

上古，名词还没有严格意义上的形态标志，语义的表达主要依靠各式各样的词汇形式来完成。汉代以后，真正意义上的词缀“阿”、“老”、“子”、“儿”、“们”等开始产生，名词表达语义的范围也很快扩大。“阿”可以用在表人的小名小字、亲属称谓、代词、排行等前面，“老”可以出现在人的姓和名、排行、某些名词和某些称谓词、动词和形容词前面。“子”用于人的称谓、职业、动植物、器具、自然无生物和身体等之后，“儿”用于方位词、名词、形容词、动词之后表人和事物。“们”用于指人的名词和人称代词之后，有表复数的功能。名词词缀的产生和发展，加快了名词的表意范围，增强了其创造新词的能力，有效地丰富了对事物名词语

① 《说文》：“还，复也。”《广韵》：“却，退也。”《说文》：“复，往来也。”《说文》：“返，还也。”

义的表达。

在上古，表动作的完成、进行和过去，都是依靠时间词来表达，即动词的体貌通过词汇形式来体现。唐五代以后，出现了动态助词“着”、“了”、“过”，动词之后，用“了”表完成，用“着”表持续和进行，用“过”表过去。“着”、“了”、“过”的使用，使得体貌的表达趋于专业化。此外，结构助词“得”产生，在动词之后使用表结果、可能、状态、趋向、程度等多种形式的补语。“得”的使用，使语义的表达更加完善。

在上古，形容词对事物性质、特征的描写，主要依靠词汇形式和形态二者来体现。词缀“然”、“而”、“如”等在形容词或副词之后出现，具有一定的能产性。这些词缀的出现，使很多原来是单音的形容词、副词，都发展成为双音的形容词、副词。这些迅速发展起来的双音词，既能顺应汉语的发展，又能形象而生动地描写事物。近代，结构助词“底”、“地”、“的”产生，“底”用于区别属性，“地”用于描写情态。该结构助词的出现，使动作行为的性质、状态和种类得到更充分的表达。

助词和词缀在名词、动词和形容词之后的使用，积极地推动了句法语义表达向专业化和规范化方向发展的进程。

第二节 句法的发展

语言的组织是一个逻辑思维的过程，语言的表达是逻辑活动的产物。逻辑思维的发展在语言结构形式中的主要表现是：把要说的话尽可能地概括起来，使其成为完整的结构；把分散的小句组合成为一个大句。（王力，1958）除了逻辑思维对语言结构产生影响之外，概念结构也会对语言结构产生影响，尤其是对句法结构产生影响。句法结构的形成主要依靠词库和概念化之后的句法形式。（戴浩一，2002）句法的发展包括句法手段的多样化、单句和复句结构的复杂化、语序发展的规范化、句法表达的严密化等几个方面。

一、句法手段多样化

汉语中，虚词发展的方式通过句法手段的多样化来体现。虚词，作为汉语句法表达中最主要的语法手段之一（另一手段是语序。参见“汉语语序的发展”一章），一旦得到发展，句法手段就必然会产生多样化的修辞效果。在语言长期的历史演变过程中，“见”、“为”、“被”等先后虚化成为被动标记，并由此产生多种不同的被动句式，用于表达不幸或不愉快的事情。因为“见”、“为”、“被”等虚词的发展，所以出现了一种与汉语主动句相对立的句式——被动式。同样，因为“把”字和“将”字的虚化，所以在汉语主动句中产生一种新的句式——处置式。处置式作为一种新的句式，具有强调的作用。它把要强调的部分放到“把”字和“将”字的后面，不但能突出句子的重点，而且能加强其主观的处置性。再如，因为“着”、“了”、“过”虚化，所以表示动作行为的进行貌句式、完成貌句式和过去貌句式产生。正因为如此，句法才更加明确地表达出动作行为的不同时体。再如，因为“比”字的虚化，汉语比较句在语序、比较标记和比较结果等方面才获得多样化。在动补结构中，随着动词后面结构助词“得”的产生，可能、结果、程度、趋向和状态等语法功能也相继产生，动补结构由此更为多样化。由此看出，词语虚化和句法手段的变化相互影响和相互作用的特性，对句法手段多样化具有推动作用。

汉语语法中，只要有新的句法形式产生，某些引申的用法就会出现。新句法的产生是句法形式多样化的源泉。如“是”，原为指示代词，虚化以后成为系词。（王力，1958）这使它所在的名词谓语句面貌得到改变，产生出“主语＋是＋谓语”型一般判断句。而随着“是”字判断句的发展，又出现了更多表示比喻、原因和强调等多种用法的句子。又如“把”和“将”，先有表示处置义的“把”字和“将”字处置式的产生，后有表示致使义的“主语＋把＋施事宾语＋谓语”型处置式的出现。又如表示被动的“给”字句和“教”字句，正是句法构式在引申和发展中出现的两种句式。首先，“给”字句是由表示给予的“给”字句发展成为表示使役的“给”字句，再由表示使役的“给”字句发展成为表示被动的“给”字句。同样，表示使役的“教”字句发展成为表示被动的“教”字句经历了类似的演变历程。句法形式的每一步演变，都是带动词法虚化的关键，或者说，是因为有词法和句法的相互作用，所以有丰富多样的句法形式出现。

二、单句和复句结构复杂化

语言的发展离不开语言组织结构表达的复杂化。所谓语言组织结构表达的复杂化，就是指语言表达由使用简单的单句结构或复句结构发展成为使用复杂的单句结构或复句结构的过程。从形式上看，语言组织结构表达的复杂化主要有如下表现。

（一）单句结构复杂化

1. 句子成分进一步完备

一个表达周密的句子应该具备主语、谓语、宾语、定语、状语和补语等多种成分。根据汉语的发展规律，汉语句子结构的发展经历了一个从单一走向复杂的过程。在上古，由于句子的结构过于简单，所以句子常常会出现或承前、或蒙后省略某些成分的现象。在省略的成分中，主语首当其冲。据管燮初（1994）研究，《左传》中，有主语成分的单句占单句总数的69.3%，而省略主语的单句占单句总数的30.7%。在上古的其他经典文献中，主语被省略的情况与《左传》大体相同。如：“ø”表示省略成分，下同

七月（ø）在野，八月（ø）在宇，九月（ø）在户，十月蟋蟀入我床下。（《诗经·豳风·七月》）

孟子见梁襄王，（ø）出，（ø）语人曰：“望之不似人君，就之而不见所畏焉。”（《孟

子·梁惠王上》）

在第一例中，“在”前面都蒙后省略主语“蟋蟀”；第二例中，“出”和“语人”前面都承前省略主语“孟子”。省略句中，如果是同一主语被省略，那么，完全可以凭借上下文义来明确语义的内涵。但如果是不同主语被省略，那么，就极有可能在语义的理解上出现偏差。如：

小国之事大国也，（ø）德，则（ø）其人也；（ø）不德，则（ø）其鹿也，铤而走险，急何能择？（《左传·文公十七年》）

此例中，“德”前被省略的主语是“大国”，“其人”前被省略的主语是“小国”，“不德”前被省略的主语是“大国”，“其鹿”前被省略的主语是“小国”。

上古，宾语被省略的现象也很普遍。如：

公问之，子家以（ø）告。（《左传·宣公四年》）

孟子曰：“不孝有三，无后为大。舜不告（ø）而娶（ø），为无后也，君子以为犹告（ø）也。”（《孟子·离娄上》）

第二例中，“告”的后面省略了宾语“父母”，“娶”的后面省略了宾语“妻”。其省略的成分可以以汉、唐宋学者的注释为佐证。上面这一段文字在朱熹《孟子集注》中注疏：“舜受尧之二女，所以不告父母而娶，是为其无后也，告之则不得娶故也。君子于舜不告而娶，是亦言舜犹告而娶之也。”

省略作为语篇的衔接手段和修辞方式，符合语言的经济原则和合作原则。但是，省略也往往会造成句法表达的不严密，或导致理解的歧义，或导致无法理解，在对话场合尤其如此。如：

曰：“怀其宝而迷其邦，可谓仁乎？”曰：“不可。——好从事而亟失时，可谓知乎？”曰：“不可。——日月逝矣，岁不我与。”孔子曰：“诺，吾将仕矣。”（《论语·阳货》）

以上是杨伯峻在《论语译注》中对《阳货》这一组对话文字所加的标点。从这组对话文字的标点看，杨伯峻是以清代学者毛奇龄在《论语·稽求篇》中借用明人郝敬之的观点为依据，而将前三个“曰”字的发出者统统视为阳货的自问自答。对于这组对话，中华书局《新编诸子集成》取朱熹《四书章句》却认为：“随问而对者，理之直也；对而不辩者，言之孙（逊）而亦无所诎也。”显然，《论语·阳货》的观点正好与中华书局《新编诸子集成》中的观点相悖。如果以《新编诸子集成》中的观点为依据，那么，将这组文字视作孔子与阳货的对话较为妥当。据此，这组对话的标点是（括号中文字由我们所加）：

（阳货）曰：“怀其宝而迷其邦，可谓仁乎？”（孔子）曰：“不可。”（阳货曰：）“好从事而亟失时，可谓知乎？”（孔子）曰：“不可。”（阳货曰：）“日月逝矣，岁不我与。”孔子曰：“诺，吾将仕矣。”（《论语·阳货》）

汉代以后，语言不断发展，句子结构力求完整，句子省略主、宾语成分的现象逐渐减少。下面将《左传》和《史记》对比，可略知一二：

十二月戊申，（ø）缢于新城。（《左传·僖公四年》）——十二月戊申，申生自杀于新城。（《史记·晋世家》）

（ø）无施于民，无援于外；去晋而（ø）不送，归楚而（ø）不逆，何以冀国？（《左

传·昭公十三年》)——子比无施于民，无援于外；去晋，晋不送；归楚，楚不迎。何以有国？(《史记·楚世家》)

君曰："诺，吾将复请(ø)。"(《左传·僖公十年》)——申生曰："诺，吾将复请帝。"(《史记·晋世家》)

在这种背景下，使役句的表现更为突出，使役动词后面的宾语更为明确。如：

令(ø)告民，出五种。(《礼记·月令》)——而令田官告民出五种。(郑玄《礼记注》)

王如施仁政于民……可使(ø)制梃以挞秦楚之坚甲利兵矣。(《孟子·梁惠王上》)——王如行此政，可使国人作杖以捶敌国坚甲利兵，何患耻之不雪也。(赵岐《孟子章句》)

与此同时，名词、动词和形容词的词类性质也在逐渐明确，主语、谓语、宾语、定语、状语、补语等句子成分更加齐备，副词、介词和语气词等虚词得到相应的发展，句子成分进一步完备，句子的成分与成分之间也因此而变得衔接紧密，句子结构逐渐走向复杂化。(何乐士，1992)

2. 丰富多样的定语和状语

在甲骨卜辞和金文中，名词前面已经有定语出现，但大多是光杆名词。一是前面出现定语的情况不常见，二是作定语的词汇不丰富。在这些文献中出现的定语，主要是名词、数词、形容词和动词，多为单音节形式且层次单一。发展到《左传》中，修饰名词的定语成分逐渐丰富，许多名词都有了定语修饰成分。层次日渐复杂，有一层两层，也有三层的，名词的具体特征有了比较清楚的轮廓。作定语的成分有所扩大，除了名词、数词和动词以外，还增加了代词和形容词等新的词类。到了汉代，作定语的词类进一步增加，各个词类的词汇广泛出现，两层、三层的定语越发常见。如：

君实不察其罪，被此名也以出，人谁纳我？(《左传·僖公四年》)——被此恶名以出，人谁纳我？(《史记·晋世家》)

我，王嗣也，吾欲求之。(《左传·昭公二十七年》)——我，真王嗣，当立，吾欲求之。(《史记·吴太伯世家》)

第一例，《史记》中加"恶"字作定语，更能突出名声之恶劣；第二例，《史记》中加"真"字，更能突出王嗣的本质特征。这表明，丰富多样的定语，能使表达更加准确和生动。

在甲骨卜辞和金文中，状语已经出现。状语主要由表情态、语气和否定的副词充当，其次由表处所和时间的介宾结构充当，另外还有形容词和时间名词。到了《左传》，修饰限制谓语的成分更加丰富。一般情况下，谓语都有状语进行修饰。在作状语的成分扩大之后，除了在甲骨卜辞中已使用的词以外，还增加了指示代词、数词和普通名词等新的词类。副词的范围也有所扩大，出现表时间、范围、程度等词类。到了汉代，作状语的词类型更广泛，词汇更丰富。如：

于是商贾中家以上大率破。(《史记·平准书》)

吕不韦取邯郸诸姬绝好善舞者与居，知有身。(《史记·吕不韦列传》)

良乃入，具告沛公。(《史记·项羽本纪》)

第一例中，“大率”用作表示估计的副词，第二例中，“绝”用作表示程度之甚的副词，第三例中，“具”用作表示范围的副词。在《左传》中，“大率”、“绝”、“具”，或没有出现，或不作副词。到了汉代，它们都发展成为副词，用作状语。

定语和状语的丰富与发展，充分体现了单句成分的复杂化。

3. 补语成分的丰富和发展

从春秋战国到汉代，汉语用连动结构表达动作行为的结果和趋向等语义关系。表结果的连动结构含有动作行为的结果。如“翦灭此”(《左传·成公二年》)即“翦而灭此”，“翦”表动作，“灭”表结果；“掖杀国子”(《左传·僖公二十五年》)即“掖而杀国子”。汉代，结果的表达还得依靠连动结构，有所不同的是范围有所扩大。如“击伤大将军”(《史记·李广将军列传》)，表趋向的连动结构含有动作行为的趋向。如“捉发走出”(《左传·僖公二十八年》)中“走出”，即“走而出”；“持魏齐头来”(《史记·范雎列传》)即“持魏齐头而来”。到南北朝，表结果和趋向的动词与前面的动词结合紧密，从主要谓语成分变成补语，表达动作的结果和趋向。如：

使匈奴中郎将张奂击破之。(《后汉书·孝桓帝纪》)

五月五日时，天气已大热。狗便欲死，牛复吐出舌。(《魏书·崔辩传》)

到唐五代以后，又出现带“得”的动补结构。语义上，“得”字之后可以有表示结果、趋向、可能、状态、程度等方面的补语。如：

不经两三日中间，后妻设得计成。(《敦煌变文集·舜子变》)

投子云：“还将得剑来不?”对云：“将得来。”(《祖堂集》卷十二)

若有人弹得破，莫来。(《祖堂集》卷二)

男女病来声喘喘，父娘啼得泪汪汪。(《敦煌变文集·故圆鉴大师二十四孝押座文》)

只是气旋转得紧，如急风然，至上面极高处转得愈紧。(《朱子语类》卷二)

动补结构的产生，使得述谓结构由“动词＋动词”形式转变为“动词＋补语”结构。这一类结构形式严谨，有利于表达丰富多样的语义内容，有利于将复杂的动作行为表达得更为简洁。动补结构中，动词和补语之间不能再插入受事成分，造成受事前移，这无疑推动了其他新的句法形式的产生。

4. 处置式的丰富和发展

在甲骨卜辞和金文里，还没有发现处置式。后来，处置式产生。处置式是一种特殊的句法结构，能处置对象。如：

言讫焚香度过，启告虔心，遂将其笔望空便掷，是时其笔空中讫（屹）然而住。(《敦煌变文集·庐山远公话》)

汝向忙闹时，把他堂印将去，又何辞焉。(唐韦绚《刘宾客嘉话录》)

后来，处置式有了大的发展，表现为或在处置式中插入工具语，或在处置式中插入被动式，使得句法意义更加丰富。如：

两个公人自去炕上睡了，把一条铁索将卢员外锁在房门背后。（《水浒传》第六十一回）

然人莫不有此心，多是但知有利欲，被利欲将这个心包了。（《朱子语类》卷十八）

冯妈妈道："还问甚么好？把个见见成成做熟了饭的亲事，吃人掇了锅儿去了。"（《金瓶梅》第十八回）

四健将道："今早帅众将与天王交战，把七十二洞妖王与独角鬼王，尽被众神捉了。"（《西游记》第五回）

当动词还是单音节，或不要求宾语提前的时候，处置式还不一定是必需的。在动词和补语不再分离，并且宾语要求提前的情况下，处置式的使用也就更为重要。因为"把"字结构将复杂的句子成分紧紧联系在一起，所以能使句子结果更为严密。处置式使宾语提前，既突出了宾语，又使句末简单明了，能极为有效地实现语义的表达。处置句法结构的产生和发展，是汉语句法走向完善的重要标志。

（二）复句层次逐渐丰富多样

在上古，复句的特点是表达语法关系的层次过于单一。管燮初（1994）研究发现，《左传》中，从复句的结构看，并列结构的分句占绝大多数。由于这些分句都处在同一个层次，所以大多数复句的层次关系并不是那么突出。如，表示因果、让步、条件等关系的偏正结构复句，多数处于一个层次，很少有两个或两个以上的层次结构出现。汉代以后，随着复句结构的不断丰富，复句的层次关系也逐渐复杂起来。这主要在并列、递进、转折、假设、因果、让步等多种复句结构中体现。如，"匪言勿言，匪由勿语"（《诗经·小雅·宾之初筵》）。这只是由两个小句组合而成的复句，句与句之间只存在一层关系。到了汉代郑玄的笺里，发展成为一个有两层关系的复句，并出现两次用连接词"亦"进行衔接的情况，这种情况的出现使分句之间关系明朗。如：

其所陈说非所当说，无为人说之也，亦无从而行之也，亦无以语人也，皆也其闻之将恚怒也。（郑玄《诗经笺》）

又如，《淮南子·时则训》："择下旬吉日，大合乐，致欢欣。"这只是一个只有一层关系的目的复句，但到了东汉高诱的注里，发展成为一个具有两层关系的复句。如：

乐所以移风易俗也，故择吉日大合之，以致欢和。（高诱《淮南子注》）

此复句的第一个层次在"故"字之前，表因果；第二个层次在"以致"之前，表目的。同时，还先后出现连词"故"和"以"，复句的关系由此更为明朗化。

上文列举了并列复句和因果复句的用例，下面，再看让步复句的用例。如：

本不审，虽尧舜不能以治。（《吕氏春秋·处方》）——身不正而欲治者，尧舜且犹不能，况凡人乎？（高诱《吕氏春秋注》）

从上古到近代，单句和复句结构的复杂化，推动了单句和复句容量的扩大。到了现代，也是因为有单句和复句结构的复杂化，所以，不管是单句，还是复句，其结构的复杂化都能最大限度地满足人们语言表达的需要，并由此推进语言的发展。

三、语序发展规范化

汉语是一种非形态语言，语序的发展是汉语句法发展的重要内容。总体上，汉语语序在历史上没有发生大的变化，但是也有一些地方古今并不一致。上古，只要满足一定的条件，宾语可以置于动词（或介词）之前，如代词和疑问代词宾语的前置。如《诗经·周南·葛覃》："是刈是濩。"《庄子·山木》："吾谁与为邻?"汉代，宾语后置的结构进一步发展起来了。到了南北朝口语中，宾语一般都后置。宾语后置，使得"主—谓—宾"这一基本语序趋于稳定，也使得语言交流更为顺畅。

甲骨卜辞中，用"于（於）"引介处所结构作状语的位置还没有固定，"于"处所结构既可以处在动词之前，也可以处在动词之后，但是以处在动词之后的结构最为常见。西周，"于"字处所结构多数往动词前面移动。到了汉代，等到"在"替代"于（於）"的情况出现，表事情发生的"在"字处所结构便被固定在动词之前。关于处所结构前置或后置，当处所介宾结构出现在动词之前时，表示事情发生的地点；当处所介宾结构出现在动词之后时，表示事情过后参与者所处的位置。这是符合汉族人思维的时间和空间顺序的表现，也是顺应人们的交流思维模式的表现。

上古，介词"以"引介工具结构，既可以在动词之前出现，也可以在动词之后出现。到了近代，动词"拿"替代了介词"以"，根据人们活动的时间顺序，"拿"的动作行为是后一动作行为的前提，它只是一个伴随的动作。"拿"字和它的宾语一般处在主要动词之前，只有等到"拿"虚化作介词，其介宾结构才会固定在原来的位置上，造成工具介宾结构的前置。如：

拿真心待你，你倒不信了。(《红楼梦》第四十七回)

四、句法表达严密化

所谓句法表达严密化，就是要求在汉语语言的表达上，不但句子的成分都能各司其职，而且句与句之间都能保持紧密的联系，语言简练，含义缜密细致。语言简练与含义缜密细致，二者之间有着互补的关系。要求简练，就是要求文字的表达言简意赅，恰到好处。要求含义缜密细致，就是要求句子结构更为完整，语义更为精炼。连动结构演变为动补结构和处置结构，都是句法表达严密化的重要现象。①

甲骨卜辞和金文，由于受当时条件的限制，难免造成句子表达形式的过于单一。拿《尚书》与前二者比，我们不难发现，其语言还是简单朴素的主谓宾单句，虚词出现较少，复句多为意合。到《论语》，句法表达开始向严密化方向发展。其严密化主要表现在：第一，单句的表达，多使用到副词、介词和语气词等虚词，语义更为完整；第二，复句的表达，多使用到连

---

① 这里讨论的句法的严密化主要是指政论文及科学论文等。

词，复句由意合走向形合，小句与小句之间的逻辑关系更为紧密。① 比较如下两段文字：

正月朔旦，受命于神宗，率百官若帝之初。帝曰："咨禹！惟时有苗弗率，汝徂征。"禹乃会群后，誓于师曰："济济有众，咸听朕命。蠢兹有苗，昏迷不恭，侮慢自贤，反道败德。君子在野，小人在位，民弃不保，天降之咎。肆予以尔众士，奉辞伐罪，尔尚一乃心力，其克有勋。"(《古文尚书·大禹谟》)

子路从而后，遇丈人，以杖荷蓧。子路问曰："子见夫子乎?"丈人曰："四体不勤，五谷不分，孰为夫子?"植其杖而芸。子路拱而立。止子路宿，杀鸡为黍而食之，见其二子焉。明日，子路行以告。子曰："隐者也。"使子路反见之。至则行矣。(《论语·微子》)

比较发现，《尚书》中的文字特点是：第一，句子内部，很少有表达语法关系的副词和介词出现；第二，小句与小句之间，很少有连词出现，其关系仅靠意合来维持。而《论语》中的文字特点是：第一，句子内部，有两处用到介词"以"，表达工具和受事关系；第二，小句与小句之间，四处用到连词"而"，表达承接和修饰关系，一处用到连词"则"，表达顺承关系。显然，《论语》中的这段文字，句法表达更加严密化。

从战国到两汉，句法的发展进入一个新的阶段。一个句子，不但严密性加强，而且内涵也更为丰富。以诸子散文为例，在《孟子》和《荀子》等著作中，句子的形式更是多样，思想内涵甚是丰富。下面两段文字足以说明这一点。如：

孟子曰："今王发政施仁，使天下仕者皆欲立于王之朝，耕者皆欲耕于王之野，商贾皆欲藏于王之市，行旅皆欲出于王之途，天下之欲疾其君者，皆欲赴愬于王。其若是，孰能御之?"王曰："吾惛，不能进于是矣。愿夫子辅吾志，明以教我。我虽不敏，请尝试之。"曰："无恒产而有恒心者，惟士为能。若民则无恒产，因无恒心。苟无恒心，放辟邪侈，无不为已。及陷于罪，然后从而刑之，是罔民也。焉有仁人在位，罔民而可为也？是故明君制民之产，必使仰足以事父母，俯足以畜妻子；乐岁终身饱，凶年免于死亡；然后驱而之善，故民之从之也轻。今也制民之产，仰不足以事父母，俯不足以畜妻子；乐岁终身苦，凶年不免于死亡；此惟救死而恐不赡，奚暇治礼义哉?"(《孟子·梁惠王上》)

好法而行，士也；笃志而体，君子也；齐明而不竭，圣人也。人无法，则伥伥然；有法而无志其义，则渠渠然；依乎法，而又深其类，然后温温然。礼者，所以正身也，师者，所以正礼也。无礼何以正身？无师吾安知礼之为是也？(《荀子·修身》)

第一段文字是孟子与梁惠王的对话。孟子一连用了三个反诘句。并且，这些反诘句，不但使用了表达能力很强的语气副词"其"，而且使用了疑问代词"孰"、"焉"、"奚"，句末还使用了语气词"也"和"哉"，句法表达的严密性不言而喻。第二段与第一段相似，其使用反诘句来表达句意的方式，与第一段如出一辙。作者正是以反诘副词、疑问代词和句末语气词为依托，把很长的语句紧密地串联在一块，表达出作者丰富的思想和强烈的感情。

从魏晋南北朝到唐宋时期，人们的语言逻辑思维得到进一步发展。从语言表达形式看，人们开始有意识地对单句内部结构的完整性作出合理的安排，不但提高了对分句之间逻辑关系的处理能力，而且提高了长句的组合能力和应用水平。以唐宋的散文为例，如：

---

① 管燮初（1994）调查发现，《左传》中表示顺承的连贯句占复句总数的 86%，意合复句占连贯句的 90%，而用连词的形合复句只占 10%。参见管燮初：《〈左传〉句法研究》，合肥，安徽教育出版社，1994。

臣闻朋党之说，自古有之，惟幸人君辨其君子小人而已。大凡君子与君子以同道为朋，小人与小人以同利为朋，此自然之理也。然臣谓小人无朋，惟君子则有之。其故何哉？小人所好者，禄利也，所贪者，财货也。当其同利之时，暂相党引以为朋者，伪也；及其见利而争先，或利尽而交疏，则反相贼害，虽其兄弟亲戚，不能自保。故臣谓小人无朋，其暂为朋者，伪也。君子则不然。所守者道义，所行者忠信，所惜者名节。以之修身，则同道而相益；以之事国，则同心而共济；终始如一，此君子之朋也。故为人君者，但当退小人之伪朋，用君子之真朋，则天下治矣。（欧阳修《朋党论》）

这段文字，论点鲜明，论据充分，说理透彻，结构严谨。作者首先提出“论朋党”的论点，接着采用对比的手法，对“君子是真朋而小人是伪朋”的观点进行阐释，得出“凡人君者治天下，当退小人之伪朋，用君子之真朋”的结论。全文过渡自然，衔接紧密，在逻辑思维和语言的使用上，表现出一种缜密严谨的语言风格。

从战国孟子等诸子散文，到汉代贾谊等政论文，再到唐宋欧阳修等散文，汉语语言不断朝着严密性、逻辑性的方向发展。可见，汉语句法的发展是一个不断摆脱古老的单一化，逐渐走向严密化的过程。

唐宋以后，汉语开始使用一种新的口语语体，新的口语语言的发展和传统文言文的发展一样。其句法发展的基本趋势，也是从不太规范和不太严密朝着比较规范和比较严密的方向发展。

汉语语法的发展有着三千年的光辉历程，是世界上最为悠久最为灿烂的语言之一。汉语是汉民族和其他各民族交流的桥梁和纽带，对其他各民族语言的发展有着深远的影响，为各民族的和谐发展作出了巨大贡献。

【思考题】

1. 汉语实词虚化主要体现在哪些方面？请举例说明。
2. 汉语句法的发展主要体现在哪些方面？请举例说明。

【本章参考文献】

戴浩一．概念结构与非自主性语法：汉语语法概念系统初探．当代语言学，2002（1）．

管燮初．《左传》句法研究．合肥：安徽教育出版社，1994.

郭锡良．介词“以”的起源和发展．古汉语研究，1998（1）．

何乐士．《史记》语法特点研究//程湘清，主编．两汉汉语研究．济南：山东教育出版社，1992.

龙国富．从语言接触看“复”和“自”的语法地位．语文研究，2010（2）．

刘坚，曹广顺，吴福祥．论诱发汉语词汇语法化的若干因素．中国语文，1995（3）．

吕叔湘．现代汉语八百词．北京：商务印书馆，1988.

沈家煊．“语法化”研究综观．外语教学与研究，1994（4）．

唐贤清．副词“互相”、“相互”的演变及其原因分析．古汉语研究，2006（4）．

田范芬．连词“以及”的历史来源．古汉语研究，2004（1）．

汪维辉．“所以”完全变成连词的时代．古汉语研究，2002（2）．

吴福祥．近年来语法化研究的进展．外语教学与研究，2004（1）．

解惠全．谈实词的虚化//语言研究论丛．天津：南开大学出版社，1987.

杨荣祥．近代汉语否定副词及相关语法现象略论．语言研究，1999（1）．

杨永龙．近代汉语反诘副词“不成”的来源及虚化过程．语言研究，2000（1）．

袁宾．近代汉语“好不”考．中国语文，1984（3）．

袁宾．“好不”续考．中国语文，1987（2）．

张谊生．现代汉语副词研究．上海：学林出版社，2000.

朱冠明．副词“其实”的形成．语言研究，2002（1）．

［日］大西克也．并列连词“与”、“及”在出土文献中的分布及上古汉语方言语法//郭锡良，主编．古汉语语法论集．北京：语文出版社，1998.

第三编

汉语词汇史

第一章

构词法的发展

上古汉语以单音构词法为主，转化构词和音变构词是主要的构词方式。复音构词法中重叠构词是比较能产的构词方式，附加构词和复合构词虽然已经出现，但是构词能力还比较弱。中古以后单音构词法和重叠构词法逐渐衰落，附加构词和复合构词发展较快，复合构词成为主要的构词法。近代以后汉语的构词法大体上是在中古构词法的基础上平稳发展。

第一节
上古汉语的构词法

上古汉语词汇的突出特点是单音节词占绝对优势。因此，上古汉语构造新词主要是在单音节的框架内，通过改变词的意义或语音形式来实现的。

上古的构词法有：转化构词、音变构词、重叠构词、附加构词和复合构词。其中，转化构词和音变构词是单音构词法，重叠构词、附加构词和复合构词是复音构词法。单音构词法构成的新词叫滋生词，相对于滋生词的叫原始词。上古汉语以单音构词法为主，复音构词法为辅。

一、转化构词

转化构词是指在不改变读音的前提下，通过改变词的意义或词性来构成新词。[①] 在滋生词与原始词分化以后，为了将二者区别开来，往往会为其中一个词造一个新字。通常所说的“古今字”有很大一部分属于这种情况。下面按是否改变词性分别举例。

---

① 与英语的转化构词（conversion，又称“转类构词”）不同，汉语的转化构词不一定改变词性。

（一）只改变词义

枝—肢（胑）：枝，树木的枝条。《诗经·桧风·隰有苌楚》：“隰有苌楚，猗傩其枝。”引申指人的四肢。《荀子·儒效》：“行礼要节而安之，若生四枝。”后来写作“肢”或“胑”。《孟子·尽心下》：“口之于味也，目之于色也，耳之于声也，鼻之于臭也，四肢之于安佚也。”《荀子·君道》：“块然独坐而天下从之如一体，如四胑之从心。”

唇—漘：唇，嘴唇。《左传·僖公五年》：“辅车相依，唇亡齿寒。”漘，水边。《诗经·魏风·伐檀》：“坎坎伐轮兮，寘之河之漘兮。”

郭—椁：郭，外城。《礼记·礼运》：“城郭沟池以为固。”椁，外棺。《庄子·天下》：“天子棺椁七重，诸侯五重，大夫三重，士再重。”

反—返：反，翻转。《孟子·公孙丑上》：“以齐王，由反手也。”引申为返回。《左传·宣公二年》：“亡不越竟，反不讨贼。”后来写作“返”。《庄子·逍遥游》：“大而无当，往而不返。”

没—殁：没，沉没。《庄子·列御寇》：“其子没于渊，得千金之珠。”引申为死。《论语·子罕》：“文王既没，文不在兹乎？”后来写作“殁”。《国语·晋语四》：“管仲殁矣，多谗在侧。”

寤—悟：寤，睡醒。《诗经·周南·关雎》：“窈窕淑女，寤寐求之。”引申为醒悟。《淮南子·要略》：“欲一言而寤，则尊天而保真。”后来写作“悟”。《史记·秦始皇本纪》：“三主惑而终身不悟。”

（二）改变词性

擒—禽：禽，本义是猎获。甲骨卜辞：“王其田，禽。”（甲 2765）引申为俘获。《左传·僖公二十二年》：“君子不重伤，不禽二毛。”引申为猎物。《易·井》：“旧井无禽。”又泛指鸟兽。《白虎通·田猎》：“禽者何？鸟兽之总名。”动词的意义后来写作“擒”。《国语·吴语》：“员不忍称疾辟易，以见王之亲为越之擒也。”

援—猿（猨蝯）：援，攀援。《逸周书·达奚武传》：“攀藤援枝，然后得上。”猿，猿猴，善攀援。又作“猨”、“蝯”。《尔雅·释兽》：“猱蝯，善援。”《楚辞·九歌·山鬼》：“雷填填兮雨冥冥，猨啾啾兮狖夜鸣。”

夏—厦：夏，大。《尔雅·释诂》：“夏，大也。”《诗经·秦风·权舆》：“于我乎，夏屋渠渠。”引申为大屋。《楚辞·九章·哀郢》：“曾不知夏之为丘兮，孰两东门之可芜。”后来写作“厦”。扬雄《太玄·强》：“大厦微。”

二—贰：二，数词。《论语·颜渊》：“必不得已而去，于斯二者何先？”贰，副的。《左传·昭公二十年》：“庆比御公，公南楚骖乘，使华寅乘贰车。”

上—尚：上，位置或地位高的。《诗经·周颂·敬之》：“无曰高高在上，陟降厥土，日监在兹。”引申为崇尚。《左传·桓公八年》：“楚人上左，君必左，无与王遇。”后来写作“尚”。《论语·阳货》：“君子尚勇乎？”

二、音变构词

音变构词是通过改变词的语音形式来构成新词。根据所改变的语音成分的不同，音变构词可以分为变调构词、变纽构词、变韵构词和综合型音变构词四类。下面分别进行讨论。

（一）变调构词

变调构词是指通过改变声调来构成新词。上古的变调构词有两个特点：第一，滋生词多读去声或长入；第二，相对于原始词来讲，滋生词往往在语法功能上发生了变化。下面按照语法功能改变的情况分别举例。

1. 动词—名词

度：duó＜$dak_{ɔ}$＜$^{*}dak_{ɔ}$徒落切，入声。测量长度。《孟子·梁惠王上》：“度，然后知长短。”dù＜$du^{ɔ}$＜$^{*}d\bar{a}k_{ɔ}$徒故切，去声。计量长短的标准。《尚书·舜典》：“同律度量衡。”①

处：chǔ＜$^{c}tɕ^{h}jo$＜$^{*c}k^{h}rja$ 昌与切，上声。居住。《周易·系辞下》：“上古穴居而野处，后世圣人易之以宫室。”chù＜$tɕ^{h}jo^{ɔ}$＜$^{*}k^{h}rja^{ɔ}$昌据切，去声。处所。《史记·五帝本纪》：“迁徙往来无常处。”

陈—阵：chén＜$_{c}ȡj\breve{e}n$＜$^{*}{}_{c}drjen$ 直珍切，平声。陈列。《左传·襄公九年》：“火所未至，彻小屋，涂大屋，陈畚挶，具绠缶，备水器。”zhèn＜$ȡj\breve{e}n^{ɔ}$＜$^{*}drjen^{ɔ}$直刃切，去声。军阵。《墨子·修身》：“君子战虽有陈，而勇为本焉。”后来写作“阵”。《楚辞·九歌·国殇》：“凌余阵兮躐余行，左骖殪兮右刃伤。”

闻：wén＜$_{c}mjuən$＜$^{*}{}_{c}mwjən$ 无分切，平声。听见。《礼记·大学》：“心不在焉，视而不见，听而不闻。”wèn＜$mjuən^{ɔ}$＜$^{*}mwjən^{ɔ}$亡运切，去声。名声。《诗经·大雅·卷阿》：“颙颙昂昂，如圭如璋，令闻令望。”

2. 名词—动词

冠：kuān＜$_{c}kuan$＜$^{*}{}_{c}kwan$ 古丸切，平声。帽子。《礼记·曲礼上》：“为人子者，父母存，冠衣不纯素。”kuàn＜$kuan^{ɔ}$＜$^{*}kwan^{ɔ}$古玩切，去声。戴帽子。《孟子·滕文公上》：“许子冠乎？”

妻：qī＜$_{c}ts^{h}iei$＜$^{*}{}_{c}ts^{h}ei$ 七稽切，平声。妻子。《诗经·齐风·南山》：“取妻如之何，必告父母。”qì＜$ts^{h}iei^{ɔ}$＜$^{*}ts^{h}ei^{ɔ}$七计切，去声。嫁给。《左传·僖公二十三年》：“以叔隗妻赵衰。”

枕：zhěn＜$^{c}tɕj\breve{e}m$＜$^{*c}tjəm$ 章荏切，上声。枕头。《诗经·陈风·泽陂》：“寤寐无为，辗转伏枕。”zhèn＜$tɕj\breve{e}m^{ɔ}$＜$^{*}tjəm^{ɔ}$之任切，去声。以头枕物。《论语·述而》：“曲肱而枕之。”

---

① 注音依次是现代音、中古音、上古音。现代音用汉语拼音，中古音和上古音用国际音标，关于中古和上古音的拟音请参看本书语音史部分。反切，如无说明均为《广韵》的反切。

3. 不及物动词—及物动词/自动词—使动词

雨：yǔ<^{c}ɦjuo<^{*c}ɦwja 王矩切，上声。下雨。《荀子·天论》：“雩而雨，何也?” yù<ɦjuo^{ɔ}<*ɦwja^{ɔ}王遇切，去声。从空中落下。《诗经·邶风·北风》：“北风其凉，雨雪其雱。”

走：zǒu<^{c}tsəu<^{*c}tsɔ 子苟切，上声。奔跑。《左传·昭公七年》：“循墙而走。” zòu<tsəu^{ɔ}<*tsɔ^{ɔ}则候切，去声。前往，奔向。《淮南子·说林训》：“渔者走渊，木者走山，所急者存也。”

饮：yǐn<^{c}ʔjĕm<^{*c}ʔjəm 於锦切，上声。喝。《庄子·逍遥游》：“偃鼠饮河，不过满腹。” yìn<ʔjĕm$_{\text{ɔ}}$<*ʔjəm$_{\text{ɔ}}$於禁切，去声。使饮。《楚辞·离骚》：“饮余马于咸池兮，揔余辔乎扶桑。”

去：qù<k^{h}jo^{ɔ}<*k^{h}ja^{ɔ}丘倨切，去声。离开。《孟子·公孙丑下》：“孟子去齐。” qǔ<^{c}k^{h}jo<^{*c}k^{h}ja 羌举切，上声。去除。《左传·闵公二年》：“不去庆父，鲁难未已。”

4. 形容词—动词

好：hǎo<^{c}hau<^{*c}hu 呼皓切，上声。美，善。《战国策·赵策三》：“鬼侯有子而好。” hào<hau^{ɔ}<*hu^{ɔ}呼到切，去声。喜好。《礼记·缁衣》：“好贤如《缁衣》，恶恶如《巷伯》。”

恶：è<ʔak$_{\text{ɔ}}$<*ʔak$_{\text{ɔ}}$乌各切，入声。丑，不善。《左传·昭公二十八年》：“昔贾大夫恶，娶妻而美。”《礼记·缁衣》：“好贤如《缁衣》，恶恶如《巷伯》。” wù<ʔu^{ɔ}<*ʔāk$_{\text{ɔ}}$乌路切，去声。憎恶。《礼记·缁衣》：“好贤如《缁衣》，恶恶如《巷伯》。”《左传·隐公元年》：“庄公寤生，惊姜氏，故名曰‘寤生’，遂恶之。”

远：yuǎn<^{c}ɦjuɐn<^{*c}ɦwjan 云阮切，上声。遥远。《诗经·卫风·河广》：“谁谓宋远？曾不崇朝。” yuàn<ɦjuɐn^{ɔ}<*ɦwjan^{ɔ}于愿切，去声。离开。《汉书·张骞传》：“又自以远远汉，殊无报胡之心。”

5. 动词—形容词

知—智：zhī<$_{c}$tje<$^{*}{}_{c}$trje 陟离切，平声。知道，了解。《论语·学而》：“不患人之不己知，患不知人也。” zhì<tje^{ɔ}<*trje^{ɔ}知义切，去声。聪明，智慧。《论语·子罕》：“知者不惑，仁者不忧，勇者不惧。”后来写作“智”。《老子》：“绝圣弃智，民利百倍。”

治：chí<$_{c}$ɖjə<$^{*}{}_{c}$drjə 直之切，平声。治理。《孟子·滕文公上》：“然则治天下，独可耕且为与?” zhì<ɖjə^{ɔ}<*drjə^{ɔ}直吏切，去声。安定。《周易·系辞下》：“是故君子安而不忘危，存而不忘亡，治而不忘乱。”

（二）变纽构词

变纽构词是指通过改变声母来构成新词。变纽构词中最常见的是通过改变声母的清浊来构成新词。

井—阱：井，jǐng<tsjɛŋ<* tsjeŋ 子郢切，精母。水井。《周易・井》："改邑不改井。"阱，jǐng<dzjɛŋ<* dzjeŋ 疾郢切，从母。陷阱。《周礼・秋官・雍氏》："秋令塞阱杜擭。"

勺—酌：勺，sháo<dʑjɑk<* djok 市若切，禅母。舀东西的用具。《周礼・考工记・梓人》："梓人为饮器，勺，一升。"酌，zhuó<tɕjɑk<* tjok 之若切，章母。舀。《诗经・大雅・行苇》："酒醴维醹，酌以大斗。"

藏—仓：藏，cáng<dzɑŋ<* dzaŋ 昨郎切，从母。储藏。《荀子・王制》："春耕，夏耘，秋收，冬藏。"仓，cāng<tsʰɑŋ<* tsʰaŋ 七冈切，清母。粮仓。《孟子・滕文公上》："滕有仓廪府库，则是厉民而以自养也。"

见—见（现）：见，jiàn<kien<* kian 古电切，见母。看见。《礼记・大学》："心不在焉，视而不见，听而不闻。"见，xiàn<ɦien<* gian 胡甸切，匣母。显现，后来写作"现"。《史记・刺客列传》："轲既取图奏之，秦王发图，图穷而匕首见。"

（三）变韵构词

变韵构词是指通过改变韵母来构成新词。

封—邦：封，fēng<pjuoŋ<* pjɔŋ 府容切，钟韵。分封。《左传・昭公二十九年》："实列受氏姓，封为上公。"邦，bāng<pɔŋ<* prɔŋ 博江切，江韵。封国。《尚书・尧典》："百姓昭明，协和万邦。"

窗—囱：窗，chuāng<tʂʰɔŋ<* tsʰrɔŋ 楚江切，江韵。天窗。本作"囱"。《说文・囱部》："囱，在墙曰牖，在屋曰囱，象形。"王充《论衡・别通》："凿窗启牖，以助户明也。"囱，cōng<tsʰuŋ<* tsʰɔŋ 仓红切，东韵。烟囱。《广韵・东韵》："囱，灶突。"

盈—溢：盈，yíng<jɛŋ<* reŋ 以成切，清韵。满。《诗经・周南・卷耳》："采采卷耳，不盈顷筐。"溢，yì<jĕt<* rek 夷质切，质韵。溢出。《楚辞・天问》："东流不溢，孰知其故？"

香—馨：香，xiāng<hjɑŋ<* hjaŋ 许良切，阳韵。芳香。《诗经・周颂・载芟》："有飶其香，邦家之光。"馨，xīn<hieŋ<* hieŋ 呼刑切，青韵。香气远闻。《诗经・大雅・凫鹥》："尔酒既清，尔殽既馨。"

（四）综合型音变构词

综合型音变构词是指通过改变声、韵、调三者中两个以上的成分来构成新词。

长—长：cháng<꜀ɖjɑŋ<*꜀drjaŋ 直良切，澄母，阳韵，平声。与"短"相对。《诗经・齐风・猗嗟》："猗嗟昌兮，颀而长兮。"zhǎng<꜂ʈjɑŋ<*꜂trjaŋ 知丈切，知母，养韵，上声。与"幼"相对。《论语・先进》："以吾一日长乎尔，毋吾以也。"

走—趋：走，zǒu<꜂tsəu<*꜂tsɔ 子苟切，精母，厚韵，上声。奔跑。《韩非子・五蠹》："兔走，触株，折颈而死。"趋，qū<꜀tsʰjuo<*꜀tsʰjɔ 七逾切，清母，虞韵，平声。疾行。《论语・微子》："孔子下，欲与之言。趋而辟之，不得与之言。"

坎—陷：坎，kǎn<ᶜkʰɑm<*ᶜkʰam 苦感切，溪母，感韵，上声。坑。《礼记·丧大记》："浴余水弃于坎。"陷，xiàn<ɦɐmᵓ<*gramᵓ户韽切，匣母，陷韵，去声。陷入。《左传·成公十年》："如厕，陷而卒。"

三、重叠构词

重叠构词是指通过重复一个音节的全部或部分成分来构成新词。重叠构词又可分为完全重叠构词和部分重叠构词。下面分别进行讨论。

（一）完全重叠构词

完全重叠构词是指通过完全重复一个音节来构成新词，构成的新词叫叠音词。上古的叠音词基本上是状态形容词，可以分为拟声和摹状两类，如：

喈喈、关关、嘤嘤、呦呦、丁丁、许许、呱呱、渊渊、雝雝、辚辚（以上拟声）

萋萋、采采、绵绵、济济、灼灼、依依、赫赫、皇皇、汤汤、洋洋、秩秩、厌厌、莫莫、习习、赳赳、俣俣（以上摹状）

也有少量叠音词是名词，多为动物名称。如：

猩猩、狒狒、蛮蛮、禺禺

（二）部分重叠构词

部分重叠构词是指通过重复一个音节的声母或韵母来构成新词，构成的新词即联绵词。部分重叠构词可以分为双声、叠韵、双声兼叠韵三种。下面分别举例。

（1）双声：

蝙蝠、蚍蜉、差池、蝤蛴、蜘蛛、蝃蝀、饕餮、蒹葭、唐棣、鸳鸯、伊威（以上名词）

觱沸、缤纷、憔悴、参差、斯须、流离、陆离、玄黄、胶加、忼慨（以上形容词）

匍匐、邂逅、黾勉、周章、犹豫、逸豫（以上动词）

（2）叠韵：

蜉蝣、尺蠖、螟蛉、蜥蜴、螵蛸、仓庚、侏儒、扶苏、勺药、芣苢、芄兰、椒聊（以上名词）

虺隤、猗傩、委蛇、须臾、沧浪、蹉跎、宛转、萧条、从容（以上形容词）

徘徊、逡巡、逍遥、栖迟、绸缪、婆娑（以上动词）

（3）双声兼叠韵：

蔽芾、绵蛮、辗转、间关、缱绻、燕婉、睍睆、契阔（均为形容词）

四、附加构词

附加构词是指由词根和词缀组合起来构成新词，构成的新词即派生词。上古汉语中派生词的数量不多，主要是名词和形容词。

（1）前缀“有”。前缀“有”主要加在名词前，如：

我不可不鉴于有夏，亦不可不鉴于有殷。（《尚书·召诰》）
有周不显，帝命不时。（《诗经·大雅·文王》）
摽有梅，其实七兮。（《诗经·召南·摽有梅》）

（2）状态形容词后缀“如”“然”“尔”“若”“焉”。形容词加上这些后缀以后表示某种状态，在句子中一般充当谓语或状语。如：

始作，翕如也。（《论语·八佾》）
天油然作云，沛然下雨，则苗勃然兴之矣。（《孟子·梁惠王上》）
子路率尔而对曰。（《论语·先进》）
桑之未落，其叶沃若。（《卫风·氓》）
瞻之在前，忽焉在后。（《论语·子罕》）

五、复合构词

复合构词是指由两个以上的词根组合成新词。上古汉语的复合词主要有联合式、偏正式、支配式和陈述式。

（一）联合式

联合式复合词是由两个地位平等的语素构成的。如：

庖厨、朋友、容貌、故旧、奔走、休息、讨论、和睦、久远、枯槁（由同义语素构成）

国家、社稷、骨肉、干戈、兵革、春秋、跋涉、斟酌、稼穑、衰老（由意义相关的语素构成）

得失、左右、是非、黑白、长短、旦暮、雌雄、俯仰、贫富、多寡（由反义语素构成）

上古时期很多联合式复合词还处在形成过程中，语素的结合还不够紧密，所以仍然经常分开使用。如：

不稼不穑，胡取禾三百廛兮？（《诗经·魏风·伐檀》）
后稷教民稼穑。（《孟子·滕文公上》）

语素的次序也还不够稳定。如：

殄灭我费滑，散离我兄弟。(《左传·成公十三年》)
兄弟妻子离散。(《孟子·梁惠王上》)

(二) 偏正式

偏正式复合词中的两个语素之间是修饰和被修饰的关系。上古汉语的偏正式复合词主要是名词，如：

天子、布衣、农夫、圣人、大人、小人、良人、苍天、飘风、秋阳、云汉、晨风、青蝇、六艺、百谷、千金、万物

在包含种属关系的偏正式复合词中，有些名词是用种概念修饰属概念的。如：

草芥、虫螟、虫蝗、鸟乌、鱼鲔、河漳

上古的偏正式复合词中有极少数是动词和形容词，如：

假寐、不肖、丕显

(三) 支配式

支配式复合词中的两个语素之间是支配和被支配的关系，相当于句法结构中的述宾关系。上古汉语中支配式复合词的数量不多，只有名词和动词。如：

将军、相国、司马、司南、屏风、牵牛（名词）
从事、得罪、当路（动词）

(四) 陈述式

陈述式复合词中的两个语素之间是陈述和被陈述的关系，相当于句法结构中的主谓关系。上古汉语中陈述式复合词的数量极少，下面是两个例子：

地震：《国语·周语上》：“阳伏而不能出，阴迫而不能烝，于是有地震。”
日中：日运于中，指中午。《左传·昭公元年》：“叔孙归，曾夭御季孙以劳之。旦及日中不出。”

还有个别的词处在凝固成词的过程中。如：

夏四月甲辰朔，日有食之。晋侯问于士文伯曰：“谁将当日食?”(《左传·昭公七年》)
夫日月之有蚀，风雨之不时，怪星之党见，是无世而不常有之。(《荀子·天论》)
盖略以春秋二百四十二年之间，日蚀三十六。(《史记·天官书》)

第二节
中古构词法的发展

一、单音构词法衰落

从上古到中古，汉语词汇发展总的趋势是复音化，单音构词法逐渐衰落。

第一，转化构词不再是能产的构词方式。中古时期，仍有少量通过转化构词法构成的新词，如：

弯—湾：弯，本义是引弓。《韩诗外传》卷六：“昔者楚熊渠子夜行，寝石以为伏虎，弯弓而射之。”引申指水流弯曲处。庾信《应令》：“望别非新馆，开舟即旧弯。”后来写作“湾”。庾信《望渭水》：“树似新亭岸，沙如龙尾湾。”

卓—桌，倚—椅：“卓”是高的意思。“桌”相对几案而言要高，故名。“倚”是倚靠的意思。“椅”有靠背可以倚靠，故名。二字原本写作“卓”“倚”，后来写作“桌”“椅”。宋赵与时《宾退录》卷一：“京遣人廉得有黄罗大帐，金龙朱红倚卓，金龙香炉。”宋黄朝英《靖康缃素杂记·倚卓》：“今人用倚卓字，多从木旁，殊无义理……倚卓之字虽不经见，以鄙意测之，盖人所倚者为倚，卓之在前者为卓。”明方以智《通雅》引宋杨亿《谈苑》：“景德中，主家造檀香倚、卓，俗以为椅子、桌子。”

但是，由于转化构词不改变词的语音形式，造成同音词增多，势必给交际带来不便，再加上复音化趋势的影响，中古以后由转化构词法构成的新词就越来越少了。

第二，音变构词也趋于停滞。这主要表现在三个方面：

(1) 一些上古通过音变构词构成的词，中古以后基本不再使用。如：

首：动词，朝向，读去声。《史记·淮阴侯列传》：“北首燕路，而后遣辩士奉咫尺之书，暴其所长于燕，燕必不敢不听从。”张守节《正义》：“首，音狩，向也。”

衣：动词，穿衣，读去声。《左传·定公九年》：“皙帻而衣狸制。”《释文》：“衣，於既反。”

还有“冠”“妻”“女”“王”“远”等，作动词都读去声。这些词中古以后基本不再使用，只在一些仿古的书面语中出现。

(2) 一些上古通过音变构词构成的词，中古以后其破读音渐渐废弃不用。如：

鱼（渔）：《易·系辞下》：“以佃以渔。”《音义》：“以渔，音鱼。本亦作‘鱼’。又言庶反。马云：‘取兽曰佃，取鱼曰渔。’”动词音“言庶反”，去声，中古以后废弃不用。

弟（悌）：《左传·隐公元年》：“段不弟，故不言弟。”《释文》：“不弟之弟，大计反，又如字。”动词音“大计反”，去声。中古以后可读“如字”（上声）。

闻：《左传·僖公五年》：“黍稷非馨，明德惟馨。”杜预注：“馨，香之远闻。”《释文》：“闻，音问，又如字。”表示“传布”义的“闻”音“问”（去声），中古以后可以读“如字”（平声）。

（3）中古以后通过音变构词创造的新词数量很少。下面两例是中古通过音变构词产生的滋生词：

研—砚：研，yán<$_{c}$ŋien 五坚切，平声。研磨。《玉篇·石部》：“研，摩也。”《齐民要术·煮杏酪粥法》：“打取杏仁，以汤脱去黄皮，熟研，以水和之，绢滤取汁。”研，yàn<ŋien^{ɔ} 吾甸切，去声。砚台。《后汉书·班超传》：“大丈夫无它志略，犹当效傅介子、张骞立功异域，以取封侯，安能久事笔研间乎？”后来写作“砚”。陆云《与平原书》：“笔亦如吴笔，砚亦尔。”

铺：pū<$_{c}p^{h}$u 普胡切，平声。陈列。《诗经·大雅·常武》：“铺敦淮濆，仍执丑虏。”张九龄《饯王司马入计同洲字》：“别筵铺柳岸，征棹倚芦洲。”pù<p^{h}u^{ɔ} 普故切，去声。店铺。韩愈《论变盐法事宜状》：“今令州县人吏坐铺自粜，利不关己，罪则加身。”

二、中古附加构词法的发展

上古的词缀到中古以后大多不再使用，只有形容词后缀“然”仍然是一个能产的后缀：

更待菊黄家酝熟，共君一醉一陶然。（白居易《与梦得沽酒闲饮且约后期》）
此情可待成追忆，只是当时已惘然。（李商隐《锦瑟》）

中古汉语产生了一些新的词缀，下面分别介绍。

（1）前缀“阿”和“老”。“阿”和“老”都是名词前缀，“阿”也可用在人称代词前。如：

府吏得闻之，堂上启阿母。（《古诗为焦仲卿妻作》）
阿姊闻妹来，当户理红妆。（《木兰诗》）
只有阿舅无外甥。（《隋书·五行志》）
道逢乡里人，家中有阿谁？（《十五从军征》）
卿非狐狸，即是老鼠。（《幽明录》）
此是天上老鸦鸣，人间老鸦无此声。（顾况《乌夜啼》）
每被老元偷格律，苦教短李伏歌行。（白居易《编集拙诗成一十五卷因题卷末戏赠元九李二十》）

（2）后缀“子”“儿”“头”。“子”“儿”“头”都是名词后缀，如：

魂魄似绳子，形骸若柳木。（《王梵志诗》第九五）
镰柯不凿孔，斧子不施柯。（《朝野佥载》卷一）
未戴柘枝花帽子，两行官监在帘前。（王建《宫词》）
失却斑猫儿，老鼠围饭瓮。（《寒山诗》）

细雨鱼儿出，微风燕子斜。(杜甫《水槛遣心》)
枕前泪共阶前雨，隔个窗儿滴到明。(《北梦琐言·徐月英诗》)
狗咬枯骨头，虚自舔唇齿。(《寒山诗》)
愿随仙女董双成，王母前头作伴行。(项斯《送宫人入道》)
徒步当车饥当肉，锄头为枕草为毡。(黄庭坚《次韵胡彦同年羁旅京师寄李子飞》)

三、中古复合构词法的发展

中古以后复合构词法成为主要的构词法。这主要表现在三个方面：

第一，上古原有的复合构词方式继续产生新词，而且原来构词能力比较弱的复合构词方式（如陈述式）有所加强。如：

(1) 联合式。

胸襟、早晚、举止、研究、允许、爱护、料理、剥削、抬举、零乱、文弱

(2) 偏正式。

烧酒、印板、沙糖、脚钱、反动、粉饰、非凡、崭新

(3) 支配式。

扶老、屈膝、抱怨、负心、向火、软脚、留神、留心

(4) 陈述式。

齿冷、头风、口吃、恶发

第二，出现了新的复合构词方式。除了上古原有的复合构词法以外，中古又产生了补充式、名量式和截取式三种新的复合构词法。

(5) 补充式。补充式复合词中的两个语素是补充和被补充的关系，相当于句法结构中的述补结构。补充式复合词的出现与中古述补结构的发展有关。下面是补充式复合词的例子：

摆脱、割裂、说合、看见、消灭

(6) 名量式。名量式复合词是由名词性语素与量词性语素组合成的复合词。名量式复合词的出现与中古量词的发展有关。下面是名量式复合词的例子：

车乘、车两、船乘、舟乘、花朵、书卷、蒜颗

(7) 截取式。截取式复合词是指从经典中截取两个字形成的词。这类词中的两个语素往往不在同一语法层次中，所以不能用一般的句法结构关系来分析。如：

友于：语出《尚书·君陈》："惟孝友于兄弟。"中古以后用"友于"表示兄弟的情谊。《后汉书·史弼传》："陛下隆于友于，不忍遏绝。"《魏书·良吏传·宋世景》："世景友于之性，过绝于人，及道玙死，哭之哀切。"又作为兄弟的代称。曹植《求通亲亲表》："今之否隔，友于同忧。"白居易《东南行一百韵》："万里抛朋侣，三年隔友于。"

具瞻：语出《诗经·小雅·节南山》："赫赫师尹，民具尔瞻。"中古以后用"具瞻"

指代宰辅重臣。《文选·王俭〈褚渊碑文〉序》：“具瞻之范既著，台衡之望斯集。”宋王谠《唐语林·政事上》：“在具瞻之地，自有国容。”

景仰：语出《诗经·小雅·车舝》：“高山仰止，景行行止。”中古以后“景仰”成为一个复合词，表示“仰慕”的意思。《后汉书·刘恺传》：“今恺景仰前修，有伯夷之节。”宋范仲淹《阅古堂诗》：“复令千载下，景仰如高岑。”

涟漪：语出《诗经·魏风·伐檀》：“坎坎伐檀兮，寘之河之干兮，河水清且涟猗。”中古以后“涟猗”成为一个复合词，指细小的波纹，“猗”字写作“漪”。晋左思《吴都赋》：“剖巨蚌于回渊，濯明月于涟漪。”王维《纳凉》：“涟漪涵白沙，素鲔如游空。”

而立：语出《论语·为政》：“吾十有五而志于学，三十而立，四十而不惑。”中古以后“而立”用来指代三十岁。宋严有翼《艺苑雌黄》：“顷有人年七十余，置一侍婢，年三十。东坡戏之曰：‘侍者方当而立岁，先生已是古稀年。’”

这种截取式的复合词数量不多。由于割裂了原来的语法结构，与一般的语言习惯相矛盾，到近代以后就基本不再使用这种方法构造新词，有的截取式复合词（如：具瞻、友于）在口语中也逐渐被淘汰。

第三，一些上古的单音词中古以后逐渐被复合词取代。这一点从中古经师给上古经典的注释中可以看得出来。如：

“介、尚，右也。”（《尔雅·释诂》）郭璞注：“绍介、劝尚，皆相佑助。”

“晋公子广而俭，文而有礼；其从者肃而宽，忠而能力。”（《左传·僖公二十三年》）孔颖达疏：“广大者失于奢僭，故美其能俭也；文华者失于傲慢，故美其能有礼也；能敬者失于褊急，故美其能宽容也；忠诚者未必有力，故美其能勤也。”

“举扶而易之。”（《礼记·檀弓下》）孔颖达疏：“易换其箦。”

“滕，小国也。间于齐楚，事齐乎？事楚乎？”（《孟子·梁惠王下》）孙奭疏：“我之滕国，则小国也。今间厕在齐楚二国之间，而我今当奉事齐国乎，楚国乎？”

总的说来，单音构词法和重叠构词法在中古逐渐衰落了，附加构词法和复合构词法有了长足的发展，特别是复合构词法的构词能力显著提高，成为汉语主要的构词法。

第三节 近代构词法的发展

一、近代附加构词法的发展

近代以后，附加构词法又有新的发展，主要表现在：第一，原有词缀的用法有所发展；第二，产生了一些新的词缀。

(1) 后缀“儿”的发展。近代以后，后缀“儿”的使用范围扩大了，可以出现在量词、动词和形容词后。如：

留些儿与我见见儿也是人心。(《金瓶梅》)
快醒醒儿，脱了衣裳睡罢。(《红楼梦》)
脸上红扑扑儿的一脸酒气。(《红楼梦》)

由于儿化的原因，“里”和“日”也混入后缀“儿”。如：

请他到小阁儿坐着。(《蒋兴哥重会珍珠衫》)
人家大师傅叫我在这儿劝你。(《儿女英雄传》)
明儿晚饭后，咱们娘儿们就过去。(《红楼梦》)
乡俗谓“昨日”为“昨儿”，“前日”为“前儿”，“后日”为“后儿”。(清孙点《历下志游》)

(2) 后缀“子”和“头”的发展。近代以后，后缀“子”和“头”的使用范围也扩大了，可以用来表示抽象的概念。如：

贼平之后，方见面子。(《旧唐书·张浚传》)
做个样子，方可使以下士大夫行之。(《朱子语类》)
我好意请你，你倒起这样歹念头。(乔吉《两世姻缘》第三折)
这秀才好没来头，谁问你有妻无妻哩。(李好古《张生煮海》第一折)

(3) 后缀“们”的产生。表复数的后缀“们”始见于宋代，元明以后比较多见。早期写法不固定，有“门们每懑”等。如：

你懑不敢领他，这件事干人命！(《清平山堂话本·简贴和尚》)
贼阵里儿郎懑眼不扎。(董解元《西厢记诸宫调》卷二)
感蒙赏赐，我每就此吃饭。(王实甫《西厢记》第五本第一折)
相国担惊，不干小人每事。(《大宋宣和遗事》前集)
曹公曰：“咱门急之。”(《三国志平话》卷下)
他们都夺昆仑战虎痴。(明黄祖儒《醉花阴·元夜》套曲)
朋友们知疼热，负心的早回宁贴。(明郑虚舟《步步娇·大揭帖》套曲)

此外，“五四”以后，由于西方语言的影响，产生了“性”、“化”、“度”、“主义”等后缀。

二、近代复合构词法的发展

近代汉语中复合构词法仍然是主要的构词法，继续产生大量新词。近代汉语的复合词还有一个特点，就是多音节的复合词数量显著增加了。以下是近代出现的多音节复合词的例子：

（1）偏正式。

小心眼、闷葫芦、半瓶醋、俏皮话、杂会汤、打火刀、及时雨

（2）支配式。

没分晓、打中火、打死虎、说大口、做手脚、学乡谈、见世面

（3）陈述式。

走狗烹、官车出、妃子笑

（4）补充式。

沉甸甸、冷森森、赤条条、雄赳赳、气呼呼、假惺惺

旧留丢、歪不楞、软兀剌、黑不溜偢、破不留丢、花狸狐哨

多音节的补充式复合词大多是状态形容词。补充成分有的来自叠音词，如：

赳赳：威武貌。《诗经·周南·兔罝》："赳赳武夫，公侯干城。"《旧唐书·张仲武传》："赳赳元戎，眈眈虎视。"

森森：幽暗貌。五代齐己《短歌寄鼓山长老》："行围坐绕同一色，森森影动旃檀香。"引申为寒冷貌。明贾仲名《萧淑兰》第三折："有时节透顶炎炎，有时节彻骨森森。"

有的来历不明，特别是那些补充成分为非叠音式的，有可能与北方少数民族语言的影响有关。

三、近代重叠构词法的发展

部分重叠构词到中古就较少使用了，仅有少量联绵词是中古产生的，如：丁当、含糊、娄罗、蹭蹬、潋滟、落漠。近代汉语里重叠构词法又有了新的发展，即产生了四音节的联绵词。四音节的联绵词都是状态形容词，如①：

必丢不搭：pi-tiəu-pu-ta 形容声音连续不断。元高文秀《黑旋风》第二折："我这里七留七林行，他那里必丢不搭说。"

七留七林：tsʰi-liəu-tsʰi-liəm 悄悄地；慢慢地。元高文秀《黑旋风》第二折："我这里七留七林行，他那里必丢不搭说。"

低留答剌：ti-liəu-ta-la 下垂貌。明冯惟敏《端正好·徐我亭归田》套曲："见了个官来客来，系上条低留答剌的带。"

急留骨碌：ki-liəu-ku-lu 滚动声。元李文蔚《燕青博鱼》第二折："我则见五个镘儿乞丢磕塔稳，更和一个字儿急留骨碌滚。"

乞丢磕塔：kʰi-tiəu-kʰo-tʰa 杂乱的样子。元李文蔚《燕青博鱼》第二折："我则见五个镘儿乞丢磕塔稳，更和一个字儿急留骨碌滚。"

① 例中注的是元代音。

希留合剌：xi-liəu-xo-la 形容支离破碎。元无名氏《杀狗劝夫》第二折："将这领希留合剌的布衫儿扯得来乱纷纷碎。"

总的说来，近代汉语的构词法大体上是在中古汉语构词法的基础上平稳发展，同时也呈现出多音节化的新特点。

【思考题】

1. 上古汉语的构词法有什么特点?
2. 复合构词法从上古到近代有哪些发展?
3. 构词法的发展与句法的发展有什么关系?
4. 汉语词汇复音化的原因是什么?

【本章参考文献】

程湘清．先秦双音词研究//先秦汉语研究．济南：山东教育出版社，1992

程湘清．《论衡》复音词研究//两汉汉语研究．济南：山东教育出版社，1992.

程湘清．变文复音词研究//隋唐五代汉语研究．济南：山东教育出版社，1992.

孙景涛．古汉语重叠构词法研究．上海：上海教育出版社，2008.

孙玉文．汉语变调构词研究（增订本）．北京：商务印书馆，2007.

周法高．中国古代语法·构词编．台北："中央研究院"历史语言研究所，1962.

周祖谟．四声别义释例．问学集．北京：中华书局，1966.

祝敏彻．简论汉语复音词构词法的历史发展//祝敏彻汉语史论文集．北京：中华书局，2007.

第二章

词义的发展和变化

词义的发展和变化表现在义位的增减和义位的变化两个方面。义位的变化有扩大、缩小和转移三种类型。词义的发展主要有引申、类推、沾染、虚化和修辞影响等几种方式。义位的增减不仅与词义的发展有关，还与词汇的兴替有关。

第一节 什么是词义的发展变化

词义是不断发展变化的。分析词义的发展变化应当以义位为单位。从义位的角度来看，词义的发展变化有两种情况：一是义位的增减，二是义位的变化。

一、义位的增减

义位的增减就是一个词增加了新的义位或者消失了旧的义位。如：

该：①具备，完备。《楚辞·招魂》："招具该备，永啸呼些。"②包括。曹植《与杨德祖书》："吾王于是设天网以该之，顿八纮以掩之，今悉集兹国矣。"③应当。白居易《洛下卜居》："该知是劳费，其奈心爱惜。"④欠。《红楼梦》第一百回："人家该咱们的，咱们该人家的。"②③④是中古和近代增加的义位。①②在现代汉语中已经消失。

假：①借，凭借。《左传·成公二年》："唯器与名不可以假人。"《荀子·劝学》："假舆马者，非利足也，而致千里；假舟楫者，非能水也，而绝江河。"②暂时代理。《韩非子·难二》："周公旦假为天子七年。"③暂且，权宜。《晋书·宣帝纪》："自河以北，百姓困穷，外内有役，势不并兴，宜假绝内务，以救时急。"④虚假。白居易《古冢狐》："假色迷人犹若是，真色迷人应过此。彼真此假俱迷人，人心恶假贵重真。"③④是中古以后增加的义位。①②③在现代汉语中已经消失。

二、义位的变化

义位的变化有三种情况：

(1) 词义扩大，即限定性义素减少，由下位义变为上位义。如：

房：正室两旁的房间。《尚书·顾命》："胤之舞衣、大贝、蘉鼓在西房；兑之戈、和之弓、垂之竹矢在东房。"后泛指房屋。《楚辞·招魂》："姱容修态，絚洞房些。"

唱：领唱，领奏。《诗经·郑风·萚兮》："叔兮伯兮，倡予和女。"《释文》："本又作'唱'。"《韩非子·解老》："竽也者，五声之长者也，故竽先则钟瑟皆随，竽唱则诸乐皆和。"后泛指歌唱。陶潜《咏荆轲》："渐离击悲筑，宋意唱高声。"

涉：徒步渡水。《诗经·郑风·褰裳》："子惠思我，褰裳涉溱。"后泛指渡水。《楚辞·九章·哀郢》："惟郢路之辽远兮，江与夏之不可涉。"

(2) 词义缩小，即限定性义素增加，由上位义变为下位义。如：

宫：房屋、居室的通称。《易经·困》："入于其宫，不见其妻，不祥也。"后特指王宫。《史记·秦始皇本纪》："作宫阿房，故天下谓之阿房宫。"

禽：鸟兽的通称。《白虎通·田猎》"禽者何？鸟兽之总名。"后专指鸟类。张衡《归田赋》："落云间之逸禽，悬渊沈之鲹鰡。"

臭：气味。《诗经·大雅·文王》："上天之载，无声无臭。"后指臭味。《孔子家语·六本》："与不善人居，如入鲍鱼之肆，久而不闻其臭。"

(3) 词义转移，即中心义素改变，词义的范围发生变化。如：

屋：屋顶。《诗经·召南·行露》："谁谓雀无角，何以穿我屋？"后转指房屋。《淮南子·齐俗训》："广厦阔屋，连闼通房，人之所安也。"

兵：兵器。《诗经·秦风·无衣》："王于兴师，修我甲兵，与子偕行。"后转指兵卒、军队。《左传·襄公元年》："败其徒兵于洧上。"

树：种植。《孟子·梁惠王上》："五亩之宅，树之以桑，五十者可以衣帛矣。"后转指树木。阮籍《咏怀》之十三："芳树垂绿叶，清云自逶迤。"

三、义位变化与增减的关系

义位的变化会引起义位的增减。词义扩大或缩小后，通常是新的义位取代了旧的义位。从这个角度来说，也可以认为是旧的义位消失了，新的义位产生了。如果是词义发生转移，则可能出现两种情况：一是旧义位消失，如"屋"引申为"房屋"后，"屋顶"义就不再使用了。二是新旧义位同时并存，如"兵"引申为"兵卒"后，"兵器"义仍然使用，如苏轼《乞增修弓箭社条约状》："被甲持兵，行数十里，即便喘汗。"第二种情况只造成义位的增加。

义位的变化都是词义引申的结果，而词义的发展不仅限于引申一条途径，所以义位的增加不一定是义位变化造成的。义位的减少也不一定是义位变化造成的，而可能与词汇的兴替有关。这些问题都将在下文讨论。

第二节 词义发展的几种方式

词义发展有多种途径。影响词义发展的因素有语言内部的，如词汇自身的发展、词汇之间的相互影响以及语法、修辞等因素的影响等；也有语言外部的，如社会文化、心理等方面的因素等。下面仅介绍由语言内部因素引起的词义发展的几种方式。

一、引申

引申是基于联想作用而产生的一种词义发展。从义素分析的角度来说，就是一个词的某个义位在发展的过程中，保留某些义素，改变某些义素，从而形成一个新的义位。引申的方式可以分为链条式和辐射式两个基本类型。

（1）链条式引申。即由引申义再引申出新的义位。例如，“过”有如下几个义位：

①经过。《孟子·梁惠王上》：“有牵牛而过堂下者。”
②超过。《左传·隐公元年》：“大都不过参国之一。”
③过错；犯错。《左传·宣公二年》：“人谁无过？过而能改，善莫大焉。”
④责备。《论语·季氏》：“无乃尔是过与？”

这些义位的引申关系如下：

①经过（越过某个空间）→②超过（越过某个范围）→③过错（超过一定的规范）→④责备（对过错进行批评）

相邻的义位之间都包含相同的义素，是直接引申的关系。相隔的义位之间是间接引申的关系，就不一定包含相同的义素了。

（2）辐射式引申。即从同一个义位引申出多个不同的义位。例如，“节”有以下一些义位：

①竹节。《史记·龟策列传》：“竹，外有节理，中直空虚。”
②木节。《后汉书·虞诩传》：“不遇盘根错节，何以别利器乎？”
③骨头等其他事物的分节。《庄子·养生主》：“彼节者有间，而刀刃者无厚。”
④时节。《吕氏春秋·明理》：“阴阳失当，四时易节。”
⑤节奏。晋陆机《拟古诗》：“长歌赴促节。”
⑥法度。《礼记·曲礼上》：“礼不逾节。”

⑦符节。《吕氏春秋·首时》："楚王说之，与将军之节以如秦。"

⑧准则，节操。《吕氏春秋·序意》："青荓非乐死也，重失为人臣之节。"

⑨节制。《论语·学而》："不以礼节之，亦不可行也。"

这些义位中，①是本义，②—⑨都是直接从本义引申出来的，其关系如下（见图 2—1）：

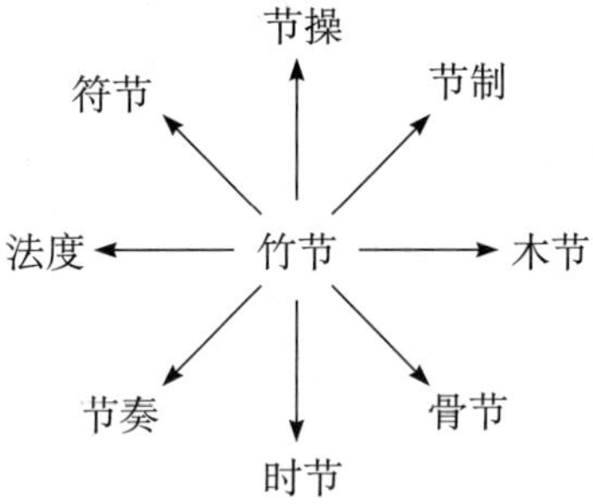

图 2—1 "节"字义位关系图

实际上，在词义引申的过程中，两种方式常常是交织在一起的。例如，"閒"有以下一些义位：

①缝隙。《史记·管晏列传》："晏子为齐相，出，其御之妻从门閒而窥其夫。"

②间隔。《汉书·西域传》："车师去渠犁千余里，閒以河山。"

③距离。《淮南子·俶真》："则美丑有閒矣。"

④更迭。《尚书·益稷》："笙镛以閒。"

⑤嫌隙。《左传·哀公二十七年》："君臣多閒。"

⑥离间。《史记·项羽本纪》："乃用陈平计，閒项王。"

⑦侦伺。《国语·鲁语下》："齐人閒晋之祸，伐取朝歌。"

⑧间谍。《孙子·用閒》："非圣智不能用閒。"

⑨中间（空间、时间）。《左传·僖公五年》："师出于陈郑之閒。"

⑩空闲。《楚辞·九歌·湘君》："交不忠兮怨长，期不信兮告余以不閒。"

⑪安闲。《左传·僖公三十三年》："吾子取其麋鹿以閒鄙邑。"

这些义位的关系如下（见图 2—2）：

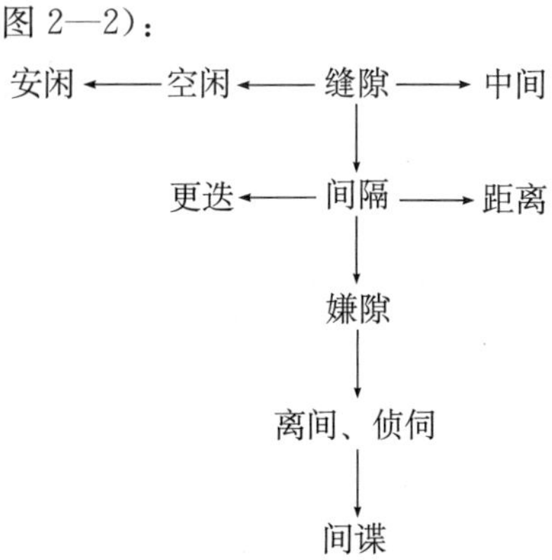

图 2—2 "间"字义位关系图

引申的结果是词义的扩大、缩小和转移。这在上一节已经讲到了。

二、类推

类推是指一个词因为受其同义词或反义词的影响而类推出来新的义位。例如，“谓”有如下一些义位：

①说。《诗经·召南·行露》：“谁谓鼠无牙？何以穿我墉？”

②称为。《孟子·梁惠王上》：“谓其台曰灵台，谓其沼曰灵沼 。”

③认为。《孟子·梁惠王上》：“宜乎百姓之谓我爱也。”

④料想。北齐颜之推《颜氏家训·勉学》：“博士一夜共披寻之，达明，乃来谢曰：‘不谓玄成如此学也。’”

“呼”也有“称为”的意思，如：

昔者，子呼我牛也，而谓之牛；呼我马也，而谓之马。(《庄子·天道》)

其实黑如豉，北方呼豉为札，当言玉豉。(《齐民要术·地榆》)

由于受同义词“谓”的影响，“呼”也类推出了“认为”的意思，如：

文适多体，便欲不清，不审兄呼尔不？(陆云《与兄平原书》)

小复前进，到其户内，白银为壁，水精为地，王呼水流，疑不得进。(《树提伽经》)

“言”也有“说”的意思，如：

食不语，寝不言。(《论语·乡党》)

由于受同义词“谓”的影响，“言”也类推出了“料想”的意思，如：

何言中路遭弃捐，零落漂沦古狱边。(唐郭震《古剑篇》)

谁言配君子，以奉百年身。(唐李益《杂曲》)

上面是同义词类推的例子，再来看反义词类推的例子。中古因僧徒常穿黑袈裟，所以称僧人为“黑衣”。如：

敕长干寺玄畅同法献为僧主，分任江南北事，时号黑衣二杰。(《佛祖统记》卷三十六)

后来就把俗家称作“白衣”，如：

一披法服，已堕僧数，岁中所计，斋讲诵持，比诸白衣，犹不啻山海也。(北齐颜之推《颜氏家训·归心》)

三、沾染

沾染是指一个词由于经常与另外一个词组合在一起使用，从而获得该词的某个或某些义位。例如，“颜”有以下义位：

①额头。《左传·僖公九年》:“天威不违颜咫尺。”孔颖达疏:“颜,谓额也。”

②面容,脸色。《诗经·郑风·有女同车》:“有女同车,颜如舜华。”《汉书·韩王信传》:“为人宽和自守,以温颜逊辞承上接下,无所失意。”

“色”有以下义位:

①脸色,表情。《论语·公冶长》:“令尹子文三仕为令尹,无喜色;三已之,无愠色。”

②颜色。《老子》十二章:“五色令人目盲,五音令人耳聋。”

在“脸色”义上,“颜”“色”经常连用:

凡祭,容貌颜色,如见所祭者。(《礼记·玉藻》)

愿一见颜色,不异琼树枝。(江淹《古离别》)

于是“颜”也取得了“颜色”的意思。如:

松柏本孤直,难为桃李颜。(李白《古风》之十二)

“颜色”也由“脸色”演变成“颜色”。如:

深知好颜色,莫作委泥沙。(杜甫《花底》)

张世开嫌那段颜色不好,尺头又短,花样又是旧的。(《水浒传》第一〇三回)

又如,上古“涕”指眼泪,“泗”指鼻涕。如:

寤寐无为,涕泗滂沱。(《诗经·陈风·泽陂》)毛传:“自目曰涕,自鼻曰泗。”

由于“涕”“泗”常常连用,“涕”也取得了“鼻涕”的意思。如:

目泪下落,鼻涕长一尺。(汉王褒《僮约》)

四、虚化

虚化是指实词的词汇义消失演变为虚词。例如,“以”原是动词,有“用”的意思:

继自今立政,其勿以憸人。(《尚书·立政》)

人皆以之,莫知其名。人皆用之,莫见其形。(马王堆汉墓帛书《道原》)

后来虚化为介词,表示工具或凭借,如:

醒,以戈逐子犯。(《左传·僖公二十三年》)

以若所为,求若所欲,犹缘木而求鱼也。(《孟子·梁惠王上》)

又如后缀“子”“儿”“头”等都是由名词虚化来的。

五、修辞影响

由于修辞影响产生的词义变化是指一个词由于修辞的原因产生的临时意义固定下来,成为该词的一个义位。

例如，“金”本指金属，用来代指金属制的打击乐器，特指军中作信号用的钲，成为固定的义位。如：

坚惧为冲所获，乃击金以止军。(《晋书·苻坚载记下》)

不须炮响金敲，后拥前号，这青骢到时，行人尽晓。(清李渔《蜃中楼·传书》)

又如，“崩”的本义是“山崩”，如：

百川沸腾，山冢崒崩。(《诗经·小雅·十月之交》)

山陵不崩，川谷不塞。(《汉书·武帝纪》)

隐喻指帝王死，成为固定的义位，指帝王、皇后死。如：

三月庚戌，天王崩。(《春秋·隐公三年》)

天子死曰崩。(《礼记·曲礼下》)

即位五年，王太后乃崩。(《汉书·五行志》)

后来也可以用于普通人，如：

大中三载，退归私第，因寝疾，崩于岁十二月十五日。(唐刘景夫《内侍王守琦墓志》)

【思考题】

1. 举例说明词义的发展都有哪些主要的途径。
2. 什么是词义的扩大、缩小和转移？

【本章参考文献】

符淮青．词义的分析和描写．北京：语文出版社，1996.

蒋绍愚．古汉语词汇纲要．北京：北京大学出版社，1989.

蒋绍愚．论词的“相因生义”//语言文字学术论文集——庆祝王力先生学术活动五十周年．上海：知识出版社，1989.

张联荣．古汉语词义论．北京：北京大学出版社，2000.

赵克勤．古汉语修辞简论．北京：商务印书馆，1983.

第三章
词汇的兴替

词汇的兴替包括新词的产生、旧词的消亡和词汇的替换三个方面。词汇的兴替与社会的发展密切相关，同时也受到语言的内部发展规律的制约。

第一节 新词的产生

词汇的发展与社会的发展关系密切。随着社会的发展，不断有新事物、新概念出现，相应地就需要有新的词语来表达。这是新词产生的主要原因。此外，词义的发展、语言系统的发展也是新词产生的重要原因。新词可能表达一个新的义位，也可能表达一个旧的义位。下面分别讨论。

一、新词新义

新词的产生往往与新事物、新概念的出现有关。反映新事物、新概念的新词，其义位自然也是新的。这类新词的产生通常有三种途径：

（一）由旧词构造

新事物出现后，以旧词为基础构成新词来指称它，这是新词产生的重要途径之一。下面是几个例子：

店：来源于“坫”。本指室内放置物品的土墩。《礼记·明堂位》：“崇坫康圭。”孔颖达疏：“为高坫受宾之圭举于其上也。”引申为放置货物的栈房。晋崔豹《古今注·都邑》：“店，所以置货鬻之物也。”再引申指商店、店铺。《唐律疏议·名例四·平赃者》：“居物之处为邸，沽卖之所为店。”《世说新语·任诞》：“阮宣子常步行，以百钱挂杖头，至酒店，便独酣畅。”李白《金陵酒肆留别》：“风吹柳花满店香，吴姬压酒唤客尝。”

凳：来源于“登”。本指床前踏具。宋吴曾《能改斋漫录·事始二》：“床凳之凳，晋已有此器。”后演变为坐具。《水浒传》第二一回：“宋江进到里面凳子上坐了。”

桌、椅：《儿女英雄传》第二一回：“褚一官连忙招呼了戴勤、华忠，随缘儿进来整理桌椅。”桌、椅，分别来源于“卓”“倚”，参见本编第一章第二节“中古构词法的发展”。

以上是单音构词法构成新词的例子。中古以后更多的新词是用复音构词法构成的，如：

反语：魏晋南北朝时流行的一种隐语。以两个字先正切，再倒切，成为另外两个字。《南史·刘悛传》：“悛本名忱，宋明帝多忌，反语‘刘忱’为‘临雠’，改名悛。”“刘忱切”为“临”，“忱刘切”为“雠”。又指反切。《颜氏家训·音辞》：“孙叔然创《尔雅音义》，是汉末人独知反语。”

飞钱：古代的一种用于兑换的票券。《新唐书·食货志四》：“宪宗以钱少，复禁用铜器。时商贾至京师，委钱诸道进奏院及诸军诸使富家，以轻装趋四方，合券乃取之，号飞钱。”《文献通考·钱币二》：“太祖时取唐朝飞钱故事，许民入钱京师于诸州便换。”

环饼：一种环钏形的油炸面食。北魏贾思勰《齐民要术·饼法》：“环饼，一名‘寒具’。”李时珍《本草纲目·穀部·寒具》：“环饼，象环钏形也。”

（二）完全新造词

有些新词与旧词无关，是完全新造的。下面是几个例子：

坊：城镇街道里巷的通称。北魏杨衒之《洛阳伽蓝记》：“寿丘里，皇宗所居也，民间号为王子坊。”《旧唐书·食货志》：“在邑居者为坊，在田野者为村。”这个新词借用了“堤防”义的“坊”的字形。二者音义均不同，“堤防”义读“符方切”，“里巷”义读“府方切”，是同形字。

锞：金银铸成的小锭。《雍熙乐府·朝天子·救忙的忒多》：“万柜黄金，千箱银锞。”这个新词借用了“輠”的异体“锞”的字形。《集韵·果韵》：“车膏器曰輠。或从金。古火切。”二者是同形字。

以上是借用旧字形的例子。有的新词是新造字，如：

砲（礮）：发射石弹的机械装置。魏曹叡《善哉行·我徂》：“发砲若雷，吐气成雨。”《文选·潘岳〈闲居赋〉》：“礮石雷骇，激矢蝱飞。”

焐：用热的东西接触凉的东西，使之变暖。元李文蔚《燕青博鱼》第三折：“你便杀了我，到那寒冬腊月里害脚冷，谁与你焐脚。”元无名氏《朱砂担》第三折：“湿是湿的，热身子焐干了。”

（三）借词

有些新事物、新概念是从其他民族引入的，就可能以借词的方式创造新词。下面是几个例子：

师比：匈奴语 serbi 的音译。带钩。《战国策·赵策二》："遂赐周绍胡服衣冠，具带黄金师比，以傅王子也。"

佛陀：梵语 Buddha 的音译。或译为"浮屠"、"浮图"、"菩提"、"勃驮"等。简称为"佛"。意为"觉"。佛教徒以此作为对其教主释迦牟尼的尊称。《魏书·释老志》："浮屠正号曰佛陀。佛陀与浮图声相近，皆西方言，其来转为二音，华言译之，则谓净觉，言灭秽成明，道为圣悟。"

二、新词旧义

有的新词所代表的事物或概念是旧有的，这些事物或概念原来由其他的词表示。下面是几个例子：

梆—柝：打更用的器具。《西游记》第七四回："（孙悟空）也变做个小妖儿，照依他敲着梆，摇着铃，掮着旗。"原来用"柝"。《易·系辞下》："重门击柝，以待暴客。"唐欧阳詹《除夜长安客舍》："虚牖传寒柝，孤灯照绝编。"

打—击：击打。《广雅·释诂三》："打，击也。"《搜神记》卷十六："鬼手中出一铁凿，可尺余，安着都督头，便举椎打之。"原来用"击"。《左传·昭公二十五年》："公寝，将以戈击之。"

跑—走：奔跑。唐马戴《边将》："红缰跑骏马，金镞掣秋鹰。"原来用"走"。《韩非子·五蠹》："田中有株，兔走，触株折颈而死。"

换—更、易：更换。《墨子·备城门》："寇在城下，时换吏卒署，而毋换其养。"《三国志·魏志·刘放传》："（刘）放乃改易其辞，往往换其本文。"原来用"更"或"易"。《左传·昭公三年》："景公欲更晏子之宅。"《礼记·檀弓下》："举扶而易之。"

新词出现后往往会取代旧词，这时如果旧词的意义比较简单就可能消亡，比如"击"和"柝"，在口语中基本上消失了。

第二节 旧词的消亡

造成旧词消亡的原因主要有以下三个：

第一，旧词所表示的事物消失。旧事物的消失不一定造成词的消亡。如果代表该事物的词是多义词，就只是义位的减少，不造成词的消亡。例如，"腊"有以下义位：

①岁末的祭祀。《左传·僖公五年》："虞不腊矣。"杜预注："腊，岁终祭众神之名。"

②岁末。通指农历十二月或泛指冬月。汉杨恽《报孙会宗书》："田家作苦，岁时伏腊，烹羊炮羔，斗酒自劳。"唐元稹《酬复言长庆四年元日郡斋感怀见寄》："腊尽残销春又归，逢新别故欲沾衣。"梁启超《致伍秩庸星使书》："去腊归自杭州，省读留札，谦牧恳切，有逾寻常。"

年终的腊祭消失，只会造成义位①的消失，不会造成"腊"这个词消失，因为义位②仍然在使用。

如果是单义词，所指消失，指称它的词就会消亡。如：

祡：《说文·示部》："祡，烧柴尞祭天也。"《汉书·扬雄传》："于是钦祡宗祈，燎熏皇天。"《后汉书·章帝纪》："前祠园陵，遂望祀华霍，东祡岱宗，为人祈福。"

簠、簋：《周礼·地官·舍人》："凡祭祀，共簠、簋，实之陈之。"郑玄注："方曰簠，圆曰簋，盛黍稷稻粱器。"《说文》："簠，黍稷圜器也。""簋，黍稷方器也。"

"祡"、"簠"、"簋"这些词，随着它们所表示的事物的消失，在后世的口语中都消亡了。郑玄和许慎对于"簠"和"簋"的解释是相反的，说明到东汉时其所指的事物已经不存在了。

第二，人们对事物和概念的分类发生了变化。上古时期人们对于事物的分类在概括性和抽象程度上还不够发达。这主要反映在以下两个方面：

（1）上古汉语中名词由于某些属性的不同分类很细。如：

騭：公马。騇：母马。

驓：膝下白的马。騚：四蹄皆白的马。

馵：左后足白的马。骧：右后足白的马。

騱：前足全白的马。騴：后足全白的马。

口：人的嘴。嘴：鸟的嘴。喙：兽的嘴。

颈：脖子的前部。项：脖子的后部。

牙：臼齿。齿：门牙。

（2）动词由于动作主体不同或对象不同分类很细。如：

鸣：鸟叫。吠：狗叫。雊：雉叫。虓：虎叫。唳：鹤叫。

沐：洗发。浴：洗身。盥：洗手。沬：洗面。洗：洗足。

随着人们对事物和概念分类的概括性和抽象性的逐渐增强，一些词的义位发展成为更加抽象的上位义，如"嘴"、"牙"、"叫"、"洗"等，从而取代了原先表示下位义的词语，这就造成了某些词的消亡。

第三，构词法的发展。中古以后，由于转化构词和音变构词的衰落，造成一些原来由这两种途径产生的词语消亡，如作动词的"衣"、"冠"、"妻"、"女"、"首"、"王"、"远"等。由于复合构词法的发展，大量复音词出现，取代了原有的单音词，也造成很多单音词的消亡。

第三节
词汇的替换

一个词的部分或全部义位被另外一个或几个词取代，就是我们说的词汇替换。例如，上古表示“观看”这个义位是用“视”，中古以后被“看”取代；上古表示“击打”这个义位用“击”，中古以后被“打”取代。

需要注意的是，一个词被另外一个词替换，替换前后的义位不一定完全相等。例如，上古“穿衣”这个义位用“衣”，“戴帽”这个义位用“冠”，“穿鞋”这个义位用“履”，都是由名词滋生出动词的用法。中古时期，这三种动作全部用“着”表示。“着”取代了上古的“衣”、“冠”、“履”，但是“着”表示的义位并不等于这三个词中的任何一个。又如，上古“胫”指小腿，“股”指大腿，近代以后“胫”和“股”都被“腿”取代。但是“腿”也不等于“胫”和“股”中的任何一个。

词汇替换主要有三种方式：

（1）被原有的词替代。例如：

面—脸：面部。上古到中古都用“面”。《墨子·非攻中》：“镜于水，见面之容；镜于人，则知吉与凶。”唐元稹《遣春》之十：“三杯面上热，万事心中去。”“脸”本指面颊。梁武帝《代苏属国妇》：“脸下泪如丝。”晏殊《破阵子》：“笑从双脸生。”近代以后指整个面部，取代了“面”。《水浒传》第六十二回：“仰着脸四下里看时，不见动静。”

足—脚：脚。上古用“足”。《楚辞·渔父》：“沧浪之水浊兮，可以濯吾足。”“脚”原指小腿。《说文》：“脚，胫也。”中古以后指“足”，取代了“足”。杜甫《北征》：“见耶背面啼，垢腻脚不袜。”

视—看：观看。上古用“视”。《荀子·劝学》：“目不能两视而明，耳不能两听而聪。”“看”原指探望、问候。《韩非子·外储说左下》：“梁车为邺令，其姊往看之。”中古以后引申为观看，取代了“视”。班昭《东征赋》：“望河洛之交流兮，看成皋之旋门。”

（2）被新词替代。例如：

曲—湾：水流弯曲处。上古用“曲”。《诗经·魏风·汾沮洳》：“彼汾一曲，言采其藚。”朱熹《集传》：“一曲，谓水曲流处。”中古以后用“湾”。庾信《望渭水》：“树似新亭岸，沙如龙尾湾。”“湾”是中古出现的新词，参看本编第一章第二节。

釜、锜—锅：锅。上古用“釜”“锜”。《召南·采蘋》：“于以盛之，维筐及筥。于以湘之，维锜及釜。”朱熹《集传》：“有足曰锜，无足曰釜。”中古以后用“锅”。《说郛》卷五八引晋徐广《孝子传》：“母好食锅底焦饭。”唐陆龟蒙《奉和袭美茶具十咏·茶灶》：“盈锅玉泉沸，满甑云芽熟。”

胫、股—腿：腿。胫是小腿，股是大腿。《史记·魏其武安侯列传》：“此所谓枝大于本，胫大于股，不折必披。”中古以后出现了“腿”，指整个下肢，取代了“胫”和“股”。韩愈《嘲鼾睡》：“铁佛闻皱眉，石人战摇腿。”

（3）被骈词替代。骈词是指由于方言或其他特殊因素的影响，造成一个词不同层次的语音形式并存；由于读音不同，被认为是两个不同的词。下面来看两个例子：

惧、怖—怕：恐惧，害怕。上古多用“惧”。《孟子·滕文公下》：“公孙衍、张仪岂不诚大丈夫哉！一怒而诸侯惧，安居而天下熄。”也用“怖”。《文选·宋玉〈神女赋〉》：“意离未绝，神心怖覆。”李善注：“谓恐怖而反复也。”《淮南子·诠言训》：“福至则喜，祸至则怖。”中古以后多用“怕”。杜甫《更题》：“直怕巫山雨，真伤白帝秋。”元稹《侠客行》：“侠客不怕死，怕死事不成。”“怕”与“怖”是一对骈词。“怕”中古音“普驾切”phaɔ。“怖”中古音“普故切”phuɔ，上古音滂母鱼部＊phaɔ。“怕”是由于方言或其他因素保留了“怖”的上古读音。

饮、呷—喝：饮用。上古用“饮”。《诗经·郑风·女曰鸡鸣》：“宜言饮酒，与子偕老。”中古出现了“呷”。《洛阳伽蓝记》：“呷啜鳟羹。”唐周昙《咏史·淳于髡》：“一呷村浆与只鸡。”元无名氏《薛仁贵》第一折：“到的家里则把豆腐酒儿呷三钟。”近代出现了“喝”。无名氏《冻苏秦》第三折：“你敢也走将来喝点汤，喝点汤。”《孽海花》第二回：“一天有三个人在那里同坐在一个桌子喝茶。”“呷”与“喝”是一对骈词。“呷”中古音“呼甲切”hap，按规律近代应当变为 xia，由于是常用词，读音发生了特殊的变化，混入一等韵 hap＞xo，于是写成同音字“喝”。

【思考题】

1. 新词产生是否意味着旧词消亡？为什么？
2. 造成旧词消亡的原因有哪些？
3. 词汇的替换有哪些方式？

【本章参考文献】

胡敕瑞．从隐含到呈现（上）——试论中古词汇的一个本质变化//语言学论丛（第三十一辑）．北京：商务印书馆，2005.

蒋绍愚．古汉语词汇纲要．北京：北京大学出版社，1989.

蒋绍愚．关于汉语词汇系统及其发展变化的几点想法．中国语文，1989（1）．

蒋绍愚．两次分类——再谈词汇系统及其变化．中国语文，1999（5）．

汪维辉．东汉—隋常用词演变研究．南京：南京大学出版社，2000.

第四章
谚语和成语的发展

上古谚语和成语的形式比较接近，都以四字格为基础，相当一部分成语是由谚语转化而来的。中古以后，谚语的形式向多样化发展，而成语的形式则趋于稳定，谚语和成语逐渐分道扬镳。

第一节 上古的谚语和成语

一、上古的谚语

上古汉语中已经产生了很多谚语，文献中称作"谚"、"语"或"言"，因为谚语都来自民间，有时加上"鄙"、"里"、"野"等修饰语，或者加上说明其流行区域的修饰语。上古的谚语大多是说明一般性的道理。例如：

谚所谓"辅车相依，唇亡齿寒"者，其虞虢之谓也。(《左传·僖公五年》)

谚曰："从善如登，从恶如崩。"(《国语·周语下》) 登、崩，蒸部。

谚曰："桃李不言，下自成蹊。"(《史记·李将军列传》)

故先圣有谚曰："不踬于山，而踬于垤。"(《韩非子·六反》)

周谚有之曰："山有木，工则度之；宾有礼，主则择之。"(《左传·隐公十一年》) 度、择，铎部。

周谚有言："察见渊鱼者不祥，知料隐匿者有殃。"(《列子·说符》) 祥、殃，阳部。

鄙谚曰："长袖善舞，多钱善贾。"(《韩非子·五蠹》) 舞、贾，鱼部。

语曰："流丸止于瓯臾，流言止于知者。"(《荀子·大略》)

语曰："唇亡则齿寒。"(《谷梁传·僖公二年》) 范宁注："语，谚言也。"

语曰："日中则移，月满则亏。"（《史记·范雎蔡泽列传》）移、亏，歌部。

鄙语曰："宁为鸡口，无为牛后。"（《战国策·韩策一》）口、后，侯部。

鄙语曰："利令智昏。"（《史记·平原君列传》）

鄙语曰："不知为吏，视已成事。"（《韩诗外传》）吏、事，之部。

里语云："相马以舆，相士以居。"（《孔子家语·子路初见》）舆、居，鱼部。

野语有之曰："闻道百，以为莫己若。"（《庄子·秋水》）百、若，铎部。

齐人有言曰："虽有智慧，不如乘势；虽有镃基，不如待时。"（《孟子·公孙丑上》）慧，质部；势，月部；质月合韵。基、时，之部。

南人有言曰："人而无恒，不可以作巫医。"（《论语·子路》）

二、上古的成语

（一）先秦的成语

成语指长期习用、结构定型、意义完整的固定词组，大多由四字组成。先秦时成语数量较少，有的是从谚语转化来的，如：

众口铄金：众人的言论能够熔化金属。比喻舆论影响的强大。本是谚语。《国语·周语下》："故谚曰：'众心成城，众口铄金。'"后转化为成语。《晏子春秋·内篇谏上》："众口铄金，今自聊摄以东，姑尤以西者，此其人民众矣。百姓之咎怨诽谤，诅君于上帝者多矣。一国诅两人祝，虽善祝者不能胜也。"

狼子野心：狼子虽幼，本性凶残。比喻凶暴的人用心狠毒。本为谚语。《左传·宣公四年》："初，楚司马子良生子越椒，子文曰：'必杀之。是子也，熊虎之状，而豺狼之声，弗杀，必灭若敖氏矣。谚曰："狼子野心。"是乃狼也，其可畜乎！'"后转化为成语。《左传·昭公二十八年》："伯石始生，子容之母走谒诸姑曰：'长叔姒生男。'姑视之。及堂，闻其声而还，曰：'是豺狼之声也。狼子野心。非是，莫丧羊舌氏矣。'遂弗视。"

有的是从古书中提炼出来的，如：

暴虎冯河：语出《诗经·小雅·小旻》："不敢暴虎，不敢冯河。"暴虎，徒手（一说徒步）搏虎。冯河，徒步渡黄河 。后以"暴虎冯河"比喻冒险行事，有勇无谋。《论语·述而》："暴虎冯河，死而无悔者，吾不与也。"

（二）汉代的成语

汉代成语的数量有所增加。这个时期的成语有三个来源。

第一是来自先秦文献。如：

抱薪救火：语出《战国策·魏策三》："以地事秦，譬犹抱薪而救火也，薪不尽，火不灭。"汉代"抱薪救火"成为成语，比喻以错误的做法去消灭祸患，反而使祸患扩大。《汉书·董仲舒传》："法出而奸生，令下而诈起，如以汤止沸，抱薪救火，愈其亡益也。"

道听途说：语出《论语·阳货》："子曰：'道听而途说，德之弃也。'"汉代"道听途说"成为成语，指没有根据的传闻。《汉书·艺文志》："小说家者流，盖出于稗官，街谈巷语，道听途说者之所造也。"

第二是来自先秦典故。如：

守株待兔：典出《韩非子·五蠹》："宋人有耕田者，田中有株，兔走触株，折颈而死。因释其耒而守株，冀复得兔，兔不可复得，而身为宋国笑。"汉代"守株待兔"成为成语，比喻死守狭隘经验，不知变通。王充《论衡·宣汉》："以已至之瑞，效方来之应，犹守株待兔之蹊，藏身破罝之路也。"

鸡鸣狗盗：据《史记·孟尝君列传》："（秦昭王）囚孟尝君，谋欲杀之。孟尝君使人抵昭王幸姬求解。幸姬曰：'妾愿得君狐白裘。'此时孟尝君有一狐白裘，直千金，天下无双，入秦献之昭王，更无他裘。孟尝君患之，偏问客，莫能对。最下坐有能为狗盗者，曰：'臣能得狐白裘。'乃夜为狗，以入秦宫藏中，取所献狐白裘至，以献秦王幸姬。幸姬为言昭王，昭王释孟尝君。孟尝君得出，即驰去，更封传，变名姓以出关，夜半至函谷关。秦昭王后悔出孟尝君，求之，已去，即使人驰传逐之。孟尝君至关，关法鸡鸣出客，孟尝君恐追至，客之居下坐者有能为鸡鸣，而鸡齐鸣，遂发传出。"汉代"鸡鸣狗盗"成为成语，指有卑微技能的人。《汉书·游侠传》："皆藉王公之势，竟为游侠，鸡鸣狗盗，无不宾礼。"

第三是汉代新出现的成语。如：

尸位素餐：比喻居位食禄而不尽职。《汉书·朱云传》："今朝廷大臣，上不能匡主，下亡以益民，皆尸位素餐，孔子所谓'鄙夫不可与事君'，'苟患失之，亡所不至'者也。"《论衡》："文吏空胸，无仁义之学，居住食禄，终无以效，所谓尸位素餐者也。素者空也，空虚无德，飱人禄，故曰素餐。无道艺之业，不晓政事，默坐朝廷，不能言事，与尸无异，故曰尸位。然则文吏所谓尸位素餐者也。"

苟合取容：谓苟且迎合时势以求容身。《报任安书》："四者无一遂，苟合取容，无所短长之效，可见于此矣。"《汉书·诸葛丰传》："率尽苟合取容，阿党相为，念私门之利，忘国家之政。"

三、上古谚语和成语的特点

上古的谚语和成语有以下几个特点：

（1）上古谚语和成语在结构上差别不大，都是以四字格为基础。这个就奠定了汉语成语以四字格为主的基本结构模式。

（2）上古谚语和成语的界限不是很清楚，不少成语是由谚语转化来的。也有不少谚语中古以后转化为成语，如"利令智昏"、"桃李不言，下自成蹊"。因此，我们今天阅读古书时容易把很多当时的谚语理解为成语。

（3）相对而言，成语的结构简单一些，大多是四字短语；谚语则形式多样一些，而且多采用对仗、押韵的手法。

第二节 中古以后谚语和成语的发展

一、中古和近代的谚语

中古和近代都产生了大量的谚语。中古以后的谚语内容更加丰富，涉及的范围更广了。中古以后谚语的内容主要包括以下三个方面：

（1）说明某个道理。如：

谚亦有云："其益如毫，其损如刀。"（《魏书·高允传》）

故谚曰："一日不书，百事荒芜。"（《魏书·李彪传》）

喭曰："富则盛，贫则病。"（《宋书·颜延之传》）

谚云："成人不自在，自在不成人。"（《鹤林玉露》卷九）

谚所谓："好事不出门，恶事行千里。"（《北梦琐言》）

（2）品评时事或人物。如：

李始，字伯起，雄异母兄也。累迁太保，加折冲将军。善抚士众，众多归之。时人为之语曰："欲养老，属太保。"（《十六国春秋》卷七十九）

瑜少精意于音乐。虽三爵之后，其有阙误，瑜必知之，知之必顾。时人谣曰："曲有误，周郎顾。"（《三国志·吴书·周瑜传》）

琛为秦州刺史，诸羌外叛，屡讨之，不降。琛令朝云假为贫妪，吹篪而乞。诸羌闻之，悉皆流涕，迭相谓曰："何为弃坟井，在山谷为寇也?"即相率归降。秦民语曰："快马健儿，不如老妪吹篪。"（《洛阳伽蓝记》）

蔡京、童贯，朋奸误国。时有谣语："打破筒，泼了菜，便是人间好世界。"可见人心也。（《清波别志》卷上）

田登作郡，怒人触其名，犯者必笞。举州皆谓灯为火。值上元放灯，吏揭榜于市曰："本州依例放火三日。"俗语："只许州官放火，不许百姓点灯。"本此。（《谭槩》）

（3）总结气象、农事规律。如：

十二月八日为腊日。……谚语："腊鼓鸣，春草生。"（《荆楚岁时记》）

谚云："六月不热，五谷不结。"（《农政全书》）

谚云："雨打五更，日晒水坑。"（《农政全书》）

谚云："夏至无雨，碓里无米。"（《农占》）

二、中古和近代的成语

中古以后，成语的数量大大增加了。中古和近代的成语主要有四个来源。

(1) 来自先秦文献或典故。如：

青出于蓝：语出《荀子·劝学》："青，取之于蓝而青于蓝；冰，水为之而寒于水。"中古以后"青出于蓝"成为成语，比喻学生胜过老师，或后人胜过前人。白居易《赋赋》："赋者，古诗之流也。始草创于荀、宋，渐恢张于贾、马。冰生乎水，初变本于《典》《坟》；青出于蓝，复增华于《风》《雅》。"宋刘克庄《哭吴卿明辅》之一："水心文印虽传嫡，青出于蓝自一家。"

一日三秋：语出《诗经·王风·采葛》："彼采萧兮，一日不见，如三秋兮。"中古以后"一日三秋"成为成语，形容对人思念殷切。梁何逊《为衡山侯与妇书》："路迩人遐，音尘寂绝，一日三秋，不足为喻。"宋刘过《沁园春·咏别》词："一别三年，一日三秋，庶几见之。"

掩耳盗钟：典出《吕氏春秋·自知》："范氏之亡也，百姓有得钟者，欲负而走。则钟大不可负，以椎毁之，钟况然有音。恐人闻之而夺己也，遽揜其耳。"中古以后"掩耳盗钟"成为成语，比喻自己欺骗自己。唐刘知几《史通·书志》："或以前为后，以虚为实，移的就箭，曲取相谐，掩耳盗钟，自云无觉，讵知后生可畏，来者难诬者邪！"

揠苗助长：典出《孟子·公孙丑上》："宋人有闵其苗之不长而揠之者，芒芒然归，谓其人曰：'今日病矣，予助苗长矣。'其子趋而往视之，苗则槁矣。"中古以后"揠苗助长"成为成语，比喻强求速成，有害无益。宋吕本中《紫微杂说》："学问工夫，全在浃洽涵养蕴蓄之久，左右采择，一旦冰释理顺，自然逢源矣，非如世人强袭取之，揠苗助长，苦心极力，卒无所得也。"

塞翁失马：典出《淮南子·人间训》："近塞上之人，有善术者，马无故亡而入胡，人皆吊之。其父曰：'此何遽不为福乎?'居数月，其马将骏马而归，人皆贺之。其父曰：'此何遽不为祸乎?'家富良马，其子好骑，堕而折其髀，人皆吊之。其父曰：'此何遽不为福乎?'居一年，胡人大入塞，丁壮者引弦而战，近塞之人，死者十九，此独以跛之故，父子相保。故福之为祸，祸之为福，化不可极，深不可测也。"中古"塞翁失马"成为成语，比喻祸福相倚，坏事变成好事。曾慥《类说》卷十七引宋魏泰《东轩笔录·失马断蛇》："曾布为三司使，论市易被黜，鲁公有柬别之，曰：'塞翁失马，今未足悲；楚相断蛇，后必有福。'"陆游《长安道》："士师分鹿真是梦，塞翁失马犹为福。"

(2) 来自中古文献和典故。如：

老当益壮：谓年虽然老而志向更高。语出《后汉书·马援传》："（援）转游陇汉间，常谓宾客曰：'丈夫为志，穷当益坚，老当益壮。'"后发展为成语。唐王勃《滕王阁序》："老当益壮，宁移白首之心；穷且益坚，不坠青云之志。"

执迷不悟：固执己见，坚持错误而不觉悟。语出《梁书·武帝纪上》："若执迷不悟，距逆王师，大众一临，刑兹罔赦。"后发展为成语。宋岳飞《奉诏移伪齐檄》："如或执迷不悟，甘为叛人，嗾桀犬以吠尧，詈猎师而哭虎，议当躬行天罚。”

前度刘郎：典出刘义庆《幽明录》。东汉永平年间，刘晨、阮肇在天台桃源洞遇仙，归来时已是晋朝，后又重访天台。后来用“前度刘郎”指故地重游的人。唐刘禹锡《再游玄都观》诗：“种桃道士归何处，前度刘郎今又来。”宋辛弃疾《贺新郎》：“前度刘郎今重到，问玄都，千树花存否？”

弱肉强食：语本唐韩愈《送浮屠文畅师序》：“弱之肉，强之食。”后来用“弱肉强食”比喻弱者被强者欺凌。明刘基《秦女休行》：“有生不幸遭乱世，弱肉强食官无诛。”

（3）来自佛经文献。如：

不可思议：指思维和言语所不能达到的微妙境界。《维摩诘所说经·不思议品》：“诸佛菩萨有解脱名不可思议。”《晋书·艺术传·鸠摩罗什》：“方等深教，不可思议，传之东土，惟尔之力。”后发展为成语。宋张君房《云笈七签》卷九十四：“思虑所不达，行用所无阶者，则叹不可思议。”

天花乱坠：传说佛祖讲经，感动天神，诸天各色香花，纷纷下坠。《法华经·序品》：“尔时世尊，四众围绕，供养恭敬尊重赞叹，为诸菩萨说大乘经……佛说此经已，结加趺坐，入于无量义处三昧，身心不动。是时天雨曼陀罗华、摩诃曼陀罗华、曼殊沙华、摩诃曼殊沙华，而散佛上及诸大众。”后来以“天花乱坠”形容言谈虚妄、动听而不切实际。《景德传灯录·令遵禅师》：“聚徒一千二千，说法如云如雨，讲得天华乱坠，只成个邪说争竞是非。”《朱子语类》卷三五：“凡他人之言，便做说得天花乱坠，我亦不信，依旧只执己是。”

（4）一些来自口语的四字词组被认同为成语。如：

坐吃山空：谓光是消费而不从事生产，即使财产堆积如山，也会吃光用尽。元秦简夫《东堂老》第一折：“只在家里死丕丕的闲坐，那钱物则有出去的，无有进来的，便好道坐吃山空，立吃地陷。”孔尚任《桃花扇》：“趁这天晴，俺要到岭头涧底，取些松柴，供早晚炊饭之用，不强如坐吃山空么？”

咬文嚼字：形容过分推敲字句。元秦简夫《剪发待宾》第二折：“你道是一点墨半张纸，不中吃，不中使……又则道俺咬文嚼字。”或是形容掉书袋或卖弄才学。明无名氏《司马相如题桥记》：“如今那街市上常人，粗读几句书，咬文嚼字，人叫他做半瓶醋。”又谓不重视实质，只在某些字句上纠缠，或强词夺理。《儒林外史》第九回：“（杨执中）还在东家面前咬文嚼字，指手画脚的不服。”

三、中古以后谚语和成语发展的特点

中古以后，谚语和成语的发展呈现出以下一些特点：

（1）谚语的形式更加多样化，内容更加丰富。

（2）成语的形式基本固定，以四字格为主。即使是来自寓言故事，也多以四字概括，如“揠苗助长”、“掩耳盗钟”、“塞翁失马”。一些非四字的成语也逐渐被改造为四字格，如“不鸣则已，一鸣惊人”改造为“一鸣惊人”，“乘长风破万里浪”改造为“乘风破浪”。

（3）谚语和成语的区别转变为主要是形式上的。因此，一些非四字格的成语逐渐被排除在成语之外，如“桃花源”；一些口语中产生的四字词组被认同为成语，如“坐吃山空”、“咬文嚼字”。还有一些来自书面语的固定结构，由于形式的原因被认同为谚语。例如，唐权审《绝句》：“今朝有酒今朝醉，明日愁来明日愁。”这两句诗后来被认为是谚语。如，无名氏《桃花女》第一折：“常言道：今朝有酒今朝醉，明日愁来明日当。”

（4）成语大多保留到了现代。这一方面是因为成语在形式上已经相当成熟，容易为人们所接受。另一方面是因为成语所表达的意义往往是具有普遍性的，因而比较稳定。

（5）相对成语而言，谚语保留到现代的比较少。这有形式和内容两方面的原因。形式方面，由于谚语的形式灵活多样，相应地也就缺乏稳定性，因而不易被人们作为固定结构来接受。内容方面，有些谚语是时效性的，比如那些品评时事和人物的谚语，随着时过境迁，自然就不再有生命力了。

【思考题】

1. 汉语中的成语主要有哪些来源？
2. 中古以后谚语的发展有哪些特点？

【本章参考文献】

杜文澜．古谣谚．北京：中华书局，1958.

刘洁修．成语．北京：商务印书馆，1985.

刘洁修．汉语成语考释词典．北京：商务印书馆，1989.

第五章

外来文化对汉语词汇的影响

汉语词汇在各个时期都不同程度地受到外来文化的影响。外来文化对汉语词汇形成的比较大的影响主要有：其一，秦汉时期西域文化的影响；其二，中古时期佛教文化的影响；其三，近代满蒙文化的影响；其四，鸦片战争以后西方文化的影响。

第一节 西域文化对汉语词汇的影响

一、西域借词

先秦汉语中已经有不少西域语言的借词，这些借词都是随着外来事物一起进入汉语中的。如：

橐驰、橐驼：匈奴语 da da 的音译。《逸周书·王会》："请令以橐驰……为献。"《史记·苏秦列传》："橐驼良马必实外厩。"《史记·匈奴列传》："其畜之所多则马、牛、羊，其奇畜则橐驰、驴、骡、駃騠。"南北朝以后写作"骆驼"。

师比、犀比、犀毗：匈奴语 serbi 的音译。带钩。《战国策·赵策二》："（赵武灵王）遂赐周绍胡服衣冠，具带黄金师比，以傅王子也。"《楚辞·招魂》："晋制犀比，费白日些。"

狻猊、狻麑：梵语 siniba 的音译，一说粟特语 šrɤw、šarɤs 的音译。即狮子。《尔雅·释兽》："狻麑如虦猫，食虎豹。"郭璞注："即师子也，出西域。"《穆天子传》卷一："狻猊、野马走五百里。"

汉代与西域各民族的交往更加密切，汉语中吸收了更多的西域借词。如：

虎魄、虎珀：突厥语 xu bix 或波斯语 kahvupai 的音译。《汉书·西域传上·罽宾国》："出封牛、水牛、象、大狗、沐猴、孔爵、珠玑、珊瑚、虎魄、璧流离。"晋郭璞《玄中记》："枫脂沦入地中，千秋为虎珀。"

琉璃、璧流离：梵语（俗）velūriya 的音译。《后汉书·西域传·大秦》："土多金银奇宝、有夜光璧、明月珠、骇鸡犀、珊瑚、虎魄、琉璃、琅玕、朱丹、青碧。"《汉书·西域传上·罽宾国》："出……珠玑、珊瑚、虎魄、璧流离。"

苜蓿、目宿：古大宛语 buksuk 的音译。《史记·大宛列传》："（大宛）俗嗜酒，马嗜苜蓿。汉使取其实来。于是天子始种苜蓿、蒲陶肥饶地。及天马多，外国使来众，则离宫别观旁尽种蒲萄、苜蓿极望。"

葡萄、蒲桃、蒲陶：大宛语 bādaga 的音译。《汉书·西域传上·大宛国》："汉使采蒲陶、目宿种归。"

汉以后仍有一些西域借词。如：

菠薐、菠棱：菠菜。尼泊尔语 palinga 的音译。唐韦绚《刘宾客嘉话录》："菜之菠棱，本西国中有僧将其子来，如苜蓿、蒲陶，因张骞而至也。绚曰：'岂非颇棱国将来，而语讹为菠棱耶'？"宋孙奕《履斋示儿编·字说·集字二》："《艺苑雌黄》云……蔬品有颇陵者，昔人自颇陵国将其子来，因以为名，今俗乃从艸而为菠薐。"

末利：茉莉。梵语 mallikā 的音译，一说叙利亚语 molo 的音译。晋嵇含《南方草木状·末利》："耶悉茗花、末利花，皆胡人自西国移植于南海，南人怜其芳香，竞植之。"宋张孝祥《临江仙》："翠叶银丝簪末利，樱桃澹注香唇。"

可汗、可罕：古代鲜卑、柔然、突厥、回纥、蒙古等民族中最高统治者的称号。突厥语 gaɤan 的音译。《乐府诗集·横吹曲辞五·梁鼓角横吹曲》："昨夜见军帖，可汗大点兵。"《新唐书·突厥传上》："至吐门，遂强大，更号可汗，犹单于也。"

二、受西域文化影响的新造词

除了直接用音译的方式以外，汉语还常常用加修饰语素"胡"的方式创造新词来表示外来事物。如：

胡麻：芝麻。相传汉张骞得其种于西域，故名。晋葛洪《抱朴子·仙药》："巨胜一名胡麻，饵服之不老，耐风湿补衰老也。"《晋书·殷仲堪传》："城内大饥，以胡麻为廪。"

胡饼：犹今之烧饼。《释名·释饮食》："胡饼，作之大漫冱也，亦言以胡麻着上也。"《晋书·王长文传》："乃微服窃出，举州莫知所之，后于成都市中蹲踞啮胡饼。"

胡瓜：黄瓜。北魏贾思勰《齐民要术·种瓜》："种越瓜胡瓜法：四月中种之。胡瓜宜竖柴木，令引蔓缘之。"明李时珍《本草纲目·菜三·胡瓜》："张骞使西域得种，故名胡瓜。

胡床：一种可以折叠的轻便坐具。《世说新语·自新》："渊在岸上，据胡床指麾左右，皆得其宜。"《后汉书·五行志一》："灵帝好胡服、胡帐、胡床、胡坐、胡饭、胡空篌、胡笛、胡舞，高超贵戚皆竞为之。”

胡笳：古代北方民族的管乐器。汉蔡琰《悲愤诗》之二：“胡笳动兮边马鸣，孤雁归兮声嘤嘤。”唐岑参《胡笳歌送颜真卿使赴河陇》：“君不闻胡笳声最悲，紫髯绿眼胡人吹。”

第二节 佛教文化对汉语词汇的影响

佛教文化对于汉语词汇产生了巨大的影响。这主要表现在：第一，产生了大量有关佛教的借词和意译词；第二，许多旧词取得了有关佛教的新词义；第三，这些有关佛教的新词、新义有许多渐渐失去了宗教的色彩，渗透到汉语的基本词汇当中。

一、有关佛教的借词

在翻译佛经的过程中，汉语中产生了许多与佛教相关的借词。如：

佛陀：梵文 Buddha 的译音。或译为“浮屠”、“浮图”、“菩提”、“勃驮”等。简称曰“佛”。意为“觉”。佛教徒即以此作为对其教主释迦牟尼的尊称。《魏书・释老志》：“浮屠正号曰佛陀。佛陀与浮图声相近，皆西方言，其来转为二音，华言译之，则谓净觉，言灭秽成明，道为圣悟。”晋袁宏《后汉纪・明帝纪下》：“浮屠者，佛也。西域天竺有佛道焉。佛者，汉言觉，将悟群生也。”

袈裟：梵文 kaṣāya 的音译。也作“袈罗沙曳”。原意为“不正色”，佛教僧尼的法衣。佛制，僧人必须避免用青、黄、赤、白、黑五种正色，而用似黑之色，故称。慧皎《高僧传・竺僧度・答杨苕华书》：“且披袈裟，振锡杖，饮清流，咏波若，虽王公之服，八珍之膳，铿锵之声，晔晔之色，不与易也。”

刹那：梵文 kṣaṇa 的音译。古印度最小的计时单位，本指妇女纺绩一寻线所用的时间，但一般用来表示时间之极短者，如一瞬间。《法华经・提婆达多品》：“深入禅定，了达诸法，于刹那间，发菩提心。”

伽蓝：梵文 saṃghārāma（僧伽蓝摩）译音的略称。意为众园或僧院，即僧众居住的庭园。后因称佛寺为伽蓝。北魏杨衒之《洛阳伽蓝记・法云寺》：“伽蓝之内，花果蔚茂，芳草蔓合，嘉木被庭。”唐玄奘《大唐西域记・阿耆尼国》：“伽蓝十余所，僧众二千余人，习学小乘教说一切有部。”

以上是完全音译词，还有一些是音译加意译的合成词。如：

忏悔：梵文 kṣama，音译为“忏摩”，省略为忏，意译为悔，合称为“忏悔”。佛教规定，出家人每半月集合举行诵戒，给犯戒者以说过悔改的机会。后遂成为自陈己过，悔罪祈福的一种宗教仪式。晋郗超《奉法要》："每礼拜忏悔，皆当至心归命，并慈念一切众生。"

阎罗王、阎王：梵文 yamarāja，yamarājan，音译为"阎罗"，加意译成分"王"，成"阎罗王"，简化为"阎王"。佛教称主管地狱的神。《铁城泥犁经》："阎罗言：'汝何以不自改为善耶？'"《百喻经·贫人作鸳鸯鸣喻》："临命终时，方言今我欲得修善。狱卒将去付阎罗王，虽欲修善，亦无所及已。"唐崔泰之《哭李峤》诗："魂随司命鬼，魄逐见阎王。"

二、有关佛教的意译词

在翻译佛经的过程中，还产生了一些意译词，这些词一般都是复合词。如：

慈悲：梵文 maitrya。谓给人快乐，将人从苦难中拔救出来，亦泛指慈爱与悲悯。南朝梁沈约《究竟慈悲论》："慈悲之要，全生为重。"唐王维《燕子龛禅师》："救世多慈悲，即心无行作。"

导师：梵文 mayaka。导引众生入于佛道者的通称。《佛报恩经·对治品》："夫大导师者，导以正路，示涅盘径，使得无为，常得安乐。"

烦恼：梵文 klesd。谓迷惑不觉。《百喻经·五人买婢共使作喻》："五阴亦尔，烦恼因缘合成此身。而此五阴，恒以生老病死无量苦恼搒笞众生。"南朝梁武帝《净业赋》："抱惑而生，与之偕老；随逐无明，莫非烦恼。"

方便：梵文 upaya。谓以灵活方式因人施教，使悟佛法真义。《维摩经·法供养品》："以方便力，为诸众生分别解说，显示分明。"《坛经·般若品》："欲拟化他人，自须有方便。"

平等：梵文 upeksa。意谓无差别。《金刚经·净心行善分》："是法平等，无有高下，故名无上正等菩提。"

世界：梵文 lokadhātu。世指时间，界指空间。《楞严经》卷四："何名为众生世界？世为迁流，界为方位。汝今当知，东、西、南、北、东南、西南、东北、西北、上、下为界，过去、未来、现在为世。"

在翻译佛经的过程中还有一种情况，就是利用汉语中原有的词来表示佛经中相关的概念，这就赋予了旧词新的词义。如：

布施：汉语中原指施恩惠于人。《韩非子·显学》："今上征敛于富人，以布施于贫家。"《国语·周语上》："若是，乃能媚于神而和于民矣，则享祀时至而布施优裕也。"佛教传入后，用来翻译梵文的 Dana（檀那），指向僧道施舍财物或斋食。《北史·元太兴传》："太兴遇患，请诸沙门行道，所有资财，一时布施，乞求病愈，名曰散生斋。"

智慧：汉语中原指聪明才智。《墨子·尚贤中》："若此之使治国家，则此使不智慧者治国家也，国家之乱，既可得而知已。"魏嵇康《大师箴》："下逮德衰，大道沉沦，智惠日用，渐私其亲。"佛教传入后，用来翻译梵文的 prajna（般若）。佛教谓超越世俗虚幻的认识，达到把握真理的能力。《大智度论》卷四三："般若者，一切诸智慧中最为第一，无上无比无等，更无胜者，穷尽到边。"

庄严：汉语中原指装饰端正。汉荀悦《汉纪·武帝纪五》："王太子皆庄严，将入朝。"佛教传入后，用来翻译梵文的saritā。装饰，修养。北魏杨衒之《洛阳伽蓝记·明悬尼寺》："有三层塔一所，未加庄严。"

法门：汉语中原指王宫的南门。《谷梁传·僖公二十年》："南门者，法门也。"范宁注："谓天子、诸侯皆南面而治，法令之所出入，故谓之法门。"佛教指修行者入道的门径，亦泛指佛门。《法华经·序品》："以种种法门，宣示于佛道。"

意译词更合乎汉语的习惯，所以有些词本来有音译词，但是后来又造了意译词。意译词出现后一般会取代原先的音译词。例如：

dūta	杜底	使者
malla	末罗	力士
maṇḍala	曼荼罗	坛、道场
paramārtha	波罗末陀	真谛
para	波罗	彼岸
viharo	毗诃罗	精舍、寺院

第三节 满蒙文化对汉语词汇的影响

一、蒙古语借词

元代由于与蒙古语的广泛接触，汉语中出现了不少蒙古语借词。如：

把都儿、把都：蒙古语bagatur，baatur的音译。勇士、武士。元马致远《汉宫秋》第四折："把都儿！把毛延寿拿下，解送汉朝处治。"明汤显祖《南柯记·帅北》："把都们抢进壍江去！"

米罕、米哈：蒙古语mihan的音译。肉。关汉卿《哭存孝》第一折："米罕整斤吞，抹邻不会骑。"元无名氏《射柳捶丸》第三折："阻孛云：'好米哈吃上几块。'"

抹邻、抹伦：蒙古语morin的音译。马。关汉卿《哭存孝》第一折："米罕整斤吞，抹邻不会骑。"元无名氏《岳飞精忠》第一折："大小三军上抹邻，不披铠甲不遮身。"

兀剌：蒙古语ula的音译。鞋，靴。元高安道《哨遍·皮匠说谎》套曲："新靴子投至能够完备，旧兀剌先磨了半截底。"元无名氏《渔樵记》第二折："直等的蛇叫三声狗拽车，蚊子穿着兀剌靴。”

哈喇、哈剌：蒙古语 ala 的音译。杀头；杀死。马致远《汉宫秋》第三折：“似这等奸邪逆贼，留着他终是祸根，不如送他去汉朝哈喇。”元郑廷玉《金凤钗》第四折：“周桥上骗钱也是我，若不饶便哈剌了罢。”

以上这些蒙古语借词，由于并不反映新事物和新概念，结构上不符合汉语的习惯，元代以后就逐渐被淘汰了。也有少数蒙古语借词在汉语中保留下来，成为常用词，有的甚至取代了汉语的固有词。例如：

歹：蒙古语 tai 的音译。不好。关汉卿《窦娥冤》第三折：“地也，你不分好歹何为地！”《红楼梦》第十一回：“秦氏有几日好些，也有几日歹些。”①

蘑菇、蘑菰：蒙古语 moku 的音译。食用菌类的通称。也可简称“菰”。明李时珍《本草纲目·菜三·蘑菰蕈》：“蘑菰出山东、淮北诸处。埋桑、楮诸木于土中，浇以米泔，待菰生采之。长二三寸，本小末大，白色柔软。”食用菌类汉语原称“菌”或“蕈”。北魏贾思勰《齐民要术·素食》：“菌，一名地鸡。口未开，内外全白者佳；其口开里黑者，臭不堪食。”《广韵·寝韵》：“蕈，菌生木上。”宋吴淑《江淮异人录·刘同圭》：“旦持一筐蕈卖之，夕醉而归。”“蘑菇”借入后，“菌”和“蕈”在口语中就渐渐消失了。

站、站赤：蒙古语 iam 的音译。驿站。《元史·兵志四》：“元制，站赤者，驿传之译名也。盖以通达边情，布宣号令，古人所谓置邮而传命，未有重于此者焉。凡站，陆则以马以牛，或以驴、或以车，而水则以舟。其给驿传玺书，谓之铺马圣旨。”明洪武元年（1368）曾通令“改站为驿”。但是“站”在口语中已经扎根，后来取代了“驿”。

把势、把式：蒙古语 pakci 的音译。蒙古语原是借自汉语的“博士”，意为“老师，师父”。汉语借回后，指擅长某种技艺的人。元武汉臣《玉壶春》第二折：“若是我老把势，展旗幡，立马停骖……”后来指武术的架式，亦指武艺。《英烈传》第十二回：“俞三官，你何故不做个把势我们看看。”

还有一些蒙古语借词，因为反映的概念比较特殊，也在汉语中保留下来。如：戈壁（蒙古语 gobi），喇叭（蒙古语 labai），浩特（蒙古语 xota）。

二、满语借词

早在宋元时期汉语中就出现了一些满语（女真语）借词。如：

阿马：女真语，父亲。元关汉卿《拜月亭》第二折：“阿马，认得瑞兰么？”关汉卿《调风月》第一折：“这书房存得阿马，会得宾客。”

阿者：女真语，母亲。元关汉卿《拜月亭》第一折：“阿者你这般没乱荒张到得那里。”关汉卿《哭存孝》第一折：“则是着阿者今日向父亲行题，想着他从前出力气。”

---

① “好歹”的“歹”字可能是由藏文字母演变来的，与“病歺”的“歺”无关，是同形字。参见裘锡圭：《文字学概要》（修订本），113 页，北京，商务印书馆，2013。

到了清代，汉语中的满语借词就更多了。如：

阿哥：满语 age 的音译。同辈彼此间的互称。清吴振臣《宁古塔纪略》："各村庄满洲居者多，汉人居者少……等辈彼此称呼曰阿哥，有呼名者。"为父母对儿子的称呼。《儿女英雄传》第十二回："老爷听了这话，把脸一沉，问道：'阿哥！你在那里弄得许多银子?'"又为对皇子的通称。清梁章巨《称谓录·皇诸子》："诸皇子亦有称阿哥者，知阿哥当为皇子之通称。"

格格：满语 gege 的音译。小姐。清代对贵族女子的称呼。清龚自珍《蒙古册降表序》："今以国朝公主之适外藩者，谨依玉牒诠次其谥号，而以外藩福晋、郡主之荷册封者，貂冠毳袜之伦，缀于后为一表，曰哈屯者视福晋，曰格格者视郡主也。"

贝勒：满语 beile 的音译。本指部落之长。清代为满洲、蒙古贵族的爵号，位在郡王下，贝子上。《续资治通鉴·宋徽宗政和四年》："女直部……其部长曰贝勒。"

贝子：满语 beise 的音译。意为"天生"贵族。清代为宗室及蒙古贵族爵号，位次贝勒。清顾汧《玉牒赋》："其宗室之最亲者，蕃翰则亲王、郡王之攸殊，懿戚则贝勒、贝子之有别。"

这些满语借词在清代灭亡以后也随之消失了。只有个别满语借词，因为表示专门的事物而保留到现代汉语中，如：

萨齐玛：满语。今写作"萨其马"。清富察敦崇《燕京岁时记·萨齐玛》："萨齐玛乃满洲饽饽，以冰糖、奶油合白面为之。"

第四节 西方文化对汉语词汇的影响

一、印欧语借词

16 世纪起，欧洲传教士、殖民者陆续来到中国，这个时期开始出现了一些反映西方文化的借词。如：

Asia"亚细亚"；Europe"欧罗巴"；Historia"伊斯多利亚"；logica"络日伽"；mathematica"玛得玛第加"；geometria"几何"；physica"斐西伽"。

这些借词中有少数保留到了现在，如"亚细亚"、"欧罗巴"、"几何"。

鸦片战争以后，我国开始大量翻译西方书籍，介绍西方科技和文化。在这个过程中出现了大批的印欧语借词。这些借词可以分为三种类型：

(一) 完全音译

德律风	telephone
赛因斯	science
德谟克拉西	democracy
马达	motor
麦克风	microphone
白兰地	brandy
尼古丁	nicotine
打	dozen
阀	valve

(二) 音译兼义译

绷带	bandage
模特儿	model
引擎	engine
图腾	totem
台风	typhoon
法老	pharaoh

(三) 半音译半义译

哀的美敦书	ultimatum
浪漫主义	romanticism
摩托车	motorcycle
来复枪	rifle
香槟酒	champagne
道林纸	dowling paper
冰激凌	ice-cream

二、日译词和日语借词

日本明治维新以后大量翻译西方书籍，在翻译西方语言中的新概念新名词时，日本人通常使用汉字词。这些日译词使用汉字，合乎汉语的习惯，加上早期留日学生的传播，就被大量地吸收到汉语当中。日译词分为两类，一类是利用汉语原有的词，一类是日本新造的词。下面分别举例。

(一)来自古代汉语的日译词

博物:汉语原指通晓众物。汉桓宽《盐铁论·杂论》:“桑大夫据当世,合时变,推道术,尚权利,辟略小辩,虽非正法,然巨儒宿学,恶然大能自解,可谓博物通士矣。”又指通晓各种事物的人。唐玄奘《大唐西域记·摩揭陀国下》:“于是客游后进,详论艺能,其退走者固十七八矣。二三博物,众中次诘,莫不挫其锐,颓其名。”又指万物。苏轼《以石易画晋卿难之复次韵》:“欲观博物妙,故以求马卜。”日语用来翻译英语的 natural history, natural science。

干事:汉语原指办事。《三国志·蜀志·郤正传》:“(郤正)及见受用,尽心干事,有治理之绩。”又谓办事干练。《后汉书·景丹传》:“丹以言语为固德侯相,有干事称,迁朔调连率副贰。”日语用来翻译英语的 manager, secretary。

革命:汉语原谓实施变革以应天命。《易·革》:“天地革而四时成,汤武革命,顺乎天而应乎人。”《三国志·吴志·吴主传》:“朕以不德,承运革命,君临万国,秉统天机。”日语用来翻译英语的 revolution。

理事:汉语原指处理事务。《管子·问》:“官承吏之无田饩而徒理事者几何人。”韩愈《论淮西事宜状》:“朕亦本拟与元济,恐其年少,未能理事,所以未便处理。”《二刻拍案惊奇》卷二:“那幽州路总管泰不华正升堂理事。”日语用来翻译英语的 director。

社会:汉语中原指于春秋社日迎赛土神的集会。唐柳棠《答杨尚书》:“未向燕台逢厚礼,幸因社会接余欢。”或指村塾逢春秋祀社之日或其他节日举行的集会。宋孟元老《东京梦华录·秋社》:“八月秋社……市学先生预敛诸生钱作社会,以致雇倩祗应、白席、歌唱之人。归时各携花篮、果实、食物、社糕而散。春社、重午、重九,亦是如此。”日语用来翻译英语的 society。

宣传:汉语原指宣布传达。《三国志·蜀志·马忠传》:“延熙五年,还朝,因至汉中,见大司马蒋琬,宣传诏旨,加拜镇南大将军。”《北齐书·孙搴传》:“(孙搴)又能通鲜卑语,兼宣传号令,当烦剧之任,大见赏重。”日语写作“宣伝”,用来翻译英语 propaganda。

运动:汉语指运行移动。汉董仲舒《雨雹对》:“运动抑扬,更相动薄。”或指行动。汉陆贾《新语·慎微》:“若汤武之君,伊吕之臣,因天时而行罚,顺阴阳而运动。”又指人或动物活动。《太平广记》卷二二六引唐颜师古《大业拾遗记·水饰图经》:“木人长二尺许,衣以绮罗,装以金碧,及作杂禽兽鱼鸟,皆能运动如生,随曲水而行。”日语用来翻译英语的 motion, movement, sports。

具体:汉语指个别而细微的事情。晋葛洪《抱朴子·备阙》:“若以所短弃所长,则逸侪拔萃之才不用矣;责具体而论细礼,则匠世济民之勋不著矣。”又指粗具大体。清纪昀《阅微草堂笔记·滦阳消夏录三》:“有扶乩者……亦能作画,画不过兰竹数竿,具体而已。”日语用来翻译英语的 concrete。

(二)日语新造的日译词

电报　　telegram

电话	telephone
国际	international
金融	finance
美术	art
体育	physical culture，sports
时间	time
警察	police
否定	denial，negation
概括	summarize
积极	positive
活跃	active

除了大量吸收日译词外，汉语中还有一些日语借词，如：场合、场所、广场、立场、手续、学历、日程、方针、出勤、见习、引渡、写生。这种借词同一般借词不同，因为是用汉字书写的，所以借入汉语中直接按其汉语的发音去读，而不借用日语的读音。

三、汉译的意译词

除了音译和吸收日译词，汉语中还有很多自创的意译词。同日译词类似，汉语自创的意译词也有两个途径，一是利用旧词，一是创造新词。下面分别举例。

（一）利用旧词的意译词

律师：原来是佛教称善解戒律的人。《涅槃经·金刚身品》："如是能知佛法所作，善能解说，是名律师。"苏轼《阿弥陀佛颂》："钱塘圆照律师普劝道俗，归命西方极乐世界阿弥陀佛。"用来翻译英语的 lawyer。

总统：原指总揽、总管。《汉书·百官公卿表上》："太师、太傅、太保，是为三公，盖参天子，坐而议政，无不总统，故不以一职为官名。"晋葛洪《抱朴子·自叙》："大都督给亲兵五千，总统征军，戍遏疆埸。"用来翻译英语的 president。

格致："格物致知"的缩略语，语出《礼记·大学》："欲诚其意者，先致其知，致知在格物。"指研究事物原理而获得知识。明张宁《方洲杂言》："世之有量者，无不自识中来。此格致之功，所以先于诚正也。"清刘献廷《广阳杂记》卷三："义理无尽，心思亦无尽。人苟能格致，不患其穷也。"用来翻译英语的 physics。

时髦：本指当代的俊杰。《后汉书·顺帝纪赞》："孝顺初立，时髦允集。"李贤注："《尔雅》曰：'髦，俊也。'郭璞注曰：'士中之俊，犹毛中之髦。'"用来翻译英语的 modern。

公园：原指官家的园林。《魏书·任城王传》："（元澄）又明黜陟赏罚之法，表减公园之地以给无业贫口。"用来翻译英语的 park。

经理：有"治理"的意思。《史记·秦始皇本纪》："皇帝明德，经理宇内，视听不息。”又有“处理”的意思。宋朱熹《答高国楹书》：“若经理世务，商略古今，窃恐今日力量未易遽及。”用来翻译英语的 handle，manage。

（二）新造的意译词

工厂	factory
公司	company
民族	nation
罢工	strike
表演	perform，act，play
邮票	stamp
铁路	railway
黑板	blackboard
机关枪	machine-gun

四、音译词、意译词和日译词的竞争

早期翻译西方书籍时，由于翻译时间的先后或者译者的个人偏好等各方面的因素，造成一个词可能有多种译法。这种情况会造成使用上的混乱，给交际带来不便。因而在长期的发展过程中，有分歧的译法逐渐趋于统一。在译名逐渐统一的过程中，不同形式的译名相互竞争，有的保留下来，有的则被淘汰了。具体有以下几种情况：

（1）音译词多被意译词或日译词取代。如：

ultimatum	哀的美敦书	→	最后通牒
telephone	德律风	→	电话
violin	梵婀玲	→	小提琴
piano	皮阿诺	→	钢琴
science	赛因斯	→	科学
democracy	德谟克拉西	→	民主

（2）有的意译词取代了日译词，或者一开始就没有采用日译词。如：

catalyzer	（日）触媒	→	催化剂
efficiency	（日）能率	→	效率
revelation	（日）默示	→	启示
newspaper	（日）新闻	→	报纸
airport	（日）空港	→	飞机场
movie	（日）映画	→	电影
bicycle	（日）自转车	→	自行车
automobile	（日）自动车	→	汽车

train	（日）汽车	→	火车

（3）有的日译词取代了意译词。如：

physics	格致	→	（日）物理
chemistry	质学	→	（日）化学
capital	母财	→	（日）资本
evolution	天演	→	（日）进化
definition	界说	→	（日）定义
deduction	外籀	→	（日）演绎

（4）一些重复的意译词逐渐统一。如：

rail	铁辙	→	铁轨
canal	运渠	→	运河
struggle	斗阋	→	斗争
compete	争竞	→	竞争
steam-engine	气机	→	蒸汽机

【思考题】

1. 汉语吸收外来词有什么规律?
2. 外来文化对汉语词汇的影响在词汇兴替方面有哪些表现?

【本章参考文献】

高名凯，刘正埮．现代汉语外来词研究．北京：文字改革出版社，1958.
邵荣芬．评《现代汉语外来词研究》．中国语文，1958（7）．
张清常．漫谈汉语中的蒙语借词．中国语文，1979（3）．
张永言．汉语外来语杂谈//语文学论集．北京：语文出版社，1992.

本书主要参考文献

董同龢．汉语音韵学．北京：中华书局，2001.

耿振生．音韵通讲．石家庄：河北教育出版社，2001.

郭锡良．汉语史论集（增订本）．北京：商务印书馆，2005.

黄典诚．汉语语音史．合肥：安徽教育出版社，1993.

蒋绍愚．近代汉语研究概要．北京：北京大学出版社，2005.

蒋绍愚，曹广顺．近代汉语语法史研究综述．北京：商务印书馆，2005.

黎锦熙．新著国语文法．上海：商务印书馆，1924.

刘坚，江蓝生，白维国，曹广顺．近代汉语虚词研究．北京：语文出版社，1992.

吕叔湘. 中国文法要略//汉语语法论文集．北京：商务印书馆，1943.

吕叔湘文集．第一卷．沈阳：辽宁教育出版社，2002.

潘允中．汉语语法史概要．郑州：中州书画社，1982.

潘允中．汉语词汇史概要．上海：上海古籍出版社，1989.

邵荣芬．汉语语音史讲话（校正本）．北京：中华书局，2010.

史存直．汉语史纲要．北京：中华书局，2008.

孙锡信．汉语历史语法要略．上海：复旦大学出版社，1992.

唐作藩．汉语语音史教程．北京：北京大学出版社，2011.

王力．汉语史稿．北京：中华书局，1958；王力文集．第九卷．济南：山东教育出版社，1988.

王力．汉语语音史．北京：商务印书馆，1985；王力文集．第十卷．济南：山东教育出版社，1987.

王力．汉语语法史．北京：商务印书馆，1989；王力文集．第十一卷．济南：山东教育出版社，1990.

王力．汉语词汇史．北京：商务印书馆，1993；王力文集．第十一卷．济南：山东教育出版社，1990.

王云路．中古汉语词汇史．北京：商务印书馆，2010.

向熹．简明汉语史（增订本）．北京：商务印书馆，2010.

徐朝华．上古汉语词汇史．北京：商务印书馆，2003.

徐通锵．历史语言学．北京：商务印书馆，1996.

杨伯峻，何乐士．古汉语语法及其发展．北京：语文出版社，1992.

姚振武．上古汉语语法史．上海：上海古籍出版社，2015.

赵元任．汉语口语语法．吕叔湘，译．北京：商务印书馆，1979.

赵元任．中国话的文法．丁邦新，译．香港：香港中文大学出版社，1980.

周俊勋．中古汉语词汇研究纲要．成都：巴蜀书社，2009.
［日］太田辰夫．中国语历史文法．蒋绍愚，徐昌华，译．北京：北京大学出版社，2003.
［日］太田辰夫．汉语史通考．重庆：重庆出版社，1991.
［日］志村良治．中国中世语法史研究．北京：中华书局，1995.

第一版后记

自王力先生《汉语史稿》(1958) 问世，至今已过去半个多世纪。半个多世纪以来，由王力先生创立的汉语史学科有了长足的发展，“汉语史”也已成为汉语言文字学专业的骨干课程之一。随着新的语言材料的发现、多元化的语言理论与方法的借鉴，人们对汉语历史上曾发生过的各种现象的观察角度越来越多样化，描写分析越来越细致，认识也在不断地深化，新的科研成果不断地涌现。相形之下，“汉语史”课程教材的更新则相对滞后，编写一部能够反映汉语史研究最新成果、适合本科生及研究生的新的汉语史教材已经是迫在眉睫了。

我们编写本教材的基本原则是：

依照《汉语史稿》的基本框架设置教材的结构：语音史以时代为纲；语法史、词汇史以专题为纲。

在对半个世纪（尤其是近20年）以来汉语史的研究进行全面梳理的基础上，尽可能地吸收学界已取得共识的新成果，不求标新立异；尽可能客观地评价有争议的问题，不同的观点或在正文或在注释中予以说明。

以描写语言事实为基础，以归纳为基本方法，注意借鉴现代语言学的理论与方法阐释语言的演变，力求揭示语言历史发展的规律。

教材各章设提要、正文、思考题、参考文献四部分。

教材所引诸家研究成果，均在正文或注释中予以说明，至于诸家通用的一些引例的出处则不再一一注明。

教材编写工作由殷国光主持，具体分工如下：

绪论部分由殷国光执笔；

汉语语法史部分由龙国富执笔；

汉语语音史、汉语词汇史部分由赵彤执笔。

本教材的编写工作得到了大连理工大学基本科研业务费专项资金的资助，谨在此致以诚挚的谢意。

感谢中国人民大学出版社对本教材的出版所给予的支持，感谢本教材的策划编辑翟江虹女士和责任编辑黄海飞所付出的辛劳，没有他们的支持，本教材的问世是不可能的。

本教材自2006年列入教育部“十一五”国家级规划教材，由于编写人员几经更替等原因，直至2008年年底才正式启动。由于时间紧迫，加之我们的学识有限，教材中的缺漏和错误在所难免，恳切希望得到学界前辈和同人的批评指正。

2010年10月

第二版后记

《汉语史纲要》为教育部“普通高等教育‘十一五’国家级规划教材”（2014年列入教育部“‘十二五’普通高等教育本科国家级规划教材”）。本教材自2011年出版以来，备受学界关注，被评为北京市高等教育精品教材，现已为许多高校中文系本科生和研究生使用。2015年在各高校任课教师反馈意见的基础上，我们集思广益，对本教材做了修订。这次修订的重点在于：第一，纠正个别错误，弥补疏漏；第二，吸收学界同人新的研究成果，增加相关内容。

本教材的修订工作得到了中国人民大学出版社的大力支持，感谢策划编辑黄海飞和责任编辑徐德霞所付出的辛劳。在修订过程中，我们虽反复斟酌，几经易稿，但限于学浅才疏，缺漏和错误在所难免，恳请学界同人批评指正，不胜感激。

2016年2月

图书在版编目（CIP）数据

汉语史纲要/殷国光，龙国富，赵彤编著．—2版．—北京：中国人民大学出版社，2016.4
新编21世纪中国语言文学系列教材
ISBN 978-7-300-22534-0

Ⅰ.①汉… Ⅱ.①殷…②龙…③赵… Ⅲ.①汉语史-高等学校-教材 Ⅳ.①H1-09

中国版本图书馆CIP数据核字（2016）第041215号

"十二五"普通高等教育本科国家级规划教材
新编21世纪中国语言文学系列教材
汉语史纲要
第二版
殷国光　龙国富　赵　彤　编著
Hanyushi Gangyao

出版发行	中国人民大学出版社		
社　址	北京中关村大街31号	邮政编码	100080
电　话	010－62511242（总编室）		010－62511770（质管部）
	010－82501766（邮购部）		010－62514148（门市部）
	010－62515195（发行公司）		010－62515275（盗版举报）
网　址	http://www.crup.com.cn		
经　销	新华书店		
印　刷	北京昌联印刷有限公司	版　次	2011年6月第1版
开　本	787mm×1092mm　1/16		2016年4月第2版
印　张	24.5	印　次	2025年7月第8次印刷
字　数	603 000	定　价	55.00元

关联课程教材推荐

ISBN	书名	作者	单价（元）
978-7-300-22073-4	古代汉语（第二版）	殷国光 赵彤	39.80
978-7-300-20955-5	汉语音韵学概论	赵彤	20.00
978-7-300-20237-2	交际语言学（第二版）	岑运强	38.00
978-7-300-08230-1	西方语言学名著选读（第三版）	胡明扬	34.00
978-7-300-26570-4	现代汉语（第二版）（数字教材版）	张谊生	68.00
978-7-300-20882-4	语言学概论（第四版）	岑运强	32.00
978-7-300-20237-2	交际语言学	岑运强	38.00
978-7-300-17764-9	中国古典文献学	项楚 罗鹭	38.00

配套教学资源支持

尊敬的老师：

衷心感谢您选择人大版教材！相关的配套教学资源，请到中国人民大学出版社官网（www.crup.com.cn）下载。部分教学资源需要验证您的教师身份后，才可以下载。请您登录出版社官网后，点右上角“注册”，填写“会员中心”的“我的教师认证”项目，等待后台审核。我们将尽快为您开通下载权限。

如您急需教学资源或教材样书，也可以直接与我们的编辑联系。

联系人：龚洪训　　电话：010-62515637　　电子邮箱：6130616@qq.com

欢迎加入全国汉语言文学教师群（QQ群号：1062057602），交流教学心得，分享教学资源。

全国汉语言文学教师群

扫一扫二维码，加入群聊。

俯仰天地　心系人文

www.crup.com.cn

中国人民大学出版社

欢迎登录浏览，了解图书信息，下载教学资源